BAEDEKER

P

POLNISCHE OSTSEEKÜSTE

»

Für mich ist es Glück.

«

Donald Tusk

... auf die Frage, was es für ihn bedeutet, in Danzig geboren worden zu sein.

baedeker.com

DAS IST DIE POLNISCHE OSTSEEKÜSTE

TOUREN

LEGENDE

Baedeker Wissen
● Textspecial, Infografik & 3D

Baedeker-Sterneziele
★★ Top-Reiseziele
★ Herausragende Reiseziele

ZIELE VON A BIS Z

HINTERGRUND

ERLEBEN & GENIESSEN

PREISKATEGORIEN

Restaurants
Preise für ein Hauptgericht

€€€€	über 140 zł
€€€	100 bis 140 zł
€€	60 bis 100 zł
€	bis 60 zł

Hotels
Preise für ein Doppelzimmer mit Dusche/Bad und Frühstück

€€€€	über 500 zł
€€€	350 bis 500 zł
€€	250 bis 350 zł
€	bis 250 zł

PRAKTISCHE INFORMATIONEN

ANHANG

MAGISCHE MOMENTE

ÜBERRASCHENDES

D
DAS IST …

die Polnische Ostseeküste

Die großen Themen rund um die Region
zwischen Meer und Seen.
Lassen Sie sich inspirieren!

Am Strand von Misdroy wirft man sich bei Sonnenuntergang gern in Pose. ►

BERG-AUF PER SCHIFF

Wenn auch nicht ganz so spektakulär wie im Film »Fitzcarraldo, in dem ein mächtiger Flussdampfer über einen Berg gezogen wird, so steckt doch dieselbe Idee hinter dem Oberlandkanal. Ziemlich genau 100 m Höhenunterschied überwinden die Schiffe zwischen Elbląg und Ostróda, was für staunende Gesichter sorgt. Die Schleusen und Rampen sind eine technische Meisterleistung aus dem 19. Jahrhundert.

◄ Wasserkraft macht's möglich: An Stahlseilen lassen sich Boote den Berg hinaufziehen.

NACH dem Einschiffen n Elbląg machen es sich die Passagiere auf dem Sonnendeck bequem. Auch der Kapitän richtet sich gemütlich ein, während sein Stellvertreter lässig das Steuerrad bedient und der Bootsmann sich die Zeit mit Angeln im verschilften Drużno-See vertreibt. Mehrere Stunden Fahrt liegen vor ihnen. Mit etwa acht Kilometer pro Stunde geht es über schmale Rinnenseen und den Oberlandkanal, durch Wald und Wiesen, hin und wieder segelt ein Reiher vorbei.

Schauspiel auf Schienen

Nach einer guten Weile kommt plötzlich Unruhe auf – der Bootsmann hat die Angel zur Seite gelegt, der Kapitän ist wieder auf seinem Posten. Das Schiff nähert sich dem ersten **Rollberg**. Dort beginnt ein Schauspiel, das auch von zahlreichen Schaulustigen am Ufer verfolgt wird: die Fahrt auf Schienen über eine **geneigte Ebene**. Das Schiff gleitet auf eine unter Wasser befindliche Plattform, wird an beiden Seitenwänden fest vertaut, dann setzt sich ein Räderwerk in Bewegung. Ein dickes Stahlseil zieht den auf Schienen laufenden **»Schiffstransporter«** eine Anhöhe hinauf, Meter für Meter kommt das triefende Schiff aus dem Wasser. Huckepack erreicht das Schiff den Gipfel und fährt auf der anderen Seite langsam den Abhang hinab. Unten gleitet die Plattform sanft ins Wasser, die Taue werden gelöst und das Schiff kann seine Fahrt selbstständig fortsetzen.

Kraft des Wassers

Woher kommt die Energie für das **aufwändige Manöver**? Es ist Wasserkraft! Dieses wird aus dem Kanal auf ein acht Meter hohes **Wasserrad** geleitet, dessen Schaufeln je eine Tonne davon aufnehmen können. Das Wasserrad bewegt ein Endlosseil, das die Plattformen in Bewegung setzt. Insgesamt fünf solcher geneigter Ebenen gibt es am Kanal. Auf einer Strecke von zehn Kilometern gleichen sie einen **Höhenunterschied von hundert Metern** aus.

BAEDEKER DAS IST ...

ÜBER FÜNF EBENEN

Sobald sich der Drużno-See zu einem Kanal verengt, der an einem Hügel zu enden scheint, wird es spannend, und Sie reiben sich die Augen: Das Schiff wird auf einem Gleis den grünen Hang emporgezogen! Oben angekommen, gleitet es wieder ins Wasser und setzt seine Reise – nun eine Etage höher – fort. Ganze fünf Mal wiederholt sich das Procedere – und jedes Mal werden Sie über die geheimnisvolle Mechanik staunen. Am Rollberg Buczyniec (Buchwald) ist die Fahrt für Sie derzeit zu Ende: Hier steigen Sie aus, um per Bus nach Elbląg zurückgebracht zu werden. (Infos ▶ S. 70)

OBEN: Am Oberlandkanal sind Schaulustige keine Seltenheit.

UNTEN: Dahinter steckt archaisch anmutende Mechanik.

Lasten und Ausflüge

Die Idee zu dieser **einzigartigen Fortbewegungsmethode** hatte der Königsberger Ingenieur **Georg Steenke**. Der Kanal wurde 1848–1860 gebaut, um den Westen Masurens an die Ostsee anzubinden. Ursprünglich war eine Erweiterung bis zu den Großen Masurischen Seen vorgesehen, doch es blieb bei kurzen Abzweigen von Ostróda nach Iława und Stare Jabłonki. Der Kanal wurde nur kurze Zeit für Lasttransporte genutzt, heute dient er lediglich dem Ausflugsverkehr.

VON »JOPEN-SAFT« UND CRAFT BEER

Wodka hin, Goldwasser her – Bier (piwo) zählt zu den beliebtesten Getränken im Land. Jeder Pole trinkt ca. 100 Liter Bier im Jahr – fast so viel wie jeder Deutsche! Die allgegenwärtigen Marken heißen EB, Żywiec und Tyskie – und gehören längst internationalen Konzernen.

Żywiec aus Schlesien wird in ganz Polen oft und gerne ausgeschenkt.▶

ŻYWIEC
TRADE MARK
ŻYWIEC

MITTLERWEILE aber sind die polnischen Biertrinker anspruchsvoll geworden, statt Standardgeschmack wollen sie ein feineres Gaumenerlebnis. Groß im Kommen sind nicht pasteurisierte, naturtrübe Biere, die nach traditionellem Rezept und ohne Beschleunigungsenzyme heranreifen dürfen.

Danzig kann auf eine sehr **lange Braueireitradition** zurückblicken. Im 16. Jh. existierten über 150 Brauereien in der Stadt, und Bier galt als Medizin, gesünder als Wasser. Berühmt war das schwere **Jopenbier**, das in der Jopengasse (ul. Piwna), gebraut wurde. Hergestellt wurde es z. B. von Johannes Hevelius (1611 – 1687), Begründer der Mondkartografie, der damit seine astronomischen Forschungen finanzierte. In Erinnerung an ihn stellt die pommersche **Brauerei Amber** seit 2011, also seit Hevelius' 400. Geburtstag, das Bier »Johannes« her. Doch auch die übrigen Säfte der Brauerei schmecken und räumen bei Verkostungen regelmäßig Preise ab. Der Grund des Erfolgs sind vor allem die hervorragenden Zutaten: Hopfen aus Lublin, Fermentationshefe aus München und der Verzicht auf Farb- und Konservierungsstoffe. Nur 31 Tage hält sich das **»lebendige Bier«** (Piwo Żywe), weshalb man es nur in wenigen ausgewählten Lokalen Danzigs findet – z. B. im Kubicki (▶ S. 85) an der Mottlau.

Radikal herb oder doch mild?

Eine andere pommersche Brauerei, die keinem internationalen Großkonzern gehört, ist **Alebrowar** in Lębork (Lauenburg). Der Name ist ein Wortspiel: »Ale« heißt im Polnischen so viel wie »Wow!« und ist zugleich ein (englisches) Synonym für fermentiertes Bier; »Browar« heißt schlicht »Brauerei«. Inspiriert von kleinen US-Brauereien produziert Alebrowar **ungewöhnliche Sorten** wie das radikal herbe Indian Pale Ale, das milde, niedrig alkoholisierte Amber Ale und das ausgewogene Black Ale. Die Flaschen werden mit witzigen Etiketten versehen. So zeigt das Bier Sweet Cow einen schnurrbärtigen, als Kuh verkleideten Mann.

BAEDEKER DAS IST ...

AB IN DIE TRINKGASSE!

Nirgends schmeckt es besser als am angestammten Ort! Das gilt zumindest für **Danzig**, wo in der ulica Piwna, der »Trinkgasse«, seit Jahrhunderten gebraut wird. Betreten Sie die Bistro-Brauerei Browar Piwna, kitzelt herrlicher Malzgeruch die Nase. Er entströmt chromglänzenden Kesseln, die dekorativ mitten im Raum stehen. Besser noch als der Geruch ist der Geschmack! Braumeister Wojciech Piasecki ist stolz auf sein leichtes Pils und das mildsäuerliche Weizenbier. Die dunklen Sorten – vom böhmischen Schwarzbier bis zum Baltischen Porter – empfiehlt er für die kältere Jahreszeit.

Schaubrauereien gibt es nicht nur in Danzig: In den Kupferkesseln kocht das Warzelnia Piwa aus Bydgoszcz, gleich daneben genießt man den Gerstensaft.

Internationale Konkurrenz

Am gegenüberliegenden Ufer der Mottlau, keine zehn Gehminuten von der ulica Piwna entfernt, braut **Brovarnia** in einem restaurierten Speicher seine Säfte. Aus kupfernen Schaukesseln fließt naturbelassenes Bier, das auch auf der Terrasse vor dem Jachthafen genossen werden kann. Wer Danziger Biere mit der internationalen Konkurrenz vergleichen will, pilgert zur **Degustatornia Dom Piwa**. Im historischen »Speicher zum Hirschen« anno 1771, dessen historische Bierhausatmosphäre noch immer zu spüren ist, gibt's die wohl größte Bierauswahl im Norden Polens. Mehr als 100 Sorten aus aller Welt stehen zur Wahl! Eine Dependance findet man in Gdynia.

Hausgemachtes Bier

Übrigens erfreut sich auch das Brauen von Hausbier großer Beliebtheit: Mittlerweile haben sich die Hobbybrauer zu einer Gesellschaft zusammengetan, die jedes Jahr einen Preis für Polens bestes hausgemachtes Bier vergibt.

LITERA-RISCHES DANZIG

Nicht nur einen wie Günter Grass hat die Stadt hervorgebracht. Danzig »erschuf« immer wieder bedeutende Literaten, denn die wechselhafte deutsch-polnische Geschichte der Stadt liefert viel Erzählstoff: von Ostpreußen bis in die Nach-Wendezeit und vom Zweiten Weltkrieg bis zur Solidarność-Bewegung.

Der berühmte Pfeifenraucher in seinem Lübecker Arbeitszimmer ►

DER 1957 in Gdańsk geborene Schriftsteller **Paweł Huelle** nimmt einen Hinweis aus Thomas Manns »Zauberberg« auf, wonach der Held einige Semester in Danzig studierte. Und so erfindet er für ihn eine Danziger Geschichte. Sein Buch **»Castorp«** führt ins frühe 20. Jahrhundert. Leicht und unterhaltsam, gewürzt mit einer Prise Melancholie, schildert Huelle die Gefühlsverwirrungen des jungen Hans Castorp, der in Zoppot seine erste unglückliche Liebe erfährt. Gleichzeitig zeichnet er ein Bild der Dreistadt, in der das Leben zwischen Deutschen und Polen nicht ohne Spannungen abläuft. Paweł Huelles gefeierter und später verfilmter Debütroman **»Weiser Dawidek«** spielt ebenfalls in Danzig: Es geht um die Suche nach einem jüdischen Jungen, der auf geheimnisvolle Weise verschwunden ist. Huelle führt seine Leser zurück in die Zeit zwischen Kriegsende und Solidarność-Ära.

Brechen mit Tabus

Wie für Huelle bildet auch für den 1949 geborenen **Stefan Chwin** die Stadt und ihre Geschichte den Rahmen seiner Romane. Mit seinem 1995 erschienenen Werk **»Hanemann«** bricht er ein bis dahin in Polen geltendes Tabu und setzt sich mit dem Thema der Vertreibung der Deutschen auseinander. Der Roman, der 1997 unter dem Titel **»Tod in Danzig«** auf Deutsch erschien, führt ins Jahr 1945 zurück. Während die Deutschen die Stadt verlassen, ziehen aus dem Osten vertriebene Polen in ihre Wohnungen ein. In einem Haus in der ul. Grottgera, der früheren Lessingstraße, verflechten sich die Geschichten der alten und neuen Bewohner.

Trilogie und mehr

Als Chronisten der deutsch-polnischen Geschichte werden Huelle und Chwin gerne mit **Günter Grass** verglichen. Der 1927 in Danzig geborene Literatur-Nobelpreisträger kehrt mit seiner Trilogie »Blechtrommel«, »Katz und Maus« sowie »Hundejahre« zurück in die Stadt seiner Jugend. Die »Blechtrommel« spielt zu großen Teilen in Langfuhr, dem heutigen Stadtteil Wrzeszcz, wo

BAEDEKER DAS IST ...

INS REICH DER FANTASIE

Im Minutentakt spritzen Wasserfontänen aus dem Boden, bewacht von vier Steinlöwen, Danzigs Wappentieren. Im Sommer tollen Kinder umher und lassen sich von Kopf bis Fuß nassspritzen. Hier, an der Ecke von ulica Grobla und Szeroka, wird in lichten Räumen an den Literaturnobelpreisträger Günter Grass erinnert, der seiner Geburtsstadt Tausende scharf gewetzter Seiten gewidmet hat. Und da er zugleich Zeichner, Maler und Bildhauer war, führen in der Günter-Grass-Galerie auch seine bildnerischen Werke ins Fantasiereich ... (Infos ► S. 98)

Grass aufwuchs und zur Schule ging. Mit der 1992 erschienenen Erzählung **»Unkenrufe«** nimmt sich Grass des Gdańsk der Nach-Wendezeit an. Ebenso satirisch wie melancholisch erzählt er die Geschichte einer deutsch-polnischen Beziehung und des von den Protagonisten gegründeten Joint Venture zur Bestattung einst vertriebener Danziger in ihrer Heimat.

Nach dem Tod rehabilitiert

Ein Denkmal für seine Person hat sich Grass kategorisch verbeten, also ließ man ein Abbild von **Oskar Matzerath**, dem kleinen Blechtrommler, in Wrzeszcz aufstellen (▶ S. 105). 2006 allerdings sollte dieses abmontiert werden, nachdem Grass gestanden hatte, als junger Mann in die Waffen-SS eingetreten zu sein. Viele forderten, dem Literaten die Ehrenbürgerschaft und sogar den Nobelpreis abzuerkennen. Dazu aber ist es nicht gekommen. Nach dem Tod des Autors 2015 wurde dieser rehabilitiert und in Lebensgröße neben Oskar platziert, wo er nun seinen literarischen Helden »auf ewig« betrachten darf ...

OBEN: Stefan Chwin bei einer Rede in Danzig
UNTEN: Als Journalist auch über aktuelle Entwicklungen in der Stadt informiert: Paweł Huelle

e-Boles

SCHÖNES & NÜTZLICHES

Die Polnische Ostseeküste hat von kaschubischer Volkskunst bis zum Design-Zentrum in Gdynia viel zu bieten, wenn es um traditionelles oder auch modernes Kunsthandwerk geht. Ob Keramik mit der blauen Blume oder religiöse Schnitzereien, bäuerliche Festbekleidung, volkstümliche Süßigkeiten oder minimalistisch designte Alltagsgegenstände – für beinahe jeden Geschmack und Bedarf dürfte sich etwas finden lassen.

◄ In diese Kanne in Warschaus ulica Freta passen so einige Liter Tee ...

Die farbenfrohen Trachten der polnischen Landbevölkerung sind mittlerweile nicht nur Folklore-Veranstaltungen vorbehalten, sondern inspirieren auch die Laufstege.

VOR allem die Kaschubei, die seenreiche und buckelige Region westlich von Danzig, ist für ihr schönes Kunsthandwerk bekannt. So wird in Chmielno seit Generationen **unverwüstliche Keramik** mit »der blauen Blume« hergestellt. Außer dem Blau, das an das Wasser der Seen und den weiten Himmel erinnert, sind nur wenige andere Farbtupfer zugelassen: Grün aus Wald und Feld, dazu das die Sonne spiegelnde Gelb. Rote Pünktchen erinnern an das Feuer, in dem der Ton gebrannt wird.

In der Werkstatt der Familie Necel in Chmielno können Sie den **Töpfern** bei der Arbeit zuschauen und auf Wunsch auch selber Hand anlegen: In kurzen Workshops erfahren Sie alles Wichtige zur Tonverarbeitung. Das selbst gefertigte Stück können Sie dann als besonders originelles Souvenir mit nach Hause nehmen (▶ S. 264).

Knallige Farben

Originell ist auch die **Festtagskleidung der Landbewohner**, und fast wundert es, dass sie von der Modeindustrie so lang unentdeckt blieb: fest gewebte Wollstoffe und verwegene Farbstreifen in Scharlach, Amarant und Dunkelorange, angeordnet nach Mustern, die in je-

dem Dorf und in jeder Familie anders sind.
Mittlerweile aber lassen sich Modeschöpfer von bäuerlicher Festkleidung inspirieren: So ist durchsichtiger Tüll, wie er für Brautschleier verwendet wurde, fester Bestandteil von Małgorzata Wasiks Emwudesign (ul. Tytusa Chałubińskiego 25D, Gdansk, Mo. – Fr. 10 – 17 Uhr, Tel. 0662 20 46 16).
Auf **Modenschauen** wie der Danziger »Open Mind« werden die neuen Kreationen vorgestellt – und nebenher unterschiedliche Bereiche wie Design, Modewelt und Innenarchitektur zusammengebracht.

Geschliffen und gebacken

Zur festlichen Bekleidung gehören natürlich auch die richtigen Accessoires – und was läge da näher als das »Gold der Ostsee«? So wird bispielsweise »traditioneller« **Bernstein** in allen erdenklichen Tönen von Tomasz Kargula zu schlicht-eleganten Formen geschliffen. Folkmotive haben auch anderswo spielerisch-ironisch Eingang ins Alltagsdesign gefunden. So findet man kleine Utensilien wie Handy-Hüllen mit traditionellen Ornamenten.
Volkstümliche Formen haben oft auch **Süßigkeiten**. Lecker schmecken z. B. »Thorner Kathrinchen« (katarzynki), die in der Weichselstadt Toruń aus Honig, Mandeln, Butter und Zucker gebacken werden und an Nürnberger Lebkuchen erinnern.

Haltbar, leicht und schön

Einen eher traditionsfernen Kurs fährt das **Gdynia Design Centre**, das für ganz Polen eine Vorreiterrolle spielt. In der Hafenstadt, die in den 1920er-Jahren von Kopf bis Fuß im Bauhaus-Stil errichtet wurde, ist eher skandinavisches Minimal Design angesagt. Das Material, die Form und die Farbe werden so gewählt, dass die Gebrauchsgegenstände von möglichst vielen Menschen alltäglich benutzt werden können. Sie sollen lange halten, leicht handhabbar sein und dazu so schön, auf dass man sie immer wieder gern in die Hand nimmt.
In der **Neuen Galerie** des Design Centre können Sie die Prototypen bewundern (Nowa Galeria, al. Zwycięstwa 96/98, tgl. 11 – 19 Uhr, www.centrum designu.gdynia.pl).

BAEDEKER DAS IST …

ARCHAISCHE SCHNITZKUNST

»Ich stelle mir vor«, erläutert Schnitzer Kostka seine Arbeit, »wie der heilige Franziskus den Vögeln zuschaut, Johannes der Täufer am Flussufer steht und Jesus traurig am Wegesrand sitzt.« Mit den Heiligen ist er auf »Du«, seine Werke entspringen einer fast kindlichen Fantasie. Das Material findet er vor der Haustür, ob Birnbaum, Linde oder Eiche – verwertet wird alles, was sich hauen und stechen lässt. Schauen Sie in einem der Cepelia-Läden vorbei, stoßen Sie auch auf seine archaischen Werke (z. B. in Danzig, ul. Długa 57).

MULTI-KULTI AM RAND DER EU

Keine andere Region Polens wurde von Menschen so unterschiedlicher Kulturen, Religionen und Sprachen geprägt wie Podlachien, das »Land unter den Wäldern«: Polen, Litauer, Deutsche, Russen, Juden, Orthodoxe, Katholiken und Muslime schufen eine besondere kulturelle Vielfalt, die bis heute erkennbar ist.

◀ Die polnischen Litauer feiern am 15. August in Puńsk.

Noch vier tatarische Familien besuchen die Moschee im 30-Häuser-Ort Bohoniki.

GLEICHZEITIG ist Podlachien die am geringsten besiedelte Wojewodschaft Polens mit durchschnittlich nur 59 Einwohnern pro Quadratkilometer. In Białystok wohnen knapp 300 000 Menschen, doch schon die nächsten Städte sind deutlich kleiner.

Ursprünglich im späten Mittelalter von der Krim nach Litauen gewandert, dienten die **muslimischen Tataren** über Jahrhunderte in der Armee der polnisch-litauischen Könige. Ihre Einheiten zählten zu den tapfersten, was ihnen einigen Ruhm und nach der erfolgreichen Schlacht im Jahr 1683 gegen die Türken vor Wien sogar polnische Adelstitel einbrachte. Als Entschädigung für ausstehenden Sold schenkte ihnen König Jan III. Sobieski Land im Osten von Podlachien, wo ihre rund 5000 Nachfahren heute noch leben. Infolgedessen hat in den kleinen Orten Kruszyniany und Bohoniki, aber auch in Białystok der **Islam** seit Jahrhunderten einen gleichberechtigten Platz neben den anderen Religionen.

Litauische Farben

Im Nordosten Polens lebt die litauische Minderheit, die in einigen Gemeinden sogar die Mehrheit stellt. Die Gegend **rund um die Stadt Suwałki** gehörte früher zu Litauen und kam erst 1920 nach dem polnisch-litauischen Krieg zu Polen.
Die hölzernen Häuser in den Dörfern sind bunt bemalt. An den Gebäuden begegnet man zweisprachigen litauisch-polnischen Aufschriften, und im Bus, im Café und auf der Straße hört man häufig Litauisch.

Orthodoxe Weißrussen

Weiter südlich – rund um Drohiczyn, Hajnówka und Białowieża – dominiert das **Belarussische**. Die weißrussische Minderheit zählt mit rund 200 000 Mitgliedern zu den zahlenmäßig stärksten nationalen Minderheiten Polens. Ebenso wie die Litauer sind sie sehr traditionsbewusst.
Untrennbar mit ihnen verbunden ist der **orthodoxe Glaube**. In Podlachien können Sie einen orthodoxen Gottesdienst besuchen: Die gesungene Liturgie verleiht den Messen durch ihre ständigen Wiederholungen einen fast meditativen Charakter.
Und wer im Mai in der Gegend ist, kann das **Internationale Festival orthodoxer Chöre** erleben: Stimmgewaltige Ensembles, meist aus Russland, lassen die Kirchenwände beben!

Jüdisches Sprachgenie

Podlachien war bis zum Zweiten Weltkrieg eines der größten **Zentren der europäischen Juden** – schon im 14. Jh. sind sie hierher gekommen. In vielen Orten stellten sie mehr als die Hälfte der Einwohner, auch in Białystok.
Einer von ihnen war der Augenarzt Ludwik Zamenhof (1859 – 1917). Geprägt durch die vielsprachige Welt seiner Kindheit, wollte er ein Kommunikationsmittel schaffen, das unabhängig von der jeweiligen Muttersprache einfach und schnell erlernbar wäre. So entwickelte er seine »Internationale Sprache«, die **Kunstsprache Esperanto**. In Białystok erinnert das Esperanto-Zentrum an Zamenhof und »seine« Stadt.

BAEDEKER DAS IST ...

DIE SPRACHE DER HOFFNUNG

»Ĉu vi parolas Esperanto?« – »Sprichst Du Esperanto?«, fragt ein junger Mann. Er ist extra aus dem fernen Kanada angereist, um die Atmosphäre jenes Ortes zu erleben, an dem sein Vorbild die »Sprache der Hoffnung« erfand. Im Centrum Ludwig Zamenhofa in **Białystok** erklingt aus dem Off babylonisches Sprachgewirr, Videos und Fotos lassen jene Stadt auferstehen, die einst ein melting pot unterschiedlichster Sprachen und Kulturen war. »Adiau!« ruft der Kanadier noch, dann ist er weg in der Libraro, einer Bücherei voll mit Titeln in Esperanto: Centrum Ludwika Zamenhofa, ul. Warszawska 19, www.centrumzamenhofa.pl

T

TOUREN

Durchdacht, inspirierend, entspannt

Mit unseren Tourenvorschlägen lernen Sie die besten Seiten der Polnischen Ostseeküste kennen.

Unterwegs im Ermland ►

UNTERWEGS IM NORDEN POLENS

Küste und Seen

Der Norden Polens ist eine landschaftlich reizvolle Region. Er ist geprägt von der 500 km langen Ostseeküste und Tausenden von Seen, die eingebettet sind in sanfte, grüne Hügellandschaften. Dichte Alleen verbinden kleine Orte, in denen sich die Bewohner abends zum Plaudern vor dem »sklep«, dem Dorfladen, treffen. Scheint hier die Zeit im Schneckentempo zu verlaufen, so erscheinen große Städte wie Gdańsk, Szczecin oder Olsztyn umso schnelllebiger.

Mit Auto, Bus oder Bahn?

Seit dem EU-Beitritt Polens 2004 stellt die Grenze kein Hindernis mehr für Reisende dar. Selbst in der Hauptferienzeit sind dort kaum längere Wartezeiten einzuplanen. Für die Einreise genügt der Personalausweis, zeitraubende Zollkontrollen sind praktisch entfallen. Wer nicht nur die großen Städte besuchen möchte, fährt **am besten mit dem eigenen Pkw**. Zwar sind die großen Städte relativ bequem mit dem Zug erreichbar, auf den noch verbliebenen Nebenstrecken muss

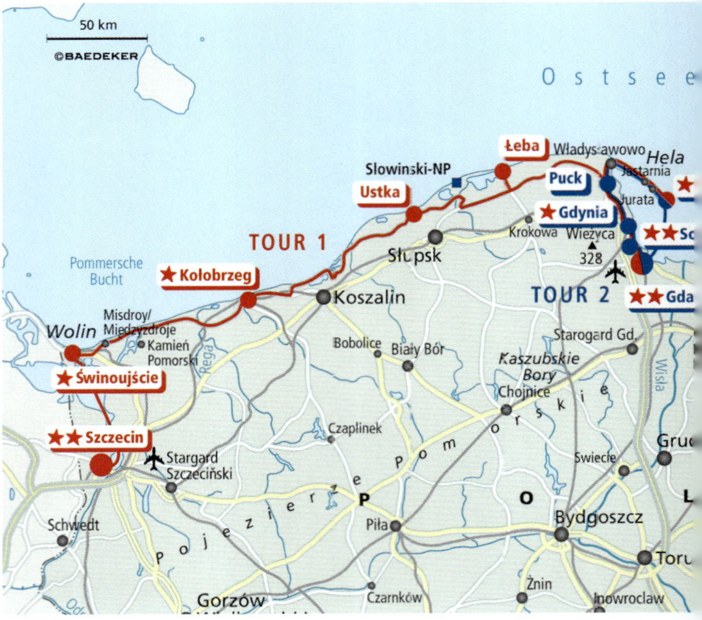

man dagegen oft mit langsamen Verbindungen vorliebnehmen. Auch wer mit öffentlichen oder privat betriebenen Bussen das Land erkunden will, braucht dafür relativ viel Zeit. Obwohl vielerorts mit finanzieller Hilfe aus Brüssel gebaut wird, ist das Straßennetz noch längst nicht in einem perfekten Zustand. Von wenigen kurzen Strecken abgesehen, gibt es im Norden keine vierspurigen Autobahnen oder Schnellstraßen. Hauptverkehrsstraßen wie die zwischen Szczecin und Gdańsk verlaufende E28 sind insbesondere in den Ferienmonaten stark frequentiert, was viele polnische Fahrer nicht von waghalsigen Überholmanövern abhält.

Unterwegs mit dem Rad

Für Radfahrer hat sich die Situation in den vergangenen Jahren sehr verbessert. In Pommern, Masuren und Podlachien gibt es immer mehr **ausgewiesene Radstrecken** und ebenso das dafür nötige Kartenmaterial. Spezielle Radwege sind aber eher selten, meist führen die Routen über wenig befahrene Straßen oder Waldwege.

Im Voraus buchen?

Die meiste Zeit des Jahres hat man auch bei spontanen Reisen keine Probleme, unterwegs ein geeignetes Quartier zu finden. Dies gilt allerdings nicht während der »Majówka« zwischen dem 1. und 3. Mai sowie in den Sommerferien zwischen Ende Juni und Ende August. Dann kann

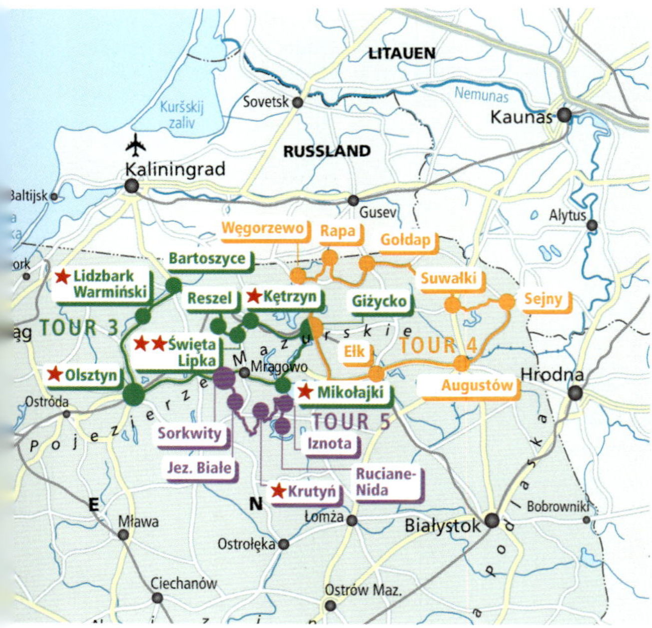

es durchaus vorkommen, dass die Ferienorte an der Ostseeküste und in Masuren bis auf den letzten Platz belegt sind. Deshalb sollte man für diese Haupturlaubszeit die Unterkunft unbedingt rechtzeitig buchen.

STRÄNDE OHNE ENDE

Start: Stettin | **Ziel:** Danzig
Länge: ca. 480 km | **Dauer:** ca. 1 Woche

Tour 1

Auf dieser Tour geht es über weite Strecken dicht an der Küste entlang, man kommt durch traditionsreiche und quirlige Badeorte, vorbei an Strandseen und Kliffs. Allerdings gibt es einen Wermutstropfen: Zahlreiche Urlaubsorte sind nur über längere Stichstraßen zu erreichen, und einzelne Küstenabschnitte fungieren als NATO-Truppenübungsplatz.

Villen in Bäderarchitektur

Von ❶ ★★**Szczecin** (Stettin), der Stadt mit dem berühmten Schloss der Pommerschen Herzöge, sind es noch 90 km bis zur Küste. Am östlichsten Zipfel der Insel Usedom, erreichbar via Gratis-Autofähre, liegt ❷ ★**Świnoujście** (Swinemünde). Die Promenadenstraßen am breiten Strand wurden aufpoliert und viele alte Villen in schöner Bäderarchitektur restauriert. Gleiches gilt für das weiter

westlich bereits auf der Insel Wolin gelegene Kurbad Międzyzdroje (Misdroy). Der anfänglich breite Strand wird am Fuß der bis zu 100 m hohen Klippen des Woliner Nationalparks schmaler und zieht sich kilometerweit bis zum Ende der Insel.

Hübsche Badeorte

Über eine Zugbrücke gelangt man aufs Festland, wo mehrere kleine Badeorte aufeinander folgen. Wer Lust hat, eine beeindruckende Kathedrale zu sehen, unternimmt einen Abstecher ins landeinwärts gelegene Kamień Pomorski (Cammin). Auch im Küstenort Trzęsacz dreht sich alles um eine Kirche, besser gesagt um das, was von ihr übrigblieb: Das Meer hat sich im Laufe der Zeit so viel Land einverleibt, dass die einst weit landeinwärts gelegene Kirche halb in die Fluten stürzt. Über den hübschen Badeort Rewal (mit breiten Sandstränden) geht es nach Niechorze. Danach muss man sich von der Küste verabschieden: Die Straße führt ins Hinterland über das kleine, mittelalterliche Städtchen Trzebiatów (Treptow), bevor sie im Kurort 3 ★**Kołobrzeg** (Kolberg) wieder das Meer erreicht. Außer einem langen Paradestrand gibt es hier eine schöne Altstadt mit Museen und einer gewaltigen Kathedrale.

Sehenswertes Ustka

Von Kołobrzeg geht es auf landeinwärts verlaufender Strecke weiter in Richtung Koszalin (Köslin). Kurz bevor man die Stadt erreicht, empfiehlt es sich, nach Mielno (Großmöllen) ans Meer zu fahren, um von dort auf einer schmalen Nehrung vorwärts zu kommen. Über Darłowo (Rügenwalde), dessen Schloss an den »letzten Wikinger der Ostsee« erinnert, geht es nach 4 **Ustka** (Stolpmünde), wo ein längerer Stopp lohnt: Ein kleiner Fischerhafen und ein schöner, von Kiefernwald gesäumter Strand haben den Aufstieg des Orts zu einem der beliebtesten Seebäder des Landes begünstigt.

Slowinzischer Nationalpark

Der absolut schönste Abschnitt der polnischen Ostseeküste ist als ★★**Slowinzischer Nationalpark** (Słowiński Park Narodowy) geschützt und über die Ferienorte Rowy (Rowe) und 5 **Łeba** (Leba) erreichbar. Riesige Wanderdünen ziehen von der Küste Richtung Binnenland, zwischen ihnen liegen zwei große Strandseen – eine spektakuläre Landschaft! Auf Nebenstraßen, die sich allerdings etwas von der Küste entfernen, erreicht man das Hafenstädtchen Władysławowo (Großendorf), das »Eingangstor« zur **Halbinsel Hel** (Mierzeja Helska). Während sich zum offenen Meer hin herrliche Strände aneinanderreihen, liegen zur Danziger Bucht hin kleinere Ferienorte wie 6 ★★ **Hel** (Hela) mit Fischereimuseum und Robbenstation.

»Rimini des Nordens«

Über Puck (Putzig), das sich am Hafen von seiner schönen Seite zeigt, erreicht man den Badeort Sopot (Zoppot), das »Rimini des Nordens« mit feinsandigen Stränden. Für den Besuch der alten Hansestadt 7 ★★**Gdańsk** (Danzig) mit ihren einzigartigen Patrizierhäusern sollte man mindestens eine Übernachtung einplanen.

MIT DEM RAD ENTLANG DER DANZIGER BUCHT

Start und Ziel: Gdańsk
Dauer: mind. 2 Tage | **Länge:** ca. 120 km

Tour 2

Ein Radweg führt vorbei an einigen der schönsten Strandabschnitte der Danziger Bucht. Nach der Tour von der Dreistadt bis an die Spitze der Halbinsel Hel geht es entspannt mit der Fähre wieder zurück.

Strandbad der kleinen Leute

Wer im Zentrum von ① ★★**Gdańsk** übernachtet, fährt von der Altstadt zunächst auf einem Radweg entlang der breiten al. Zwycięstwa in Richtung des Stadtteils Wrzeszcz (Langfuhr) und biegt hinter der Oper nach rechts in die al. Gen. J. Hallera ein. Ein gut 4 km langer Radweg führt zum Stadtteil Brzeźno (Brösen). In Brösen ging Günter Grass' Romanheld, der kleine Blechtrommler Oskar Matzerath, mit seinen Eltern sonntags spazieren. Bis heute ist Brzeźno das Strandbad der kleinen Leute geblieben, wo sich die Bewohner der nahe gelegenen Schlafstädte erholen.

Berühmte Seebrücke

Von Brzeźno führt der Radweg immer am Strand entlang in Richtung ② ★★**Sopot** (Zoppot). Man fährt zunächst durch einen kleinen Kieferwald und kommt nach Jelitkowo (Glettkau). Dort macht der Radweg einen kleinen Schlenker durch den Stadtpark und verläuft dann weiter am Ufer entlang. Nach etwa 6 km erreicht man die über 500 m lange Mole des traditionsreichen, eleganten Seebads Sopot. Es lohnt sich, einmal über die berühmte Seebrücke zu promenieren, durch die Fußgängerzone ul. Bohaterów Monte Cassino zu bummeln und sich dort für die nächste Etappe stärken.

Immer am Strand entlang

Der Radweg führt nun durch den Nordpark weiter in Richtung ③ ★**Gdynia** (Gdingen). Nach ca. 2 km erreicht man die Hafenstadt und radelt am Strand entlang bis zum Villen-Vorort Orłowo. Im Sommer ist dort neben der Mole eine Freiluft-Theaterbühne aufgebaut. Wer den Weg durch die Stadt meiden möchte, schiebt sein Fahrrad über den schmalen Standstreifen unterhalb der pittoresken Steilküste. Nach gut 2 km ist man in Redłowo, dem zweiten Seebad von Gdynia, und kann dann die nächsten 2 km auf der Strandpromenade bis zur Südmole radeln.
Dort sollte man das 1901 gebaute, ehemalige Segelschulschiff »Dar Pomorza« und das Meerwasseraquarium besichtigen. An der Mole

gibt es zahlreiche Kneipen für eine kleine Stärkung. Die breite al. 10 Lutego führt von der Südmole zum Bahnhof, vorbei an einigen architektonisch interessanten Gebäuden im Bauhaus-Stil. An ihrem Ende biegt man nach rechts in die ul. Śląska, die in die ul. Morska übergeht. Ein Radweg führt entlang der stark befahrenen Hauptstraße. Nach 2 km biegt man nach rechts in die ul. Chyłońska und erreicht über die ul. Pucka den Stadtrand.

Durch den Küstenlandschaftspark

Dann geht es auf schmalen und wenig befahrenen Straßen durch den Küstenlandschaftspark in Richtung Puck. Zu den schönsten Abschnitten dieser Strecke gehört die 2 km lange Lindenallee von Osłonino nach Rzucewo. Von dort sind es noch 6 km bis ④ **Puck** (Putzig). Das Städtchen mit seinem historischen Zentrum lohnt unbedingt einen Stopp.

Halbinsel Hel

Parallel zur Küste verläuft eine kleine Straße von Puck ins ca. 11 km nördlich gelegene Władysławowo. Man kann das Stadtzentrum links liegen lassen und sich gleich in Richtung ⑤ ★★**Hel** orientieren. Nach wenigen Minuten ist die schmale Halbinsel erreicht; die 34 km bis zum gleichnamigen Städtchen fährt man überwiegend auf einem neu angelegten Radweg. Schon kurz hinter Władysławowo reihen sich bei Chałupy mehrere Campingplätze aneinander. Hier kann man oft Kitesurfer beobachten, die ihr Surfbrett von einem Lenkdrachen ziehen lassen und dabei waghalsige Sprünge absolvieren.

Durch den kleinen, gemütlichen Fischerort Kuźnica und die Ferienorte Jastarnia und Jurata geht es in die Kleinstadt Hel (Hela), wo man etwas Zeit für den Besuch der Robben-Aufzuchtstation und des sehenswerten Fischereimuseums einplanen sollte. Anschließend bietet sich ein Bummel durch die von alten kaschubischen Fischerhäusern gesäumte ul. Wiejska an. Danach kehrt man mit der Wasser-Tram wieder zurück nach Gdańsk. Die tramwaj wodny, die »Wasser-Straßenbahn«, verkehrt in den Monaten Juli und August mehrmals täglich (www.zegluga.pl).

DURCH DAS LAND DER TAUSEND SEEN

Start und Ziel: Olsztyn
Länge: 330 km | **Dauer:** 1 – 2 Tage

Tour 3

Diese Tour beginnt in der Wojewodschaftshauptstadt Olsztyn und führt durch das Ermland mit seinen Bischofsstädten nach Masuren. Zu den Attraktionen gehören das einstige »Führerhauptquartier Wolfsschanze« bei Kętrzyn, das mittelalterliche Reszel sowie das barocke Marienheiligtum in Święta Lipka.

Von Seen umgeben

❶ ★**Olsztyn** (Allenstein), die Hauptstadt des Ermlands, liegt inmitten einer malerischen Seenlandschaft. Sie ist eng verbunden mit dem Namen von Nikolaus Kopernikus (▶ Interessante Menschen), der hier mehrere Jahre als Verwalter des Kapitels von Ermland in der Bischofsburg residierte. Der Marktplatz mit dem gotischen Rathaus, den alten Laubenhäusern und zahlreichen Terrassencafés bietet im Sommer eine stimmungsvolle Kulisse für zahlreiche Veranstaltungen.

Einstiger Bischofssitz

Von Olsztyn führt die Straße 51 nordwärts in das 52 km entfernte ❷ ★**Lidzbark Warmiński** (Heilsberg). Unterwegs lohnt sich ein Halt in Dobre Miasto (Guttstadt) zum Besuch der gotischen Erlöser- und Allerheiligenkirche, dem zweitgrößten Gotteshaus des Ermlands. Lidzbark Warmiński war über 400 Jahre lang Sitz der ermländischen Bischöfe. Von deren einstiger Macht zeugt noch heute die im 14. Jh. errichtete Burg unterhalb der Altstadt. Auch hier arbeitete Nikolaus Kopernikus einige Jahre als Verwalter. Das Burgmuseum lädt zu einer Reise durch die Geschichte des Ermlands ein, lockt aber auch mit einer Galerie moderner polnischer Malerei.

Bartek und Gustobald

Von Lidzbark Warmiński geht es nach Norden weiter bis ❸ **Bartoszyce** (Bartenstein). Die unweit der Grenze zum Kaliningrader Gebiet gelegene Kleinstadt ist v. a. für ihre ältesten »Bewohner« Bartek und Gustobald bekannt, zwei über tausend Jahre alte pruzzische Steinfiguren, die nahe der Altstadt an einer Kreuzung stehen. Von Bartoszyce führt die Straße 57 südwärts durch den kleinen Ort Galiny (Gallingen), dessen herrliche Palast- und Gutsanlagen momentan restauriert werden und ein Hotel sowie ein bekanntes Gestüt beherbergen (▶ S. 151). Empfehlenswert ist dort ein Besuch der rustikalen Gutsschenke.

Reizvolle Altstadt

Bei Bisztynek biegt man auf die Straße 594 ein und fährt weiter ins 18 km entfernte ❹ **Reszel** (Rößel). Die kleine Stadt überstand den Zweiten Weltkrieg fast unbeschadet und besitzt eine schöne Altstadt mit vielen gotischen, barocken und klassizistischen Häusern. Besonders sehenswert ist die Bischofsburg mit Hotel und Kunstgalerie.

Orgel aus dem 17. Jh.

Auf der Straße 594 geht es von Reszel zum wichtigsten Marienheiligtum in Nordpolen. Die prachtvolle Barockkirche im Ort 5 ★★**Święta Lipka** (Heiligelinde) ist Anziehungspunkt für rund 1,5 Mio. Besucher pro Jahr. Sie birgt neben wunderbaren Malereien eine außergewöhnliche Orgel aus dem 17. Jh. mit beweglichen Figuren, die beim Orgelspiel ein kleines Schauspiel vorführen.

Wolfsschanze

Bis 6 ★ **Kętrzyn** (Rastenburg) sind es weitere 12 km auf der Straße 594. Nach dem Besuch des Burgmuseums und der St.-Georg-Kirche empfiehlt sich ein Abstecher ins nahe Gierłoż (Görlitz). In den Wäldern vor dem kleinen Ort ließ Adolf Hitler zwischen 1941 und 1944 das »Führerhauptquartier Wolfsschanze« bauen. In der perfekt getarnten, 2,5 km² großen Anlage lebten zeitweise bis zu 2000 Menschen. Die Reste der im Januar 1945 von der Wehrmacht gesprengten Bunkeranlage kann man auf eigene Faust oder im Rahmen einer Führung besichtigen.

»Sommerhauptstadt«

Von Kętrzyn führt die Straße 592 ins 33 km entfernte 7 **Giżycko** (Lötzen). Die masurische »Sommerhauptstadt« verfügt über zahlreiche Hotels, Restaurants und einen großen Seglerhafen. Größte touristische Attraktion ist die am Stadtrand gelegene Feste Boyen, eine sternförmige Verteidigungsanlage aus dem 19. Jahrhundert.

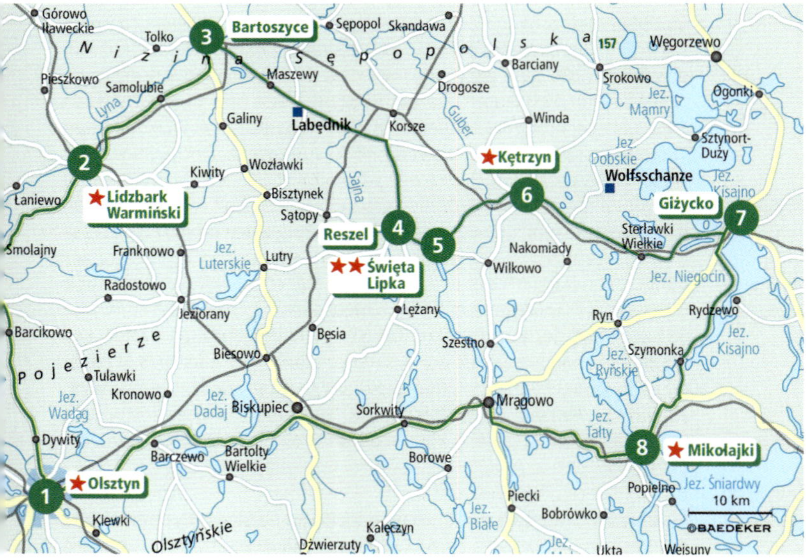

Stinthengst

Die Tour führt auf der Straße 643 am Jezioro Niegocin (Löwenthinsee) vorbei ins 36 km weiter südlich gelegene »Mekka des Seglersports« 8 ★**Mikołajki** (Nikolaiken). Beim Bummel entlang der neu gestalteten Seepromenade sieht man das Wahrzeichen der Stadt, den legendären »Stinthengst«, der angekettet unter einer Fußgängerbrücke schwimmt (▶ S. 175). Über Polens Country-Hochburg Mrągowo (Sensburg) und vorbei am reizvollen Schloss von Sorkwity (Sorkwitten) geht es auf der Fernstraße 16 wieder zurück nach Olsztyn.

UNBEKANNTER NORDOSTEN

Start und Ziel: Giżycko
Länge: 360 km | **Dauer:** 2 – 3 Tage

Tour 4

Das östliche Masuren, die Rominter Heide und die Seenplatte von Suwałki bieten eine nahezu unberührte Natur, aber auch manche Kuriosität wie die Pyramide von Rapa.

Mumien im Mausoleum

Die Tour beginnt in Masurens »Sommerhauptstadt« 1 **Giżycko** (Lötzen) und führt auf der Straße 63 nach Norden ins rund 25 km entfernte 2 **Węgorzewo** (Angerburg). Dort kann man sich im kleinen Museum für Volkskunst u. a. im Töpfern, Weben und Schmieden versuchen. Auf der Straße 650 geht es weiter ins etwa 50 km nordöstlich gelegene Gołdap. Wer die Hauptroute bei Budry verlässt und sich auf kleinen Straßen in Richtung russischer Grenze bewegt, stößt beim Ort 3 **Rapa** (Kleinangerapp) auf ein ungewöhnliches Bauwerk: Der Gutsbesitzer Friedrich Wilhelm von Fahrenheid ließ dort 1811 ein Mausoleum in Form einer 16 m hohen Pyramide erbauen. Durch ein Fenster kann man die mumifizierten Leichname der Familienmitglieder erblicken.

Des Kaisers Jagdgebiet

Südlich von Rapa erreicht man in Banie Mazurskie wieder die Straße 650 nach 4 **Gołdap**. Von dem kleinen Kurort geht's auf der Straße 651 am Rand der Puszcza Romincka entlang in Richtung Suwałki. Die ursprüngliche Landschaft der Rominter Heide war einst das Jagdgebiet von Kaiser Wilhelm II. und zieht auch heute viele Naturliebhaber, Jagdtouristen und Angelsportler an. Bei einem Zwischenstopp in Stańczyki (Staatshausen) kann man über die größten Eisenbahnviadukte Polens spazieren und die weite Aussicht genießen.

Baden im See

Kurz hinter Stańczyki zweigt man in Richtung Przerośl ab und verlässt die Wojewodschaft Warmia-Mazury. Auf kleinen Straßen führt die

Tour durch die hügelige Suwalszczyzna im Norden der Wojewodschaft Podlaskie. Bei dem kleinen Ort Kruszki erreicht man den Jezioro Hańcza, das tiefste Binnengewässer Polens, dessen klares Wasser zum Baden einlädt. Von Jeleniewo geht es auf der Straße 655 südwärts nach 5 ★★**Suwałki**. Die Geburtsstadt des Regisseurs Andrzej Wajda (▶ Interessante Menschen) lockt mit einem Zentrum im klassizistischen Stil, vor allem aber mit dem ★★ **Wigry-Nationalpark**.

Ein anderes Land?

Nach einem Stadtbummel geht es weiter in den wenige Kilometer östlich gelegenen Wigry-Nationalpark. Beim kleinen Ort Stary Folwark liegt auf einer Halbinsel des Wigry-Sees ein Kamaldulenserkloster, ein Kleinod barocker Sakralarchitektur. In den früheren Einsiedeleien der Mönche übernachten heutzutage Touristen und genießen die wohltuende Stille des Orts. Von Stary Folwark sind es noch 18 km bis 6 **Sejny**. In der Kleinstadt mit ihren bunten Holzhäusern fühlt man sich nicht zufällig wie in einem anderen Land: Sejny ist das Zentrum der litauischen Minderheit in Polen.

Sport und Natur

Etwa 45 km südwestlich von Sejny liegt das beliebte Ferienzentrum 7 **Augustów** malerisch zwischen mehreren Seen. Mit seinen Restaurants, Cafés und Freizeitmöglichkeiten bietet sich der Kurort für einen Zwischenstopp an. Sportbegeisterten empfiehlt sich eine Paddeltour auf dem Augustowski-Kanal oder die schöne Wasserski-Anlage auf dem Necko-See. Südlich von Augustów beginnt der ★★ **Biebrza-National-**

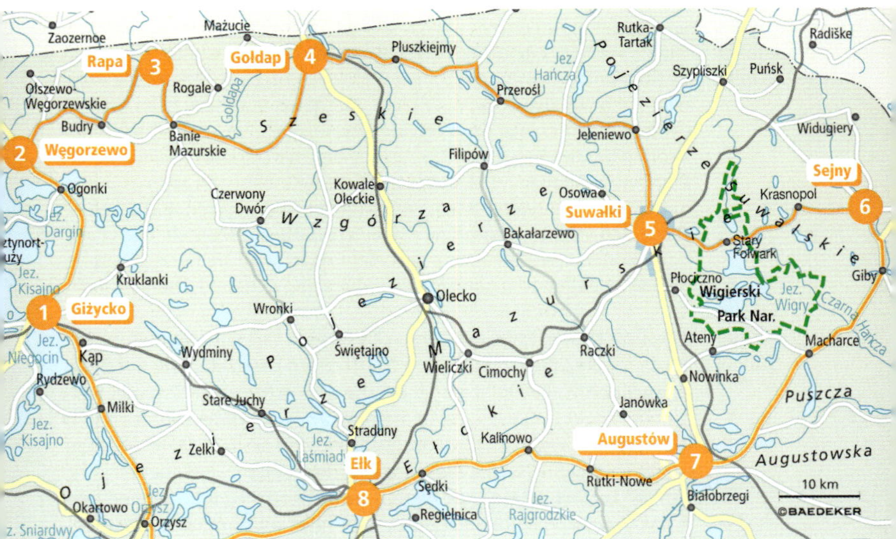

park. Der größte polnische Nationalpark ist mit ausgedehnten Sumpf- und Auenlandschaften ein Muss für Naturliebhaber; für einen Streifzug durch den Park sollte man sich gut einen Tag Zeit nehmen.

Bahnmuseum

Auf der Fernstraße 16 geht es zurück nach Masuren. Nach 86 km erreicht man 8 **Ełk** (Lyck), die Geburtsstadt des Schriftstellers Siegfried Lenz. Eisenbahnliebhaber kommen im Bahnmuseum auf ihre Kosten. Dort startet auch eine Schmalspurbahn zu gelegentlichen Ausflugsfahrten. Über Orzysz geht es dann zurück nach Giżycko.

PADDELTOUR AUF DER KRUTYNIA

Start: Sorkwity | **Ziel:** Ruciane-Nida
Dauer: 9 Tage | **Länge:** ca. 100 km

Tour 5

Die Krutynia-Route ist die bekannteste Kanu- und Paddelstrecke des Landes. Da der Fluss nur eine geringe Strömung hat und man immer mit dem Strom fährt, ist die Tour durch die Johannisburger Heide auch für Anfänger bestens geeignet.

Erst in die Kirche

Die Paddeltour beginnt an der Anlegestelle am Jezioro Lampackie in 1 **Sorkwity** (Sorquitten) (http://sorkwity.pttk.pl). Der kleine Ferienort liegt an der Strecke Olsztyn–Mrągowo und besitzt im Prinzip einen Bahnanschluss (zurzeit nur Busverkehr). Vor dem Start empfiehlt sich ein Besuch in der evangelischen Kirche (Schlüssel im Pfarrhaus nebenan). Das lichtdurchflutete Gotteshaus am See gefällt mit einem wunderschönen, volkstümlich inspirierten Barockaltar. Davor schwebt ein anmutiger Engel, groß wie ein Mensch, der in seinen Händen eine Taufschale hält. Bei Bedarf wird sie herabgelassen, und das Neugeborene entschwebt kurzzeitig in den Kirchenhimmel.

Grüner Tunnel

Am südöstlichen Ende des Lampickie-Sees findet sich in einem Schilfgürtel versteckt die Durchfahrt zum Jezioro Lampasz. Wie durch einen grünen Tunnel geht es dann auf einem schmalen Flüsschen weiter zum Jezioro Kujno – wenn man fahren kann, denn bei niedrigem Wasserstand heißt es hier, das Boot einige Hundert Meter weit zu schieben. Nach 16 km ist die erste Etappe geschafft und man erreicht den 2 **Jezioro Białe**, auf dessen bewaldeten Inseln Kolonien von Kranichen nisten. Am rechten Seeufer gibt es Übernachtungsmöglichkeiten bei der PTTK-Station.

Nur die Ruhe

Schmale Kanäle und breitere Seen wechseln sich im weiteren Verlauf der Strecke immer wieder ab. Gemächlich geht es vorbei an Seerosenfeldern, Schilfgürteln, Schwänen und Entenfamilien. Tagesetappen zwischen 10 und 15 km sind gut zu bewältigen, unterwegs gibt es Anlegestellen mit Campingplätzen, Hütten und Duschen. In kleinen Dörfern wie Spychowo kann man Lebensmittel einkaufen. Eine der Etappen führt durch das Naturschutzgebiet »Królewska Sosna« mit mehr als 200 Jahre alten Kiefern und endet im hübschen Ferienort ❸ ★**Krutyń** (Krutinnen).

Kurz hinter Krutyń endet die Fahrt vor einem Mühlendamm. Das Boot muss etwa 100 m weit getragen werden. Doch für ein paar Złoty bieten Jugendliche ihre Dienste an und transportieren es auf einem Karren. Auf der nächsten Etappe nach ❹ **Ukta**, wo auch das Naturschutzgebiet Krutyniatal beginnt, zweigt bei Wojnowo ein kleiner Fluss in den Jezioro Duś ab. Direkt am Seeufer liegt ein Mitte des 19. Jh.s erbautes Nonnenkloster der Philipponen, dessen Kirche eine reiche Ikonensammlung birgt. Nach dem Abstecher geht es weiter nach ❺ **Nowy Most**.

»Masurens Eden«

Die nächste Etappe führt von Nowy Most zunächst über den dicht bewachsenen Jezioro Gardyńskie und weiter über den schmalen Jezioro Jerzewko, dessen sumpfige Ufer seltenen Wasservögeln Schutz bieten. Dann geht's auf dem letzten Abschnitt der Krutynia am Weiler ❻ **Iznota** vorbei zum 12 km langen Jezioro Bełdany. Hinter der Flussmündung liegt auf einer Halbinsel das ungewöhnliche Erholungszentrum »Galindia – Mazurski Eden«, wo der Arzt und Psychiater Cezary Kubacki als Häuptling Izegus II. über seine in Felle gehüllten galindischen Krieger befiehlt (► S. 175). Das einer altpruzzischen Burg nachempfundene Hotel des »masurischen Eden« wird gern auch von gestressten Managern besucht, die hier neue Kraft tanken wollen.

Am südlichen Ende des Jezioro Bełdany passieren die Boote eine Schleuse, dann geht die Fahrt auf dem Jezioro Nidzkie weiter zur Anlegestation des kleinen Ferienorts ❼ **Ruciane-Nida**. Nach neun oder zehn Tagen mit eher bescheidenem Komfort, aber mit viel Ruhe, endet dort die Paddeltour.

Z
ZIELE

Magisch, aufregend, einfach schön

Alle Reiseziele sind alphabetisch geordnet. Sie haben die Freiheit der Reiseplanung.

Von der Marienkirche aus haben Sie einen herrlichen Blick über Danzig mit dem Rechtstädtischen Rathaus. ►

AUGUSTÓW

Wojewodschaft: Podlaskie
Höhe: 122 m ü. d. M. | **Einwohner:** 30 500

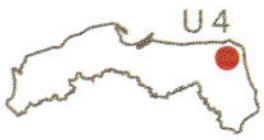

Umgeben von großen Seen und dichten Wäldern, gehört das »Venedig des Nordens« zu den beliebtesten Sommerurlaubszielen in Polen. Kajak- und Kanufahrer lassen sich gern zu einer Fahrt auf dem über 100 km langen Augustowski-Kanal herausfordern. Wer nicht paddelt, der segelt, stakt oder rudert auf den Seen oder lässt sich im Ausflugsboot schippern ...

Von der Schenke zum Kurort

Den Anfang der Geschichte bildet eine Schänke, die Reisende auf dem Weg von Litauen nach Polen beherbergte. Hier gründete Königin Bona Sforza 1555 die nach ihrem Sohn Zygmunt August benannte Stadt. Der Bau des Augustowski-Kanals im 19. Jh. brachte wirtschaftlichen Aufschwung. In den 1920er-Jahren entwickelte sich Augustów zum Zentrum der Holzindustrie und wurde zugleich eines der wichtigsten Urlaubsziele für die politische Elite. Aufgrund zahlreicher Mineralquellen der Umgebung und seiner Lage inmitten kristallklarer Seen und schöner Wälder wurde Augustów 1993 zum Kurort aufgewertet.

Wohin in Augustów?

Wasserksi per Lift

Stadtzentrum

Das Stadtzentrum um den **Rynek Zygmunta Augusta** blieb in seiner ursprünglichen Form aus dem 18. Jh. erhalten. Den Marktplatz umgeben zweigeschossige Bürgerhäuser, erbaut im 19. Jh. im spätklassizistischen Stil. Den **Jezioro Niecko** (Niecko-See) am Rand des Stadtzentrums säumen zahlreiche Hotels und Ferienanlagen. 1999 entstand hier der erste polnische Wasserskilift mit einer Länge von 740 m. Die Anlage steht von Mai bis September ambitionierten Amateursportlern und Profis offen. Und auch das gibt es hier: Weltmeisterschaften im Wasserskispringen!

Ländlicher Alltag statt Sport

Heimatmuseum

Weniger sportiv als gemütlich präsentiert sich dagegen das Muzeum Ziemi Augustowskiej mit einer Ausstellung zum Kunsthandwerk und ländlichen Alltagsleben der Region.
ul. Hoża 7 | Di. – So. 9 – 16 Uhr | http://e-muzeum.augustow.pl

Zweckentfremdete Wasserstraße

Augustowski-Kanal

Der Augustowski-Kanal ist **eines der bedeutendsten technischen Baudenkmäler Polens.** Die etwas über 100 km lange Wasserstraße

Gemächlich per Hausboot durch den Biebrza-Nationalpark

verbindet die Biebrza mit dem Niemen. Insgesamt 18 Schleusen regulieren die Höhenunterschiede von 54 m. Der Kanal sollte ursprünglich die Flusssysteme von Weichsel und Memel miteinander verbinden, um dem damals russischen Gebiet einen zollfreien Zugang zur Ostsee zu ermöglichen. Bis dahin mussten Handelswaren über preußisches Gebiet ausgeführt werden. Wegen des Novemberaufstands ließ die russische Regierung die Bauarbeiten 1831 vorübergehend einstellen und verweigerte dem Königreich Polen später die Genehmigung für den Bau des zweiten Teils. Die Wasserstraße erfüllte nie im vollen Umfang ihre Bestimmung und dient heute ausschließlich **touristischen Zwecken**. Über die Geschichte des Kanals informiert eine Zweigstelle des Heimatmuseums.

Muzeum Kanału Augustowskiego: ul. 29 Listopada 5-A
15. Mai – 15. Sept. Di. – So. 10 – 17, sonst 9 – 16 Uhr
www.apk.augustow.pl/muzeum

Rund um Augustów

Eine Radtour

Um den Sajno-See

Eine schöne, ca. 20 km lange Radtour führt von Augustów um den **Jezioro Sajno**, den größten See der Umgebung. Vom Marktplatz geht es zunächst auf der viel befahrenen ul. Wojska Polskiego zum Kreisel, an dem man links in die ruhigere ul. Słowackiego einbiegt. Nach 1 km gelangt man zum Kanal, hält sich rechts und folgt dem gelb markierten Weg am Wasser entlang. Nach 5 km, bereits im Dorf Białobrzegi, biegt man links ein und folgt dem Waldweg »Droga Turystyczna« zum Mühlenrestaurant »Stary Młyn«. Nach einer Stärkung setzt man die Fahrt fort. An der Straße Augustów–Lipsk hält man sich rechts und folgt dem Viadukt, dann nach ca. 850 m links der gelben Markierung. Nach 1,5 km hält man sich erneut links, quert eine Brücke und biegt dann gleich wiederum links ein. Schnurstracks führt der Weg nach Augustów zurück.

Mit dem Kajak durch den großen Wald

Puszcza Augustowska

Östlich von Augustów erstreckt sich mit einer Fläche von über 100 000 ha eines der größten **Waldgebiete** Polens, die Puszcza Augustowska. Sie reicht von Augustów bis zum Wigry-See und wird von mehreren Wasserläufen, u. a. vom Augustowski-Kanal, durchschnitten. In der urwüchsigen Waldlandschaft, die man am besten mit dem Kajak erkundet, leben noch Elche, Biber und Luchse sowie Auerhähne, Birkhähne und Schwarzstörche. Zum Waldgebiet zählen auch streng geschützte Naturschutzgebiete, darunter das ausgedehnte Wald- und Moorreservat **Kuriańskie Bagno**.

»Versumpfen« in Polens größtem Schutzgebiet

★★ Biebrza-Nationalpark

Südlich von Augustów liegt das Tal des Biebrza-Flusses. Sein Einzugsgebiet mit Sümpfen, Auen und Mooren wurde 1993 zum Nationalpark (Biebrzański Park Narodowy) erklärt. Mit einer Gesamtfläche von ca. 59 000 ha – davon nehmen allein die Sümpfe über 25 000 ha ein – ist er der **größte polnische Nationalpark**. Vom 32 km östlich von Augustów gelegenen Lipsk zieht er sich über eine Länge von 155 km entlang der Biebrza bis hin zum Ort Wizna unweit von Łomża. Er ist Rückzugsgebiet für eine Vielzahl bedrohter Tier- und Pflanzenarten. Wegen der mehr als 270 verschiedenen **Vogelarten**, die hier brüten, ist das Flusstal ein Paradies für Hobby-Ornithologen.

Das Schutzgebiet darf nur von Sonnenauf- bis Sonnenuntergang mit Eintrittskarte betreten werden. Über 500 km erschlossene Wege ermöglichen die Erkundung des Geländes zu Fuß oder mit dem Rad. Erfahrene Paddler können die Biebrza, die über die Netta mit Augustów verbunden ist, auch per Kajak erkunden: Allerdings sind die Ufer des Flusses oft unzugänglich, der Fluss selbst eine Wildnis!

www.e-kanu.de/kanuverleih-masuren
mit aktuellen Infos zum Verleih von Paddelbooten unterschiedlichen Typs, organisiert von AS-TOUR, dem Büro für Paddeltouristik im masurischen Krutyń (Krutyń 4 | Tel. 600 09 22 52)

AUGUSTÓW ERLEBEN

TOURISTINFORMATION
ul. Młyńska 35 | Tel. 511 18 18 48
www.augustow.pl

BIEBRZA-NATIONALPARK
Das Informationszentrum organisiert geführte Wanderungen durch den Park und vermietet Kajaks für eine Tour auf der Biebrza.
Osowiec-Twierdza 8 | Goniądz
Tel. 85 7 38 06 20
www.biebrza.org.pl

Im Sommer finden im Stadtzentrum auf dem Rynek Veranstaltungen und Pop-, Blues- und Jazzkonzerte unter freiem Himmel statt.

Durch die Puszcza Augustowska, eines der größten zusammenhängenden Waldgebiete Polens, führen 160 km ausgewiesene Radwanderwege. Schöne Ausflugsfahrten auf dem Augustowski-Kanal und den Seen rund um die Stadt unternimmt die Weiße Flotte (Żegluga Augustowska).
ul. 29 Listopada 7
Tel. 87 6 43 28 81
http://zeglugaaugustowska.pl

Die Gastro-Szene ist etwas unterentwickelt, was daran liegt, dass viele Gäste im gebuchten Hotel essen. Hier zwei gute Adressen:

NIEBO W GEBIE €–€€
»Himmel im Gaumen« : So lautet der Name übersetzt. An der Ostseite des Augustowski-Kanals erhalten Sie Klassisch-Mediterranes, Pizza, Pasta und Tiramisu – alles schmeckt!
ul. Kasztanowa 1
Tel. 790 61 69 00
Di. – So. 11 – 22 Uhr

SZUFLADA BISTRO €
In der gemütlichen »Schublade« werden Sie mit polnischer Hausmannskost satt. Wie wäre es mit Roten Rüben und Piroggen? Oder doch lieber eine Fleischroulade?
ul. Skorupki 2-C | Tel. 519 18 98 58
www.szuflada.augustow.pl

HOTEL SPA WOJCIECH €€
28 Zimmer. Moderne Ferienanlage am Białe-See im malerischen Stadtteil Studzieniczna.
ul. Wojciech 8 | Tel. 87 6 44 72 37
www.hotelwojciech.pl

NAD NETTĄ €€
Zwei Sterne trügen – das Hotel ist komfortabel und hat drei Sterne verdient! Von einigen Zimmern blicken Sie auf den Garten, von anderen auf Fluss und Jachthafen. Mückengitter erlauben es Ihnen, bei offenem Fenster zu schlafen. Das Frühstück ist reichhaltig, WLAN gratis. Ihr Auto können Sie auf dem Privatparkplatz des Hotels kostenlos abstellen.
ul. Portowa 3 | Tel. 87 6 64 61 54
www.nad-netta.pl

KARCZMA STAROŻYN €
6 Zimmer. 20 km östlich von Augustów inmitten der Puszcza Augustowska gelegene Pension. Mit dem Kajak kann man die nahe gelegenen Seen erkunden.
Płaska 1 | Tel. 87 6 41 87 29
www.karczmastarozyn.pl

★ BIAŁYSTOK

Wojewodschaft: Podlaskie
Höhe: 120 – 160 m ü. d. M. | **Einwohner:** 295 000

Man spürt, dass man sich der Grenze nähert: Neben den Türmen katholischer Kirchen prägen Kuppeln orthodoxer Gotteshäuser das Stadtbild. Białystok mit schöner barocker Altstadt ist die Hauptstadt der Wojewodschaft Podlachien (Podlaskie) und das Zentrum der polnischen Orthodoxie.

Podlachiens Hauptstadt

Anfang des 15. Jh.s gegründet, kam Białystok im 17. Jh. in den Besitz der Adelsfamilie Branicki und erhielt 1692 das Stadtrecht. Mit der dritten polnischen Teilung wurde Białystok 1796 Verwaltungshauptstadt der gleichnamigen preußischen Provinz. Preußens Herrschaft über die Stadt endete wenige Jahre später mit dem Einzug Napoleons und der Errichtung des Herzogtums Warschau. Nach dem Wiener Kongress kam Podlachien unter russische Herrschaft, die bis zur Entstehung des modernen polnischen Staates 1919 andauerte.

Vergeblicher Aufstand

Deutsche Besatzung

Mit Beginn des Zweiten Weltkriegs wurde Białystok von deutschen Truppen besetzt und – gemäß dem Hitler-Stalin-Pakt – noch im Jahr 1939 an die Sowjetunion übergeben, die die Stadt in die Weißrussische Sowjetrepublik eingliederte. 1941 besetzten die Deutschen Białystok erneut und sperrten die jüdische Bevölkerung in ein Ghetto. Als das Ghetto im Sommer 1943 liquidiert werden sollte, brach ein bewaffneter Aufstand aus, der aber bereits nach wenigen Tagen niedergeschlagen wurde. Am 18. August 1943 begann die Deportation der letzten 30 000 verbliebenen Juden in die Vernichtungslager Majdanek und Auschwitz. Białystok hatte nach dem Ende des Zweiten Weltkrieges über die Hälfte seiner Bevölkerung verloren. In den 1960er-Jahren erlebte die Stadt aber einen wahren Boom und entwickelte sich zum neuen Zentrum in Podlachien.

Wohin in Białystok?

Hauptflaniermeile

ul. Lipowa

Die ul. Lipowa ist die zentrale Achse und Hauptflaniermeile von Białystok. Ihre nach dem Zweiten Weltkrieg wieder hergestellten **Bürgerhäuser und Stadtvillen** zeugen noch heute vom Wohlstand, der hier einst herrschte. Sehenswert ist die Villa des Tuchfabrikanten Chaim Nowik (Nr. 35). Das Jugendstilgebäude, heute das Reserveamt der Armee, wurde zu Beginn des 20. Jh.s erbaut und setzt mit

Am Rynek Kościuszki im Zentrum der Altstadt sprudelt dieser Brunnen.

seiner hervorspringenden Westseite, die an einen Turm erinnert, einen markanten Akzent in der Straßenflucht.

Symbol der Unabhängigkeit

Rochuskirche

Die Rochuskirche (Kościoł Świętego Rocha) beim Plac Niepodległości am westlichen Ende der ul. Lipowa ist **eines der weltweit ersten sakralen Bauwerke des Modernismus**. Das achteckige Gebäude wurde ab 1927 von dem Warschauer Architekten Oskar Sosnowski als Symbol der wiedergewonnenen staatlichen Unabhängigkeit Polens erbaut. Mit der sowjetischen Besatzung 1939 stoppten die Arbeiten; erst 1946 wurde der Bau beendet. Den 83 m hohen Kirchturm krönt eine Marienfigur. Den ansonsten recht karg wirkenden Innenraum schmückt eine gläserne Kuppel, deren Mosaik eine Taube als Symbol für den Heiligen Geist und die Figuren der vier Evangelisten zeigt.

Fresken wie in Kiew

St. Nikolaus

Die orthodoxe Kirche St. Nikolaus (Kościół Św. Mikołaja) an der ul. Lipowa wurde 1843 bis 1846 im klassizistischen Stil erbaut. Ihre **Wandmalereien** schuf 1910 der russische Maler Michail Anilow nach dem Vorbild der Fresken des Kiewer Wolodymir-Klosters. Im östlichen Teil des Kirchenraums befindet sich das Presbyterium. Es ist durch eine prachtvolle Ikonostase mit Heiligenbildern aus dem 19. Jh. abgetrennt.

BIAŁYSTOK ERLEBEN

TOURISTINFORMATION

Europejskie Centrum Sztuki (Europäisches Zentrum für Kunst)
ul. Odeska 1
Tel. 85 7 32 68 31
www.podlaskieit.pl
Mit Multimediakiosk und Tablet-PCs

In der ul. Lipowa gibt es viele Boutiquen und Einzelhandelsgeschäfte. Beliebt ist auch die auch sonntags geöffnete »Galerie Alfa«, ein modernes Einkaufszentrum in der ul. Świętojańska 15.
www.alfacentrum.com.pl/bialystok

1 ARSENAŁ €€€

Gleich neben der Magnatenresidenz: stilvolles Lokal mit klassisch-polnischer Adelsküche: viel Wild, Kalbfleisch mit Pfifferlingen und Lachs in Sahnesauce. Im Sommer mit Außenterrasse.
ul. Mickiewicza 2
Tel. 85 7 42 85 65
www.arsenalrestauracja.pl

2 PIJALNIY CZEKOLADY €

Diese Filiale der bekannten polnischen Süßwarenfirma offeriert die dickste Trinkschokolade, exotischen Kakao sowie Kaffee und leckeren Kuchen.
Rynek Kościuszki 17
Tel. 85 7 42 06 47
www.wedelpijalnie.pl

3 POŻEGNANIE Z AFRYKĄ €

Bis 20 Uhr bekommt man hier wunderbaren Kaffee aus aller Welt.
ul. Waryńskiego 4
Tel. 85 6 25 55 05
www.pozegnanie.com

4 ESPERANTO €

Beliebter Treffpunkt am zentralen Marktplatz mit kleinen regionalen Gerichten – auch die hausgemachten Kuchen schmecken!
ul. Rynek Kościuszki 10
Tel. 85 7 42 60 31
www.esperanto-cafe.pl

1 GOŁĘBIEWSKI €€€€

219 Zimmer und Apartments. Die Hotelanlage in der Nähe des Branicki-Palasts bietet mit dem »Aquapark Tropikana« ein Badeparadies für ausgewiesene Wasserratten – mit künstlichen Wellen, großen Wasserrutschen und Wellnessbereich.
ul. Pałacowa 7
Tel. 85 7 43 54 35
www.golebiewski.pl/bialystok

2 BRANICKI €€€

35 Zimmer. Das im Stadtzentrum gelegene Hotel sieht sich in der Tradition des ehemaligen »Ritz«, das 1944 zerstört wurde. Es bietet individuell eingerichtete, komfortable Zimmer, einen stilvollen Zigarrenclub und das Restaurant »Orangery«, das feine mediterrane und polnische Küche offeriert.
ul. Zamenhofa 25
Tel. 85 6 65 25 00
www.hotelbranicki.com.pl

3 CRISTAL €€

89 Zimmer und Apartments. Direkt

1 Arsenal
2 Pijalniy Czekolady
3 Pożegnanie z Afryką
4 Esperanto

1 Golębiewski
2 Branicki
3 Cristal

gegenüber der orthodoxen Kathedrale gelegenes modernes Hotel mit Sauna und Fitnessraum. Das Restaurant serviert polnische und französische Küche.

ul. Lipowa 3
Tel. 85 7 49 61 00
www.hotelcristal.com.pl

Nach Kunstgenuss ins Café oder in den Biergarten

Rynek Kościuszki

Nur wenige Schritte weiter tritt man auf den Rynek Kościuszki, der zusammen mit dem alten Rathaus das Zentrum der Stadt bildet. Im Sommer sind die Biergärten auf dem Marktplatz ein beliebter Treffpunkt der Einheimischen. Und auch einen Blick ins Café Esperanto können Sie werfen, das an den in der Stadt geborenen Schöpfer der gleichnamigen Kunstsprache erinnert. Das Rathaus wurde 1745 bis 1761 errichtet und 1944 zerstört. Der Nachbau von 1954 beherbergt das **Regionalmuseum** von Podlachien, dessen ständige Ausstellung

Das »Versailles von Podlachien«, der Branicki-Palast

den Hauptströmungen der polnischen Malerei und Plastik vom 18. Jh. bis zur Gegenwart gewidmet ist. Die archäologische Abteilung wurde in die ul. Bema 11 ausgelagert.

Muzeum Podlaskie w Białystoku: Rynek Kościuszki 10 | Di. – So. 10 – 17 Uhr | Eintritt: 10 zł | www.muzeum.bialystok.pl

Zu klein für die Gemeinde

Kathedrale

Etwas weiter östlich bestimmt ein **Ensemble sakraler Bauten** das Bild des Platzes. Das älteste Gebäude an dieser Stelle ist die 1617 bis 1627 erbaute Pfarrkirche (Kościół Farny); das barocke Pfarrhaus kam 1761 hinzu. Mitte des 19. Jh.s reichte der Platz für die stetig wachsende Gemeinde nicht mehr aus. Da die russische Verwaltung den Neubau von katholischen Kirchen untersagt hatte, bemühte man sich um eine Bauerlaubnis für eine Erweiterung der bestehenden Kirche. 40 Jahre später war die sehr viel größere neogotische Maria-Himmelfahrt-Kathedrale fertiggestellt. Der dreischiffige Backsteinbau ist heute **Sitz des Erzbischofs** von Białystok.

Barocker Luxus und große Gärten

★ Branicki-Palast

Unweit vom Marktplatz liegt das barocke Schloss der Familie Branicki, der Pałac Branicki. Jan Klemens Branicki ließ den Adelssitz 1691 bis 1697 von Tylman van Gameren, dem königlichen Hofarchitekten, in einen Palast nach **französischem Vorbild** umgestalten. Seine heutige Form erhielt der Palast durch den 1728 bis 1758 von Johann Heinrich Klemm und Johann Sigmund Deybel geleiteten Umbau. Wegen seiner luxuriösen Gemächer, der weitläufigen Parkanlage und der reich verzierten Fassaden wird das Anwesen auch **»Versailles von Podlachien«** genannt. Das nach den Zerstörungen des Zweiten Weltkriegs in den 1950er-Jahren wieder aufgebaute Schloss ist heute Sitz der Medizinischen Fakultät der Universität Białystok. Die den Palast umgebende weitläufige Parkanlage wurde Ende der 1990er-Jahre in ihren ursprünglichen Zustand versetzt und zählt zu den **schönsten Barockgärten Polens**.

ul. Lipowa/ul. Mickiewicza | Di. – So. 10 – 17 Uhr | www.umb.edu.pl/en/palac_branickich

Geschichtsträchtiges Schauspielhaus

Theater

Nördlich des Schlosses steht das 1748 erbaute Theater von Białystok. Eineinhalb Jahrzehnte vor dem Nationaltheater in Warschau gegründet, ist es die **älteste ständige Bühne Polens**.

Die gotische Prinzessin im Langboot

Historisches Museum

Einige Gehminuten vom Branicki-Palast entfernt findet sich der Anfang des 20. Jh.s erbaute Palast der **jüdischen Fabrikantenfamilie Cytron**, in dem das Historische Museum (Muzeum Historyczny) untergebracht ist. Von den rund 35 000 Exponaten zur Geschichte der Region ist leider nur ein Bruchteil zugänglich, darunter die sterblichen Überreste einer gotischen Prinzessin, die während der Völkerwanderungszeit in einem Langboot bestattet wurde.

ul. Warszawska 37 | Di. – So. 10 – 17 Uhr | Eintritt: 10 zł | www.muzeum.bialystok.pl

Zum Erfinder des Esperanto

★ Zamenhof-Kultur-zentrum

In Białystok wurde der Augenarzt Ludwik Zamenhof (1859 – 1917) geboren, berühmter Erfinder der Kunstsprache Esperanto. Heute gibt es auf der Welt mehr als zwei Millionen Menschen, die sich mit ihrer Hilfe verständigen. Zu Zamenhofs 100. Todestag wurde ihm zu Ehren ein Kulturzentrum gegründet. Mit Hilfe von Videos, O-Tönen und Doku-Fotos will es die Atmosphäre jener Jahre zum Leben erwecken, als Białystok ein Schmelztiegel verschiedener Kulturen und Religionen war. Eine Bibliothek stellt all die Bücher aus, die weltweit auf Esperanto verfasst wurden (▶ Das ist …, S. 27).

Centrum im. Ludwika Zamenhofa | Warszawska 19 | Tel. 85 6 76 73 67 | Di. – So. 10 – 17 Uhr | www.centrumzamenhofa.pl

Lange Bauzeit für fünf Zwiebeln

Cerkiew Świętego Ducha

Ungefähr drei Kilometer nordwestlich vom Stadtzentrum liegt **Polens größtes orthodoxes Bauwerk**. Die 55 m hohe **Heilig-Geist-Kirche** (Cerkiew Świętego Ducha) wurde 1999 nach fast 20-jähriger Bauzeit vollendet. Sie wird von fünf zwiebelförmigen Kuppeln überwölbt, deren größte 23 m hoch ist und ein 7,5 m hohes Kreuz trägt. Ausgestattet ist die Kirche u. a. mit drei reich verzierten Altären.

Cerkiew św. Ducha | ul. Antoniuk Fabryczny 13 | www.swietegoducha.cerkiew.pl

5000 Gräber der einst großen Gemeinde

Jüdischer Friedhof

Etwa zwei Kilometer östlich des Zentrums an der ul. Wschodnia befindet sich der einzige erhaltene jüdische Friedhof der Stadt und zugleich einer der größten jüdischen Friedhöfe Polens. Die jüdische Gemeinde nutzte das 12,5 ha große Areal von 1876 bis 1969. Die fast 5000 teilweise **reich verzierten Grabmäler und Mausoleen** aus Marmor, Granit und Sandstein sind großteils sehr gut erhalten.

Mühle und Höfe des alten Podlachien

Museumsdorf in Osowicze

Das Museumsdorf (Białostockie Muzeum Wsi) in Osowicze in der Gemeinde Wasilków, einem Vorort von Białystok, zeigt die traditionelle Architektur Podlachiens. Neben einer Bockwindmühle aus dem 19. Jh. sind mehrere kleinere Landadelshöfe zu sehen. Regelmäßige Vorführungen traditioneller Handwerksberufe geben Einblicke in die Lebensweisen vergangener Zeiten.

ul. Nadawki 21c | Osowicze | Mai - Okt. Mo. - Fr. 9 - 15, Sa./So. 9 - 16 Uhr, Juli/Aug. länger | Eintritt: 12 zł | www.skansen.bialystok.pl

Rund um Białystok

Supraśl

Polen exotisch: Nirgends sonst erlebt man so intensiv, dass Polen ein Vielvölkerstaat war – und noch immer ist. 15 km nordöstlich von Białystok, inmitten des Waldgebiets Puszcza Knyszyńska, liegt Supraśl. Das 4500 Einwohner zählende Städtchen wurde 2001 zum Kurort ernannt. Die gute Luft und die Heilkraft seiner Moorbäder locken zahlreiche Gäste in den kleinen Ort. Etwa um das Jahr 1500 herum gründeten einige Mönche des Basilianerordens ein **Kloster an der Biała**, das glanzvoll restauriert wurde. Der Klosterhof ist von drei Seiten mit barocken Gebäuden aus dem 17./18. Jh. umgeben. An der östlichen Seite schließt sich der 1635 bis 1655 errichtete Palast der Äbte an. Dessen Kapelle und Refektorium, beide mit reicher Stuckverzierung, sind heute als **Museum** zugänglich. Ausgestellt wird eine reiche Sammlung an Ikonen aus der gesamten orthodox-unierten Welt.

Die Kathedrale des Klosters von Supraśl, die **Maria-Verkündigungs-Kirche** (Cerkiew Zwiastowania Najświętszej Marii Panny), wurde im 16. Jh. erbaut, nachdem ihr hölzerner Vorgängerbau einem Brand zum Opfer gefallen war. Das Bauwerk, das zu den schönsten orthodoxen Kirchen Polens zählte, wurde im Zweiten Weltkrieg von den Deutschen vollkommen zerstört. Seit 1985 wird dieses **Meisterwerk der Renaissancearchitektur** erneut aufgebaut; teilweise bereits wieder hergestellt sind die Sterngewölbe. Auch finden seit geraumer Zeit hier wieder Gottesdienste statt.
Am pl. Kościuszki befindet sich der **Palast der Fabrikantenfamilie Buchholtz**. Das 1892 bis 1903 errichtete Bauwerk, das heute als Gymnasium genutzt wird, vereint klassizistische Elemente mit jenen

Dieser Palast in Supraśl war der Stolz der Tuchfabrikantenfamilie Buchholtz – und ist heute ein Gymnasium.

der Renaissance und des Jugendstils. Zu besichtigen sind das Arbeitszimmer des Tuchfabrikanten A. Buchholtz, der Bankettsaal und das prunkvolle Treppenhaus.
Muzeum Ikon: ul. Klasztorna 1 | Di. - So. 10 - 17 Uhr | Eintritt: 16 zł | www.muzeum.bialystok.pl

Führung mit muslimischen Tataren

Bohoniki

Unweit der weißrussischen Grenze, etwa 40 km östlich von Białystok, liegt das Dorf Bohoniki. Gegründet Mitte des 16. Jh.s, siedelten hier seit dem 17. Jh. v. a. **Tataren**, deren Kultur das Dorf und die Region prägte (► Das ist ..., S. 26). Mit ihrem von einer kleinen, zwiebelförmigen Kuppel gekrönten Dach erinnert die um 1900 erbaute **Moschee** in Bohoniki an eine orthodoxe Kirche. Der Mihrab, die kunstvoll ausgeführte Gebetsnische, markiert die Richtung zur heiligen Stadt Mekka. Wer die Moschee besichtigen möchte, kann sich im Gemeindehaus der tatarischen Minderheit gegenüber der Moschee für eine Führung anmelden.

Traditionelle Geschlechtertrennung

Kruszyniany

Wenige Kilometer südlich von Bohoniki liegt das Dorf Kruszyniany, ein weiteres Zentrum der tatarischen Minderheit. Die Moschee dort, 1829 erstmals erwähnt, verfügt im Gegensatz zur Moschee von Bohoniki über gesonderte Eingänge für Männer und Frauen. Auch im Gebetsraum findet sich die traditionelle Trennung nach Geschlechtern wieder. Wer die Moschee besichtigen möchte, fragt im Haus Nr. 57 nach dem Schlüssel. Führungen in polnischer und englischer Sprache finden an Wochenenden statt.
Der tatarische Friedhof von Kruszyniany ist die **größte muslimische Ruhestätte Polens**. Er liegt nur wenige Schritte von der Moschee entfernt. Ein Halbmond schmückt das Tor, durch das man das kiefernbestandene Gelände betritt. Neben neueren Gräbern, die sich bis auf die muslimische Symbolik kaum von christlichen unterscheiden, findet man ältere Grabmäler in Form von Obelisken oder in den Boden eingelassenen Steinplatten. Recht interessant ist das Nebeneinander arabischer, kyrillischer und lateinischer Grabinschriften.

Kirche, Reliquie und Sommerpalais

Choroszcz

Das Städtchen Choroszcz liegt 15 km westlich von Białystok im malerischen Narewtal. Mitte des 17. Jh.s gründeten Dominikanermönche hier ein Kloster, das seine spätbarocke Gestalt 1753 bis 1756 beim Ausbau der Stadt durch Jan Klemens Branicki erhielt. Zum Kloster gehört die Pfarrkirche **St. Johannes und Paul** (Kościół Św. Jana Chrzciciela i Św. Szczepana). Als besonderen Schatz verwahrt

Ganz aus Holz: die Moschee von Bohoniki

das Kloster eine Reliquie des heiligen Candidus, eines frühchristlichen Märtyrers, der Ende des 3. Jh.s hingerichtet wurde.
In der ul. Lipowa, unweit des Dominikanerklosters, steht die 1878 im neobyzantinischen Stil errichtete orthodoxe **Kirche der barmherzigen Muttergottes** (Cerkiew Matki Bożej Opiekuńczej). Ihr weithin sichtbarer Glockenturm prägt das Stadtbild. Die von einer Kuppel überwölbte Kirche ist mit byzantinischen Ikonen reich geschmückt.
Am Ortsrand, umgeben von einem 25 ha großen Park, liegt die Sommerresidenz der Familie Branicki, die heute als **Museum** zugänglich ist. Das in den 1750er-Jahren auf einer künstlichen Insel erbaute Palais zeigt eine wertvolle Sammlung von Rokokomöbeln, Wandteppichen, Uhren und Porzellan.
Muzeum Wnętrz Pałacowych: Di. – So. 10 – 17 Uhr | **Eintritt:** 10 zł

Weben, schnitzen, töpfern und schmieden

Handwerksroute

Viele **traditionelle Gewerke** blieben im Nordosten Polens bis heute erhalten. Zusammen mit dem Ethnografischen Museum richtete die Touristeninformation in Białystok vor einigen Jahren eine »Handwerksroute« ein. Sie führt u. a. zu Webereien in Janów, einer Holzlöffelwerkstatt in Zamczysk, Töpfern und Schmieden in Czarna Wieś Kościelna und einem Holzschnitzer in Sokółka.

BIELSK PODLASKI

Wojewodschaft: Podlaskie
Höhe: 141 m ü. d. M. | **Einwohner:** 26 500

Für orthodoxe Christen ein wichtiger Pilgerort, für alle anderen ein mittelalterliches Städtchen an der Biała, das mit seinen ikonengeschmückten Kirchen einen Zwischenstopp lohnt. Und Ikonen werden noch reichlich hergestellt: Bielsk Podlaski leistet sich Polens einzige Fachschule für Ikonenmalerei.

Orthodoxes Zentrum

Der 1253 erstmals urkundlich erwähnte Ort erhielt 1495 das Stadtrecht und wurde 1513 die erste Hauptstadt der neu geschaffenen Wojewodschaft Podlachien des polnisch-litauischen Königreichs. Schon im 15. Jh. war Bielsk das **Ziel jüdischer, polnischer und deutscher Einwanderer** und entwickelte sich zu einem wichtigen Handwerkszentrum. Bis heute lebt eine weißrussische Minderheit in der Stadt an der Biała, die 20 % der Gesamtbevölkerung ausmacht und ein eigenes Gymnasium betreibt.

BIELSK PODLASKI ERLEBEN

TOURISTINFORMATION
ul. Kopernika 1
Tel. 85 7 30 05 50
www.umbielskpodlaski.pl

PODLASIANKA €
Sowohl regionale als auch polnische Küche kommt in postsozialistischem Flair auf den Tisch.
ul. Mickiewicza 37
Tel. 85 7 30 96 00
www.restauracja-podlasianka.pl

HOTEL UNIBUS €
49 Zimmer. Einfaches Hotel im Ortszentrum, das Restaurant serviert regionale Spezialitäten.
ul. Widowiska 4
Tel. 85 7 30 03 03
www.unibus.com.pl

Wohin in Bielsk Podlaski?

Wundertätiges Bild

Das **älteste sakrale Bauwerk der Stadt** steht in der ul. Jagiellońska. Die hölzerne Kirche der Allerheiligsten Muttergottes (Cerkiew Narodzenia Przenajświętszej Bogarodzicy) wurde 1562 errichtet. Darin ruhen die Gebeine ihrer Stifterin, der Herzogin Wassa Michajlovna. Die orthodoxe Kirche wurde in den folgenden Jahrhunderten mehrfach umgebaut und erweitert, der frei stehende Glockenturm stammt aus dem 17. Jahrhundert. Aus der ersten Hälfte des 16. Jh.s datiert ein besonders eindrucksvolles Kunstwerk: die **Ikone der Heiligen Jungfrau von Ogiditria**. Das Heiligenbild, dem wundertätige Kräfte nachgesagt werden, zieht jährlich Tausende von Pilgern nach Bielsk.

Kirche der Allerheiligsten Mutter Gottes

Zwiebeltürme und verzierte Holzsäulen

Die St.-Michaels-Kirche (Cerkiew Świętego Michała) an der ul. Mickiewicza entstand im 16. Jh. in der Nähe des alten Schlosses von Bielsk. Das sehenswerte Gebäude besitzt einen Glockenturm und zwei Kuppeln mit Zwiebeltürmen und wurde auf dem **Grundriss eines griechischen Kreuzes** errichtet. Die Kuppel des Hauptschiffs wird von sechs verzierten hölzernen Säulen getragen.

St.-Michaels-Kirche

Unterm Turmdach

Am nördlichen Ende der ul. Mickiewicza liegt der Marktplatz mit dem spätbarocken Rathaus. Das zweistöckige Gebäude mit Turmdach und einem Uhrentürmchen als Dachreiter setzt einen weithin sichtbaren Akzent in der Altstadt. Erbaut wurde es von 1778 bis 1780 von Jan

Rathaus

Sękowski im Auftrag der damaligen Stadtherrin Izabella Poniatowska-Branicka. Nach mehreren Umbauten erhielt es im 19. Jh. seine heutige Form. Untergebracht ist hier eine Dependance des **Muzeum Podlaskie**, die Wechselausstellungen zu historischen, ethnografischen und künstlerischen Themen zeigt.
ul. Mickiewicza 45 | Di. – So. 10 – 17 Uhr | Eintritt: 6 zł | www.muzeum.bialystok.pl

Karmeliterinnenkloster

Orthodox geweihte Garnisonskirche
Das ehemalige Karmeliterinnenkloster in der Nähe des Marktplatzes wurde Mitte des 17. Jh.s errichtet. Nach einem Brand wurde die Klosterkirche 1784 im klassizistischen Stil wieder aufgebaut. Seit 1840 erfüllte sie die Funktion der orthodoxen Garnisonskirche. Die gesamte Anlage wurde 1866 nach orthodoxem Ritus neu geweiht und nach neobyzantinischem Vorbild umgebaut.

CHOJNICE · KONITZ

Wojewodschaft: Pomorskie
Höhe: 148 m ü. d. M. | **Einwohner:** 40 000

Die mittelalterliche Altstadt wird von einer mächtigen Backsteinkirche überragt. Doch für die meisten ist Chojnice nur Durchgangsort zum Nationalpark Tucheler Heide, der rings um den Charzykowskie-See entstand: Wasser und Wald so weit das Auge reicht.

Festung an der Kreuzung

Chojnice entstand aus einer Festung an der Kreuzung wichtiger Handelswege und erhielt 1360 das Stadtrecht. Von 1466 bis 1772 war es in polnischem, dann in preußischem Besitz; seit 1920 gehört es wieder zu Polen.

Wohin in Chojnice?

Historisch-Ethnografisches Museum

Noch etwas Mittelalter
Das Stadtzentrum ist teilweise von einer mittelalterlichen Stadtmauer umgeben. Erhalten blieben das im 14. Jh. erbaute **Schlochauer Tor** (Brama Człuchowska) sowie drei Basteien. Der Turm des Tors diente im 17./18. Jh. als Gefängnis, später als Glockenturm. Heute sind dort die archäologischen und völkerkundlichen Sammlungen des sehenswerten Historisch-Ethnografischen Museums (Muzeum Historyczno-

CHOJNICE · KONITZ ERLEBEN

TOURISTINFORMATION
Stary Rynek 4 | Tel. 52 3 97 05 97
www.turystyka-chojnice.pl

BELLEVUE €€
15 Zimmer. Das kleine Hotel mit Sauna und Restaurant liegt ca. 6 km nordwestlich von Chojnice direkt am v. a. bei Seglern beliebten Müskendorfer See.
ul. Długa 35 | Charzykowy
Tel. 52 3 98 81 52
http://charzykowy.eu

SUKIENNICE €
Stimmungsvolles Restaurant in einem Bürgerhaus aus dem 19. Jahrhundert. Serviert werden polnische und sehr gute chinesische Gerichte. Im Obergeschoss ist ein Hotel mit 18 Zimmern und 3 Apartments untergebracht.
ul. Sukienników 14
Tel. 52 3 97 96 28
www.hotelsukiennice.pl

RANCHO POD LASEM €
3 Zimmer, 2 Apartments. Nordöstlich von Chojnice gelegener gepflegter Reiterhof.
ul. Droga Pod Lasem 2, Krojanty
Tel. 52 3 98 56 20
www.tvc.pl/ranchopodlasem

Etnograficzne) untergebracht. Auch die benachbarte **Hühnerfuß-Bastei** (Baszta Kurza Stopa) dient als Ausstellungsraum des Museums.
ul. Podmurna 15 | Di. – Fr. 10 – 17, Sa./So. 11 – 16 Uhr | Eintritt: 7 zł | www.chojnicemuzeum.pl

Auf dem Altmarkt
Am Stary Rynek (Altmarkt) erhebt sich das stattliche **neogotische Rathaus**, das Anfang des 20. Jh.s gebaut wurde. Den Platz säumen schön restaurierte Bürgerhäuser aus dem 19. Jahrhundert. Marktplatz

Mit schönen Kuppelmalereien
Die gotische Pfarrkirche St. Johannes (Bazylika Św. Jana) an der ul. Gimnazjalna entstand im 14. Jh., wurde 1945 stark zerstört und später nach altem Vorbild wiedererrichtet. Die nahe gelegene spätbarocke **Jesuitenkirche** (Kosciół Najświętszej Marii Panny) stammt aus der Mitte des 18. Jh.s und verfügt über eine sehenswerte illusionistisch ausgemalte Kuppel. St. Johannes

Rund um Chojnice

Chojnice liegt inmitten der Bory Tucholskie (Tucheler Heide), dem nach dem Urwald von Białowieża größten Waldgebiet ganz Polens. Unmittelbar nördlich der Stadt beginnt der wertvollste und faszinie- ★ Tucheler Heide

rendste Teil der Tucheler Heide, der als Nationalpark geschützt ist. Schmelzwasser hat dort während der baltischen Eiszeit eine einzigartige Landschaft mit Sanderflächen und Inlandsdünen gebildet. Zum Schutzgebiet gehören mehr als 20 Seen mit zum Teil kristallklarem Wasser. Der im Westen des Parks gelegene, fast 10 km lange **Jezioro Charzykowskie** (Müskendorfer See) ist wunderbar zum Baden geeignet und ein beliebtes Segelsportzentrum. Er ist auch Startpunkt einer attraktiven Kanu-Tour durch den Nationalpark. Im malerischen Ferienort Charzykowy kann man preiswert Boote ausleihen.
Stanica Wodna PTTK | ul. Wzgórze 1 | Tel. 52 398 81 05 | www.stanicacharzykowy.pl

DARŁOWO · RÜGENWALDE

Wojewodschaft: Zachodnio-Pomorskie
Höhe: 0 – 8 m ü. d. M. | **Einwohner:** 14 200

Seit über hundert Jahren ist der Ort an der Wipper als Heimat der »Rügenwalder Teewurst« ein Begriff, und der in der einstigen Hansestadt geborene Pommernfürst Erik ging als »der letzte Wikinger« in die Geschichte ein. Heute ist er mit seiner herausgeputzten Altstadt ein beliebter Stopp nach Darłówko, das vorgelagerte Seebad.

Heimat der Teewurst

Der 1271 erstmals erwähnte Ort an der Wieprza (Wipper) erhielt 1312 das Stadtrecht und trat 1356 der Hanse bei. Drei Jahrhunderte lang gehörte die Stadt zum Besitz der Greifenherzöge, die hier ihre Residenz unterhielten. Nach dem Tod des letzten Greifenherzogs, Bogisław XIV., im Jahr 1637 gelangte Rügenwalde in brandenburgischen, später in preußischen Besitz. Den Zweiten Weltkrieg überstand die heutige Kreisstadt weitgehend unversehrt. Als Sohn eines Pommerschen Herzogs wurde **Erich, »der letzte Wikinger«**, 1382 in Rügenwalde geboren, wuchs aber seit dem sechsten Lebensjahr bei seiner Großtante Königin Margarethe I. auf, die über Dänemark, Norwegen und Schweden herrschte. Als König Erik folgte er ihr auf den Thron. Nach Streitigkeiten wurde er 1439 abgesetzt und begann von der Insel Gotland aus eine neue Karriere als Pirat. Dabei hatte er vor allem die Schiffe seiner untreuen Untertanen im Visier. Schließlich kehrte Erik in seinen Geburtsort Rügenwalde zurück und regierte dort bis zu seinem Tod 1459 als Herzog von Pommern-Stolp.

DARŁOWO ERLEBEN

TOURISTINFORMATION
ul. Powstańców Warszawskich 51
Tel. 519 30 30 32
www.darlowo.com.pl

Darłowkos Aquapark ist der einzige in Polen, dessen Becken mit Meerwasser gefüllt sind.
Park Wodny »Jan«
ul. Północna 11
Tel. 94 3 14 49 10
www.parkwodny.net
1 Std. 12 zł

Im Juli kommen zahlreiche polnische Künstler und Journalisten zum viertägigen Festival »Media i Sztuka« (Medien und Kunst) in Darłówko. Mitte August versammeln sich drei Tage lang die Freunde der Reggae-Musik, auch Workshops werden angeboten.
www.reggaenwalde.pl

STARY SPICHLERZ €€
Der »alte Speicher«, in Sichtweite des Schlosses gelegen, serviert polnische Küche.
ul. Zamkowa 3
Tel. 94 3 14 51 37
www.stary-spichlerz.pl

JAN €€€
89 Zimmer, 11 Apartments. Strandnahes Mittelklassehotel neben dem Aquapark.
ul. Słowiańska 24
Tel. 94 3 14 31 20
www.hoteljan.pl

LIDIA €€–€€€
Viersternehotel zwischen Strand und Wald mit Spielzimmer für Kinder, Hallenbad, Sauna und Night Club.
ul. Dorszowa 3
Darłówko Zachodnie
Tel. 94 3 14 30 38
www.hotel-lidia.pl

Wohin in Darłowo?

Schachbrettstadt

Das im 14. Jh. errichtete Steintor (Brama Kamienna) führt in die schachbrettartig angelegte Altstadt. Den rechteckigen Marktplatz, den pl. Kościuszki, säumen barocke Laubenhäuser. Die Westseite nimmt das 1725 gebaute barocke Rathaus ein. Altstadt

Letzte Ruhe für König Erik

Direkt hinter dem Rathaus liegt die wuchtige Marienkirche (Kosciół N. P. Marii). Die dreischiffige Hallenkirche mit 60 m hohem Turm entstand im 14. Jh. und wurde später barock ausgestattet. In der **Fürstengruft** stehen die Sarkophage von König Erik sowie der Her- Marienkirche zoginnen Hedwig (1595 – 1650) und Elisabeth (1580 – 1653), den Ehefrauen der beiden letzten Greifenherzöge.

Gefängnis und Getreidelager

Schloss

Südöstlich des Markts erhebt sich das **Schloss der Pommerschen Herzöge** (Zamek Książąt Pomorskich). Der gotische Bau wurde um 1352 als Wasserburg errichtet, später im Stil der Renaissance verändert und u. a. als Gefängnis und Getreidelager genutzt; heute zeigt dort das **Regionalmuseum** sakrale Skulpturen, Möbel verschiedener Epochen, archäologische Funde sowie zeitgenössische Kunst.

Muzeum Darłowo: ul. Zamkowa 4 | tgl. 10 – 16, Juli/Aug. tgl. 10 – 18 Uhr | Eintritt: 14 zł | www.zamekdarlowo.pl

Einst Friedhofskapelle, heute Pfarrkirche

Gertrudenkapelle

Die nordwestlich der Altstadt gelegene zwölfeckige, mit Holzschindeln gedeckte gotische Gertrudenkapelle (Kaplica Św. Gertrudy) wurde vermutlich von König Erik gestiftet. Ein auf sechs Pfeilern ruhendes **Sternengewölbe** schmückt den Innenraum. Seit 1990 dient die ehemalige Friedhofskapelle als Pfarrkirche.

Rund um Darłowo

Preußens erstes Seebad

Darłówko

Darłówko (Rügenwaldermünde) entstand als Hafen der 3 km östlich gelegenen Stadt Rügenwalde an der Mündung der Wipper. 1814 gründete der Arzt Dr. Georg Büttner hier das erste preußische Seebad. Der durch die Flussmündung geteilte Ferienort ist im Sommer von Darłowo aus auch mit einem kleinen Boot (Tramwaj Wodny) in rund 20 Min. zu erreichen. Wie ein notgelandetes Ufo wirkt das »Wärterhäuschen« an der Schiebebrücke über die Wipper. Unweit davon steht der 22 m hohe **Leuchtturm** aus dem Jahr 1927.

Leuchtturm: ul. Wschodnia 14 | Juni – Okt. tgl. 10 – 18 Uhr | Eintritt: 8 zł | www.darlowko.pl/atrakcje/2/latarnia_morska

Berühmte Söhne der Stadt

Sławno

Die Kleinstadt Sławno (Schlawe) liegt etwa 20 km südlich von Darłowo. In der Geburtsstadt des Historikers **Franz Mehring** (1846 – 1919) und des Rundfunkpioniers **Hans Bredow** (1879 bis 1959) lohnt sich der Besuch der 1321 erbauten gotischen Pfarrkirche (Kościół Parafialny). Sehenswert sind auch die beiden um 1450 entstandenen gotischen Stadttore.

Bismarck bei der Arbeit

Warcino und Kępice

Im Jahr 1867 erwarb der damalige preußische Ministerpräsident **Otto von Bismarck** (1815 – 1898) in dem 28 km südöstlich von

Zwischen altem Segelschiff und dem Leuchtturm im Hafen von Darłówko nochmal schnell die Mails checken ...

Sławno gelegenen Dorf Warcino (Varzin) ein Rittergut. Dieses dient heute als **»Zentrum regionaler Erziehung«**. Der sperrige Name steht für Kulturarbeit: Ausstellungen, Literatur-Lesungen und deutsch-polnische Treffen sollen zur »Versöhnung« beitragen.
Preußenfans freilich interessiert all das in der Regel wenig, sie kommen allein wegen Otto von Bismarcks original erhaltenem Arbeitszimmer mit Kamin und Kaiserbüste, mächtigem Schreibtisch, Reichsadler und Jagdtrophäen.
In Bismarcks Tradition steht auch die nahe gelegene Kleinstadt Kępice (Hammermühle), wo er mehrere Papierfabriken errichten ließ. Dort mussten 1944 polnische Zwangsarbeiter **für die Gestapo Dollar- und Pfundnoten fälschen**; mit dem Falschgeld sollte die britische und amerikanische Wirtschaft geschädigt werden. 1945 wurden die Fabrikanlagen vollständig zerstört.

★ DRAWIEŃSKI PARK NARODOWY · DRAWA-NATIONALPARK

Wojewodschaften: Zachodnio-Pomorskie, Lubuskie, Wielkopolskie
Höhe: 40 – 150 m ü. d. M.

Der 1990 eingerichtete Nationalpark umfasst die Täler der Flüsse Drawa und Płociczna. Die urwüchsige Seen- und Waldlandschaft ist vor allem bei Kanuwanderern sehr beliebt.

Wald, Seen und Sand

Die Landschaft des Nationalparks wurde vor ca. 15 000 bis 20 000 Jahren während der letzten Phase der baltischen Eiszeit geformt. Abfließendes Gletscherwasser spülte einen breiten Sandstreifen aus, durch den heute die **Drawa** und die **Płociczna** fließen. 1974 wurden die wertvollen Sanderebenen als Naturschutzgebiet ausgewiesen, 1990 entstand hier ein Nationalpark mit einer Gesamtfläche von 11 100 ha. Mehr als drei Viertel der Fläche bilden Kiefernwälder.
Die **Drawa**, die in der Nähe von Połczyn Zdrój entspringt und nach 186 km in die Noteć (Netze) mündet, gilt als ausgesprochen »launenhaft«. Sie fließt zunächst sehr ruhig dahin, ähnelt dann aber stellenweise mehr einem reißenden Gebirgsfluss. An manchen Stellen im Nationalpark hat sie **bis zu 30 m hohe Schluchten** in den porösen Untergrund geschnitten.

Fische, Adler und seltene Blumen

Flora und Fauna

Die Flüsse und Seen des Nationalparks sind sehr fischreich; insgesamt werden knapp 40 Fischarten gezählt. Der Nationalpark ist Lebensraum für 165 Vogelarten, u. a. für See- und Schreiadler, für Biber und Fischotter. Über 920 Pflanzenarten kommen hier vor, darunter 55, die unter Artenschutz stehen. Zu den wertvollsten Pflanzen des Parks zählt die **Sumpf-Glanzkraut-Orchidee**.

Nordeingang des Nationalparks

Drawno (Neuwedel)

Die zwischen den beiden Seen Jezioro Dubie Północne und Dubie Południowe gelegene Kleinstadt Drawno (Neuwedel) bildet das nördliche Tor zum Nationalpark. 1313 wurde erstmals die Burg der Familie von Wedel urkundlich erwähnt. Von dem Bauwerk existieren nur noch Fragmente.
Die **gotische Kirche** am pl. Wolności entstand im 13./14. Jh.; der Fachwerkturm auf quadratischem Grundriss wurde im 18. Jh. angefügt. Sehenswert ist die barocke Kanzel.

DRAWIEŃSKI PARK NARODOWY ERLEBEN

INFORMATIONSZENTRUM

ul. Leśników 2
Drawno
Tel. 95 7 68 20 51
www.dpn.pl

Hier gibt's neben Eintrittskarten für den Nationalpark u. a. auch Angelgenehmigungen und Wanderkarten.

Auf dem Gebiet des Nationalparks darf die Drawa vom 1. Juli bis 15. März befahren werden. Eingerichtet wurden mehrere Biwakplätze. Kajaks verleiht u. a. die PTTK-Station in Drawno.

ul. Kolejowa 9
Tel. 95 7 68 21 55
www.stanica.ikona.pl

ZAMEK TUCZNO €€

41 Zimmer. Am nordöstlichen Rand des Nationalparks gelegenes Renaissanceschloss mit Restaurant und Tennisplätzen.

ul. Zamkowa 1 | Tuczno
Tel. 67 2 59 31 17
www.zamek-tuczno.pl

BINDUGA KWATERA AGROTURYSTYKA NAD DRAWĄ €–€€

Wioletta Albes vermietet 3 Ferienwohnungen in einem alten Flößerhaus mit Tante-Emma-Laden. Im Dorf Zatom (Zatten), 14 km südlich von Drawno.

Zatom 46 | Drawno
Tel. (in Deutschland) 0173 2 68 50 15 | www.de.noclegi-online.pl/unterkunft/zatom

★ ELBLĄG · ELBING

Wojewodschaft: Warmińsko-Mazurskie
Höhe: 0 – 30 m ü. d. M. | **Einwohner:** 127 000

Eingebettet in eine sanfte Hügellandschaft, liegt die ehemalige Hansestadt östlich der Weichsel am gleichnamigen Fluss, der den Drużno-See mit dem Frischen Haff verbindet. Nach der Wende erlebte sie eine Renaissance, wichtige Straßenzüge entstanden neu im »mittelalterlichen Stil«. Doch nicht nur die Stadt, auch die Umgebung lohnt den Besuch: Im Boot lernen Sie den den Oberländischen Kanal kennen und üben sich in Entschleunigung.

Einst bedeutender als Danzig

Am heutigen Drausensee (Jezioro Drużno), wo einst der Weichselarm Nogat ins Frische Haff mündete, ist schon für 890 eine pruzzische Siedlung namens Truso dokumentiert, in der reger Handel betrieben wurde. Seeräuber haben sie zerstört. Deutsche Ordensritter errichteten hier 1237 eine Festung, in deren Schutz sich Handwerker und Kaufleute ansiedelten – es entstanden Kirchen und Klöster. 1246

ELBLĄG ERLEBEN

TOURISTINFORMATION
Stary Rynek 25
Tel. 55 2 39 33 77
www.turystyka.elblag.eu

Die Schiffe der Żegluga Gdańska fahren von Elbląg über den Oberländischen Kanal Richtung Ostróda.

In den Sommermonaten veranstaltet die »Galerie EL« Jazz- und Blueskonzerte.

POD KOGUTEM €€
Auf der Karte des soliden Altstadtlokals stehen regionale Spezialitäten wie Elbinger Schinken und Königsberger Klopse.
ul. Wigilijna 8 | Tel. 55 6 41 28 82
www.podkogutem.elblag.pl

MAMMA MIA RISTORANTE PIZZERIA €
Das italienische Lokal östlich der Altstadt bietet schmackhafte Suppen, Pizzen und Pasta aus eigener Produktion.
ul. Krotka 4 | Tel. 55 6 11 47 26
www.mammamia.elblag.pl

KADYNY FOLWARK HOTEL & SPA €€€
43 Zimmer. Geschichtsträchtiges Refugium im ehemaligen Sommerpalais von Kaiser Wilhelm II., etwa 18 km nordöstlich von Elbląg.
Kadyny
Tolkmicko
Tel. 55 2 31 61 20
www.kadyny.com.pl

MŁYN AQUA SPA €€–€€€
25 Zimmer. In einer sanierten alten Mühle nordöstlich vom Stadtzentrum eingerichtetes Hotel. Auch das angeschlossene Restaurant ist empfehlenswert.
ul. Kościuszki 132
Tel. 55 2 35 04 70
www.hotelmlyn.com.pl

ARBITER €€
112 Zimmer. Vor allem bei Reisegruppen beliebtes Mittelklassehotel am Rand der Altstadt.
pl. Słowiański 2
Tel. 55 2 30 61 91
www.arbiterhotel.pl

VIWALDI €€
20 Zimmer. Das freundliche Altstadthaus bietet seinen Gästen gut ausgestattete Zimmer und solide Küche.
ul. Stary Rynek 16
Tel. 55 2 36 25 42
www.viwaldi.home.pl

wurde Elbing das Stadtrecht verliehen, woraufhin es zur Handelsmetropole aufstieg und zeitweise bedeutender als Danzig war. Nach der Niederlage der Ordensritter gegen das polnische-litauische Heer bei Grunwald 1410 begann ihr Einfluss auch in Elbing zu schwinden. 1453 kam die Stadt unter polnische Herrschaft und gelangte 1772 an Preußen. Im 19. Jh. erfuhr Elbing einen enormen **industriellen Aufschwung**. Während des Zweiten Weltkriegs stand es ganz im Zeichen

Fast 100 m hoch ist der der Turm der Nikolauskirche. Anderes ist Interessanter …

der Kriegsproduktion, wurde Anfang 1945 von der Roten Armee belagert und schließlich fast völlig zerstört. In den 1990er-Jahren hat man die Altstadt der einstigen Hansestadt im historisierenden Stil wieder aufgebaut. Seit 1992 ist die Stadt Sitz des neu eingerichteten Bistums Elbląg.

Wohin in Elbląg?

Zur Freude der Archäologen

Altstadt

Die Altstadt war lange Zeit eine wahre Fundgrube für Archäologen. Seit Mitte der 1980er-Jahre brachten Grabungen unzählige Relikte der Vergangenheit ans Tageslicht. Auf den Grundmauern der mittelalterlichen Bebauung entstanden in den 1990er-Jahren neue Häuser im historisierenden Stil; z. T. wurden alte Fassaden rekonstruiert. Ebenfalls wieder aufgebaut wurde das am nördlichen Ende der Altstadt gelegene **Markttor** (Brama Targowa) mit einem Teil der Stadtmauer. Das insgesamt 26 m hohe Tor entstand in der ersten Hälfte des 13. Jh.s und spielte eine wichtige Rolle in der Geschichte der Stadt: Während der Belagerung Elbings durch den Deutschen Orden im Jahr 1521 schnitt ein Bäckergeselle die Taue durch, die das schwere Torgitter aufhielten, und rettete damit die Stadt vor der Plünderung durch die Ordensritter.

★ Nikolauskirche

Tolle Ausblicke und schöner Innenraum
Die Nikolauskirche (Kościół Św. Mikołaja) im Zentrum der Altstadt ist Kathedrale und **das eindrucksvollste Bauwerk von Elbląg**. Das gotische Gotteshaus stammt aus dem 13. Jh. und wurde im Lauf der Zeit mehrfach ausgebaut. Die dreischiffige Kirche mit einem 96 m hohen Glockenturm und einer Aussichtsterrasse in 68 m Höhe eröffnet einen weiten Blick über die Stadt und das Frische Haff. Doch auch die Einrichtung lohnt einen Blick. Ein besonders schönes Werk ist das 1387 von Meister Bernhauser geschaffene bronzene Taufbecken und der gotische Hauptaltar.

Galeria EL

Zeitgenössische Kunst in alter Kirchenruine
Die »Galeria EL« gehört zu den renommiertesten Zentren für zeitgenössische Kunst im Norden Polens. Ungewöhnlich ist der Ort, an dem sich die Galerie eingerichtet hat: Ausstellungsraum ist die teilweise wieder aufgebaute Ruine der Marienkirche des Dominikanerordens in der Elbinger Altstadt. Die einstige Klosterkirche aus dem 13. Jh. war im Zweiten Weltkrieg nahezu völlig zerstört worden.
ul. Kunnierska 6 | Di. – Sa. 10 – 18, So. 10 – 17 Uhr | Eintritt: 8 zł | www.galeria-el.pl

Elbinger Ordensburg

Von den eigenen Bürgern zerstört
Nach der erfolgreichen Belagerung der Elbinger Ordensburg 1453 durch polnische Truppen zerstörten die Bürger der Stadt die Residenz ihrer ungeliebten Herren und unterstellten sich der Hoheit des polnischen Königs. Nur ein kleiner Teil der Burg blieb vor der Zerstörung verschont und beherbergt heute das **Regionalmuseum** (Muzeum Archeologiczno-Historyczne w Elblągu) von Elbląg. Die ausgestellten Exponate – darunter **Delfter Kacheln und Keramik** aus dem benachbarten Kadyny – zeugen vom einstigen Reichtum der Stadt und ihren vielfältigen Handelsbeziehungen. Weitere Exponate dokumentieren die Zerstörung und den Wiederaufbau Elbings.
Muzeum Archeologiczno-Historyczne w Elblągu: Bulwar Zygmunta Augusta 11 | 2018 wegen Renovierung geschl., Schlossgelände frei | www.muzeum.elblag.pl

★★ Oberlandkanal

Aufwärts mit Schiffen
Im kleinen Hafen am Rand der Altstadt beginnt der über 85 km lange Kanal zwischen Elbląg und Ostróda (Kanał Ostródzko-Elbląski), der seit Mitte des 19. Jh.s mit Hilfe von Schleusen und Rampen einen Höhenunterschied von 100 m überwindet (▶ Das ist ..., S. 8). Angeboten wird eine fünfstündige Tour bis Buczyniec (Buchwalde), von wo man mit dem Bus zum Ausgangspunkt zurückgebracht wird.
Juli/Aug. mehrmals tgl. ab 8.30 Uhr, Juni/Sept./Okt. nur Sa./So. | 35 – 40 € | Tickets an der Anlegestelle oder in der ul. Wodna 1B | Tel. 55 2 32 43 07 | zusätzliche Touren siehe Website www.zegluga.com.pl

Auf dem Oberlandkanal geht es für Schiffe spektakulär bergauf.

Rund um Elbląg

Über die Schulter geblickt

Jezioro Druóno

Rund 3 km südlich von Elbląg liegt der Jezioro Drużno. An seinem Nordufer lag einst die Handelssiedlung **Truso**. In den Sommermonaten finden hier immer noch archäologische Ausgrabungen statt. Die Wissenschaftler geben gerne Auskunft über ihre Arbeit, und wer Glück hat, bekommt auch eine kleine Führung durch das Gelände (genauen Anfahrtsweg man im Regionalmuseum erfragen).

Poelns älteste Bäume

Kadyny

Die Elbinger Höhen im Nordosten der Stadt sind ein **Landschaftsschutzgebiet** mit beeindruckenden Schluchten und einem sehr alten Baumbestand. Rund 18 km nordöstlich von Elbląg liegt an ihrem Fuß das Dorf Kadyny (Cadinnen). Gepflegte zweigeschossige Backsteingebäude mit grünen Fensterrahmen bestimmen das Bild des Ferienorts. 1899 erwarb der deutsche Kaiser Wilhelm II. ein 1720 entstandenes barockes Gutshaus und ließ es zur Sommerresidenz ausbauen. Daneben gründete er ein Gestüt, in dem Ostpreußens berühmteste Pferde, die **Trakehner**, gezüchtet wurden. Zwischen 1961 und 2010 wurden hier Pferde der Großpolnischen Rasse gezüchtet. Nun sucht das schöne Fachwerk-Gestüt nach einem Investor … Immerhin gibt es mit dem »Kadyny Country Club« noch ein komfortables Hotel in den ehemaligen Wirtschaftsgebäuden der kaiserlichen Residenz. Unweit vom Schlosskomplex steht die **Bażyński-Eiche**, die zu den **ältesten Bäumen Polens** zählt. Das über 700 Jahre alte Naturdenkmal ist gut 25 m hoch und hat einen Umfang von rund 10 m. Der Legende nach soll die Eiche von der Namensgeberin des Dorfes, der pruzzischen Fürstentochter Cadina, gepflanzt worden sein.

Klein-Holland im Delta der Weichsel

Nowy Dwór Gdański

1540 erlaubte König Zygmunt I. den in Holland verfolgten Mennoniten, sich im Weichseldelta anzusiedeln. Sie verwandelten das sumpfige Gebiet in ein Klein-Holland mit Kanälen und Windmühlen. Nach 1772 entzogen sich viele Mennoniten der preußischen Assimilierung und wanderten nach Russland aus, 1945 wurden die verbliebenen Familien vertrieben. An ihre Geschichte erinnert das Werder-Museum in Nowy Dwór Gdański (Tiegenhof), 25 km nordwestlich von Elbląg.

Muzeum Żuławski: ul. Kopernika 17 | im Sommer tgl. 11 – 16 Uhr | Eintritt: 6 zł | www.zph.org.pl

EŁK · LYCK

Wojewodschaft: Warmińsko-Mazurskie
Höhe: 126 m ü. d. M. | **Einwohner:** 57 000

In der größten Stadt im Osten Masurens wurde 1926 Siegfried Lenz geboren. Mit seinen Romanen und Erzählungen setzte er der ursprünglichen Landschaft und ihren Bewohnern ein liebevolles Denkmal. 2011 wurde dem damals 85-Jährigen der Titel des Ehrenbürgers der Stadt Ełk verliehen. Im Sommer erwacht das zwischen Seen attraktiv gelegene Städtchen zu einem zweiten, touristischen Leben.

Heimat von Siegfried Lenz

Zu Beginn des 15. Jh.s errichtete der **Deutsche Orden** eine Burg an der Stelle einer alten pruzzischen Befestigung auf einer Insel im Lycksee. Schon nach kurzer Zeit ließen sich masowische Siedler am Ufer gegenüber der Insel nieder und gründeten einen kleinen Ort, der 1669 das Stadtrecht erhielt. Nach dem Zweiten Weltkrieg entwickelte sich in Ełk vor allem die Holz- und Agrarindustrie. Nachdem die Veränderungen nach 1989 einen massiven Abbau von Arbeitsplätzen mit sich brachten, setzt man seit Mitte der 1990er-Jahre verstärkt auf den Ausbau der touristischen Infrastruktur.

EŁK ERLEBEN

TOURISTINFORMATION
ul. Wojska Polskiego 47
Tel. 87 6 21 70 10
www.turystyka.elk.pl

»Przystanek Olecko« – »Haltestelle Olecko« heißt eines der größten Rockfestivals der Region. Alljährlich Ende Juli verwandeln Polens bekannteste Bands das nördlich von Ełk gelegenen Städtchen in einen Hotspot der Jugendszene.

SIEDLISKO MORENA €€€
31 Zimmer, 5 Apartments. Am See gelegenes Komforthotel im Landhausstil mit Hallenbad, Sauna, eigenem Strand, Tennisplatz und gepflegtem Restaurant.
Jeziorowskie 11a
Stare Juchy
Tel. 87 6 19 99 99
www.siedliskomorena.pl

RYDZEWSKI €€
Modernes Hotel im Stadtzentrum mit 53 nett eingerichteten Zimmern und einem Fischrestaurant mit Sommergarten.
ul. Armii Krajowej 32
Tel. 87 6 21 89 00
http://rydzewski.pl

MASURENHOF €€
Jochen Elsner hat vor einigen Jahren seine norddeutsche Heimat aufgegeben, um in der Nähe von Ełk in Masuren einen alten Bauernhof zu übernehmen. Dort können Gäste nicht nur ihr Zelt auf der Wiese aufschlagen oder im Bauernhaus übernachten, sondern auch auf einer Lage von frischem Heu in der Scheune schlafen. Das Heuhotel bietet Platz für bis zu 50 Personen.
Szarejki 14
Nowa Wieś Elcka
Tel. 87 6 19 77 05
www.masurenhof.info

APARTAMENTY SMĘTEK €
Fragen Sie nach einer Ferienwohnung mit Seeblick! Das deftige Frühstück wird unten im Pub serviert, gut essen kann man auch im Grilllokal an der Marina. Wer lieber selber kocht, findet ein gut bestücktes Einkaufszentrum 5 Minuten entfernt. Weitere Pluspunkte: Gratis-WLAN, Flachbild-TV mit deutschen Programmen, Fahrräder und Boote ausleihbar.
ul. Pułaskiego 19
Tel. 87 6 21 14 53
www.smetek.pl/apartament-w

Wohin in Ełk?

Sozialistischer Touch

Bauten aus der sozialistischen Zeit bestimmen das Bild der Stadt, doch im Zentrum wurden einige historistische Bürgerhäuser und Jugendstilgebäude saniert. Sie vermitteln wieder einen Eindruck von dem einstigen Flair. Die neu gestaltete **Seepromenade** lädt mit vielen kleinen Bars und Restaurants zum Flanieren ein. Altstadt

Vom Schloss zum Gefängnis zum Hotel

Schloss

Das ehemalige Stadtschloss liegt auf einer **Insel inmitten des Lycksees** gegenüber der Altstadt. Die vom Deutschen Orden erbaute Anlage verfiel im 18. Jh. stark. Im 19. Jh. wurde im Hauptflügel ein Gefängnis eingerichtet, das bis 1976 genutzt wurde. Inzwischen hat ein Investor das Ganze erworben und will eine Hotelanlage errichten.

Medaillons für Nationalheilige

Herz-Jesu-Kirche

Die neogotische Herz-Jesu-Kirche (Kościół Najświętszego Serca Jezusowego) wurde in den Jahren 1847 bis 1850 als protestantische Pfarrkirche errichtet, 1914 stark zerstört und in den 1920er-Jahren wieder aufgebaut. Seit 1945 wird sie von der katholischen Gemeinde genutzt.

Wände, Decken und Pfeiler der dreischiffigen Hallenkirche sind mit Ornamenten verziert, die Räume über den Kapitellen mit Heiligenmedaillons gefüllt, die die wichtigsten **polnischen Nationalheiligen** abbilden.

Kathedrale ohne Kriegsschäden

St.-Adalbert-Kirche

Am südlichen Ende der Altstadt steht in der ul. Kościuszki die 1894 bis 1903 errichtete St.-Adalbert-Kirche (Kościół Św. Wojciecha). Das neogotische Gotteshaus überstand den Zweiten Weltkrieg weitgehend unbeschadet und dient seit 1999 der neu geschaffenen Diözese Ełk als Kathedrale. Sehenswert sind einige Heiligenfiguren aus dem 16. und 17. Jahrhundert.

Treff der deutschen Minderheit

Wasserturm

Der Wasserturm an der ul. 11-go Listopada wurde 1895 erbaut und versah bis in die 1970er-Jahre seinen Dienst. Heute trifft sich hier die »Gesellschaft der Deutschen Minderheit«, die den Turm restaurieren ließ und neben ihren Büros während der Feriensaison einen Ausstellungsraum und ein kleines Café betreibt.

Gemächlich unterwegs auf der Schmalspur

Kleinbahn

Siegfried Lenz setzte ihr in seinem Band »So zärtlich war Suleyken« ein literarisches Denkmal – und noch immer tuckert die »Kleinbahn namens Popp« von Ełk nach Turowo, allerdings nur im Sommer. Dabei lässt sich die 1913 in Betrieb genommene Schmalspurbahn reichlich Zeit: für die nur 36 km weite Fahrt benötigt sie ca. 2 Stunden.

Bei der Bahnstation gleich neben dem Hauptbahnhof gibt es auch ein kleines Eisenbahnmuseum. Hier erfahren Sie auch die aktuellen Ausflugstermine.

Ełcka Kolej Wąskotorowa i Muzeum Kolejnictwa: Wąski Tor 1 | Mo.–Fr. 8–15 Uhr

Auf dem Masurenhof (► S. 73) gibt es tierischen Anschauungsunterricht.

Rund um Ełk

Blick zur Decke

Stare Juchy

20 km nordwestlich von Ełk liegt Stare Juchy (Fließdorf), einer der ältesten Orte im östlichen Masuren. Die Dreifaltigkeitskirche (Kościół Trójcy Przenajświętszej) wurde 1586 erbaut. Die Ausstattung der barocken Kirche stammt z. T. aus dem hölzernen Vorgängerbau, beispielsweise der Renaissance-Altar von 1501. Die Deckenmalereien sind größtenteils noch original erhalten.

Wilhelminisch baden

Olecko

Das Städtchen Olecko, das einstige Margrabowa/Treuburg, liegt 38 km nördlich von Ełk am gleichnamigen See. Der **7 ha große Marktplatz** im Zentrum galt einst als der größte Deutschlands. Von der ehemaligen Bebauung blieb nach dem Ende des Zweiten Weltkriegs nicht mehr viel erhalten. Der **Olecko-See** (Jezioro Oleckie) war schon vor dem Zweiten Weltkrieg ein beliebtes Ausflugsziel. Vom ehemaligen Hindenburgpark, dem damaligen Sport- und Vergnügungszentrum mit Reitbahn, sind noch einige Gebäude erhalten. Sehenswert ist die alte Badeanstalt im wilhelminischen Stil.

★★ FROMBORK · FRAUENBURG

Wojewodschaft: Warmińsko-Mazurskie
Höhe: 0 – 20 m ü. d. M. | **Einwohner:** 2500

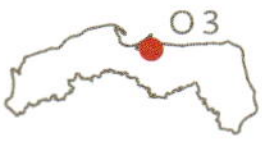

In dem beschaulichen Städtchen am Frischen Haff dreht sich alles um den Astronomen Kopernikus, der in der Domburg die mittelalterliche Welt auf den Kopf stellte. Doch nicht nur seine Wirkungsstätte beeindruckt, auch die Natur tut es: Am Horizont schälen sich die Dünenbänke der Frischen Nehrung heraus, die im Sommer von Ausflugsbooten angesteuert werden.

Ein neues Weltbild

Auf dem Gebiet der Stadt siedelte der altpreußische Stamm der Ermen, der in der ersten Hälfte des 13. Jh.s vom Deutschen Orden unterworfen wurde. Nach der Zerstörung des Domkapitels im benachbarten Braniewo (Braunsberg) verlegte Bischof Heinrich I. 1278 den Sitz des Ermländer Bistums nach Frauenburg. Im Jahr 1310 wurde der Ort zur Stadt erhoben wurde. Zwischen 1510 und 1543 war **Nikolaus Kopernikus** (▶ Interessante Menschen) Verwalter des Domkapitels und betrieb im Turm der Kathedrale seine astronomischen Studien. Die schwedischen Kriegszüge im 17. Jh. und die Verschiebung der Handelsstraßen führten zum wirtschaftlichen Niedergang Frauenburgs. Nach schwerer Zerstörung im Zweiten Weltkrieg wurde die Stadt in den 1960er-/1970er-Jahren wieder aufgebaut.

★★ Dom und Domhügel

Schutz vor den Pruzzen

Katedra

Das Bild Fromborks wird vom Domhügel (Wzgórze Katedralne) mit der größten Backsteinkirche des ehemaligen Ostpreußen bestimmt. Schon im 14. Jh. wurde eine mächtige Wehranlage um Dom und Bischofspalast gebaut, zum Schutz vor den Angriffen der Pruzzen. Die wuchtigen Mauern umschließen ein Areal von 130 m x 60 m. Der Dom entstand 1329 bis 1388 und ist das älteste noch erhaltene Gebäude auf dem Domhügel.

Sommer Mo. – Sa. 9 – 16, So. 12 – 17 Uhr | Eintritt: 8 zł | www.muzeum.frombork.pl

Die Mondsichelmadonna

Hallenkirche

Die 97 m lange, dreischiffige gotische Hallenkirche beherbergt zahlreiche Schätze der Sakralkunst. Besonders sehenswert ist der **spätgotische Flügelaltar** im nördlichen Seitenschiff mit einer »Mond-

BLICK AUFS FRISCHE HAFF

Besteigen Sie den Aussichtsturm der Bischofsburg von Frombork, verstehen Sie, warum just hier eine revolutionäre Theorie geboren wurde: Über das Haff geht der Blick aufs offene Meer – ein Panorama ohne Grenzen. Stellen Sie sich den Nachthimmel vor – ohne die heutige »Lichtverschmutzung«! In diesen Himmel hat der Domherr und Astronom Kopernikus viele Jahre geschaut, um 1543 zum Schluss zu kommen: Die Erde ist nicht der Mittelpunkt des Universums, sondern nur ein Planet unter vielen anderen.

sichelmadonna«, 1504 von Bischof Lukas Watzenrode gestiftet und in einer Thorner Werkstatt gefertigt. Die weiteren Altäre sowie die übrige Ausstattung stammen überwiegend aus dem Barock. Der Hochaltar wurde 1747 bis 1752 vom Krakauer Meister Franciszek Placidi gefertigt, die Gemälde stammen von dem Dresdner Künstler Stefan Torelli. Die 1693 von dem Danziger Daniel Nitrowski gebaute **Barockorgel** mit beweglichen Figuren ist für ihren hervorragenden Klang berühmt. Im Fußboden und an den Wänden des Doms finden sich mehr als 100 Grabplatten und rund 20 Epitaphe, vorwiegend für die hier begrabenen Bischöfe und Domherren. Das Epitaph für **Nikolaus Kopernikus** wurde 1735 vom Domkapitel gestiftet und am ersten Pfeiler des nördlichen Kirchenschiffs angebracht.

Dank DNA-Analyse

Kopernikus' Ruhestätte

Im Sommer 2005 entdeckten Archäologen unter den Bodenplatten des Domes das vermutliche **Grab des berühmten Astronomen**.

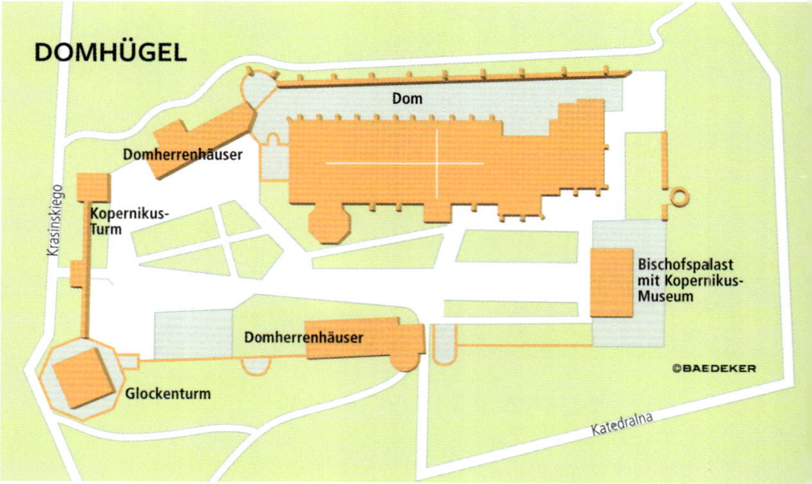

Dass es sich bei dem Grab tatsächlich um dasjenige von Kopernikus handelte, konnte 2008 durch eine DNA-Analyse der aufgefundenen Knochenreste bestätigt werden. Im April 2010 wurden Kopernikus' sterbliche Überreste unter einem Altar im rechten Seitenschiff des Doms beigesetzt.

Das Leben des Astronomen

★ Bischofspalast

Von der einstigen Pracht des Ermländer Domkapitels zeugt der aus dem 15. Jh. stammende Bischofspalast (Palac Biskupi). Der gotische Bau wurde später durch barocke Elemente verändert. Während des Zweiten Weltkriegs fast vollständig zerstört, beherbergt er seit seinem Wiederaufbau das attraktive und informative **Kopernikus-Museum**. Es zeigt Exponate zur Stadtgeschichte, zur Geschichte des Domhügels und zum Leben und Wirken von Kopernikus.

Tgl. 9.30 – 17 Uhr | Eintritt: 8 zł | http://frombork.art.pl

Perfekt eingependelte Ausblicke

Glockenturm

Von der Aussichtsplattform des im 17. Jh. gebauten Glockenturms (Wieża Radziejowska) hat man einen guten Blick auf Frombork und das Frische Haff. Bei schönem Wetter reicht die Sicht sogar bis nach Kaliningrad (Königsberg). Im Untergeschoss des Turms wurde ein Planetarium eingerichtet, im oberen Teil hängt eine Nachbildung des **Foucault'schen Pendels**, das durch seine Pendelbewegungen die Rotation der Erde nachweist.

Tgl. 9.30 – 17 Uhr | Eintritt: 10 zł

FROMBORK ERLEBEN

TOURISTINFORMATION
Młynarska 5-A
Tel. 55 2 44 06 77
www.frombork.art.pl

In den Sommermonaten findet in der Fromborker Kathedrale das »Internationale Festival der Kirchenorgelmusik« statt. Von Juni bis August präsentieren hier international bekannte Orgelvirtuosen an dem für seinen Klang gerühmten Instrument ihr Können, zur Freude zahlreicher Besucher.

AKCENT €€
Die polnischen Spezialitäten des »Akcent« werden im Sommer auf der schönen Gartenterrasse serviert. Beliebt sind vor allem die Suppen, allen voran der Borscht auf litauische Art und die in einer Brotschale servierte Sauerteigsuppe.
ul. Rybacka 4 | Tel. 55 2 43 72 75
www.restauracja-akcent.com

WARMIA €–€€
47 Zimmer. Gepflegtes Mittelklassehotel im Stadtzentrum von Braniewo. Das Restaurant im stimmungsvollen Gewölbekeller bietet regionale und europäische Küche.
ul. Gdańska 18 | Braniewo
Tel. 55 2 43 93 53
http://hotelwarmia.pl

KOPERNIK €
42 Zimmer. Dieses Stadthotel bietet für wenig Geld einen sehr guten Komfort. Das Restaurant serviert feine regionale Küche.
ul. Kościelna 2 | Tel. 55 2 43 72 85
www.hotelkopernik.com.pl

Arbeitszimmer in der Befestigungsanlage
Der sog. Kopernikus-Turm aus dem Jahr 1410 ist Teil der Befestigungsanlagen des Domhügels. Kopernikus soll ihn von 1504 bis zu seinem Tod im Jahr 1543 als Arbeitsstube genutzt haben. Kopernikus-Turm

Medizingeschichte
Im Westen der Stadt liegt das ehemalige Hospiz zum Heiligen Geist (Zespół poszpitalny Św. Ducha) mit der gotischen Kapelle St. Anna. Als Dependance des Kopernikus-Museums beherbergt es eine Ausstellung zur Geschichte der Medizin. Eine gut erhaltene Wandmalerei aus den Jahren 1423 bis 1426 mit der Darstellung des Jüngsten Gerichts ist in der St.-Annen-Kapelle zu sehen. Hospiz zum Heiligen Geist
Di. – Sa. 9.30 – 17 Uhr | Eintritt: 8 zł | http://frombork.art.pl

Schöne Sicht zum Kaffee
Unterhalb des Domhügels steht ein Wasserturm aus dem späten 16. Jh., hier ist heute ein kleines Café eingerichtet. Von der Aussichtsterrasse eröffnet sich ein **herrlicher Blick über das Haff**. Wasserturm

Flucht über das Haff

Findling

Ein Findling in der Nähe des kleinen Fromborker Hafens erinnert mit einer Inschrift in deutscher und polnischer Sprache an 450 000 ehemalige Bewohner der Region, die gegen Ende des Zweiten Weltkriegs über das Haff nach Westen flüchteten.

Rund um Frombork

Zwei Kirchen

Braniewo

11 km östlich von Frombork, unmittelbar vor dem Grenzübergang zur russischen Enklave Kaliningrad, liegt die Kleinstadt Braniewo (Braunsberg). Die im Zentrum gelegene **Katharinenkirche** (Kościół Św. Katarzyny) wurde 1343 bis 1442 errichtet. Das gotische Gotteshaus brannte während des Zweiten Weltkriegs vollkommen aus und wurde seit Ende der 1970er-Jahre wieder aufgebaut. Besonders schön sind die **Sterngewölbe** der in neun Joche eingeteilten dreischiffigen Hallenkirche. Erhalten geblieben sind einige gotische Altäre sowie Teile der 1893 von Justus Bornowski angefertigten Wandgemälde.
Die **St.-Anton-Kirche** (Kościół Św. Antoniego) wurde von 1830 bis 1837 nach Plänen des preußischen Architekten Karl Friedrich Schinkel (1781 – 1841) für die evangelische Gemeinde erbaut. Das klassizistische Gotteshaus überstand den Zweiten Weltkrieg unbeschadet und wird seit 1946 von der katholischen Gemeinde genutzt. Die Hallenkirche birgt eine Vielzahl sakraler Kunstwerke aus den zerstörten Kirchen der Umgebung.

★★ GDAŃSK · DANZIG

Wojewodschaft: Pomorskie
Höhe: 0 – 142 m ü. d. M. | **Einwohner:** 456 000

Wenn eine Stadt spannend und schön ist, dann Danzig! Im historischen Zentrum erwarten Sie nicht nur Bernstein und »Die Blechtrommel«, sondern extravagante Kaufmannshäuser und Kirchen. Neue Museen erzählen von maritimen Traditionen, künstlerischen Aufbrüchen und der Geschichte des 20. Jahrhunderts. Und immer lockt das Meer: Vom Ufer der Mottlau, die wenige Kilometer flussabwärts in die Ostsee mündet, starten Schiffe zu Ausflügen aufs Wasser. Herrliche Strandtage verspricht Sopot, das zusammen mit Gdynia und Danzig zur »Dreistadt« verschmolzen ist.

Am Langen Markt mit Neptunbrunnen und Rechtstädtischem Rathaus endet der Königsweg.

»Eine deutsche Stadt in der polnischen Krone«: So wurde Danzig viele Jahre genannt. In ihrer 1000-jährigen Geschichte gab es ein meist friedliches Nebeneinander von Slawen und Deutschen.

Spannend und schön

Erstmals erwähnt wurde eine **slawische Siedlung** namens »urbs Gyddanzc« im Jahr 997. Aufgrund ihrer guten Lage an der Bernsteinstraße rückte sie rasch zu einem **Handelszentrum** auf, an dem sich deutsche Kaufleute niederließen. 1308 fiel Danzig an den Deutschen Orden (► Baedeker Wissen, S. 158), dessen Herrschaft die Bürger jedoch abschüttelten, um sich 1454 dem polnischen König zu unterstellen. Dieser gewährte der Stadt so viele Freiheiten, dass Danzig zur wichtigen Drehscheibe im Ostseehandel aufrückte und seine **»goldene Zeit«** erlebte. Diese erlosch, als sich Preußen im Jahr 1793 Danzig einverleibte. Erst während der Industrialisierung blühte wieder das Geschäft – dieses Mal mit dem Bau von Schiffen. Nach dem Ersten Weltkrieg wurde Danzig abermals eine **»Freie Stadt«**, dieses Mal unter dem Schutz des Völkerbunds. Doch die mehrheitlich deutsche Bevölkerung forderte den Anschluss ans Deutsche Reich: Danzig und der sog. Polnische Korridor, der es vom »Mutterland« trennte, wurde von Hitler zum Anlass genommen, Polen am 1. September 1939 den Krieg zu erklären. Sechs Jahre später war nichts mehr wie zuvor: Die polnische Bevölkerung war vertrieben, die jüdische ermordet und die deut-

sche auf der Flucht vor den anrückenden Truppen der Sowjetunion. **Danzig wurde polnisch**, den neuen, aus anderen Teilen des Landes oder den ehemals polnischen Ostgebieten kommenden Bewohnern oblag es, die im Krieg zerstörte Stadt wieder aufzubauen. Sie taten es so perfekt, dass das neue »historische« Danzig bald aussah wie das alte – eine Pioniertat in der Geschichte der Denkmalpflege.
Als streikende Werftarbeiter 1980 unter Führung des Elektrikers **Lech Wałęsa** die Gewerkschaft »Solidarität« gründeten, rückte die Stadt erneut ins Rampenlicht der Weltgeschichte. Es dauerte nicht lang, da zählte die Gewerkschaft mehrere Millionen Mitglieder im Land – das freilich durfte im sozialistischen Arbeiterstaat nicht sein. Kurzerhand verbot die Regierung die »Solidarität« und verhängte das Kriegsrecht. Erneute Massendemonstrationen und der Zerfall des sozialistischen Systems in der Sowjetunion leiteten 1989 radikale Umwälzungen ein: An deren Ende war Polen ein kapitalistisches Land mit Lech Wałęsa als erstem gewählten Präsidenten.

★★ Główne Miasto · Rechtstadt

★ Königsweg

Herzstück der Rechtstadt
Die wichtigsten Sehenswürdigkeiten Danzigs konzentrieren sich in der Rechtstadt. Sie wurde fast vollständig im alten Stil wieder aufgebaut. Auf dem Königsweg (Droga Królewska) hielt einst Polens König Einzug in Danzig. Bis heute bildet die Strecke das Herzstück der Rechtstadt und führt vom Hohen Tor über die Langgasse und den Langen Markt zum Grünen Tor am Ufer der Mottlau.

★ Hohes Tor

Mit Wappen geschmücktes West-Tor
Das Hohe Tor (Brama Wyżynna) entstand 1574 als Teil der Stadtbefestigung und bildete den westlichen Haupteingang in die Stadt. Das schlichte Backsteintor wurde 1588 vom flämischen Baumeister Willem van den Blocke **im Stil eines antiken Triumphbogens** umgestaltet. Die obere Hälfte der Sandsteinfassade schmücken auf der Eingangsseite die Wappen von Polen, Preußen und Danzig. An der Rückseite des Tors kam 1883 das Wappen der Hohenzollern hinzu.

Stockturm, Peinkammer

Vom Bernstein zu Folterinstrumenten
Gleich hinter dem Hohen Tor erheben sich die miteinander verbundenen Gebäude des Stockturms (Wieża Więzienna) und der »Peinkammer« (Katownia). Das mittelalterliche Vortor aus dem 14. Jh. war Teil der Stadtbefestigung und diente zugleich als Gerichtsgebäude und als Gefängnis. Die beiden oberen Geschosse des Stockturms wurden zu Beginn des 16. Jh.s aufgesetzt und mit Renaissance-Formen dekoriert. 2006 zog das **Bernstein-Museum** (Muzeum Bursztynu) in den Stockturm ein. Auf fünf Etagen werden bemerkenswer-

OBEN: Das alte Danzig erstrahlt nach der Zerstörung im Zweiten Weltkrieg mittlerweile wieder in alter Pracht.

UNTEN: Auch die Biergasse ist auferstanden.

GDAŃSK ERLEBEN

STÄDTISCHE TOURISTINFORMATION

ul. Długi Targ 28
Tel. 58 3 01 43 55
www.gdansk.pl
www.visitgdansk.com

REGIONALE TOURIST INFORMATION

Wały Jagiełłonskie 2-A
Tel. 58 7 32 70 41
www.pomorskie.travel/de

PTTK

Gesellschaft für Tourismus und Heimatkunde
ul. Długa 45
Tel. 58 3 01 60 96
www.pttk-gdansk.pl

TOURISTENKARTE

Die Touristenkarte (Karta Turysty), erhältlich bei der Touristinformation, am Bahnhof und am Flughafen, gewährt Rabatt z. B. in Restaurants und Bernsteinläden und ist 24 oder 72 Stunden lang gültig. Aufladbar ist ein elektronisches Ticket für »Besichtigungen« für freien Eintritt in den Zoo und in über 20 Museen und eines für »Verkehr«, das freie Fahrt in Bus, Trolleybus und Tram ermöglicht.

STADTFÜHRUNGEN

Ausgezeichnet sind die auf Englisch geführten Gratis-Touren von Free Walking Tours, die tägl. um 10.30 Uhr am Goldenen Tor starten und 2.30 Std. dauern.
Wer sich einer deutschsprachigen Stadtführung anschließen möchte, wendet sich an das Büro der PTTK. Für einen Rundgang durch die Rechtstadt und die Altstadt sollte man mindestens einen halben Tag einplanen.
https://freewalkingtour.com/gdansk

TOURISTISCHE STADTRUNDFAHRT

In einer rund 75-minütigen Tour werden täglich von 9 bis 19 Uhr die Hauptsehenswürdigkeiten der Stadt abgefahren. Start ist alle 30 Minuten am Kohlenmarkt (Targ Węglowy), dann geht es durch Rechts-, Alt- und Niederstadt. Urlauber erhalten im Bus einen Audioführer (auch auf Deutsch) und können mit dem 24 Stunden gültigen Ticket beliebig oft zu- und aussteigen.

GDANSK LECH WALESA AIRPORT

ca. 18 km östlich von Gdansk in Rębiechowo
An-/Abreise mit Regionalbahn SKm oder mit ZTM-Bus Linie 110
Tel. 0 801 066 808
www.airport.gdansk.pl

Nach Sopot und Gdynia fährt vom Bahnhof aus die Stadtbahn SKM. Wasserstraßenbahn, Weiße Flotte und andere Ausflugsdampfer fahren von den Anlegestellen an der Langen Brücke (Długie Pobrzeże) zur Westerplatte, nach Sopot, Gdynia und zur Halbinsel Hel. Tickets erhält man vor Ort.
Oder haben Sie Lust auf eine Stadterkundung mit einem der nun so populären E-Bikes? Ab 2019 gibt es in der Dreistadt über 600 Verleihstationen mit mehr als 4800 E-Bikes!

Danzig hat auch als Badeort einiges zu bieten. Dem Stadtzentrum am

nächsten sind die breiten Sandstrände in den Stadtteilen Brzeźno und Jelitkowo, die durch eine neue Promenade mit Radweg miteinander verbunden sind.
Wunderschöne Sandstrände gibt es auch im Stadtteil Stogi und östlich der Innenstadt auf der Insel Sobieszewo.

In Danzig finden zahlreiche hochkarätige Kulturveranstaltungen statt. Dazu gehören der Danziger Musiksommer samt Orgelfestival (Juli/Aug.), das Internationale Straßentheater-Festival »FETA« (Juli) sowie die Glockenspieltage und das Shakespeare-Theaterfestival (Aug.).
Wichtigstes Stadtfest ist der »Dominikanermarkt«, der bereits im 13. Jh. abgehalten wurde. Er beginnt am letzten Samstag im Juli und dauert drei Wochen. In dieser Zeit verwandeln sich große Teile der Altstadt dann in einen riesigen Flohmarkt, begleitet von zahlreichen Musik- und Theateraufführungen.

Danzig ist die Stadt des Bernsteins. In vielen Manufakturen wird er zu Schmuckstücken und kleinen Skulpturen geschliffen, als Intarsie im Lampenschirm verströmt er geheimnisvolles Licht. Dutzende von Galerien und Läden verkaufen das »Gold der Ostsee«, man findet sie hauptsächlich entlang der Langen Brücke (ul. Długie Pobrzeże) und der Frauengasse (ul. Mariacka).

1 FLISAK 76
Beim »Flößer« gibt's ausgefallene Cocktails – wie wäre es mit Rharbarber oder Rosenblättern? Gemütliches Ambiente im mittelalterlichen Kellergewölbe bzw. auf gepolsterten Paletten in einer Altstadtgasse.
ul. Chlebnicka 9/10
tgl. 18 – 01 Uhr

1 FELLINI €€€
Mediterrane Küche am Fischmarkt: Elegantes Ambiente, Blumenbouquets und perfekter Service sorgen fürs Wohlbefinden. Zu den Klassikern der saisonweise wechselnden Karte gehören Rindfleisch-Carpaccio, zartes neuseeländisches Lamm und der noch zartere Butt.
Targ Rybny 6 | Tel. 58 719 76 20
www.restauracjafellini.pl

2 KUBICKI €€€
Danzigs Traditionslokal (1918) ist nach seiner Umgestaltung zum Top-Restaurant der Dreistadt avanciert. Serviert werden kaschubische Regionalgerichte in moderner Aufmachung. Köstlich schmecken der marinierte Lachs in Dill-Honig-Sauce, die hausgemachte Wurst mit Steinpilzen sowie Ente auf Danziger Art. Einfach toll sind auch die feinen, hausgemachten Desserts von Chefkoch Mazurowski!
ul. Wartka 5 | Tel. 58 301 00 50
www.restauracjakubicki.pl

3 GDAŃSKA €€
In den fünf opulent dekorierten Räumen des seit dem 17. Jh. bestehenden Lokals werden polnische Spezialitäten serviert.
ul. Św. Ducha 16
Tel. 58 305 76 71
www.gdanska.pl

4 GOLDWASSER €€
Was gibt es Schöneres, als an der Mottlau-Promenade zu sitzen, vorbeifahrenden Schiffen nachzuschauen und sich als Aperitif oder auch Digestif ein Gläschen Goldwasser (▶ S. 335) zu genehmigen? Wenn

sich der Hunger meldet, greift man zur Hummersuppe, zu einem der großzügigen Fischgerichte oder zum Riesensteak. Übrigens sind auch die Innenräume mit einem Schuss Exzentrik sehr schön eingerichtet. Ein Besuch lohnt sich.
ul. Długie Pobrzeże 22
Tel. 58 3 01 12 44
www.goldwasser.pl

❺ CAFÉ FERBER €

Der Name des Cafés bezieht sich auf eine der bekanntesten Danziger Patrizierfamilien, über deren Geschichte(n) man sich in der Speisekarte informieren kann. Die Einrichtung wirkt trendig; das Angebot reicht vom Frühstück über Süßes zum Kaffee bis zum Cocktail.
ul. Długa 77
Tel. 58 3 01 55 66

❶ DWÓR OLIWSKI €€€€

Ein herrschaftliches Refugium mitten im Grünen mit großem Garten-Spa und kostenlosen E-Bikes – ein idealer Ort zum Entspannen!
ul. Bytowska 4
Tel. 58 5 54 70 07
www.dwor-oliwski.com.pl

❷ GDAŃSK €€€

48 Zimmer. Schönes Hotel in einem historischen Kornspeicher an der Mottlau. Während hier nostalgische Stilmöbel und Fotos Alt-Danzig heraufbeschwören, ist der neue Anbau modern-maritim gestaltet. Von beiden Häusern genießt man einen Blick auf den Jachthafen und die Rechtstadt, in der hoteleigene Mikro-Brauerei gibt es Danzigs bestes Bier.
ul. Szafarnia 9
Tel. 58 3 00 17 17
www.hotelgdansk.com.pl

❸ KAMIENICA GOTYK €€

Das kleine Hotel in dem 1451 erbauten Haus am Beginn der Frauengasse bietet 7 stilvoll eingerichtete Zimmer.
ul. Mariacka 1
Tel. 58 3 01 85 67
www.gotykhouse.eu

---

te Bernsteinfunde und wertvoller Schmuck ausgestellt (▶ Baedeker Wissen, S. 146). An den Rundgang durch die Welt des Bernsteins schließt sich ein Besuch in der Peinkammer an. Dort werden Folterinstrumente gezeigt.

Muzeum Bursztynu: Targ Węglowy 26 | 16. Juni – 15. Sept. Mo. 9 – 13, Di. – Do. 9 – 16, Fr./Sa. 10 – 18, So. 10 – 16, 16. Sept. – 15. Juni Di. 10 – 13, Mi. – Sa. 10 – 16 (Do. bis 18), So. 11 – 16 Uhr
Eintritt: 12 zł | www.muzeumgdansk.pl

Triumphbogen mit angeschlossenem Hof

Goldenes Tor

Die Złota Brama bildet den imposanten Eingang zur Langgasse. Der zweigeschossige Spätrenaissancebau in Form eines Triumphbogens wurde 1612 bis 1614 von **Abraham van den Blocke** und **Jan Strakowski** errichtet. An das Goldene Tor grenzt der spätgotische **St.-Georgs-Hof** (Dwór Bractwa św. Jerzego), ein zweigeschossiges Backsteingebäude, in dem sich ab 1494 die von Danziger Patriziern gebildete St.-Georgs-Bruderschaft traf. Das Gebäude wird heute für Ausstellungen und Veranstaltungen genutzt.

1 Flisak

1 Fellini
2 Kubicki
3 Gdańska
4 Goldwasser
5 Café Ferber

1 Dwór Oliwski
2 Gdańsk
3 Kamienica Gotyk

SOLIDARNOŚĆ

Die Arbeiter der Danziger Lenin-Werft schrieben Weltgeschichte: Sie setzten die Bildung einer freien Gewerkschaft (Unabhängige Selbstverwaltete Gewerkschaft »Solidarität«) in einem Ostblockstaat durch und ließen sich auch durch die Verhängung des Kriegsrechts nicht einschüchtern. Damit ebneten sie den Weg für ein freies Polen.

»Mury« von Jacek Kaczmarski

▶ Die Geschichte von Solidarność

1975	1976	1980		
Vorgeschichte Verschlechterung der wirtschaftlichen Lage durch die Wirtschaftspolitik von KP-Chef Edward Gierek und die hohe Auslandsverschuldung	Preiserhöhungen, erste Streiks; Gründung des »Komitees zur Verteidigung der Arbeiter« (KOR)	**01.07.** Drastische Erhöhung der Fleischpreise löst Massenstreiks aus.	**14.–31.08.** Ausbreitung der Streiks auf die Küstenregion, u.a. in der Danziger Lenin-Werft. Streik-komitee unter Führung von Wałęsa formuliert »21 Forderungen«, u.a. die Schaffung freier Gewerkschaften. Die Regierung gesteht dies im »Danziger Abkommen« zu.	**17.09.** Gründung der Solidarność mit Wałęsa als Vorsitzendem, staatliche Anerkennung am 10.11.

Die Widersacher

Wojciech Jaruzelski (1923-2014)
Der Politiker und General war von 1981 bis 1989 Parteichef der Polnischen Vereinigten Arbeiterpartei (PZPR), von 1981 bis 1985 Ministerpräsident und von 1985 bis 1990 das Staatsoberhaupt Polens.

Lech Wałęsa (geb. 1943)
Der gelernte Elektriker und Werftarbeiter war von 1980 bis 1990 Vorsitzender der Gewerkschaft Solidarność, anschließend bis 1995 Staatspräsident Polens. 1983 erhielt er den Friedensnobelpreis.

»Mury« (»Mauern«)
»Und die Mauern werden fallen, fallen, fallen, und die alte Welt wird begraben!«
Das Lied von Jacek Kaczmarski gilt als Hymne der Solidarność.

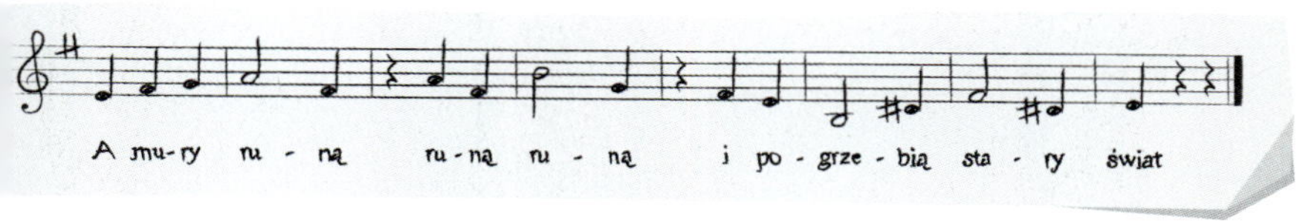

Das Logo
Entworfen vom Grafiker Jerzy Janiszewski, erinnert es an eine Menschenmenge mit weiß-roter Fahne und gab der Solidarność-Bewegung eine visuelle Identität. Der Eichentisch, an dem es 1980 entstand, steht heute in der Danziger Wohnung des Schriftstellers Stefan Chwin.

▶ **Regelungen während des Kriegsrechts**
Lebensmittelmarken für jede Art von Artikeln wie Mehl, Waschmittel, Zucker, Zigaretten. Ausgangssperre ab 22 Uhr, Panzerpräsenz in Großstädten sowie vermehrt Polizeikontrollen. Nach einer 29-tägigen totalen Telefonsperre ertönte bei jedem Telefonat im Minutentakt die Durchsage: »Dieses Gespräch wird abgehört«.

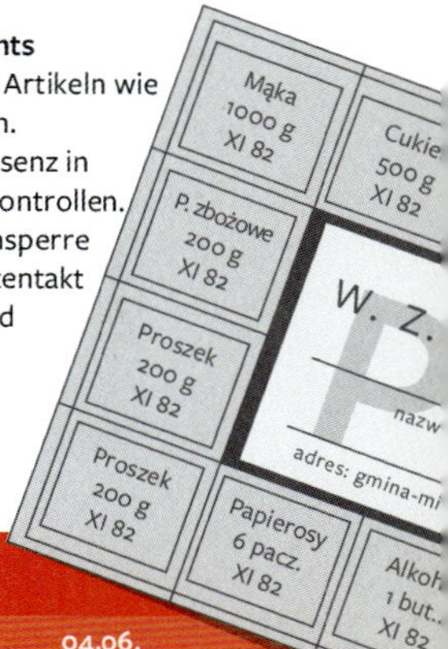

1981

13.10. Sturz des gemäßigten KP-Chefs Kania. General Jaruzelski wird neuer Parteichef.

13.12. Verhängung des Kriegs rechts. Verbot der Solidarność und Verhaftung ihrer führenden Mitglieder.

1982–1988

Die Solidarność agiert im Untergrund und aus dem Exil.

1989

06.02.– 05.04. Gespräch »am Runden Tisch« zwischen kommunistischer Führung und der immer noch verbotenen Solidarność.

05.04. Amtliche Wiederanerkennung der Solidarność

04.06. Erste halbfreie Wahlen: Solidarność gewinnt alle der 160 frei wählbaren Sitze im Abgeordnetenhaus und 99 von 100 Sitzen im neu gebildeten Senat.

Prächtige Giebel und Fassaden

★ Langgasse

Hinter dem Goldenen Tor beginnt die von Patrizierhäusern gesäumte Langgasse, die ul. Długa. Die prachtvoll dekorierten Fassaden und Schmuckgiebel der Gebäude künden vom Wohlstand ihrer früheren Besitzer. Bemerkenswerte Beispiele sind das **Ferberhaus** (Nr. 28), 1560 im Stil der italienischen Renaissance für den Bürgermeister Konstantin Ferber erbaut, das ebenfalls 1560 entstandene **Schumannhaus** (Nr. 45), heute ist hier ein Info-Büro der PTTK (Natur- und Aktivtourismus) untergebracht, sowie das 1569 errichtete manieristische Löwenschloss (Nr. 35), dessen Portal von zwei steinernen Löwen bewacht wird. Zu den schönsten Gebäuden gehört das **Uphagen-Haus** (Dom Uphagen) mit einer Fassade im Stil des Rokoko und Klassizismus. 1776 bis 1779 errichtet, gehörte es dem

BAEDEKER MAGISCHE MOMENTE

MIT DEM SCHIFF NACH HEL

Der Weg ist das Ziel: Besteigen Sie in Danzigs Rechtstadt das Schiff und lassen Sie sich flussabwärts schippern. Schon bald liegt die Stadt hinter Ihnen, der Fluss mündet ins Meer, und das Schiff beginnt stärker zu schaukeln. Es geht dem offenen Horizont entgegen, an dem sich ganz langsam der Sandstreifen der Halbinsel Hel herausbildet. Möwen begleiten Ihren Weg, Meeresbrise kitzelt Ihre Nase. Ob Sie überhaupt Lust haben, im Dorf Hel an Land zu gehen?

Ratsherrn Johann Uphagen, der nach der Einnahme der Stadt durch die Preußen demonstrativ sein Mandat niederlegte. Hier zeigt das **Museum bürgerlicher Wohnkultur**, eine Abteilung des Historischen Museums, die Lebensweise der früheren Patrizier.

Dom Uphagena: ul. Długa 12 | 16. Juni – 15. Sept. Mo. 9. – 13, Di. – Do. 9 – 16, Fr./Sa. 10 – 18, So. 10 – 16, 16. Sept. – 15. Juni Di. 10 – 13, Mi. – Sa. 10 – 16 (Do. bis 18), So. 11 – 16 Uhr | Eintritt: 10 zł
www.mhmg.pl

Durch die Epochen

★ Rechtstädtisches Rathaus

Das Rechtstädtische Rathaus bildet den Übergang von der Langgasse zum Langen Markt. Es wurde 1379 bis 1381 im gotischen Stil von **Heinrich Ungeradin** erbaut und erhielt nach einem Brand 1556 seine heutige Form im Stil der Renaissance durch Anthony van Obbergen. Das spätbarocke Hauptportal mit dem Danziger Wappen wurde 1766 eingefügt. Den 82 m hohen Rathausturm schmückt seit 1561 eine riesige, vergoldete Statue des polnischen Königs Sigismund August II. Der Turm beherbergt ein aus 37 Glocken bestehendes **Glockenspiel** aus dem Jahr 1561, zu hören jede volle Stunde, und verfügt über eine schöne **Aussichtsterrasse**.

Die um 1600 kostbar ausgestatteten Räume sind Teil des Historischen Museums. Der Große Ratssaal, nach der Farbe der mit Damast bespannten Wände auch **Roter Saal** genannt, gilt als das eindrucksvollste Beispiel für den Danziger Manierismus. Die Decke des Saals zieren 25 Gemälde von **Isaak van den Blocke** mit Episoden aus der biblischen Geschichte und aus der Antike. Über den Bänken der Ratsmitglieder sieht man allegorische Gemälde des Niederländers Vredemann de Vries. Den eindrucksvollen, bis zur Decke reichenden Kamin mit dem Stadtwappen fertigte 1593 **Willem van der Meer**.

Zudem dokumentiert eine Fotoausstellung im **Historischen Museum** (Muzeum Historii Miasta) das Ausmaß der Zerstörungen Danzigs durch den Zweiten Weltkrieg.

Muzeum Historyczne: ul. Długa 46/47 | Öffnungszeiten wie Dom Uphagena (▶ oben) | Eintritt: 12 zł | www.muzeumgdansk.pl

Eingerahmt von historischer Pracht

Langer Markt

Als Salon der Stadt gilt der zwischen dem Rathaus und dem Grünen Tor gelegene Lange Markt (Długi Targ), umrahmt von den prunkvollsten Gebäuden der Rechtstadt. Durch seine wuchtige, weiße Front mit drei hohen, spitzbogigen Fenstern hebt sich der **Artushof** (Dwór Artusa) von den übrigen Gebäuden am Markt ab. Mitte des 14. Jh.s wurde er als Sitz der kaufmännischen Bruderschaften errichtet und nach einem Brand von 1477 bis 1481 im spätgotischen Stil wieder aufgebaut. Abraham van den Blocke gestaltete die Fassade 1616/1617 im Stil des Manierismus um. Das Sandsteinportal schmücken Porträts der polnischen Könige **Sigismund III. Wasa** und

Władysław IV. Die dreischiffige, gewölbte Halle des Artushofs dient heute als Abteilung des Historischen Museums. Schmuckstück dieses Saals ist der 11 m hohe Renaissance-Kachelofen. Er wurde 1545 von Georg Stelzener gebaut und besteht aus rund 500 Kacheln mit Porträts von europäischen Herrschern, Wappen und allegorischen Motiven. Der Artushof wird auch für offizielle Veranstaltungen genutzt und ist dann für Besucher nicht zugänglich.

Dwór Artusa: Długi Targ 44 | Di. 10 – 13, Mi. – Sa. 10 – 16 (Do. bis 18), So. 11 – 16 Uhr | Eintritt: 12 zł, Di. frei | www.mhmg.pl

Der Meeresgott als Symbol von Danzigs Macht

Neptunbrunnen

Der Neptunbrunnen (Fontanna Neptuna) vor dem Artushof, eines der beliebtesten Fotomotive der Stadt, entstand 1633 nach Entwürfen von **Abraham van den Blocke**. Die Figur des Meeresgottes wurde nach einem Entwurf von **Peter Husen** aus Bronze gegossen und symbolisiert Danzigs Selbstverständnis als mächtige Seehandelsstadt. Das **Goldene Haus** (Złota Kamienica, Nr. 41) an der Nordseite des Langen Markts wurde 1607 bis 1617 nach Entwürfen von Abraham van den Blocke für den späteren Bürgermeister **Johann Speymann** erbaut. Seine stark gegliederte Fassade ist mit Ornamenten überzogen und mit Bildnissen bekannter Herrscher und Figuren aus

Am Ende der Langen Brücke der Mottlau wacht das Krantor.

der Antike geschmückt. Auf dem Dachfirst thront die Göttin Fortuna, ihr zu Füßen stehen auf der Balustrade die antiken Helden und Heldinnen Kleopatra, Ödipus, Achilles und Antigone. Auf der Südseite des Langen Marktes reihen sich die **Königshäuser** aneinander (Królewskie Kamieniczki, Nr. 1 bis 4), in denen die polnischen Könige bei ihren Besuchen in Danzig Quartier nahmen.

Ende des Königswegs

Grünes Tor

Am Grünen Tor (Zielona Brama), einem repräsentativen Renaissancebau, der den Langen Markt zur Mottlau hin abschließt, endet der Königsweg. Das palastartige Backsteingebäude, 1564 bis 1568 entstanden, wird heute für Ausstellungen genutzt. Hier unterhält auch der ehemalige Staatspräsident Lech Wałęsa ein Bürgerbüro. Über die **Grüne Brücke** gelangt man über die Mottlau zur Speicherinsel des alten Hafens, auf der einst Danzigs Kaufleute ihre Waren lagerten (s. u.).

Abfahrt zur Schiffspartie

★ Lange Brücke

Als Lange Brücke (Długie Pobrzeże) bezeichnet man das linke Ufer der Mottlau mit den ehemaligen Befestigungsanlagen der Hansestadt. Hier legten im Mittelalter Frachtschiffe aus aller Welt an; ihre Waren wurden auf der gegenüberliegenden Speicherinsel gelagert. Heute legen hier die Ausflugsdampfer der Weißen Flotte an. Vorbei am **Brotbänkentor** (Brama Chlebnicka) an der Einmündung der gleichnamigen Gasse, gelangt man zum **ältesten Danziger Stadttor**, dem **Frauentor** (Brama Mariacka) aus dem 14. Jh., in dessen Schatten sich in drei miteinander verbundenen Patrizierhäusern das **Archäologische Museum** (Muzeum Archeologiczne) befindet.

Muzeum Archeologiczne: ul. Mariacka 25 | Di. – Fr. 9 – 17, Sa./So. 10 – 17 Uhr | Eintritt: 8 zł | www.archeologia.pl

Danzigs Wahrzeichen

★ Krantor

Etwas nördlich der Langen Brücke folgt das Krantor (Żuraw), das bekannteste Wahrzeichen der Stadt. Es diente zum Entladen der Schiffe – der größte mittelalterliche Kran konnte bis zu vier Tonnen schwere Lasten heben –, zum Aufrichten von Schiffsmasten und auch zur Verteidigung der Stadt. Heute gehört das Krantor zum **Zentrum für Maritime Kultur** nebenan, das auf fünf Etagen multimedial in die Natur des Meeres und die Seefahrt einführt. »Menschen, Schiffe, Häfen« heißt die interaktive Dauerausstellung, in der Kinder mithilfe eines Mini-U-Boots eine virtuelle Reise auf den Grund des Ozeans machen, Yachtmodelle steuern und Nachrichten per Morsealphabet senden können. In der Abteilung »Boote der Völker der Welt« wird die Entwicklung des Bootsbaus beleuchtet: Vom indonesischen Einboot bis zum Wikingerschiff sind viele originale Stücke zu sehen. Anschließend kann man sich mit Mini-Fähre zur Bleihofinsel (Ołowianka) hinüberschippern lassen, wo sich in drei Renaissance-

BAEDEKER WISSEN

DANZIGS ALTES WAHRZEICHEN

Das mittelalterliche Krantor ist das Wahrzeichen Danzigs und wohl das meistfotografierte Gebäude der Stadt. Ursprünglich ganz aus Holz gebaut, wurde das Krantor nach einem Brand von 1442 bis 1444 neu errichtet. Im Zweiten Weltkrieg fiel es wieder den Flammen zum Opfer, wurde aber nach dem Krieg äußerst sorgfältig restauriert. Heute beherbergt es Ausstellungsräume des Zentrums für Maritime Kultur.

1 Kran
Neben dem Beladen und Entladen von Schiffen wurde der Kran auch zum Aufstellen von Schiffsmasten genutzt. Das Krantor war Eigentum der Stadt Danzig und hatte einen eigenen Verwalter, den Kranmeister.

2 Oberes Rad
Die beiden Räder des Krantors bestehen aus zwei Teilen, verbunden durch eine Spindel. Daran war ein Hanfseil angebracht, an dem die Lasten nach oben befördert wurden. Die Hafenarbeiter, zumeist handelte es sich um Häftlinge, mussten in diese Räder steigen und sie mit ihren Füßen in Bewegung setzen, ähnlich wie bei einem Laufrad für Hamster. Mithilfe des oberen Rades – sein Durchmesser beträgt 5 m – war es möglich, bis zu 4 t schwere Lasten in 25 m Höhe zu befördern.

3 Unteres Rad
Dieses Rad – ebenfalls mit einem Durchmesser von 5 m – wurde benutzt, um Lasten von bis zu 2 t Gewicht in eine Höhe von 11 m zu heben.

4 Türme
Das Krantor war nicht allein zu merkantilen Zwecken gedacht, die Anlage, die zugleich als Stadttor fungierte, wurde auch zur Verteidigung des Hafens errichtet. Unter anderem dienten dabei die Fenster der beiden Türme, die den Kran flankieren, als Schießscharten.

4
2
3
4
1

Speichern die Ausstellung fortsetzt. Zu sehen ist die komplette Ladung eines im Mittelalter gesunkenen und vor einigen Jahren geborgenen Handelsschiffs, dazu Gemälde zum Thema Seefahrt, Modellschiffe, historische Kanonen u. v. a. m. Zum Abschluss empfiehlt sich ein Rundgang auf dem Museumsschiff »Sołdek«, das vor den Speichern vor Anker liegt. Es war das erste polnische Schiff, das nach 1945 vom Stapel lief.

Żuraw: ul. Szeroka 67/68 | Di. - So. 10 - 16 Uhr | www.nmm.pl.

Centralne Muzeum Morskie: ul. Tokarska 21 - 25 (Eingang von der Mottlau-Promenade), Juli/Aug. tgl. 10 - 19, Sept. - Dez. u. April - Juni Di. - So. 10 - 16, Jan. - März Di. - So. 10 - 15 Uhr

Spichlerze / Sołdek: ul. Ołowianka 9 - 13, Di. - So. 10 - 16, Juli/Aug. bis 18 Uhr | www.nmm.pl

Museumspass (Kombiticket für Krantor, Zentrum für Maritime Kultur, Speicher auf der Bleihofinsel, Schiff-Museum »Sołdek« und die Überfahrt mit der Fähre zur Bleihofinsel): 23 zł

Betten im Speicher und Töne im E-Werk

Bleihofinsel

Auf der Bleihofinsel eröffnete 2006 in einem umgebauten ehemaligen E-Werk aus dem späten 19. Jh. die neue **Philharmonie** der Stadt (Filharmonia Bałtycka). Direkt an die Philharmonie schließt sich der 1621 errichtete Königliche Speicher (Spichlerz Królewski) an, in dem einst Getreide für den polnischen König gelagert wurde. Heute beherbergt der Speicher ein Hotel.

Neues Leben in alten Speichern

Speicher-insel

Südlich der Bleihofinsel erstreckt sich die größere Speicherinsel (Wyspa Spichrzów). Hier standen mehr als 300 Speicher, die im Zweiten Weltkrieg fast völlig zerstört wurden. Bislang wurden nur wenige Gebäude rund um das **Milchkannentor** und entlang der Mottlau wieder aufgebaut; das wertvolle innerstädtische Gebiet soll aber in den kommenden Jahren in historisierendem Stil zu neuem Leben erweckt werden – eines der ehrgeizigsten Danziger Bauprojekte. Schon jetzt können Sie über eine Promenade mit Prachtblick auf die Rechtstadt flanieren oder aber im Riesenrad aus Vogelperspektive auf sie herabschauen …

Manieristische Pracht

Großes Zeughaus

Nördlich der Langgasse verläuft die ul. Piwna, die ehemalige Jopengasse (▶ Das ist… S. 14). Ihren westlichen Abschluss bildet das Große Zeughaus (Wielka Zbrojownia), das von 1600 bis 1612 nach Entwürfen von Anthony van Obbergen entstand und mit seiner reich verzierten Fassade als eines der prächtigsten Gebäude im Stil des Manierismus gilt. Das überwölbte Erdgeschoss des ehemaligen Waffenlagers ist heute eine Einkaufspassage, die Obergeschosse werden von der Kunsthochschule genutzt.

Die Frauengasse aus der Vogelperspektive

Zeitreise in die wohlhabende Handelsstadt

Die Frauengasse (ul. Mariacka) verläuft vom Frauentor (Brama Mariacka) parallel zum Długi Targ und gilt als **eine der schönsten Straßen Danzigs**. Ebenso wie am Langen Markt fühlt man sich hier in die Vergangenheit Danzigs als wohlhabende Handelsstadt zurückversetzt. Auch die für den Ostseeraum charakteristischen sogenannten **Beischläge** – terrassenartige Häuservorbauten mit Freitreppen, die sich weit in die Straße hineinschieben – wurden originalgetreu wiederhergestellt.

★ Frauengasse

Monumental

Die ul. Mariacka führt direkt zur Marienkirche (Kościół Mariacki), der **größten gotischen Backsteinkirche der Welt**. Der monumentale Sakralbau entstand 1343 bis 1360 nach Plänen von Heinrich Ungeradin und wurde bis 1502 erweitert und verändert. In der 105 m langen und 66 m breiten, dreischiffigen Hallenkirche finden rund 25 000 Menschen Platz. Der 78 m hohe Hauptturm verfügt über eine Aussichtsterrasse. Ein prächtiges Stern- und Netzgewölbe überspannt den ganz in Weiß gehaltenen Kirchenraum mit seiner kostbaren Ausstattung. Rund 500 Grabplatten und Epitaphe erinnern an die in der Kirche bestatteten Patrizier. Der spätgotische dreiflügelige Hauptaltar im Chorraum wurde 1511 bis 1517 in der Werkstatt des

★ Marienkirche

Meisters Michael aus Augsburg kunstvoll geschnitzt. Die vergoldeten Figuren im Mittelteil stellen die Krönung Mariens dar. Ein Meisterwerk der Uhrmacherkunst ist die 14 m hohe **astronomische Uhr** von Hans Düringer aus Thorn, gefertigt 1464 bis 1470. Die barocke Orgel im Westchor wurde 1625 bis 1629 gebaut und nach dem Zweiten Weltkrieg aus der Johanneskirche in die Marienkirche verlagert. Sie verfügt über 2580 Pfeifen und 50 Register.

ul. Podkramarska 5 | Mo. – Sa. 9 – 18.30, So. 13 – 18.30 Uhr | Eintritt: 4 zł, Aufstieg zum Turm 8 zł | www.bazylikamariacka.pl

Damals noch in der Minderheit

Königliche Kapelle

Nordöstlich der Marienkirche, an der ul. św. Ducha, steht die einzige Barockkirche der Stadt. Das 1678 bis 1681 vom königlichen Baumeister **Tylman van Gameren** erbaute Gotteshaus wurde von König **Jan III. Sobieski** und dem polnischen Primas **Andrzej Olszowski** der katholischen Minderheit – damals war die Bevölkerung Danzigs mehrheitlich protestantisch – gestiftet. In ihrem Schatten lohnt der »Löwenbrunnen« einen Blick, nahebei befindet sich die Günter-Grass-Galerie (▶ Das ist ..., S. 18).

Gdańska Galeria Güntera Grassa: ul. Szeroka 34/35 | Di./Mi. 11 – 17, Do. – So. 11 – 19 Uhr | www.ggm.gda.pl

Schadlos erhalten

★ Nikolauskirche

Am westlichen Ende der ul. Świętojańska liegt die Nikolauskirche (Kościół Św. Mikołaja). Sie gilt als **ältester Sakralbau der Stadt** und hat den Zweiten Weltkrieg ohne Schäden überstanden. Im frühen 13. Jh. erbaut, besitzt die äußerlich schlichte Kirche eine reiche, über

BAEDEKER MAGISCHE MOMENTE

MEDITATION IN DER MARIENKIRCHE

Riesig ist sie und durchflutet von Licht. Sie schreiten über blank gewetzte Grabplatten, Ihre Schritte hallen wider und hinterlassen einen geheimnisvollen Sound. Lassen Sie Ihren Blick längs der weißen Säulen nach oben schweifen, sehen Sie ein bewegtes Gewölbe, dass sich wie ein Netz über die Kirchenschiffe spannt. Nehmen Sie auf einer der holzgeschnitzten Bänke Platz, um die Stimmung länger aufzunehmen.

die Jahrhunderte zu einem eindrucksvollen Ensemble gewachsene Ausstattung mit zahlreichen Gemälden, Epitaphen, Barock- und Rokokoaltären.

Stare Miasto · Altstadt

Überlebensgroß: der Mondkartograph

Alt-
städtisches
Rathaus

Reste der alten Stadtbefestigung trennen die Rechtstadt von der nördlich anschließenden Altstadt, die sich zwischen den Straßen Podwale Grodzkie, Podwale Staromiejski und ul. Wałowa erstreckt und teilweise nach historischem Vorbild erneuert worden ist. Westlich der Podwale Grodzkie, des ehemaligen Stadtgrabens, liegt der 1895 bis 1900 im Stil der Neorenaissance erbaute **Hauptbahnhof** von Danzig mit einem markanten Turm. Sein Helm wurde dem des Rechtstädtischen Rathauses nachempfunden.
Vom Bahnhof sind es nur wenige Gehminuten zu den wichtigsten Baudenkmälern der Altstadt. Das Altstädtische Rathaus (Ratusz Staromiejski) an der ul. Korzenna wurde im Stil des Manierismus 1587 bis 1595 von **Anthony van Obbergen** erbaut. Charakteristisch ist der schlanke Hauptturm des kubischen Backsteinbaus. Das Gebäude, das nach der Auflösung des Altstädtischen Rats um 1911 mit Möbeln aus Danziger Bürgerhäusern ausgestattet wurde, wird heute vom Nordbaltischen Kulturzentrum für Veranstaltungen genutzt.
Der grüne Platz vor dem Rathaus ist dem einstigen Ratsherren Hevelius gewidmet, der überlebensgroß mit einem astronomischen Instrument hantiert. Seine Passion galt dem Mond, den er im 17. Jh. präzis kartographierte; auch mehrere Planeten hat er entdeckt. Ein auf eine Fassade gemaltes Wandbild zeigt »seine« Sterne.

Dem Orden geschenkt

Haus der
Pelpliner
Äbte

Das unweit vom Rathaus gelegene Haus der Pelpliner Äbte (Dom Opatów Pelplińskich) in der ul. Elżbietańska gehört zu den wenigen Bauwerken, die den Zweiten Weltkrieg ohne größere Schäden überstanden haben. Heute ein Bürogebäude, wurde es 1612 im manieristischen Stil errichtet und wenig später vom Danziger Wojewoden den Äbten des Zisterzienserklosters von Pelplin (► Baedeker Wissen, S. 272) geschenkt.

Industrie im Mittelalter

Große Mühle

Entlang des Radaunekanals (Kanał Raduni) führt ein Spazierweg vom Rathaus zur Großen Mühle (Wielki Młyn). Der 1350 zur Zeit der Kreuzritter entstandene Backsteinbau gilt als **größte mittelalterliche Industrieanlage Europas**. Das Wasser des Kanals trieb 18 große Mühlräder an. In dem Bau entstand nach 1989 eines der ersten Einkaufszentren der Stadt. Flankiert wird das riesige Bauwerk

BAEDEKER ÜBERRASCHENDES

6x UNTERSCHÄTZT

Genau hinsehen, nicht daran vorbeigehen, einfach probieren!

1. MEERESKRAFT

Die Ostsee frisst sich jedes Jahr ein Stück landeinwärts. Am eindrücklichsten erleben Sie dies in **Trzęsacz**, wo die Ruine einer Kirche dicht an der Klippe steht. Als sie im 15. Jh. erbaut wurde, stand sie noch 200 m vom Meer entfernt! (▶ **S. 221**)

2. UNTER DEN WÄLDERN

So heißt die Region **»Podlachien«** übersetzt. Im Ausland wenig bekannt, zeigt sich hier Polen exotisch mit orthodoxen Kuppelkirchen und Tatarendörfern. (▶ **S. 24**)

3. BINNENMEER?

Die Ostsee ist fast ein Binnenmeer und eine sommerliche »Badewanne«. Aber Achtung: Sie kann mächtig aufrauen. Das spüren v. a. Segler, die **bei Sturm** schleunigst den nächsten Hafen ansteuern …

4. KONZERTHÄUSER

Alle reden von »Elfie«, aber haben Sie die **Philharmonie von Stettin** gesehen? Mit milchigen Spitzgiebeln ragt sie so schön in den Himmel, dass sie mit den höchsten europäischen Architekturpreisen ausgezeichnet wurde. Und auch der »Grüne Würfel« der **Oper in Białystok** kann sich sehen lassen. (▶ **S. 260 bzw. S. 50**)

5. POMMERSCHE SEENPLATTE

Von Masuren mit seinen Tausenden Seen hat schon jeder mal gehört. Dagegen kennt die Pommersche Seenplatte kaum einer. Ihre **200 Gewässer** mit Nationalpark und Drawa-Paddelfluss sind noch ein echter Geheimtipp. (▶ **S. 207**)

6. UHREN!

Im Turm der Katharinenkirche in Danzig befindet sich ein **Uhrenmuseum** und darin eine Sternuhr – keine andere Uhr auf der Welt misst die Zeit präziser! Jede Stunde gibt sie das Startsignal zu Beethovens »Ode an die Freude« auf einem Glockenspiel. (▶ **S. 101**)

von dem grazilen, zweigeschossigen Fachwerkbau des **Müllergewerkehauses**, das heute ein Restaurant beherbergt.

Fünf Helme und 28 Glocken

St. Katharina

Wenige Schritte von der Mühle entfernt erhebt sich der 76 m hohe Turm der Kirche St. Katharina (Kościół Św. Katarzyny), den fünf barocke Helme krönen. Das dreischiffige gotische Gotteshaus wurde ab 1326 errichtet. Links vom Altar fand der berühmte Danziger Astronom **Johannes Hevelius** (1611 – 1687) seine letzte Ruhestätte (▶ oben). Die reich ausgestattete Kirche brannte Anfang 2006 ab, wurde aber binnen weniger Jahre weitgehend wieder hergestellt. Gut erhalten blieb der Turm, der ein berühmtes **Glockenspiel** mit 28 Glocken beherbergt. Täglich um 13 Uhr erklingt von dort Beethovens »Ode an die Freude«. Im Sommer kann während der Mittagsstunden auch ein kleines Uhrenmuseum besichtigt werden.

Solidarität unterm Sternengewölbe

Brigittenkirche

Im Schatten der Katharinenkirche erhebt sich an der ul. Profesorka die im 14. Jh. erbaute Brigittenkirche (Kościół Św. Brygidy). In den Monaten des Streiks wurde sie bekannt als **Kirche der Gewerkschaft Solidarność**, in der sich Lech Wałęsa (▶ Interessante Menschen) und andere Oppositionelle versammelten. Unter dem gotischen Sternengewölbe finden sich Erinnerungen an die 1940 in Katyń von Sowjets erschossenen polnischen Offiziere sowie ein Denkmal für den Warschauer Priester Jerzy Popiełuszko, der 1984 vom polnischen Geheimdienst ermordet wurde. Der Hauptaltar der Kirche mit einem Bildnis der hl. Brigitte soll ganz aus Bernstein errichtet werden; bislang sind davon erst Fragmente zu sehen.

Der Krieg beginnt

Polnische Post

Nahe dem Zusammenfluss von Raduni-Kanal und Mottlau errichtete der Deutsche Orden 1340 eine Burg, die Danziger Bürger 1454 in Schutt und Asche legten. An dieser Stelle entstand gemäß dem 1920 unterzeichneten Abkommen zwischen Polen und der Freistadt Danzig die Polnische Post. Als am 1. September 1939 die »Schleswig-Holstein« mit der Beschießung der Westerplatte den Zweiten Weltkrieg einleitete, wurde auch das Gebäude der Polnischen Post von Danziger Deutschen angegriffen. 39 gefangen genommene Polen wurden am 5. Oktober im Vorort Zaspa erschossen.
Günter Grass hat der Verteidigung der Post in seiner »Blechtrommel« (1959) zwei volle Kapitel gewidmet. Doch weil die Postangestellten nicht als großartige Helden, sondern als normale Menschen gezeichnet waren, durfte der Roman erst 1983 in polnischer Übersetzung erscheinen. Ihnen ist das 1979 von Wacław Kućma und Krystyna Heyde-Kućma geschaffene **»Denkmal für die Verteidiger der Polnischen Post«** gewidmet, das vor dem Postgebäude steht.

Ein kleines **Museum** dokumentiert die Geschichte der polnischen Post.

Muzeum Poczty Polskiej: ul. Obrońcow Poczty Polskiej 1 | Mo. 10 – 13, Di. – Sa. 10 – 18, So. 11 – 18 Uhr | Eintritt: 8 zł | www.mhmg.pl

Museum des Zweiten Weltkriegs

»Für das Gedächtnis in ganz Europa«

Nahebei befindet sich das monumentale, 2017 eröffnete Museum des Zweiten Weltkriegs (Muzeum II Wojny Światowej). Es will, so Stararchitekt Daniel Libeskind, der den Entwurf abgesegnet hat, »eine Ikone nicht nur für Danzig, sondern für das Gedächtnis in ganz Europa sein«. Die regierende PiS-Partei hat schon früh das in der Ausstellung vermittelte Geschichtsbild als pazifistisch und zu wenig patriotisch kritisiert und tiefgreifende Änderungen verlangt. Der Museumsdirektor Pawel Machcewicz, der seinen Job inzwischen aufgeben musste, will mit rechtlichen Mitteln für den Erhalt seiner Ausstellung kämpfen. Egal wie es ausgeht: Spektakulär ist die Inszenierung in dem einem Riesenkran nachempfundenen Bau, die den Krieg für die Nachgeborenen »nacherlebbar« machen will.

ul. Wałowa s/n | Di. – So. 10 – 19 Uhr | Eintritt: 10 zł | www.muzeum1939.pl

Zentrum der Solidarität

Zeiten des politischen Umbruchs

Nördlich der Altstadt liegt das Gelände der Danziger Werft, wo 1980 die Gewerkschaft »Solidarność« entstand (▶ Baedeker Wissen S. 88). Hinter dem Denkmal für die gefallenen Danziger Werftarbeiter erhebt sich ein kupferroter Großbau, das Europäische Zentrum der Solidarität. Es erinnert multimedial an die politische Umbruchszeit, Teil der Dauerausstellung ist die frühere Dokumentation »Wege zur Freiheit«. Außer den mit roter Krakelschrift auf Holzbretter gepinselten Forderungen der Arbeiter, von der UNESCO zum Weltkulturerbe erklärt, machen typische Interieurs den Alltag im damaligen Polen lebendig: eine Metzgerei mit leeren Fleischerhaken, verstaubte Regale, Getränkekisten mit selbst gebranntem Wodka und der polnische Papst, der gegen das »gottlose Reich« agitiert – ein Rundgang durch ein stürmisches Jahrzehnt, das den Sozialismus in Polen zu Fall brachte. Nur schade, dass nicht auch das Schicksal der polnischen Arbeiter nach der Wende 1989/90 dokumentiert wird.

Plac Solidarnośi 1 | Mai – Sept. Mo. – Fr. 10 – 18, Sa./So. 10 – 19, im Winter Mi. – Fr. 10 – 16, Sa./So. 10 – 17 Uhr | Eintritt: 20 zł | www.ecs.gda.pl

Centrum Hevelianum

Von Energie und Zeitmaschinen

An den berühmten Danziger Astronomen **Johannes Hevelius** (1611 – 1687, ▶ oben) erinnern zwei interaktive Daueraustellungen im Centrum Hevelianum auf dem Gelände eines ehemaligen Forts vor der Altstadt. Sie stehen unter dem Motto »Energie, Himmel und Erde« sowie »Zeitmaschine – Mensch und Rakete«.

ul. Gradowa 6 | Juni – Okt. Di. – So. 9 – 18, Nov. – Mai 9 – 16 Uhr | Eintritt: ab 20 zł | www.hevelianum.pl

Stare Przedmieście · Alte Vorstadt

Schätze aus aller Welt

★ Nationalmuseum

Südlich der Rechtstadt, gleich hinter der Straße Podwale Przedmiejskie, beginnt die Alte Vorstadt, in der die Folgen des Zweiten Weltkrieges noch sichtbar sind. Wichtigstes touristisches Ziel dort ist die **Dreifaltigkeitskirche** (Kościół Św. Trójcy) mit dem 1481 bis 1514 entstandenen ehemaligen Franziskanerkloster, das heute die bedeutenden Schätze des Danziger Nationalmuseums (Muzeum Narodowe) beherbergt. Zu den umfangreichen Sammlungen des Nationalmuseums gehören Delfter Keramik und chinesisches Porzellan,

BAEDEKER MAGISCHE MOMENTE

MIT LUPE ZUM »JÜNGSTEN GERICHT«

Vorsorglich sind Vergrößerungsgläser ausgelegt, damit Sie die Details des gruseligen Panoramas besser sehen können: Monströse Wesen reißen nackte Jünglinge aus dem Leben, gehen schönen Frauen an die Gurgel und zerren sie an den Haaren in ewige Finsternis ... Mittelalter pur in Danzigs ehemaligem Franziskanerkloster!

feiner Gold- und Silberschmuck, europäische und orientalische Textilien, Danziger Stilmöbel, mittelalterliche Skulpturen und die Werke flämischer, niederländischer, deutscher und polnischer Maler. Bedeutendster Schatz des Museums ist das 1467 von Hans Memling (1430 – 1494) geschaffene Tryptichon **»Das jüngste Gericht«**, das detailliert die Schrecken von Hölle und Fegefeuer schildert.
ul. Toruńska 1 | Okt. – April Di. – Fr. 9 – 16, Sa /So. 10 – 17, Mai – Sept. Di. – So. 10 – 17 Uhr | Eintritt: 10 zł | www.muzeum.narodowe.gda.pl

Reste aus dem Mittelalter

Stadtbefestigung

Im Süden der Danziger Vorstadt finden sich noch einige Reste der mittelalterlichen Stadtbefestigung mit einst 20 Bastionen. Dazu gehört u. a. die 1460/1461 gebaute **Weiße Bastion** (Biała Baszta) in der ul. Rzeźnika, ein ehemaliger Pulverturm. Das 1626 errichtete **Niedertor** (Brama Nizinna) an der ul. Grodza Kamienna sowie die benachbarten **Bastionen Bison** (Żubr) und **Gertraude** (Gertrudy) gehören zu dem Anfang des 17. Jh.s entstandenen Mauerring.

Bei gutem Wetter oben ohne

Shakespeare-Theater

In Danzig war 1610 das erste Shakespeare-Theater auf dem Kontinent eröffnet worden. Der bis Anfang des 19. Jh.s bestehende Theaterbau wurde am Rand der Rechtstadt 2013 neu errichtet. Im August findet hier das traditionsreiche Shakespeare-Festival statt, zu dem Gruppen aus aller Welt anreisen. Ist das Wetter gut, öffnet sich die Theaterdecke und die Aufführungen finden open air statt!
ul. Bogusławskiego | Kasse Tel. 58 3 51 01 01 | www.teatrszekspirowski.pl

Wrzeszcz · Langfuhr

Elternhaus von Günter Grass

Kindheit und Jugend des berühmten Autors

Der ehemalige Vorort **Langfuhr**, 1188 erstmals erwähnt und später zeitweilig im Besitz des Preußenkönigs Friedrich II., bildet heute das Zentrum von Danzig. Rund um die al. Grunwaldzka, eine der Hauptachsen der Dreistadt, liegt das quirlige Geschäftsviertel.
Hinter dem Bahnhof Wrzeszcz verläuft die kleine ul. Lelewela, der frühere Labesweg. Im Haus Nr. 13 führte der Vater von Günter Grass (▶ Interessante Menschen; Das ist ..., S. 16) einen kleinen Kolonialwarenladen. Hier verbrachte der spätere Literaturnobelpreisträger seine Kindheit und Jugend. An dem unscheinbaren Gebäude erinnert ein kleines Metallschild an den berühmten Bewohner.

Oskar und sein Schöpfer

Herz-Jesu-Kirche

In der ul. Mireckiego erhebt sich weit sichtbar der hohe Turm der Herz-Jesu-Kirche. In dem neugotischen Gotteshaus wurden Grass

Oskar Matzerath trommelt auf der Parkbank.

und auch sein kleiner **»Blechtrommel«**-Held Oskar getauft. Im rechten Seitenschiff findet sich der Marienaltar mit der Jesusfigur, die Oskar vergeblich zum Trommeln bewegen wollte. Der kleine Oskar selbst sitzt mit seiner Trommel in der Nähe des Labeswegs auf einer Parkbank am pl. Wybickiego. Der Stadtrat ließ das v. a. bei den Kindern der Nachbarschaft beliebte Denkmal 2003 aufstellen. Nach Grass' Tod 2015 durfte sein Schöpfer neben im Platz nehmen ...

Oliwa · Oliva

Kostproben auf der Riesen-Orgel

★ Kathedrale

Im nordwestlich des Zentrums gelegenen Stadtteil Oliwa gibt es eine berühmte **Klosteranlage**. Ihr Ursprung reicht ins Jahr 1186 zurück, als der Pomerellenfürst Zisterzienser anwarb, um das sumpfige Land urbar zu machen. Das zugehörige Gotteshaus ist seit 1925 Bischofskirche der Danziger Diözese.

Größte Attraktion Oliwas ist die Kathedrale, die v. a. durch den **einzigartigen Klang ihrer Orgel** berühmt geworden ist. Das auf dem Grundriss eines Kreuzes erbaute dreischiffige Gotteshaus entstand ab 1350; die von zwei schlanken, achteckigen Türmen flankierte Eingangsfassade ist das Ergebnis einer barocken Umgestaltung im Jahr 1688. Die gotische Ausstattung ging bei einem Brand 1577 verloren. Heute enthält die mit 107 m **längste Kirche Polens** kostbares Interieur verschiedener Epochen. Der frühere Hauptaltar im nördlichen Querschiff, vergoldet und mit Schnitzereien verziert, entstand 1606 in der örtlichen Werkstatt der Zisterzienser. Sehenswert sind auch das manieristische Chorgestühl und die vom Danziger Maler Hermann Hahn 1613 geschaffenen Porträts der Gönner des Zisterzienserordens.

Das bedeutendste Schmuckstück der Kathedrale ist die große **Rokoko-Orgel** im westlichen Teil des Langhauses, die 1763 bis 1788 von dem Zisterziensermönch **Johann Wulf** gebaut wurde. Sie bringt es auf stolze 7876 Pfeifen und ist damit eine der größten in Europa. Wer sich von ihrem fantastischen Klang überzeugen will, kommt zu den abendlichen Konzerten im Rahmen des internationalen Orgel- und Kirchenmusikfestivals »Musica Sacra«, das alljährlich im Juli/August stattfindet. Kostproben werden im Sommer auch tagsüber »serviert«. Die genauen Termine erfährt man in der Touristeninformation.

Französisch, englisch und alpin

Park

Hinter der Kathedrale liegt der nach dem polnischen Nationaldichter **Adam Mickiewicz** (1798–1855) benannte Park von Oliwa. Der ältere Teil des rund 23 ha großen Parks entstand um 1760 im französischen Stil, 1792 wurde er nach Norden hin im englischen Stil erweitert. Einige Kanäle durchziehen die mit modernen Skulpturen geschmückte Grünanlage; im **Alpinarium** gedeihen etwa 2000 verschiedene Hochgebirgspflanzen.

Vom Rokoko in die Moderne

Abtpalast

Der im französischen Teil des Parks gelegene Abtpalast (Pałac Opatów) entstand 1754 bis 1756 im Stil des Rokoko für den damaligen Abt **Józef Rybiński**. Heute wird das Palais als **Dependance des Danziger Nationalmuseums** (Galeria Sztuki Współczesnej) genutzt. Ausgestellt sind polnische Kunstwerke aus der Zeit nach 1945.

ul. Cystersów 18 | Mai–Sept. Di.–So. 10–17 (Juni–Aug. Do. 12–19), Okt.–April Di.–Fr. 9–16, Sa./So. 10–17 Uhr
Eintritt: 10 zł | http://mng.gda.pl/oddzialy

Kaschubische Volkskunst

Ethnografie-Museum

Wenige Schritte entfernt zeigt die Ethnografische Abteilung des Museums (Muzeum Etnografii) im ehemaligen **Klosterspeicher** kaschubische Volkskunst.

ul. Cystersow 19 | Di.–Fr. 9–16, Sa./So. 10–17 Uhr | Eintritt: 8 zł
http://mng.gda.pl

Mit der Bimmelbahn zu Löwen und Elefanten

Der etwas westlich des Klosters in einem Tal zwischen bewaldeten Hügeln gelegene **Zoologische Garten** (Ogrod Zoologiczny) von Oliwa gilt mit über 1200 Tieren als der schönste Polens. Die weitläufigen Gehege gehen fast nahtlos in den naturgeschützten Landschaftspark über. Eine elektrische Bimmelbahn führt zu Wisent-Gehegen, Löwen, Pumas, Zebras und Elefanten. Gorillas und Schimpansen schwingen sich in schwindelerregender Akrobatik von einem Ast zum nächsten. Zoo

ul. Karwieńska 3 | Mai – Sept. tgl. 9 – 19, Okt. – April 9 – 15 Uhr
Eintritt: 30 zł | www.zoo.gd.pl

BAEDEKER MAGISCHE MOMENTE

MUSIK AUS 8000 PFEIFEN

So mächtig ist der Klang, dass Ihr Körper zu vibrieren scheint! Wenn der Orgelmeister 110 Register zieht und Luft durch fast 8000 Pfeifen strömt, scheint das ganze Universum nur aus Tönen zu bestehen! In ihrem Takt tanzen geschnitzte Engel, Heiligenfiguren blasen ins Horn, und es funkeln die Sterne. In den Sommermonaten werden in der Kathedrale von Oliwa mehrmals täglich Klangkostproben geboten, im Juli und August finden im Rahmen eines Festivals einstündige Konzerte statt. Lassen Sie sich musikalisch entführen!

Das Denkmal auf der Westerplatte erinnert an den Beginn des Zweiten Weltkriegs.

Westerplatte und Umgebung

Anfahrt über das Wasser

Festung Weichselmünde

Die Westerplatte ist am besten per Ausflugsschiff von der Langen Brücke aus zu erreichen. Die Tour führt durch den weit verzweigten Danziger Hafen und vorbei an der Festung Weichselmünde (Twierdza Wisłoujście). 1482 entstand dort ein Wehrturm, der die Stadt gegen das offene Meer absichern sollte und gleichzeitig als Leuchtturm diente. 1562/1563 wurde der Turm um einen Mauerring mit Kasematten erweitert und im 17. Jh. weiter verstärkt.

Juni – Sept. tgl. 10 – 18 Uhr | Eintritt: 12 zł | www.mhmg.pl

Granitblöcke und Gedenkstube

Denkmal

Mit den Schüssen des deutschen Panzerschiffs »Schleswig-Holstein« auf das polnische Munitionsdepot auf der Halbinsel Westerplatte begann am 1. September 1939 der **Zweite Weltkrieg**. Sieben Tage wi-

dersetzten sich die 182 polnischen Soldaten der Übermacht, bevor sie sich ergaben. In seinem Roman »Die Blechtrommel« (1959) hat der Literaturnobelpreisträger Günter Grass die Ereignisse detailliert beschrieben und dabei die widersprüchlichen deutsch-polnischen Beziehungen meisterhaft eingefangen. Den Soldaten zu Ehren wurde 1966 auf einem aufgeschütteten Hügel ein monumentales **Denkmal** aus 224 Granitblöcken errichtet. In einem ehemaligen Wachhaus wurde eine Gedenkstube eingerichtet, in der die damaligen Geschehnisse dargestellt werden.
ul. Sucharskiego 1 | Juni - Sept. 9 - 18, Okt. - Mai 9 - 16 Uhr | Eintritt: 5 zł | www.mhmg.pl

★ GDYNIA · GDINGEN

Wojewodschaft: Pomorskie
Höhe: 0 - 52 m ü .d. M. | **Einwohner:** 250 000

Die »weiße Stadt am Meer« ist von Bauhaus und Neuer Sachlichkeit inspiriert. Zu Unrecht steht sie im Schatten von Danzig und Sopot, mit denen sie eine »Dreistadt« bildet. Sie hat eine attraktive Seefront mit Museumsschiffen und einem großen Aquarium, mehrere interessante Museen und einen kilometerlangen Strand. Ihr Hafen ist der wichtigste in Polen, universitäre Einrichtungen kreisen rund um das Thema Meer.

»Weiße Stadt am Meer«

1253 erstmals urkundlich erwähnt, blieb Gdynia bis ins 20. Jh. hinein ein unbedeutendes Fischerdorf. Das änderte sich nach dem Ersten Weltkrieg, als Polen durch den Versailler Vertrag den schmalen Korridor nördlich von Danzig zugesprochen bekam und Gdynia den Zugang zur Ostsee bildete. Der ab 1922 betriebene **Hafenausbau** ließ die kleine Ortschaft innerhalb weniger Jahre zu einer modernen Industriestadt heranwachsen. 1926 erhielt Gdynia das Stadtrecht. Nach dem Zweiten Weltkrieg wurde der zerstörte Hafen wieder aufgebaut und erweitert. Bis heute bildet er zusammen mit einer modernen Werft das wirtschaftliche Rückgrat der Stadt.

Wohin in Gdynia?

Aufbruch in die Weltliteratur

Südmole

Die al. 10-go Lutego führt vom Bahnhof hinunter zur breiten Südmole (Molo Południowe). Hier legen Ausflugsschiffe und Fähren an, auf

Fischkuttern und in den Tavernen kann man gebratenen Fisch kaufen und abends finden Konzerte statt. An der Spitze der Mole erinnert ein 1976 enthülltes Denkmal an den Schriftsteller **Joseph Conrad** alias Józef Teodor Nałęcz Konrad Korzeniowski (1857 – 1924), der von hier in See stach und seine Erlebnisse zu Weltliteratur verarbeitete.

Schul- und Kriegsschiffe

Museumsschiffe

Das 1909 in Hamburg als »Prinzeß Eitel Friedrich« gebaute Segelschulschiff **»Dar Pomorza«** (»Geschenk Pommerns«) war 1929 mit Spenden der Bevölkerung Pommerns gekauft und 1930 der Meeresakademie in Gdynia übergeben worden. Der an der Südmole vertäute Dreimaster war in 51 Jahren auf 102 Schulfahrten unterwegs. Seine Nachfolgerin, die 1982 in Gdynia gebaute **»Dar Młodzieży«**, macht von Zeit zu Zeit ebenfalls an der Südmole fest. Gleich neben der »Dar Pomorza« liegt mit dem Zerstörer **»Błyskawica«** ein weiteres Museumsschiff vor Anker. Das in England gebaute Kriegsschiff fuhr seit 1937 unter polnischer Flagge und wurde im Zweiten Weltkrieg im Atlantik eingesetzt.

Wenig Wind und trotzdem große Blasen an der »Dar Pomorza«

Dar Pomorza: Sommer Di. - So. 10 - 16, Juli/Aug. bis 18 Uhr | Eintritt: 8 zł | www.nmm.pl/dar-pomorza
Błyskawica: Di. - So. 10 - 13, 14 - 18 Uhr | Eintritt: 14 zł | www.muzeummw.pl

Bewohner der Weltmeere

Ozeanografisches Museum

Das Ozeanografische Museum (Akwarium Gdyńskie) an der Südseite der Mole gilt als **größtes Meeresaquarium Polens** und bietet einen faszinierenden Einblick in die Weltmeere. 1600 verschiedene Unterwasserbewohner sind zu bestaunen – vom Zwergkrokodil über australische Quallen bis zum Amazonas-Araipama.
al. Jana Pawła II 1 | April/Mai u. Sept. 9 - 19, Juni - Aug. 9 - 20, Okt. - März 10 - 17 Uhr (Nov. - Febr. Mo. geschl.) | Eintritt: 25 - 28 zł | www.akwarium.gdynia.pl

Über den Erdball verstreut

★ Museum der Emigration

Der alte Seebahnhof (Dworzec Morski), ein Meisterwerk des Modernismus, birgt nach seiner Restauration das »Muzeum Emigracji«: Sie werden von der Nationalhymne empfangen, besteigen die vor Anker liegende »Stefan Batory« oder einen anderen Ozeandampfer und treten eine lange Reise ins Ungewisse an ... Hunderttausende Polen verließen just hier die Heimat, um ihr Glück in Übersee zu suchen. Doku-Filme, -Fotos und O-Töne erzählen die Geschichte des polnischen Exodus. 20 Mio. Menschen mit, wie es neudeutsch heißt, »polnischem Migrationshintergrund« leben über die ganze Welt verstreut.
ul. Polska 1 | Di. 12 - 20, Mi. - So. 10 - 18 Uhr | Eintritt: 10 zł | www.polska1.pl

Region und Stadt, Küste und Marine

Stadtmuseum, Museum der Kriegsmarine

Unweit der Südmole wurde 2007 ein gemeinsamer Neubau für das kleine Stadtmuseum (Muzeum Miasta) und das Museum der Kriegsmarine (Muzeum Marynarki Wojennej) eröffnet. Zu sehen sind Austellungen zur Regional- und Stadtgeschichte, zur Geschichte der polnischen Marine und der Küstenregion.
Stadtmuseum: Di./Mi. u. Fr. 10 - 18, Do. 12 - 20, Sa./So. 10 - 17 Uhr | Eintritt: 7 zł | www.muzeumgdynia.pl
Museum der Kriegsmarine: Di. - So. 10 - 17 Uhr | Eintritt: 14 zł | www.muzeummw.pl

Zur Aussicht und zum Literaten

Steinberg

Ein Spaziergang auf den 52 m hohen Steinberg (Kamienna Góra) eröffnet ein weites Panorama auf Stadt und Hafen. Zwischen den Weltkriegen war der bewaldete Berg eine bevorzugte Wohngegend wohlhabender Polen, heute steht hier das **Meteorologische Institut**. Ein Denkmal auf dem Gipfel erinnert an den Schriftsteller Hen-

GDYNIA ERLEBEN

TOURISTINFORMATION

ul. 10 Lutego 24
Tel. 58 6 22 37 66
Zweigstelle (Mai – Sept.) an der Spitze der Südmole
www.gdyniaturystyczna.pl

Zahlreiche Wracks aus verschiedenen Jahrhunderten ruhen auf dem Grund der Danziger Bucht; einige liegen in nur geringer Tiefe und sind beliebte Tauchziele. Tauchgänge organisiert das Centrum Nurkowania TICADA:
Tel. 509 41 20 01 | www.ticada.pl

Viele kleine Boutiquen gibt es in der ul. Świętojanska und in Einkaufszentren wie dem »Batory« (10-go Lutego 1, www.batory.com.pl).

Legendär sind die zahlreichen Künstlerkneipen in Gdynia, u. a. das »Cyganeria« in der ul. 3 Maja 27 (facebook: Cyganeria) und das »Desdemona« in der ul. Abrahama 37 (facebook: Desdemona). Das »Pokład« ist eine originelle Taverne mit angeschlossenem Veranstaltungszelt für Konzerte, Kleinkunst und Disco an der Südmole (www.poklad.pl).

OPENER-FESTIVAL

Berühmte Pop- und Rockmusiker treten Ende Juni /Anfang Juli auf dem Flughafen Kosakowo bei Gdynia auf. Mit Workshops, Theateraufführungen und Übernachtungsmöglichkeiten in Zelten. Infos: www.opener.pl

BARRACUDA €€

In dem modern-maritim gestalteten Lokal fast am Südende der Meerespromenade dreht sich fast alles um Fisch. Menüvorschlag: eine Hummercreme-Suppe, dann baltischer Dorsch mit Kräuterkruste und als Dessert eine Crème brûlée mit Curry-Gebäck. Im Sommer sitzt man auch schön auf der Außenterrasse!
Bulwar Nadmorski 10
Tel. 58 6 20 80 00
www.barracuda.net.pl

TAJ MAHAL €€

Das indische Lokal ist bekannt für seine hervorragenden Gerichte aus dem Tandoor-Ofen.
ul. Abrahama 86
Tel. 58 6 64 92 11
www.tajmahal.com.pl

NADMORSKI – »AM MEER« €€€

Ein guter Standort zur Erkundung Gdynias und der gesamten Dreistadt: In diesem Hotel (86 Zimmer, 4 Apartments) lässt sich Strand- mit Stadturlaub bestens verbinden. Man wohnt an einem naturbelassenen Strand, der unterhalb sandiger Kliffs verläuft, auf der Promenade erreicht man die zentrale Mole in 10 Min. Das Viersternehotel bietet komfortable, freundliche Zimmer, ein fürstliches Frühstücksbüfett, das auch im Freien eingenommen werden kann, sowie ein Spa mit Trocken- und Feuchtsauna.
ul. Ejsmonda 2
Tel. 58 6 67 77 77
www.nadmorski.pl

WILLA LUBICZ €€€
Kleines, stilvolles Hotel mit 16 netten Zimmern in einer funktionalistischen Villa aus den 1930er-Jahren im Vorort Orłowo.

ul. Orłowska 43
Tel. 58 6 68 47 40
www.willalubicz.pl

---

ryk Sienkiewicz, Polens ersten Literaturnobelpreisträger (»Quo vadis?«).

Steilküste zwischen zwei Stränden

Von der Südmole führt eine **Promenade** südwärts zu dem langen Strand von Redłowo (Redlau) und vorbei an der beeindruckenden Steilküste zum zweiten großen Stadtstrand in Orłowo (Adlerhorst). Dort finden im Sommer auf einer Freilichtbühne neben der 135 m langen Mole und dem kleinen Fischerhafen Konzerte und Aufführungen des städtischen Theaters statt.

★ Strand von Redłowo

Auf einen Kaffee zum Schriftsteller

In dem kleinen Fischerhaus an der ul. Orłowska 6, ganz in der Nähe der Südmole, wohnte zeitweilig der polnische Schriftsteller Stefan Żeromski (1864 – 1925). Das Żeromski-Haus (Domek Żeromskiego) bewahrt einige Erinnerungsstücke an den Schriftsteller und wird heute als Café genutzt.

Żeromski-Haus

Tgl. 10 – 20 Uhr | www.tawernaorlowska.pl

Rund um Gdynia

20 km nordwestlich von Gdynia liegt das 1643 von dem mächtigen Adeligen, Jakub Wejher, gegründete Wejherowo (Neustadt). An ihn erinnert ein lebensgroßes Denkmal auf dem Marktplatz. Bekannt ist die nach dem Ortsgründer benannte Stadt auch als **»kaschubisches Jerusalem«** und als **»kaschubisches Tschenstochau«**. Hier stiftete Wejher zwei Kirchen und ließ am Ortsrand einen Kalvarienberg anlegen. Ab 1649 entstanden insgesamt 26 Kapellen im barocken und manieristischen Stil als Stationen auf dem Leidensweg Christi. Unter jeder der Kapellen soll eine Handvoll Erde aus Jerusalem vergraben worden sein. Der Kalvarienberg mit dem rund 4 km langen Kreuzweg ist auch heute noch jedes Jahr das Ziel von Tausenden von Wallfahrern.

Wejherowo

Viel Interessantes zu Geschichte und Kultur der Kaschuben stellt das im Schloss der Grafen Kayserlingk untergebrachte **Kaschubisch-Pommersche Museum** vor.

Muzeum Piśmiennictwa i Muzyki Kaszubsko-Pomorskiej:
Mo. – Fr. 9 – 15, Sa./So. 11 – 17 Uhr | Eintritt: 5 zł |
www.muzeum.wejherowo.pl

GIŻYCKO · LÖTZEN

Wojewodschaft: Warmińsko-Mazurskie
Höhe: 120 m ü. d. M. | **Einwohner:** 29 400

Das auf einer Landenge zwischen zwei Seen attraktiv gelegene Giżycko ist Masurens »Sommerhauptstadt«. Ihr Zentrum wurde aufgehübscht, mit zahlreichen Unterkünften bietet sie eine gute touristische Infrastruktur. Die Seen und Kanäle rund um die Stadt machen sie zu einem In-Treff der Wassersportler, viele Wanderwege führen am Ufer entlang.

Sommer in Masuren

Durch die Lage auf der Landenge zwischen dem Jezioro Niegocin (Löwenthinsee) und dem Jezioro Kisajno (Kissainsee) hatte Giżycko immer **große strategische Bedeutung**. Schon die Pruzzen hatten hier eine Burg – im 14. Jh. wurde sie vom Deutschen Orden zerstört; an ihrer Statt entstand die Deutschordensburg. Noch Mitte des 19. Jh.s erhielt die Stadt mit der Festung Boyen eine weitere Burg und wurde eine wichtige Garnisonsstadt im Deutschen Reich. Das konnte ihren Aufstieg zu einem Ferienort nicht verhindern – es entstanden Hotels, ein Strandbad und ein Segelhafen. Im Zweiten Weltkrieg zerstört, wurde das nun polnische, auf »Giżycko« getaufte Städtchen wieder aufgebaut und touristisch aufpoliert.

Wohin in Giżycko?

Sonntagskonzert

Stadtzentrum

Am pl. Grunwaldzki steht die 1827 nach einem Entwurf von Karl Friedrich Schinkel erbaute evangelische Pfarrkirche. In der schlichten, dreischiffigen Basilika finden in den Sommermonaten Gottesdienste in deutscher Sprache für Touristen statt. Ein Genuss sind die Konzerte, die hier jeden Sommersonntag beim »Internationalen Festival der Orgel- und Kammermusik« gegeben werden.

Segel- und Ausflugsboote an der Promenade

Öko-Marina

Nur wenige Gehminuten sind es vom pl. Grunwaldzki (mit Touristinformation) zur Öko-Marina. Hier liegen viele Segler vor Anker, Ausflugsschiffe starten zu Rundfahrten auf den umliegenden Seen. Die Promenade ist im Sommer ein belebter Corso zum Sehen und Gesehenwerden.
www.ekomarinagizycko.pl

Durchfahrt dank Handbetrieb

Schwenkbrücke

Die kleine Brücke über den Łuczański-Kanal entstand 1889 und ist eine der wenigen in Europa noch existierenden **Schwenkbrücken**.

Nach fünf Minuten Kurbelei öffnet sich die Schwenkbrücke.

Zu festgelegten Zeiten wird das Bauwerk mittels einer handbetriebenen Umsetzung zur Seite geschwenkt, sodass Schiffe die Durchfahrt zum Jezioro Niegocin passieren können. Von der im 14. Jh. gebauten **Burg des Deutschen Ordens** auf der anderen Seite der Brücke blieb nur der Hauptflügel erhalten. Er wurde 1560 um Renaissance-Giebel erweitert und im 17. Jh. barock umgestaltet. Integriert wurde der Hauptflügel in das in historisierendem Backsteinstil erbaute Burghotel St. Bruno.

Vormals uneinnehmbar, dann Hühnerfarm

Festung Boyen

Die **Hauptattraktion** Giżyckos ist die am westlichen Rand der Stadt gelegene Festung Boyen (Twierdza Boyen). Diese Festungsanlage mit sechs Bastionen wurde 1844 bis 1859 erbaut und ist benannt nach dem damaligen preußischen Kriegsminister **Hermann von Boyen**. Das über 1 km^2 große Gelände wurde stetig mit militärtechnischen Innovationen ausgebaut und galt als uneinnehmbar. Während des Ersten Weltkrieges wurde die Festung zweimal erfolglos von der Russischen Armee belagert. Gegen Ende des Zweiten Weltkriegs

GIŻYCKO ERLEBEN

TOURISTINFORMATION

pl. Grunwaldzki/ul. Wyzwolenia 2
Tel. 87 4 28 52 65
www.gizycko.turystyka.pl

Vom Hafen am Jezioro Niegocin südlich der Altstadt legen die Schiffe der »Żegluga Mazurska« für Fahrten über die Großen Masurischen Seen ab.
www.zeglugamazurska.com.pl

Ein 5 km langer, schwarz markierter Wanderweg führt vom Bahnhofsplatz in Giżycko (pl. Dworcowy) via pl. Grunwaldzki und Bruno-Hügel (Wzgórza Św. Brunona) zum Dorf Wilkasy.
Die blau markierte, 67 km lange Radstrecke führt von Giżycko nach Sztynort, wo die alte Residenz der Familie Lehndorff liegt; über Harsz und Kruklanki geht es zurück.
In Giżycko und Umgebung gibt es zahlreiche Charterfirmen für Segelboote. Auf deutsche Skipper eingestellt ist z. B. »Lucky Czarter« in Wilkasy südwestlich von Giżycko (ul. Niegocińska 5, Tel. 509 31 21 46, www.lucky-czarter.pl).

Zwischen Grunwaldzki-Platz und Yachthafen herrscht viel Betrieb in der »Galeria Batory«, einem großen Einkaufszentrum mit Mode- und Elektronikläden.
ul. Warszawska 2
www.batory.com.pl/gizycko

Im Sommer finden zahlreiche Konzerte auf der Freilichtbühne bei der Festung Boyen statt, u. a. ein dreitägiges Shanty-Festival im Juli. Orgelfreunde treffen sich während der Kammer- und Orgelmusiktage in der evangelischen Kirche (auf die Aushänge achten!).

SIWA CZAPLA €–€€

Bar und Restaurant »Zum Graureiher« liegen am Ufer des Jezioro Niegocin. Die Küche bietet regionale und internationale Gerichte. Eine Spezialität sind Crêpes mit Spinatfüllung in Ruccola-Sahnesoße.
ul. Nadbrzeżna 11
Tel. 87 4 28 37 40
www.siwaczapla.pl

TAWERNA MARINA €–€€

Hafenlokal mit Terrasse in freundlichem Ambiente, umfangreiches Menü mit sehr guten Suppen und Fischgerichten.
ul. Dabrowskiego 14
Tel. 87 4 28 60 66
www.tawernamarina.pl

KARCZMA WĘGORZEWO €

Lokal mit Außenterrasse im Ausflugsort Węgorzewo, sehr gute polnische Küche.
ul. Zamkowa 10
Tel. 87 4 27 32 23
www.karczmawegorzewo.pl

KARCZMA STARY MŁYN €

Die denkmalgeschützte Mühle aus dem 19. Jh. liegt ca. 6 km östlich von Giżycko am Jezioro Upalckie Duże. Zum üppigen masurischen Essen gibt es auch Met.

Upałty 2
Tel. 87 4 29 27 18
www.karczma-upalty.com

ST. BRUNO €€€
Viersternehaus mit 69 Zimmern in der Ordensburg, gespeist wird in der »Bibliothek«, wo der Küchenchef »Modern Polish Cuisine« serviert.
ul. św. Brunona 1
Tel. 87 7 32 65 00
www.hotelstbruno.pl

CESARSKI €€
13 Zimmer. Neben der evangelischen Kirche entstand im 19. Jh. das Hotel »Kaiserhof«. Das Mitte der 1990er-Jahre eröffnete Hotel »Cesarski« sieht sich in dessen Tradition und bietet neben renovierten Zimmern eine Kaisersuite an, in der einst Kaiser Friedrich III. logierte.
pl. Grunwaldzki 8
Tel. 87 7 32 76 70
http://cesarski.eu

EUROPA €€
62 Zimmer. Das Hotel liegt direkt am See und bietet Zimmer mit Balkon. Im Restaurant wird gute polnische Hausmannskost serviert. Angeschlossen ist ein Verleih von Mountainbikes, Tret-, Ruder- und Paddelbooten.
al. Wojska Polskiego 37
Tel. 87 4 29 30 01 03
www.hoteleuropa-gizycko.pl

MAZURSKIE SIEDLISKO KRUKLIN €€
27 Zimmer. Das Hotel ist von Wiesen und Teichen umgeben, ca. 12 km von Giżycko entfernt. Das ganze Jahr über kann man reiten und Räder ausleihen.
Kruklin 47
Tel. 87 7 34 12 00
www.mazurskiesiedlisko kruklin.pl

WODNIK €€
Das Hotel im Stadtzentrum bietet 67 gut ausgestattete Zimmer. Im Restaurant werden feine Fischgerichte serviert.
ul. 3 Maja 2
Tel. 87 4 28 38 71
www.cmazur.pl

überließen die Deutschen die Festung der Roten Armee. Später diente das riesige Areal recht prosaisch, dafür weniger martialisch, als Getreidelager und Hühnerfarm.
Man betritt das von einem rund 2 km langen Befestigungsring umgebene Gelände durch das massive **Lötzener Tor**. Über dem inneren Tor ist ein Porträtmedaillon des Generalfeldmarschalls von Boyen angebracht. Im ersten Gebäude auf der linken Seite befindet sich auch das **Museum der Festung**. In einer ständigen Ausstellung wird die Erstehung der Anlage und die Geschichte der Stadt erzählt. Die Besucher der Festung können nach Belieben über die kilometerlangen Wälle und durch die unterirdischen Räume streifen. Dazu empfiehlt es sich allerdings, feste Schuhe anzuziehen und auf alle Fälle eine Taschenlampe mitzunehmen. Auch sollte man aus Sicherheitsgründen die gekennzeichneten Wege nicht verlassen.
ul. Turystyczna 1 | tgl. ab 9 Uhr bis zur Dämmerung | Eintritt: 12 zł | http://twierdza.gizycko.pl

Ein Märtyrer

Hügel des heiligen Bruno

Unweit der Festung Boyen erhebt sich der »Hügel des heiligen Bruno« (Wzgórze św. Brunona). Hier soll der Legende nach der Magdeburger Erzbischof und Missionar **Bruno von Querfurt** im Jahr 1009 von heidnischen Pruzzen erschlagen worden sein. Seit 1910 erinnert an dieser Stelle ein Gedenkkreuz an den Heiligen, zu dessen Ehren jedes Jahr am 16. Juli das St.-Bruno-Fest gefeiert wird.

Unten altes Lötzen, oben Blick aufs neue

Wasserturm

Der 1900 im neugotischen Stil erbaute Wasserturm (Wieża Ciśnień) enthält eine Sammlung mit historischen Bildern und Dokumenten über das alte Lötzen. Ein gläserner Lift führt zur Aussichtsplattform hinauf, von der man einen Überblick über die Stadt gewinnt.

ul. Warszawska 37 | Mai/Sept. 10 – 18, Juni 10 – 20, Juli/Aug. 10 – 21 Uhr | Eintritt: 10 zł | www.gizycko.pl/wieza-cisnien.html

Rund um Giżycko

Wisente und Indianer

Kruklanki

Rund 15 km nordöstlich von Giżycko liegt inmitten einer hügeligen Moränenlandschaft Kruklanki (Kruglanken). Die Gegend rund um die beiden Seen Jezioro Gołdopiwo und Jezioro Kruklin hat sich zu einem **Zentrum des Agrotourismus** entwickelt.

Östlich von Kruklanki beginnt die **Puszcza Borecka** (Borkener Heide), ein 230 km² großes Waldgebiet. In den 1950er-Jahren wurden hier Wisente, das größte europäische Landsäugetier, das in Polen bereits ausgestorben gewesen war, ausgewildert. Heute zählt die Herde rund 60 Tiere. Wer das mächtige, aber sehr scheue Waldtier in freier Wildbahn nicht zu Gesicht bekommt, kann es im **Wisent-Schaugehege** der ehemaligen Aufzuchtstation rund 11 km östlich von Kruklanki nahe der Forststation Wolisko bewundern.

In der Nähe von Wolisko gibt es ein ganzjährig bewohntes Tipi-Dorf. Seit 2003 wird hier inmitten der masurischen Wälder versucht, das traditionelle Leben der nordamerikanischen Ureinwohner authentisch nachzustellen. Gäste sind gern gesehen.

Wioska Indianin | Bogdan Zdanowicz | Spytkowo 48 | im Sommer tgl. 10 – 18 Uhr | Facebook: Muzeum Indian

Das leere Schloss des Widerstandskämpfers

Sztynort

Auf einer malerischen Halbinsel zwischen dem Jezioro Mamry und dem Jezioro Dargin liegt, rund 20 km nördlich von Giżycko entfernt, Sztynort (Steinort), der ehemalige Sitz der Familie von Lehndorff, einer der einst einflussreichsten ostpreußischen Adels-

Herbststimmung am Patelnia-See bei Kruklanki

familien. Der letzte Besitzer des Guts, **Heinrich Graf von Lehndorff**, wurde 1944 als Widerstandskämpfer nach dem misslungenen Attentat auf Adolf Hitler hingerichtet. Das 1689 bis 1695 im barocken Stil erbaute Schloss wurde im 19. Jh. um die beiden Seitenflügel und die Ecktürme erweitert. Erhalten sind auch noch einige Wirtschaftsgebäude, Stallungen und Speicher.
Das Anwesen ist umgeben von einer zwar schönen, aber immer mehr verwildernden Parkanlage mit dem **Mausoleum der Familie von Lehndorff** und einem 1812 erbauten klassizistischen Teehäuschen. Zu dem Anwesen führt eine schöne alte Eichenallee, die im 17. Jh. angepflanzt wurde.
Das Schloss steht schon lange leer und befindet sich daher in einem sehr schlechten Zustand. Die Deutsch-Polnische Stiftung Kulturpflege und Denkmalschutz und ihre polnische Schwesterstiftung PNF sind um seine Restaurierung bemüht, geplant ist die Einrichtung eines Museums.

An der Grenze zur russischen Enklave

Węgorzewo

Węgorzewo (Angerburg) liegt unweit des Jezioro Mamry (Mauersee), rund 22 km nördlich von Giżycko. Von hier sind es nur wenige Kilometer bis zur Grenze der russischen Enklave Kaliningrad.

Selbst zum Töpfer, Schmied oder Weber werden

Museum für Volkskunst

Dem Leben der masurischen Bevölkerung und der Neuankömmlinge aus den polnischen Ostgebieten widmet sich das Muzeum Kultury Ludowej. Die kleine Anlage mit einem Museumsdorf betreibt eine **Keramik- und Webwerkstatt**, eine **Kunstblumenmanufaktur** und eine **Schmiede**. Hier kann man sich im Töpfern, Weben und Schmieden versuchen. Wechselnde Ausstellungen befassen sich mit traditionellem Handwerk aus der ganzen Welt.
ul. Portowa 1 | Mo. - Fr. 8 - 16, Juli/Aug. auch Sa./So. 10 - 18 Uhr | Eintritt: 10 zł | www.muzeum-wegorzewo.pl

Letzte Ruhe für die Amtshauptleute

St. Peter und Paul

Am östlichen Rand des Stadtzentrums von Węgorzewo steht die **gotische Pfarrkirche** St. Peter und Paul (Kościół Św. Piotra i Pawła). Die Hallenkirche wurde 1605 bis 1611 errichtet, die Querflügel und das oberste Geschoss des Turms wurden im 18. Jh. ergänzt. Sehenswert sind neben dem spätgotischen Hochaltar und der reich verzierten Kanzel aus dem 17. Jh. die Grabplatten der Amtshauptleute zu Dohna und von Creytzen links und rechts des Altarraumes.

Nur von außen zu besichtigen

Schloss

Das Ende des 14. Jh.s erbaute Ordensschloss ist das **älteste Gebäude der Stadt**. Zeitweise diente es als Gerichtsgebäude und als Gefängnis. Das Schloss wurde während des Zweiten Weltkriegs fast vollständig zerstört und erst in den 1970er-Jahren wieder aufgebaut. Das am südlichen Ende der Altstadt gelegene, dreiflügelige Bauwerk ist für Besucher nicht zugänglich.

GOŁDAP

Wojewodschaft: Warmińsko-Mazurskie
Höhe: 155 m ü. d. M. | **Einwohner:** 13 300

Etwas aus der Welt gefallen scheint das von Wäldern eingefasste Städtchen im Grenzgebiet zum russischen Kaliningrad. Hier macht man Stopp vor der Erkundug der Rominter Heide.

Beste Luft

Gołdap wurde 1565 gegründet, um die Grenzgebiete des Herzogtums Preußen zu sichern. Bereits fünf Jahre später erhielt der Ort die Stadtrechte. Gegen Ende des 19. Jh.s entdeckte der preußische Adel die **Rominter Heide** als ergiebiges Jagdrevier; Kaiser Wilhelm II. machte die hügelige Landschaft 1885 zu seinem privaten Jagdgebiet. Im Zweiten Weltkrieg wurde Gołdap fast völlig zerstört. Bis Ende der 1980er-Jahre hatte die Stadt mit der Randlage zum Kaliningrader Gebiet zu kämpfen, konnte aber nach Öffnung der Grenzen vom Handel profitieren. Im Jahr 2000 wurde Gołdap, das sich der besten Luft Polens rühmt, zum Kurort erhoben.

GOŁDAP ERLEBEN

TOURISTINFORMATION
pl. Zwycięstwa 16
Tel. 87 6 15 20 90
www.uzdrowiskogoldap.pl

CENTRUM EKOLOGICZNE »PUSZCZA ROMINCKA« €
12 Betten. Das vor 100 Jahren erbaute Haus inmitten der stillen Puszcza Romincka bietet einigen Komfort für wenig Geld.
Galwiecie 50
Tel. 603 12 36 25
http://agroturysta.info

ZAJAZD JURAND €
Die in der Nähe des Gołdap-Sees gelegene, einfache Pension mit 21 Zimmern serviert gute regionale Küche.
ul. Stadionowa 3
Tel. 87 6 15 49 35
www.jurand.goldap.net

Wohin in Gołdap?

Spärliche Reste

St. Marien Gołdap wurde nach dem Zweiten Weltkrieg nur teilweise wieder aufgebaut. Den alten Marktplatz umgeben niedrige Neubauten, zur Jahrtausendwende hat man die parkähnliche Grünfläche in der Mitte des Platzes neu gestaltet. Die einzige Sehenswürdigkeit des Ortes ist die Pfarrkirche **St. Marien** (Kościół Naszej Marii Pannej). Das Backsteingebäude entstand Ende des 16. Jh.s, wurde 1945 stark zerstört und Anfang der 1980er-Jahre wieder aufgebaut. Überbleibsel des ehemaligen Hochaltars wurden in die Wand des Chorraums eingearbeitet.

Harmonischer Baustil und schöne Ausblicke

Wasserturm Der auf einem runden Grundriss errichtete, im Krieg nur wenig zerstörte Turm wurde vom neuen Eigentümer mit zwei **Aussichtsterrassen** geschmückt, die mit dem alten Baustil gut harmonieren. Vom Café blickt man auf die Stadt und die umliegenden Wälder.

ul. Paderewskiego 35 | Mai/Sept. 10 – 18, Juni 10 – 20, Juli/Aug. 10 – 22 Uhr | Eintritt: 10 zł | www.wieza-goldap.pl

Rund um Gołdap

Kaisers Jagdrevier

Puszcza Romincka Die Gegend um Gołdap lockt mit tiefen Wäldern und klaren Seen. Vom polnischen Teil der Puszcza Romincka (Rominter Heide) wurden rund 14 000 ha als Landschaftspark ausgewiesen; der weitaus größere Teil liegt auf russischem Gebiet. An Kaiser Wilhelms Jagderlebnisse erinnern fünf sog. **Kaisersteine**. Auf einem ist z. B. vermerkt, dass Seine Majestät »einen kapitalen Hirsch von 24 Enden« erlegt habe.

Rauf auf die Piste!

Piękna Góra Gut drei Kilometer südlich von Gołdap liegt **Nordpolens größtes Wintersportzentrum**. Der fast 300 m hohe Berg Piękna Góra (Schöner Berg) bietet fünf Abfahrtspisten mit einer Gesamtlänge von etwa zwei Kilometern.

Heute ungenutzte Viadukte

Stańczyki Mit 36 m Höhe und 150 m Länge sind die **Viadukte** bei Stańczyki (Staatshausen), 21 km östlich von Gołdap, die größten in ganz Polen. Die in den Jahren 1910 bis 1926 entstandenen Brücken werden heute allerdings nicht mehr genutzt.

Pyramide und Mumien wie im alten Ägypten

Rapa Rund 28 km westlich von Gołdap am Rand der Skaliski-Wälder steht ein ungewöhnliches Grabmal. In Rapa (Kleinangerapp) ließ der Gutsbesitzer **Friedrich Wilhelm von Fahrenheid** 1811 für sich und seine Familie ein Mausoleum in Form einer knapp 16 m hohen und 10 m breiten Pyramide erbauen. In dem Pyramidengrab wurden die Leichname der Familienmitglieder mumifiziert; durch ein kleines Fenster kann man in die geöffneten Särge blicken.

KAMIEŃ POMORSKI · CAMMIN

Wojewodschaft: Zachodnio-Pomorskie
Höhe: 10 m ü. d. M. | **Einwohner:** 9100

Schön ist die Lage am stillen Camminer Bodden, einem Ausläufer des Stettiner Haffs. Schön ist auch die mächtige Kathedrale, die das Städtchen überragt.

Erstmals erwähnt wurde die Stadt im Jahr 1124, als Bischof Otto von Bamberg auf seiner ersten Missionsreise hier Station machte. Schon 1175 wurde das Bistum Cammin gegründet; in dieser Zeit begann auch der Bau des Doms. Bis heute ist er die Top-Sehenswürdigkeit der Stadt.

Am stillen Bodden

KAMIEŃ POMORSKI ERLEBEN

AUSKÜNFTE ZUM KURANGEBOT
www.kamienpomorski.pl

Beim **Internationalen Festival der Orgel- und Kammermusik** gibt es von Ende Juni bis Anfang September jeden Freitag ab 19 Uhr ein Konzert im Dom.
Informationen über das Programm und Karten unter Tel. 91 3 82 05 41

POD MUZAMI
€
30 Betten. Das in einem hübschen Fachwerkhaus aus dem 18. Jh. untergebrachte Lokal liegt direkt am Marktplatz. Im rustikal eingerichteten Gastraum wird altpolnische Küche serviert. Angeboten werden hier auch einige gut ausgestattete Gästezimmer.
ul. Gryfitów 1
Tel. 91 3 82 22 40
www.podmuzami.pl

Wohin in Kamień Pomorski?

Taufplatz

★ St.-Johannes-Kathedrale

An der Stelle, an der Otto von Bamberg 1124 die ersten Slawen taufte, wurde ein halbes Jahrhundert später der Grundstein für ein Gotteshaus gelegt – nachdem der Bischofssitz von Wollin nach Cammin verlegt worden war. Die dreischiffige Kathedrale (Katedra), eine der größten Kirchen Pommerns, entstand auf dem Grundriss eines lateinischen Kreuzes. Das Gewölbe des Hauptschiffes wird von zwölf Pfeilern getragen, die die Apostel symbolisieren. 1385 war das Gebäude fertiggestellt. Der gedrungen wirkende Turm entstand nach einem Umbau im Jahr 1934. Ein gotisches Triptychon aus dem Jahr 1500 schmückt den Hauptaltar; es zeigt in der Mitte Mariä Himmelfahrt. Sehenswert ist auch das aus dem 15. Jh. stammende Chorgestühl. Die Attraktion ist aber die 1669 von Michael Berigel aus Stettin gebaute **Barockorgel**. Sie verfügt über 3300 Pfeifen und steht im Mittelpunkt des »Internationalen Festivals der Orgel- und Kammermusik«.

Oase der Ruhe

Kreuzgang

Der Kreuzgang (Anfang 14. Jh.) mit exotischen Pflanzen und uralten Bäumen ist bis heute eine Oase der Ruhe. In der Mitte steht ein Taufbecken aus dem 12. Jh., das an die ersten Taufen durch Otto von Bamberg an dieser Stelle erinnert.

Vor Gericht

Rathaus

Das gotische Rathaus am Stary Rynek (Alten Markt) datiert aus dem frühen 14. Jh., die südliche Giebelwand mit ihren schönen Maßverzierungen entstand im 16. Jahrhundert. Unter dem Laubengang der Ostseite fanden früher öffentliche Gerichtsverhandlungen statt.

Erhaltene Fragmente am Ufer

Mittelalterliche Stadtbefestigung

Fragmente der mittelalterlichen Stadtbefestigung sieht man noch am Ufer des Camminer Haffs. Erhalten blieb auch das **Wolliner Stadttor**, in dem ein kleines **Mineralienmuseum** eingerichtet worden ist.

Muzeum Kamieni: ul. Słowackiego 1 | Di. – Sa. 10 – 17, So. 10 – 16 Uhr | Eintritt: 12 zł www.kamienpomorski.sokolowski-muzea.pl

Rund um Kamień Pomorski

Beliebt

Dziwnów

Das Ostseebad Dziwnów (Dievenow) am anderen Ufer des Haffs ist von Cammin aus **mit der Fähre** zu erreichen (Landweg ca. 8 km). Eine Brücke über den Fluss Dziwna verbindet die Insel Wollin mit dem Festland. In den Sommermonaten sind die rund 20 000 Übernachtungsplätze in der Gemeinde häufig ausgebucht.

★ KĘTRZYN · RASTENBURG

Wojewodschaft: Warmińsko-Mazurskie
Höhe: 100 m ü. d .M. | **Einwohner:** 28 000

Für die meisten ist das Städtchen an der Łyna nur Durchgangsort zum nahen »Führerhauptquartier Wolfsschanze«. Dabei kann es sich duchaus sehen lassen mit seiner mächtigen Ordensburg. Und auch die nahen Masurischen Seen locken ...

An der Stelle der pruzzischen Siedlung Rast errichtete der Deutsche Orden 1329 eine Grenzbefestigung. Der im Schatten der Burg entstandene Ort Rastenburg erhielt 1357 das Stadtrecht. In den nächsten Jahrhunderten erlebte die Stadt einen starken Aufschwung; im 17. Jh. galt sie als eine der reichsten Städte Preußens. Epidemien, Kriege und Brände bereiteten dem allerdings ein Ende. Nach ihrem Einmarsch im Januar 1945 brannten sowjetische Soldaten das Zentrum Rastenburgs nieder. 1946 beschlossen die Behörden, die Stadt wieder aufzubauen und den Namen der Stadt zu Ehren des masurischen Historikers **Wojciech Kętrzyński** von Rastenburg in Kętrzyn zu ändern.

Mehr als Wolfsschanze

Es grünt im Innenhof der Ordensburg von Kętrzyn.

KĘTRZYN ERLEBEN

TOURISTINFORMATION
pl. Piłsudskiego 10/1
Tel. 89 7 51 47 65
www.it.ketrzyn.pl

ZAJAZD POD ZAMKIEM €€
Restaurant mit großem Sommergarten direkt neben der Burg.
ul. Struga 3A | Tel. 89 7 52 31 17
www.zajazd.ketrzyn.pl

KOCH €€
29 Zimmer. Das zentral gelegene Mittelklassehotel organisiert u. a. mehrtägige Rad-, Kajak- und Segeltouren.
ul. Sportowa 1 | Tel. 89 7 51 10 93
www.hotelkoch.pl

ZAMEK RESZEL €€
Stilvoll wohnen in der Burg: Die rustikalen Möbel der 21 Gästezimmer hat Bolesław Marshall, Bildhauer und langjähriger Besitzer des Hotels, selbst angefertigt. Das Restaurant im gotischen Gewölbe serviert variantenreiche Spezialitäten aus der Region.
ul. Podzamcze 3
Reszel
Tel. 89 7 55 01 09
www.zamek-reszel.com

HOTEL TAURUS €
Die modern gestaltete Unterkunft mit 30 Zimmern liegt unweit vom Marienheiligtum in Święta Lipka. Im Restaurant werden internationale und polnische Gerichte serviert.
Święta Lipka 16
Reszel
Tel. 89 7 55 37 37
www.hoteltaurus.pl

Wohin in Kętrzyn?

Dicker Turm

Altstadt

Von der einst mächtigen Stadtmauer aus dem 14. Jh. mit ihren beiden Toren und 13 Türmen sind noch Teile erhalten, darunter der **Bahrenturm** in der Südwestecke mit einem Durchmesser von ca. 7 m. Am Rand der Altstadt entstand 1885/1886 das neue **Rathaus**. Mit seinem Türmchen und den säulenbestandenen Rundbogenfenstern ist es ein schönes Beispiel für die Neorenaissance im ehemaligen Ostpreußen. Neben der Stadtverwaltung findet man hier das Büro der Touristeninformation.

Stadtmauern

Burg

Die Ordensburg wurde vermutlich in den Jahren 1360 bis 1370 errichtet. Das ursprünglich dreiflügelige gotische Bauwerk wurde mehrfach umgebaut und mit einer Wehrmauer umgeben. Nachdem sowjetische Truppen das Gebäude im Januar 1945 in Brand gesteckt hatten, wurde es 1962 bis 1967 nach Plänen aus dem 19. Jh. wieder

aufgebaut. Heute beherbergt es die Stadtbibliothek sowie das Stadtmuseum mit ständigen Ausstellungen zur Geschichte der Stadt, dem Leben Wojciech Kętrzyńskis und den Burgen der Region.
Muzeum w Kętrzynie: pl. Zamkowy 1 | Juni – Sept. tgl. 9 – 18, Okt. – Mai Di. – So. 9 – 17 Uhr | Eintritt: 6 zł | www.muzeum.ketrzyn.pl

In der Stadtmauer

St.-Georgs-Kirche

Die Wehrkirche St. Georg (Kościół Św. Jerzego) wurde 1357 gebaut und in den südwestlichen Teil der Stadtmauer integriert. Die Seitenschiffe und Kristallgewölbe der ursprünglich einschiffigen gotischen Backsteinkirche stammen aus dem 16. Jahrhundert. Der neogotische Hochaltar im linken Seitenschiff enthält ein Gemälde aus dem Jahr 1609 mit der Auferstehung Christi.

Von vielen genutzt

St.-Johannes-Kirche

Gleich neben dem Glockenturm der St.-Georgs-Kirche steht die etwas unscheinbare evangelische Kirche St. Johannes (Kościół Św. Jana) mit spätbarocker Kanzel und Altar. Sie wurde früher »polnische Kirche« genannt, da sie ursprünglich der polnischsprachigen Bevölkerung als Gotteshaus diente. Das unscheinbare Fachwerkhaus mit den schönen Rundbogenfenstern, das man zwischen Georgskirche und Ordensburg entdeckt, diente bis 1918 als **Synagoge** und wurde später von verschiedenen Glaubensgemeinschaften genutzt.

Deutsch-polnische Verständigung

Freimaurerloge

Der einstige Sitz der Freimaurerloge **»Drei Tore des Tempels«** in der ul. Mickiewicza 1 wurde 1864/1865 im neogotischen Stil errichtet. Das 1945 stark zerstörte Gebäude mit vier stilisierten Ecktürmchen wurde erst in den 1980er-Jahren wieder aufgebaut. Heute residiert hier die Arno-Holz-Gesellschaft für deutsch-polnische Verständigung. Der nach dem in Rastenburg geborenen naturalistischen Schriftsteller **Arno Holz** (1863 – 1929) benannte Verein engagiert sich in der Kultur- und Bildungsarbeit.

Rund um Kętrzyn

Hitlers Kommandozentrale

★ Wolfsschanze

Unweit von Kętrzyn liegt der kleine Ort Gierłoż (Görlitz). Hier, in den dichten Wäldern ca. 8 km nordöstlich der Kreisstadt, ließ Adolf Hitler das größte seiner sog. **»Führerhauptquartiere«** bauen. Der Komplex, ab 1940 nahe der Demarkationslinie zur Sowjetunion errichtet, sollte als Basis für Hitlers Überfall auf den ehemaligen Verbündeten dienen. Bis 1944 entstanden auf dem 2,5 km² großen Gelände unter strengster Geheimhaltung 100 Gebäude, Versorgungs- und Bunker-

anlagen sowie ein Bahnhof. Das Gelände war in mehrere Sicherheitszonen eingeteilt und mit einem 50 bis 150 m breiten Minengürtel und mehreren Stacheldrahtverhauen gesichert. Über den Gebäuden waren Netze gespannt, die Wände in Tarnfarben gestrichen. Insgesamt verbrachte Hitler über 800 Tage in der Anlage, die nach seinem Pseudonym »Wolf« als Wolfsschanze (Wilczy Szaniec) bezeichnet wurde.
Am Mittag des 20. Juli 1944 ereignete sich hier das wohl spektakulärste Attentat auf Adolf Hitler. Während einer Lagebesprechung explodierte in der sog. Lagebaracke eine Bombe, die der Oberst im Generalstab, **Claus Schenk Graf von Stauffenberg**, in einer Aktentasche unter dem Tisch deponiert hatte. Doch Hitler überlebte den Anschlag nur leicht verletzt, die Hauptverantwortlichen wurden noch am selben Abend im Berliner Oberkommando der Wehrmacht hingerichtet. Infolge des Attentats kam es zu über 700 Verhaftungen und 150 Hinrichtungen. Bei der Ruine der Lagebaracke erinnert eine bronzene Gedenktafel an das missglückte Attentat und an den Widerstand um Graf Stauffenberg.
Nachdem das Hauptquartier im November 1944 aufgegeben worden war, wurden im Januar 1945 die meisten Bunker gesprengt. Die Überreste der »Wolfsschanze« waren wegen der rund 80 000 Minen, die auf dem gesamten Gelände verteilt waren, lange Zeit nicht zugänglich. Heute gibt es ein Informationszentrum mit Hotel und Restaurant im ehemaligen Quartier des SS-Begleitkommandos. Führungen dauern durchschnittlich zwei Stunden und werden auch in deutscher Sprache angeboten.
Wilczy Szaniec: Tgl. 8 Uhr bis zur Dämmerung | Eintritt: 15 zł
www.wolfsschanze.pl
www.it.ketrzyn.pl/wilczy-szaniec-darmowe-zwiedzanie

Bernsteinzimmer im Bunker

Mamerki

In Mamerki (Mauerwald), rund 25 km östlich von Kętrzyn, blieben die 30 Bunker des ehemaligen Oberkommandos der Heeresleitung erhalten. Seit 2018 kann im dortigen »Museum der Ostfront des Zweiten Weltkriegs« eine 60 m² große Replik des legendären Bernsteinzimmers besichtigt werden: ein Geschenk Friedrich Wilhelms I. von Preußen an den russischen Zaren Peter I., dessen Original von deutschen Truppen geraubt und bisher nicht wiederentdeckt wurde.
Mai – Okt. tgl. 9.30 – 18.30 Uhr | Eintritt: 17 zł | www.mamerki.com

Reszel

Verschont

17 km westlich von Kętrzyn liegt die ehemalige Bischofsstadt Reszel (Rößel), die im Gegensatz zu den meisten Städten im ehemaligen

Ostpreußen den Zweiten Weltkrieg unbeschadet überstand. Die **Altstadt** mit ihrer gotischen, barocken und klassizistischen Bebauung ist weitestgehend erhalten. Dazu zählen auch eine gotische Spitzbogenbrücke, die das Tal der Sajna überspannt, ein gotischer Fachwerkspeicher links der Brücke und Teile der alten Stadtmauer.

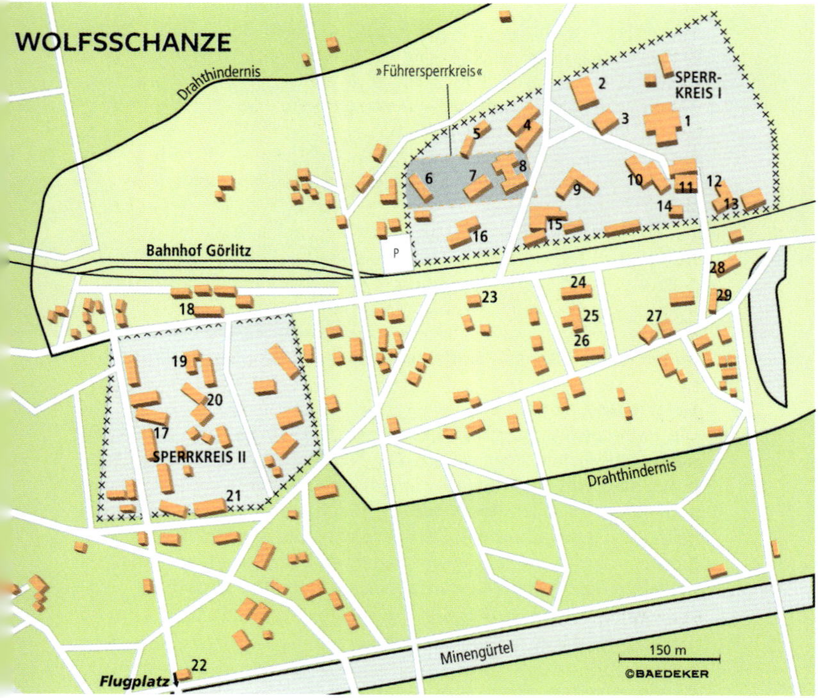

1 Hitlers Bunker
2 Bormanns Bunker
3 Bormanns Haus
4 Reichssicherheitsdienst, Stenografen und Poststelle
5 Reichssicherheitsdienst und SS-Begleitkommando
6 SS-Begleitkommando (heute Hotel und Restaurant)
7 Lagebaracke (Ort des Attentats vom 20. Juli 1944)
8 Gästebunker
9 Persönliche Adjutanten
10 Adjutantur der Wehrmacht
11 Chef des OKW (Keitel)
12 Görings Haus
13 Görings Bunker
14 Chef Wehrmacht Führungsstab (Jodl)
15 Kino, Garagen, Fahrerunterkünfte
16 Reichspressechef
17 Gebäude des Wehrmachtführungsstabes
18 Wache I
19 Kasino Wehrmacht Führungsstab (früheres Kurhaus)
20 Kommandant FHQ
21 Nachrichtenbunker
22 Wache Süd
23 Wache II
24 Verbindungsstab Außenministerium
25 Organisation Todt
26 Führerbegleitbataillon
27 Allgemeiner Luftschutzbunker
28 Verbindungsstab Luftwaffe
29 Verbindungsstab Marine
P Parkplatz und Kasse

Barocke Pracht in Rosarot – Święta Lipka zieht 1,5 Mio. Besucher im Jahr an.

Galerie und Hotel

Burg

Die zweiflügelige Burg von Reszel wurde 1350 bis 1401 als Sitz für den bischöflichen Vogt erbaut. Die Nord- und Westseite des Burghofes sind von Wehrmauern umgeben. Dominiert wird die Anlage vom eindrucksvollen **Bergfried**. Im 19. Jh. wurde die Burg der evangelischen Gemeinde von Rößel übereignet, die den Südflügel zu einer Kirche umgestalten ließ. Heute beherbergt die Burg eine landesweit bekannte Galerie, ein Museum sowie ein Hotel mit Restaurant.

Mai – Sept. Di. – So. 10 – 17, Okt. – April Di. – So. 10 – 16 Uhr | Eintritt: 6 zł | http://reszel.muzeum.olsztyn.pl

Wenig erhalten, aber guter Ausblick

St. Peter und Paul

Eine **wunderbare Aussicht** über die Stadt und ihre Umgebung hat man vom 51 m hohen Turm der Pfarrkirche St. Peter und Paul (Kościół Św. Piotra i Pawła). Die gotische Hallenkirche stammt aus der zweiten Hälfte des 14. Jh.s und wurde mehrfach umgestaltet. Von der Originalausstattung, die 1806 einem Brand zum Opfer fiel, sind lediglich ein mittelalterliches Weihwasserbecken sowie das Tabernakel von 1767 erhalten geblieben.

Europas letzte Hexe

Hexenprozess

Übrigens hat die letzte Hexenverbrennung in Europa im Jahr 1811 in Reszel stattgefunden. Die Schäferin Barbara Zdunk wurde beschuldigt, für den großen Stadtbrand von 1806 verantwortlich gewesen zu sein. Nach jahrelangem Prozess wurde sie schließlich zum Tod auf dem Scheiterhaufen verurteilt.

Prächtige Orgel

★★ Święta Lipka

Etwa 8 km östlich von Reszel liegt der von Wäldern und Seen umgebene Ort Święta Lipka (Heiligelinde) mit einem der **schönsten sakralen Barockbauten im nördlichen Polen**. Im Zuge der Gegenreformation ließen Mönche des Jesuitenordens von 1687 bis 1694 eine der prachtvollsten katholischen Kirchen im protestantischen Masuren bauen, die heute jährlich von ca. 1,5 Mio. Besuchern bewundert wird. Bis 1712 wurde der barocke Kreuzgang mit vier Eckkapellen sowie den angrenzenden Wohn- und Wirtschaftsgebäuden ergänzt. Kirche und Kreuzgang sind mit wundervollen barocken Fresken ausgestattet, 1722 bis 1737 geschaffen vom Heilsberger Maler **Mathias Meyer**. Die Kirche ist in drei Schiffe gegliedert. Über den Seitenschiffen erheben sich zweigeschossige Galerien, die durch Scheinpilaster mit korinthischen Kapitellen getrennt sind. Der bis an die Decke reichende dreigeschossige Hochaltar aus schwarzem Holz birgt in seinem unteren Teil ein Marienbild des belgischen Malers **Bartholomäus Pens** von 1640.

Das mit Abstand schönste und **wertvollste Stück der Ausstattung** ist die Orgel aus der Werkstatt des Königsberger Orgelmachers Johann Mosengel. Das 1719 bis 1721 gebaute Instrument verfügt über 40 Register mit insgesamt 3960 Pfeifen. Während eines Konzerts oder einer der regelmäßigen Vorführungen des Orgelwerks kann man beobachten, wie sich die Figurenteile der Orgel bewegen: Goldene Engel spielen auf himmlischen Instrumenten, Sterne drehen sich und der Erzengel Gabriel geht vor Maria auf die Knie.

Mo. – Sa. 8 – 18 Uhr, ab 9.30 Uhr fast stündlich musikalische Orgelkostproben, im Winter 10 und 14 Uhr | www.swlipka.org.pl

★ KOŁOBRZEG · KOLBERG

Wojewodschaft: Zachodnio-Pomorskie
Höhe: 0 – 10 m ü. d. M. | **Einwohner:** 45 000

Breite Strände mit feinem, weißem Sand, dahinter eine Flanierpromenade, ein Kurpark und eine »neue« Altstadt – kein Wunder, dass Kołobrzeg zu einem der beliebtesten Ferienorte an der polnischen Ostsee aufgerückt ist!

Heim-gesucht

Die im 12. Jh. an der Stelle des heutigen Kołobrzeg gegründete deutsche Siedlung erhielt 1255 das Stadtrecht und trat im 14. Jh. der **Hanse** bei. Der Dreißigjährige Krieg brachte schwere Zerstörungen und einen wirtschaftlichen Niedergang; 1653 fiel Kolberg an Brandenburg. Nach der Schlacht bei Jena und Auerstedt im Oktober 1806, die mit der Niederlage Preußens endete, belagerten Napoleons Truppen die Stadt, die ihnen sechs Monate lang standhielt. Diese Geschichte diente als Vorlage für den nationalsozialistischen Propaganda- und Durchhaltefilm **»Kolberg«**. Dieser hat der Stadt nicht genützt: 1945 wurde sie fast völlig zerstört. Einziger Rest der ehemals mächtigen Stadtbefestigung ist der Pulverturm in der schmalen Altstadtgasse ul. Dubois.

Wohin in Kołobrzeg?

Alle Wege führen zur Küste

★ Strand und Promenade

Dort zieht sich ein mehrere Kilometer langer, weißer Strand – eine Einladung zum Schwimmen und Sonnenbaden. Über ihm verläuft eine attraktive, von Terrassenlokalen flankierte Promenade. Ganz im Westen, wo die Mündung der Parsęta den Strand unterbricht, ragt ein 26 m hoher, backsteinerner Leuchtturm (Latarnia Morska) auf. Er kann bestiegen werden und eröffnet einen fanatstischen Blick auf die Küste. An seinem Fuß beginnt auch ein Wellenbrecher, der sich 220 m weit aufs Wasser erstreckt. Am Fuß des Leuchtturms starten auch Schiffsausflüge – gern im »Wikingerboot«.
Eine Attration an der Promenade, etwa auf der Höhe des Hotels Kielczanka, ist das Fischermuseum (Muzeum 6D), das mit der Lebenswelt der Fischer vor 100 Jahren vertraut macht. Besucher werden mit einer 3D-Brille ausgestattet und dürfen Überraschungen aus allen Richtungen erwarten. Der Wind bläst, Möwen kreischen – dazu gibt es Geschichten über den damaligen Alltag, auch auf Deutsch erzählt. Leider ist der »Ausflug« etwas kurz ...
Hinter Strand und Promenade liegt ein breiter Parkgürtel. Direkt angrenzend beginnt das Kurviertel mit hübsch sanierten Villen und den meist in den 1970er-Jahren erbauten Sanatorien, die sich zeitgemäß aufgepeppt als Spa- und Wellness-Hotels präsentieren.

Latarnia Morska: Tgl. 10 – 17 Uhr | Eintritt: 6 zł | www.latarnia.kolobrzeg.pl
Muzeum 6D: ul. Rodziewiczówny 15 | tgl. 10 – 17, in den Sommerferien bis 22 Uhr | Eintritt: 20 zł | www.muzeum6d.pl

Neu gebautes Mittelalter

Altstadt

Die Altstadt mit ihren zahlreichen Geschäften und Restaurants wurde in den 1990er-Jahren neu bebaut. Die Häuser selbst sind modern, bei

Der Sandstrand von Kolberg ist mehrere Kilometer lang.

KOŁOBRZEG ERLEBEN

TOURISTINFORMATION
ul. Armii Krajowej 12
Tel. 94 3 54 72 20
ul. Dworcowa 1
Tel. 94 35 27 99
www.kolobrzeg.turystyka.pl

INFO TRAVEL NETTO
ul. Dubois 23 | Tel. 94 3 51 33 07
www.travelnetto.de
Hervorrgend geführte, deutschsprachige Info-Stelle – auch Verkauf von deutschen Tageszeitungen.

Neben dem 6 km langen und sehr feinsandigen Strand in Kołobrzeg bieten auch die Strände der westlich gelegenen Nachbargemeinde Dźwirzyno und des östlich gelegenen Badeorts Ustronie Morskie reichlich Badespaß.

Kołobrzeg ist ein idealer Ausgangspunkt für Hochseeangler; ganzjährig werden Tagestouren angeboten. Infos: Ferienanlage Molabeach (ul. Sulkowskiego 7, Tel. 94 3 52 33 76, www.molabeach.com)

Im Sommer wird viel geboten: »Tage des Meeres« mit Bootsparaden, Shanties und Folk, Konzerte im Amphitheater u. v. m.

In der nach dem Zweiten Weltkrieg wiederaufgebauten Altstadt entdeckt man hübsche kleine Läden und Geschäfte für einen gemütlichen Bummel.

Ein stilvoller Pub mit Livemusik ist »Fiddlers Green Tawerna« in der Altstadt (ul. Dubois 16c). Freitags und samstags geht die Post ab im »Underground« (ul. Dworcowa 10).

DOMEK KATA €€
Im ehemaligen Henkerhaus beim Rathaus werden auf drei Etagen fantasievoll angerichtete Fisch- und Grillspezialitäten serviert.
ul. Ratuszowa 1
Tel. 94 3 54 66 35
www.winogrona.pl

MIKADO BEACH CLUB €–€€
Bei schönem Wetter sitzt man auf der Dachterrasse; bei Sturm im ersten Stock mit Panoramafenstern Richtung Meer. Es gibt gute Salate und Suppen (z. B. Żurek im Brot), frischen Fisch (toll der zarte Heilbutt!) und hausgemachte Desserts. Sehr zu empfehlen!
Bulwar J. Szymańskiego 10 (Strandpromenade)
Tel. 94 3 54 89 14
www.mikado-restauracja.pl

ŚWIAT LODÓW €
Zwischen Mikado und Pergola gibt es das nach Meinung vieler Kolberger beste Eis der Stadt, hausgemacht von Herrn Tadeusz und seinem Team. Beeindruckend: die große Auswahl der Sorten.
Bulwar J. Szymańskiego 12 (Strandpromenade)
http://swiatlodow.pl

MARINE HOTEL €€€–€€€€
231 Zimmer. Luxuriöser Bau 2 km westlich vom Zentrum. Das Hotel liegt unmittelbar am Strand, alle Zimmer mit großen Fenstern und Ostseeblick. Aufgrund der hohen Preise nur selten ausgebucht, achten Sie auf Last-Minute-Angebote!
ul. Sułkowskiego 9
Tel. 91 4 04 04 00
www.marinehotel.pl

NEW SKANPOL €€
Gegenüber einem gepflegten Park erhebt sich New Skanpol, ein monumentales, in den 1970er-Jahren errichtetes Mittelklassehotel mit 168 Zimmern. Es bietet nicht nur eine zentrale Lage zwischen Bahnhof und Altstadt, ein gutes Frühstücksbuffet und netten Service, sondern zugleich einen originellen Einstieg in polnische Fantasiewelten. Denn die (skandinavischen) Besitzer haben alle öffentlichen Räume mit originellen Plakaten geschmückt. Sie stammen aus den 1960er- bis 1990er-Jahren, als die »polnische Plakatschule« mit ihrer unkommerziellen Ästhetik weltweit für Aufsehen sorgte.
ul. Dworcowa 10
Tel. 94 3 52 82 11
www.newskanpol.pl/DE

DOM MERIDIAN €–€€
Die recht gut ausgestattete, ca. 100 m vom Strand entfernte Ferienapartmentanlage liegt rund 12 km östlich von Kolberg. Deutschsprachige Hotelleitung, Restaurant und Bar.
ul. Lotnicza 25a, Sianożęty (Ustronie Morskie)
Tel. (Berlin) 030 27 89 04 80
http://pl.dom-meridian.com

---

den Straßenverläufen, Traufhöhen und Grundstücksgrößen orientierte man sich jedoch an der früheren Bebauung. Nach der Wende kamen viele neue Häuser in historisierendem Stil hinzu: mit Fachwerk, Türmchen und Erkern vermittlen sie ein wenig Mittelalter-Flair.

Sterngewölbe und Schlieffenkrone

St. Marien

Mittelpunkt des alten Stadtzentrums ist der mächtige **gotische Dom** St. Marien (Bazylika Mariacka). Die bis 1321 entstandene dreischiffige Kirche wurde bis Ende des 15. Jh.s um zwei weitere Seitenschiffe ergänzt. Markant ist die Westfassade, die sich wie ein mächtiger Riegel vor die Kirchenschiffe legt. Großartig sind die in schwindelerregender Höhe angebrachten Kreuz- und Sterngewölbe! Von der ehemals reichen Ausstattung blieben nur einige wertvolle Stücke erhalten, darunter die Schlieffenkrone im Mittelschiff, ein bemalter und ungewöhnlich aufwendig verzierter Holzleuchter aus dem Jahr 1523, das bronzene Taufbecken von 1355 sowie das Chorgestühl der Ratsherren von 1420. Auf dem Turm gibt es eine Aussichtsterrasse, erreichbar mit Lift.

Backstein und Zinnenkrone

Altstädtisches Rathaus

Das nahe gelegene Altstädtische Rathaus (Ratusz Staromiejski) entstand 1829 bis 1832 nach Entwürfen von **Karl Friedrich Schinkel** im

Vor diesen Piraten muss sich der Kutter im Hafen von Kołobrzeg nicht fürchten.

neogotischen Stil mit viel Backstein und Zinnenkrone. Ein Teil des zweigeschossigen Baus wird heute als **»Galerie für zeitgenössische Kunst«** genutzt.

Galeria Sztuki Współczesnej: ul. Armii Krajowej 12 | Di. – So. 10 – 18, im Winterhalbjahr bis 17 Uhr | www.gsw.kolobrzeg.pl

Panzer und Flaks im Garten

Pałac Brunszwickich

Im sog. Pałac Brunszwickich (Braunschweiger Haus), einem Anfang des 18. Jh.s für die Familie von Braunschweig errichteten klassizistischen Bau, präsentiert das Kolberger **Stadtmuseum** Exponate zur Geschichte Kolbergs sowie eine originelle Sammlung von Messgeräten. Eine Zweigstelle bildet das **Polnische Waffenmuseum** in einem spätgotischen Patrizierhaus. Seien Sie also nicht überascht, wenn Sie im Garten Haubitzen, Panzer und Flaks sehen!

Muzeum Oręża Polskiego: ul. Emilii Gierczak 5
Muzeum Historii Miasta: ul. Armij Krajowej 13
Beide: Mai/Juni Mo. 10 – 14, Di. – So. 9 – 17, Juli/Aug. Mo. 9 – 14, Di. – So. 9 – 17, Sept. – April Di., Do. – So. 9 – 16, Mi. 10 – 14 Uhr
Eintritt: je 20 zł, Kombiticket 35 zł | www.muzeum.kolobrzeg.pl

Rund um Kołobrzeg

Wo ein König auf die Welt kam

Trzebiatów

Das kleine, attraktive Städtchen Trzebiatów (Treptow) liegt etwa 30 km südwestlich von Kołobrzeg am Ufer der Rega. Schon von Weitem sieht man das Wahrzeichen der Stadt, den 90 m hohen Turm der **Marienkirche** (Kosciól Mariacki). Das Gotteshaus wurde 1303 bis 1370 als dreischiffige gotische Hallenkirche erbaut und u. a. mit einem sehenswerten Sterngewölbe und kunstvoll geschnitztem Chorgestühl aus der Zeit der Renaissance ausgestattet. Wenn Sie gut zu Fuß sind, ersteigen Sie die Aussichtsplattform hoch im Turm – ein großartiger Ausblick ist der Mühe Lohn! Nur ein paar Schritte sind es zum 1180 erbauten Prämonstratenserkloster, das nach der Reformation in ein Schloss umgewandelt wurde. Zu dieser Zeit diente es als Sommerresidenz der württembergischen Herzöge; u. a. wurde hier 1754 der spätere König Friedrich I. geboren.
Heute beherbergt das zweiflügelige Schloss ein Museum zur Region. Auch an den Maler **Lyonel Feininger** (1871 – 1956) wird erinnert. Der deutsch-amerikanische Künstler verbrachte in den 1920er-Jahren den Sommer meist im nahen Ostseebad Mrzeżyno. Von dem ruhigen Trzebiatów sind es nur wenige Kilometer zu den quirligen Ferienorten Mrzeżyno (Deep), Trzęsacz (Hoff), ►Rewal und Niechorze.

KOSZALIN · KÖSLIN

Wojewodschaft: Zachodnio-Pomorskie
Höhe: 30 – 137 m ü. d. M. | **Einwohner:** 108 000

G 3

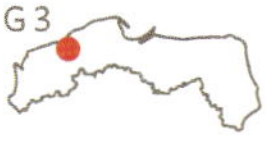

Groß ist die Stadt und taugt doch kaum mehr als für einen Zwischenstopp auf der Strecke von Stettin nach Danzig. Im Zweiten Weltkrieg zerstört, wurde sie als funktionaler Industriestandort neu errichtet. Heute wird versucht, das historische Zentrum aufzupolieren, auch in Kultur wird einiges investiert. Viele Studenten sorgen für Frische im Straßenbild.

Studentenstadt

Im Jahr 1214 wurde der Ort erstmals urkundlich erwähnt. 1248 gelangte Köslin in den Besitz der Camminer Bischöfe und erhielt bereits 1266 das Stadtrecht. Im 14. Jh. trat Köslin der Hanse bei und avancierte 1582 zur **Residenzstadt der Greifenherzöge**, die hier eine Burg errichteten. Die im Dreißigjährigen Krieg stark zerstörte Stadt kam 1653 zu Brandenburg, später zu Preußen. Nach dem Zweiten Weltkrieg war die heutige Kreisstadt Koszalin bis zur Verwaltungsreform 1999 Hauptstadt der gleichnamigen Wojewodschaft.

Wohin in Koszalin?

Reiner Klang

Marienkirche

Bedeutendstes Bauwerk der Stadt ist die Marienkirche (Kościół N. P. Marii). Der Dom entstand Anfang des 14. Jh.s als dreischiffiger Bau mit sehr schönem Sternengewölbe. Die Orgel ist für ihren reinen Klang berühmt und lockt im Sommer beim »Internationalen Festival der Orgelmusik« Tausende Musikfans an. Von der Aussichtsplattform des mächtigen quadratischen Turms reicht der **Blick bis zur Ostsee**.

Schauspieler statt Scharfrichter

Henkerhaus

Ganz in der Nähe der Marienkirche und des Marktplatzes entdeckt man das im 15. Jh. erbaute einstige »Henkerhaus«. Heute dient es als Spielstätte des »Teatr Dialog«.

Teatr Dialog: ul. Grodzka 3 | www.teatrdialog.koszalin.pl

Eines von vier

Gertrudenkapelle

Südlich des Stadtzentrums steht die gotische Gertrudenkapelle, eine 1383 entstandene ehemalige Friedhofskapelle, die **Einflüsse skandinavischer Architektur** aufweist. Der achteckige Ziegelbau ist einer von vier Bauwerken dieser Art in Pommern.

Alte Stadtgeschichte und neue Kunst

Bezirksmuseum

Eine alte Mühle und das benachbarte Müllerhaus, beide im 19. Jh. erbaut, bilden den Sitz des Bezirksmuseums (Muzeum w Koszaline) mit Exponaten zur Stadtgeschichte, einer großen Münzen- und Medaillensammlung sowie aktueller Kunst in Wechselausstellungen.

ul. Młyńska 37 | Di. – So. 10 – 17, im Winter 10 – 16 Uhr | Eintritt: 10 zł | www.muzeum.koszalin.pl

Rund um Koszalin

Menschliche Walrösser

Mielno

Mielno (Großmöllen), etwa 8 km nördlich von Koszalin, zählt zu den bekanntesten polnischen Ostseebädern. Der Ort liegt auf einer

KOSZALIN ERLEBEN

TOURISTINFORMATION

ul. Dworcowa 11
Tel. 94 3 46 24 40
www.it-pomorze.pl

Von Juni bis August lassen sich Musikliebhaber beim **»Internationalen Festival der Orgelmusik«** in der Marienkirche vom Klang der Domorgel begeistern. Bei den »Wasserfesttagen« im Juli dreht sich alles um das Thema Wasser. Im Oktober strömen Musikfans zum »Hanse-Jazz-Festival«.

GOSPODA JAMNEŃSKA

€€

In dem rustikalen Lokal beim Bezirksmuseum werden gute Piroggen und altpolnische Spezialitäten serviert.
ul. Młyńska 37
Tel. 94 3 41 48 67
www.gospodajamnenska.pl

BUONGIORNO

€–€€

Eine gute Adresse für italienische Gerichte. Das Gebäude beherbergt auch das gemütliche »Café Lalka« mit einer beeindruckenden Puppensammlung und den Pub »Captain Nemo«.
ul. Zwycięstwa 32
Tel. 94 3 48 98 98
www.buongiorno.com.pl

GROMADA ARKA LUX

€€

70 Zimmer, 4 Apartments. Im Zentrum der Stadt gelegenes Mittelklassehotel mit Restaurant, Sauna und Nightclub.
ul. Zwycięstwa 20
Tel. 94 3 42 79 11
www.gromada.pl/hotelkoszalin

ZAMEK PODEWILS

€€

▶ Baedeker Wissen, S. 347
Krąg 16 | Krąg
Tel. 94 3 47 05 16
www.podewils.pl

sandigen Nehrung zwischen Ostsee und dem Jezioro Jamno (Jamunder See) und verfügt über kilometerlange, breite Sandstrände.
Anfang Februar findet hier das Internationale Walross-Treffen (Zlot Morsów) statt: Über 1000 mutige Menschen versammeln sich zum gemeinsamen Sprung in die eisige Ostsee.
Zlot Morsów: www.zlotmorsow.mielno.pl

Zwei Schaugärten mit Labyrinth

Zwei Kilometer voneinander entfernt liegen die beiden riesigen Schaugärten, geschaffen vom Gärtnerehepaar Bigoński. Beliebt ist vor allem das über 3 km lange Hainbuchen-Labyrinth mit Aussichtsturm. Erreichbar von der E-11 über die Ausfahrt in Borkowice südwärts. Hortulus-Gärten

KRYNICA MORSKA · KAHLBERG

Wojewodschaft: Pomorskie
Höhe: 0 – 48 m ü. d. M. | **Einwohner:** 1300

»Morska« heißt »am Meer«: Mit diesem Zusatz will sich der Ort von jenem anderen Krynica abheben, das in Polens gebirgigem Süden liegt. »Meer« hat man hier von allen Seiten, denn der Kur- und Ferienort kauert auf einer dünenreichen Nehrung zwischen Ostsee und Frischem Haff.

Kleine Stadt, viel Besuch

Die 1350 urkundlich erwähnte Fischersiedlung entwickelte sich mit Eröffnung der ersten Dampfschifffahrtslinie über das Frische Haff 1840 rasch zum beliebten Badeort. Seit Ende der 1960er-Jahre boomt in Krynica Morska der Tourismus. Heute empfängt **eine der kleinsten Städte Polens** in den Sommermonaten gut und gern 100 000 Gäste.

Wohin in Krynica Morska?

Auf den Kamelbuckel

Ortszentrum

Im Zentrum des Badeorts blieben einige schöne Villen und Pensionen aus dem frühen 20. Jh. erhalten. Der 1895 auf einer 29 m hohen Düne erbaute **Leuchtturm** wurde 1951 erneuert. Von der Aussichtsplattform des 26 m hohen Turms reicht der Blick über das Frische Haff bis in den russischen Teil der Nehrung. Östlich von Krynica erstreckt sich eine beeindruckende Landschaft mit bewaldeten Dünen. Die höchste Düne, der **»Kamelbuckel«** (»Wielbłądzi Garb«), misst immerhin 48,5 m.

Rund um Krynica Morska

Am Frischen Haff

Kąty Rybackie

Das Fischerdorf Kąty Rybackie (Bodenwinkel), ca. 16 km westlich von Krynica, markiert den **Beginn der Frischen Nehrung**. Ein wenige Hundert Meter breiter, überwiegend von Mischwald bedeckter Streifen trennt das Frische Haff von der Ostsee. Nördlich von Kąty Rybackie erstreckt sich am schilfgesäumten Seeufer ein Vogelschutzgebiet.

Nazi-Terror

Sztutowo

Sztutowo (Stutthof), etwa 22 km westlich von Krynica, wirkt auf den ersten Blick wie ein ganz gewöhnlicher Ferienort, in dem zahlreiche

KRYNICA MORSKA ERLEBEN

TOURISTINFORMATION
ul. Żeromskiego 6
Tel. 55 2 47 64 44
www.krynicamorska.pl

Eine Schmalspurbahn verkehrt im Sommer mehrmals täglich an der Bernsteinküste von Mikoszewo im Westen bis Sztutowo im Osten (Fahrtzeit: ca. 1 Std.), bzw. von Stegna nach Nowy Dwór Gdański. Im Sommer verkehren Ausflugsdampfer der Weißen Flotte über das Frische Haff nach Elbląg und Frombork.

KARCZMA RYBNA €–€€
Rustikal eingerichtete Fischerhütte mit großem Sommergarten. Auf der originellen Speisekarte findet sich unter anderem die »Rache Lenins«: russische Piroggen.
ul. Świerczewskiego 19
Tel. 55 2 47 60 97
www.pensjonatpolonia.pl

KAHLBERG €€
Gut geführtes Mittelklassehotel mit 28 Zimmern, Sauna, Fitnessbereich sowie einem Restaurant.
ul. Bosmańska 1
Tel. 55 2 47 60 17
www.kahlberg.mierzeja.pl

TRISTAN €€
Viersternehotel mit 57 Zimmern, Schwimmbad und Sauna, Nightclub, Tennisplatz und Kegelbahn.
Rybacka 17
Kąty Rybackie
Tel. 55 2 67 26 00
www.tristan.com.pl

Touristen ihren Sommerurlaub verbringen. Doch Stutthof war auch ein Ort des Grauens: In dem **Konzentrationslager**, das bereits einen Tag nach dem Überfall Deutschlands auf Polen entstand, wurden bis 1945 rund 65 000 Häftlinge ermordet.
Ehemalige Wachhäuser und Häftlingsbaracken genauso wie die Gaskammer und das Krematorium blieben erhalten; eine Ausstellung informiert über den Terror der Nazis und die Geschichte des Lagers.
Muzeum Martyrologii: ul. Muzealna 6 | Mai – Sept. tgl. 8 – 18, Okt. – April Mo. – Fr. 8 – 15 Uhr | www.stutthof.pl

Konzerte in der kleinen Kirche
Im Zentrum des Ferienorts Stegna (Steegen), ca. 25 km westlich von Krynica, lohnt sich ein Besuch der 1783 gebauten kleinen Fachwerkkirche. Die **barocke Orgel** ist für ihren guten Klang bekannt; viele Urlauber besuchen hier die Sommerkonzerte. Stegna

★★ ŁEBA · LEBA

Wojewodschaft: Pomorskie
Höhe: 0 – 8 m ü. d. M. | **Einwohner:** 3800

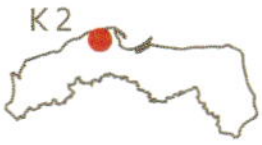

Das ehemalige Fischerdorf zwischen den Seen Sarbsko und Łebsko ist dank seiner herrlich weiten Sandstrände ein viel besuchter Badeort. Von hier aus ist es nicht weit zur »polnischen Sahara«, dem Slowinzischen Nationalpark, mit faszinierenden, über 40 m hohen Wanderdünen.

Zur polnischen Sahara

Das schon im 10. Jh. besiedelte Gebiet an der Mündung des Flusses Łeba befand sich ab 1309 unter der Herrschaft des Deutschen Ordens und gehörte 1466 bis 1722 zu Polen, dann zu Preußen. Immer wieder hatte der Ort mit Zerstörungen durch **Überschwemmungen** zu kämpfen, bis die Bewohner ihre Häuser auf das höhere Ostufer des Flusses verlegten. Im 19. Jh. begann man mit dem Bau eines großen Hafens. Seit Ende des 19. Jh.s entwickelte sich der Fischerort immer mehr zur beliebten Sommerfrische und ist heute mit über 40 000 Übernachtungsplätzen eines der größten Ferienzentren des Landes.

Wohin in Łeba?

Expressionismus in der Kirche

In der ul. Kościuszki und am Hafen prägen kleine **Fischerhäuser aus dem 19. Jh.** das Bild des Städtchens. Das älteste Gebäude ist die 1683 gebaute Fischerkirche (Kościół Rybacki). Neben dem Altar hängt ein Bild der Muttergottes (1945) von **Max Pechstein**.

Fischerkirche

Für Familien

Um Łeba als Urlaubsziel für Familien attraktiver zu machen, eröffnete man – gegenüber vom Kino Rybak – ein **Schmetterlingsmuseum** (Muzeum Motyli). Im Ostteil der Stadt liegt der 20 ha große **Łeba Park** mit Nachbildungen von Dinosauriern, Indianerdorf, Naturlehrpfad und Mini-Zoo. Zusätzlich entstand bei Sarbsk, einige Kilometer südöstlich, der **Sea Park**, ein Freizeitpark mit einer Aufzuchtstation für Seehunde (Fokarium), Museum und Aquarium.

Schmetterlingsmuseum, Łeba Park und Sea Park

Muzeum Motyli: ul. Morska 1 | Mai/Juni u. Sept. tgl. 10 – 18, Juli/Aug. tgl. 10 – 21 Uhr | Eintritt: 12 zł | www.muzeummotyly.pl
Łeba Park: ul. Kolonijna s/n | Mai 9 – 16, Juni 9 – 17, Juli/Aug. 9 – 19 Uhr | Eintritt: 65 zł | www.lebapark.pl
Sea Park: Sarbsk 39 | tgl. März – Nov. 9 – 16 (Juli/Aug. bis 19) Uhr | Eintritt: 50 zł | www.seapark.pl

Vom Strand direkt in die Wüste der »polnischen Sahara«

ŁEBA ERLEBEN

TOURISTINFORMATION
ul. 11 Listopada 5a
Tel. 59 8 66 16 23 | www.lotleba.pl
ul. Kościuszki 121
Tel. 50 4 24 76 15 | www.leba.eu

Zum ausgiebigen Bummeln laden Boutiquen und Schmuckgeschäfte in der von hübschen Gründerzeitbauten gesäumten ul. Staromiejska der Kreisstadt Lębork ein.

An der ul. Nadmorska in Łeba bieten mehrere Restaurants im Sommer Livemusik zum Tanz unter freiem Himmel. Für die Jugend gibt es dort auch einige Diskotheken.

An Fast Food herrscht kein Mangel: An jeder Straßenecke finden Sie eine Fischbraterei (Smażalnia ryb).

SOPLICA / ZAMEK NOWĘCIN €€
Das Restaurant des Schlosshotels im 3 km östlich gelegenen Nowęcin serviert polnische Hausmannskost. Wer gleich vor Ort bleiben will: Zur Verfügung stehen auch 26 Zimmer.
ul. Jeziorna 2
Nowęcin
Tel. 59 8 66 16 15
www.zameknowecin.pl

NEPTUN €€€
23 Zimmer, 9 Apartments. Das direkt am Strand gelegene Hotel ist in einem 1906 gebauten, schlossähnlichen Gebäude untergebracht. Restaurant, Café und Nachtclub sind ebenfalls vorhanden, für einen entspannten Badeurlaub mit Unterhaltung ist hier also gesorgt.
ul. Sosnowa 1
Tel. 59 8 66 14 32
www.neptunhotel.pl

VILLA VERDI PLEASURE & SPA €€
Die nur etwa 200 m vom Meer entfernt gelegene Pension verfügt über 19 gut ausgestattete Zimmer und bietet darüber hinaus eine Vielzahl von Wellnessbehandlungen.
ul. Obrońców Westerplatte 20
Tel. 59 8 66 43 30
www.villaverdi.pl

REZYDENCJA NAD JEZIOREM €€
9 Apartments, 7 Studios. Wer zur Ruhe kommen will, mietet sich außerhalb des Touristenorts in der Rezydencja ein: Das kleine Hotel liegt am Ufer des Łebsko-Sees, mitten im Nationalpark und in Sichtweite der Wanderdünen. Von den Apartments und vom Restaurant hat man die schilfgesäumte Wasserfläche vor Augen, dazu Wildenten und Schwäne, Seeschwalben und Reiher. Zu den Naturbildern passt das blau-weiße Farbschema der Räume. Gutes Frühstück und zuvorkommender, familiärer Service. Ein Badesteg befindet sich direkt vor der Haustür, Boote und Fahrräder kann man mieten. Autoparkplatz und WLAN sind kostenlos. Frau Janina, die charmante Besitzerin, spricht sehr gut Deutsch.
ul. Jeziorna 21-A
Żarnowska
Tel. 59 8 66 28 29
www.rezydencja-porta-baltic.pl

Rund um Łeba

Viel Sand

Der Slowinzische Nationalpark (Słowiński Park Narodowy, www.slowinskipn.pl) wurde 1967 gegründet und zehn Jahre später von der UNESCO zum **Welt-Biosphärenreservat** ernannt. Der Park erstreckt sich hinter dem 33 km langen Küstenabschnitt zwischen Łeba und Rowy (Rowe). Sand, der beständig aus dem Meer herausgespült wird, trennte dort einige seichte Buchten vom Meer ab und ließ so vor etwa 5000 Jahren große Seen entstehen. Mit 71 km² ist der **Łebsko-See** das drittgrößte Binnengewässer Polens. An den sumpfigen Ufern der Seen haben mehr als 250 Vogelarten ihre Nistplätze. Der einst dicht bewaldete Landstreifen zwischen den Seen und dem Meer wurde vor rund 900 Jahren abgeholzt. Seitdem gibt es für die Sanddünen keine natürlichen Hindernisse mehr; sie wandern Jahr für Jahr ein paar Meter weiter landeinwärts. Mit bis zu 42 m Höhe ist die **Lontzkedüne** (Łącka Góra) eine der höchsten der »polnischen Sahara«.

★★ Slowinzischer Nationalpark

Zu Fuß oder elektrisch

Die ca. 500 ha große Dünenlandschaft, **Europas größtes Wanderdünengebiet**, bildet das Herzstück des Nationalparks. Sie ist am besten von **Rąbka** (Rumbke) aus, etwa 3 km westlich von Łeba gelegen, zu erreichen. Von der ul. Nadmorska in Łeba fahren Elektrobusse dorthin. Vom Parkplatz in Rąbka kann man den rund 6 km langen Weg zum Nationalpark zu Fuß oder mit dem Fahrrad fortsetzen. Oder man lässt sich mit einem Elektrobus weiterkutschieren. In der Sommersaison ist der Eintritt in den Park gebührenpflichtig. Mitten im Nationalpark, etwa auf halber Strecke zwischen Łeba und den Dünen, liegt ein ehemaliges **Raketenversuchsgelände** der Wehrmacht. Dort wurden ab 1941 Fernraketen des Typs »Rheinbote« und die Flugabwehrrakete »Rheintochter« getestet. Eine in einem ehemaligen Bunker untergebrachte Ausstellung informiert darüber.

Dünenlandschaft

Wyrzutnia Raket: Mai – Okt. 9 – 17 Uhr | Eintritt: 14 zł

Näheres über Flora und Fauna

Wer sich näher für die reichhaltige Tier- und Pflanzenwelt des Parks interessiert, sollte das Naturkundemuseum (Muzeum Przyrodnicze) der Parkverwaltung in Smołdzino (Schmolsin), zwischen Łeba-See und Gardersee, besuchen.

Naturkundemuseum

ul. Mostnika 1 | Mai – Sept. Mo. – Fr. 9 – 17, Okt. – April 8 – 15 Uhr | Eintritt: 6 zł | http://slowinskipn.pl/pl/muzeum-przyrodnicze.html

Die Schwarze Hochzeit der Slowizen

In dem kleinen Dorf am Westufer des Lebsko-Sees dokumentiert ein Freilichtmuseum, das **»Slowinzische Dorf«**, die Kultur und die Lebensweise der Slowinzen, einer einstmals hier beheimateten slawi-

★ Kluki

GOLD DER OSTSEE

Mit etwas Glück und viel Geduld kann man bei einem Strandspaziergang an der polnischen Ostseeküste auch heute noch Bernstein entdecken. Allerdings entsteht erst durch Schleifen und Polieren jener honigfarbene Schmuckstein, mit dem bereits die Menschen der Bronzezeit handelten und Halsketten, Ringe und Armbänder anfertigten.

▶ **Bernsteinfischer**

Bei starken Stürmen wird der Bernstein vom Meeresboden aufgewirbelt und mit den Wellen für einen kurzen Augenblick aus dem Wasser gehoben. Die Bernsteinfischer fischen die Brocken mit langstieligen Käschern aus den Fluten.

▶ **Die Entstehung des baltischen Bernsteins**

1 Vor mehr als 55 Millionen Jahren war der Raum der Ostsee tropisch-subtropisch warm und feucht. Ausgedehnte Mischwälder, mit heute noch heimischen Kiefern, Tannen, Eichen, Buchen und Kastanien, aber auch tropische Palmen, Magnolien und Zimtbäume waren zu finden.

2 Das Harz trat vor Jahrmillionen aus Kiefern und anderen Nadelbäumen aus

▶ Die Bernsteinlagerung
Weltweit sind Bernsteinvorkommen von mehr als 200 Fundorten auf allen Kontinenten (mit Ausnahme der Antarktis) bekannt. Sie sind mindestens eine Million Jahre alt.

Bernsteinvorkommen und Bernsteinrouten in Europa

- Bernsteinfundstellen
- Historische Bernsteinrouten

▶ Wie erkenne ich echten Bernstein (Succinit)?
Bernstein ist relativ leicht, weich und schwimmt in konzentriertem Salzwasser. Er brennt schnell mit einer stark rußenden gelben Flamme, die harzig-aromatisch duftet. Die Farben des fossilen Harzes reichen von Farblos, Weiß, Hell- bis Goldgelb und Orange bis hin zu Rot- und Brauntönen. Manche Exemplare tragen Inklusen (Einschlüsse), wie z.B. Sand, Pflanzenreste oder Insekten.

▶ Verwendung von Bernstein
Schon seit der Bronzezeit wurde aus Bernstein Schmuck hergestellt, später sogar Möbel und Wandverkleidungen.

Auch in der Medizin wurde er verwendet: Als heilende Salbe bei Hautleiden, als Pulver zum Trinken bei Nervenleiden, Rheuma und Lungenentzündung.

und härtete an der Luft sehr schnell aus. ③ Das erstarrte Harz sank ins Wasser und lagerte sich in Lagunen und Brandungen ab, wo es von Sand, Staub und neu gebildeten Gesteinsschichten zugeschüttet wurde.

④ Unter Luftabschluss und Druck entwickelte sich über Millionen von Jahren der Bernstein, ⑤ der wieder an die Oberfläche getragen wurde.

schen Volksgruppe. Die Besuchssaison beginnt mit dem »Fest der Schwarzen Hochzeit« vom 1. bis 3. Mai.

Muzeum wsi slowińskiej: Mai – Aug. Mo. 11 – 15 (nur ein Gehöft), Di. – So. 10 – 18, Sept. – April 9 – 16 Uhr | Eintritt: 14 zł | www.muzeumkluki.pl/adress.html

Ein wenig Mittelalter

Lębork

Die 40 000 Einwohner zählende Kreisstadt Lębork (Lauenburg) liegt etwa 28 km südlich von Łeba. Teile der mittelalterlichen Stadtbefestigung mit zwei Basteien blieben erhalten. Sehenswert ist auch die gotische Jakobskirche (Kościół Św. Jakuba) aus dem 14. Jahrhundert. In der mehrfach umgebauten **Backsteinburg der Ordensritter** tagt heute das Bezirksgericht. Das benachbarte Müllerhaus entstand 1806 und wird inzwischen als Bibliothek genutzt.

BAEDEKER MAGISCHE MOMENTE

STRANDWANDERN

Alle wollen zur Łącka-Düne, weil sie mit ihren bis zu 42 m Höhe als monumentaler Sandberg erscheint. Doch es lohnt sich, ein Stück weiter in Richtung Meer zu laufen, um die »Wüste« ohne den Andrang von Menschen zu erleben: So weit das Auge reicht nur weiße Sandsicheln, Strandhafer und der Wassersaum – nur Sie und die Natur! Am Meer angekommen, können Sie schier endlos westwärts wandern – auch hier meist allein ...

★ LIDZBARK WARMIŃSKI · HEILSBERG

Wojewodschaft: Warmińsko-Mazurskie
Höhe: 67 m ü. d. M. | **Einwohner:** 16500

Hier dreht sich alles um eine Bischofsburg, die auch schon optisch das Städtchen überragt: ein Meisterwerk gotischer Architektur, angefüllt mit Kunstschätzen. Lidzbark Warmiński war über Jahrhunderte das Zentrum des Ermlands und galt einst als eine der schönsten Städte Ostpreußens.

Im Jahr 1240 ließ der Deutsche Orden anstelle der pruzzischen Siedlung **Lecbarg** eine Festung bauen, die im 14. Jh. zum Sitz des ermländischen Fürstbischofs ausgebaut wurde. Die ermländischen Bischöfe residierten hier bis zur ersten polnischen Teilung. Der Letzte von ihnen, der Humanist **Ignacy Krasicki**, war einer der bekanntesten polnischen Dichter und Publizisten. Auch Nikolaus Kopernikus lebte – als Ratgeber und Leibarzt seines Onkels, des Bischofs Ludwig von Watzgenrode – einige Zeit auf der Bischofsburg.

Zentrum des Ermlands

Wohin in Lidzbark Warmiński?

Von hier herrschten die Bischöfe

★ Bischofsburg

Die ehemalige Bischofsburg ist heute als Museum (Muzeum Warmińskie) zugänglich. Die von dicken Wehrmauern umgebene Anlage umfasst das 1348 bis 1400 erbaute **gotische Hauptschloss** und die **barocke Vorburg** (16. Jh.). Das auf quadratischem Grundriss errichtete Hauptschloss wird von vier Türmen flankiert. Neben den bischöflichen Gemächern und Arbeitsräumen sind vor allem der Große Remter und die Burgkapelle sehenswert. Der **Große Remter** (Speisesaal) mit einem wunderbaren Sterngewölbe zeigt neben Fragmenten der ursprünglichen Wandmalereien auch eine Sammlung mittelalterlicher sakraler Skulpturen. Der Innenhof wird von einem zweigeschossigen Kreuzgang eingefasst. Durch ein marmornes Portal im oberen Geschoss gelangt man in die Kapelle, deren prachtvolle Rokokoausstattung Mitte des 18. Jh.s entstand. Im Obergeschoss ist zeitgenössische polnische Malerei ausgestellt.
pl. Zamkowy 1 | Juni – Sept. Di./Mi. 10 – 18, Do. – So. 9 – 17, Okt. – Mai Di. – So. 10 – 16 Uhr | Eintritt: 14 zł | http://lidzbark.muzeum.olsztyn.pl

Das einzig erhaltene Stadttor

Hohes Tor

Die Altstadt von Lidzbark Warmiński wurde im Zweiten Weltkrieg teilweise zerstört, die **mittelalterliche Straßenanlage** blieb jedoch weitgehend erhalten. Der nordwestliche Eingang führt durch das im 14. Jh. errichtete Hohe Tor (Wysoka Brama). Das wuchtige Bauwerk hat als einziges der ehemaligen drei Stadttore die Zeiten nahezu unbeschadet überstanden. Es gilt als **eine der größten Wehranlagen auf polnischem Boden**.

Erstes protestantisches Gotteshaus

Ehemalige evangelische Kirche

Vom preußischen König Friedrich Wilhelm III. gestiftet, war die evangelische Kirche das erste protestantische Gotteshaus im katholischen Bistum Ermland. Die 1821 bis 1823 nach Plänen von **Karl Friedrich Schinkel** erbaute hölzerne Kirche wurde nach dem Zweiten Weltkrieg der neu entstandenen orthodoxen Gemeinde übergeben. Die Basilika mit ihren beiden neoromanischen Türmen ist nur während der orthodoxen Gottesdienste zugänglich.

Barock erweitert

St. Peter und Paul

Die gotische Pfarrkirche St. Peter und Paul (Kościół Parafialny), eine dreischiffige Hallenkirche mit Sterngewölbe, wurde in der zweiten Hälfte des 14. Jh.s an der Stelle eines hölzernen Vorgängerbaus errichtet und in den folgenden Jahrhunderten vor allem um barocke Bauelemente erweitert. Besonders sehenswert sind die zahlreichen barocken **Altäre** sowie die kunstvoll gearbeiteten **Epitaphe** der reichen Bürger und Würdenträger Heilsbergs.

Rund um Lidzbark Warmiński

Nr. 2 im Ermland

Dobre Miasto

Das 22 km südlich von Lidzbark Warmiński an der Łyna gelegene Städtchen Dobre Miasto (Gutstadt) war 1347 bis 1811 Sitz eines Kollegiatsstifts. Weithin sichtbar ist der Turm der gotischen **Erlöser- und Allerheiligenkirche** (Kościół Najświętszego Zbawiciela i Wszystkich Świętych), die im 14. Jh. zusammen mit dem Kollegiatsstift gebaut wurde. Das Hauptschiff der **zweitgrößten Kirche des Ermlandes** ist in sieben Joche mit Sternengewölbe untergliedert. Von der Ausstattung sind ein gotischer Marienaltar aus der Mitte des 15. Jh.s und der spätbarocke Hauptaltar noch gut erhalten.

Spitzenplätze

Storchenturm

Der Storchenturm (Baszta Bociana), ein Überbleibsel der alten Stadtbefestigung und benannt nach den Nistplätzen auf seiner Spitze, wurde in den 1970er-Jahren restauriert und beherbergt das stadtgeschichtliche **Museum**. Neben alten Ansichten, Plänen und

LIDZBARK WARMIŃSKI ERLEBEN

www.lidzbark.pl

KRASICKI €€€
122 Zimmer. Etwas für Nostalgiker: Das zwischen zwei Flüssen gelegene Hotel logiert in einem historischen Schloss. Die Zimmer befinden sich teils im gotischen, teils im barocken Flügel des Hauses. Beliebt bei den Gästen ist die zum Hotel gehörige kleine Sternwarte.
pl. Zamkowy 1/7
Tel. 89 5 37 17 00
www.hotelkrasicki.pl

PAŁAC I FOLWARK GALINY €€
Rund 8 km südlich von Bartoszyce liegt das im 16. Jh. erbaute Landgut Galiny (Gallingen), das seit 1998 als Gestüt – Trakehner und Holsteiner werden hier gezüchtet – und Ferienreiterhof genutzt wird. Unter dem Dach des großen Vorwerks entstanden 25 außergewöhnlich schöne Gästezimmer sowie ein stimmungsvolles Restaurant.
Tel. 89 7 61 21 67
www.palac-galiny.pl

BARTIS €–€€
45 Zimmer. Das gepflegte Hotel mit gemütlichen Zimmern liegt direkt am Marktplatz und lockt mit einem kleinen Wellnessbereich und einem stilvoll eingerichteten Restaurant.
pl. Konstytucji 3 Maja 5
Bartoszyce
Tel. 89 7 62 17 50
www.hotelbartis.pl

Handschriften werden während der Sommersaison auch Ausstellungen zeitgenössischer Kunst gezeigt.
Muzeum Baszta Bociana: ul. Sowińskiego

Zu »Bartek« und »Gustobald«

Bartoszyce (Bartenstein) liegt etwa 21 km nördlich von Lidzbark Warmiński. An der Kreuzung ul. Marii Curie-Skłodowskiej und ul. Bohaterów Warszawskich stehen die ältesten Sehenswürdigkeiten des Orts: 1000 Jahre alte, roh behauene Steinfiguren, im Volksmund »Bartek« und »Gustobald« genannt, kultische Relikte der pruzzischen Urbevölkerung. Gut erhalten ist das **Heilsberger Tor** (Brama Lidzbarska), ein schönes Beispiel der nordeuropäischen Backsteingotik. Einst Teil der mittelalterlichen Stadtbefestigung, diente es noch bis 1881 als Gefängnis. Bartoszyce

Die Ende des 14. Jh.s errichtete **Johanneskirche** (Kościół Jana Ewangelisty) am pl. Wolności gilt als das älteste erhaltene Bauwerk von Bartoszyce. Sehenswert sind eine spätgotische Kreuzigungsgruppe sowie der nach 1945 aus Teilen der Altäre von Dönhofstädt und Tilsit zusammengesetzte Hauptaltar.

Etwa 40 km nördlich von Lidzbark Warmiński liegt das Dörfchen **Żywkowo** (Schewecken). Auf 40 Bewohner kommen im Sommer

rund 150 Störche. Erste Anlaufstelle im Storchendorf ist Aleksander Tymiec, umtriebiger Gastwirt und einziger Zimmervermieter, Chef eines kleinen Museums und Ortschronist.
Aleksander Tymiec: ul. Chopina 25, facebook: Żywkowo Bocianie Gospodarstwo Rolne

★ ŁOMŻA

Wojewodschaft: Podlaskie
Höhe: 95 m ü. d. M. | **Einwohner:** 63 400

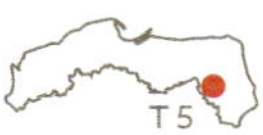

Über dem idyllischen Tal der Narew liegt eine der ältesten Städte der Region: mit Dom, Klöstern, Kirchen und klassizistischen Bürgerhäusern. Allemal einen Halt wert auf dem Weg nach Podlachien!

Kulturgeschichtlich Masowien

Łomża ist eine der ältesten Städte der Wojewodschaft Podlachien. Der Ort, der kulturgeschichtlich zur Region Masowien gehört, existiert immerhin schon seit dem Ende des 9. Jahrhunderts. Doch erst 1418 erhielt Łomża das Stadtrecht. An der Kreuzung der wichtigsten Flusshandelsrouten zwischen West- und Osteuropa gelegen, entwickelte sich die Stadt an der Narew seit dem 15. Jh. zu einem bedeutenden **Handelszentrum**. Nach den Zerstörungen im Zweiten Weltkrieg wurden die wichtigen Baudenkmäler der Stadt rekonstruiert. Bis zur großen Verwaltungsreform 1999 war Łomża die Hauptstadt der gleichnamigen Wojewodschaft, heute fungiert es als Kreisstadt.

Wohin in Łomża?

Backstein-Kathedrale und Barock

★ Erzengel-Michael-Kirche

Das historische Stadtzentrum Łomżas wurde bis Mitte der 1970er-Jahre wieder aufgebaut. Hier finden sich zahlreiche **klassizistische Bürgerhäuser**. Zu den Schmuckstücken gehört das Gerichtsgebäude in der ul. Dworna 16.
Die spätgotische Erzengel-Michael-Kirche (Kościół Św. Michała Archanioła) in der ul. Dworna, unweit vom Rynek, stammt aus dem frühen 16. Jh. und wurde Ende des 17. Jh.s im barocken Stil umgebaut. Sie dient dem Bischof von Łomża seit 1925 als **Kathedrale**. Stern- und Zellengewölbe zieren die dreischiffige Backsteinkirche. Neben zahlreichen Grabmälern finden sich im Seitenaltar die zwei Heiligenfiguren Peter und Paul aus dem 16. Jahrhundert.

Die Erzengel- Michael-Kirche ist die Kathedrale des Bischofs von Łomża.

Noch immer Ordenssitz

Kapuzinerkloster

Das nördlich vom Rynek gelegene Kapuzinerkloster entstand 1770 bis 1789. Der dreiflügelige, spätbarocke Bau mit Klosterkirche und Wirtschaftsgebäuden ist auch heute noch Sitz des Ordens. Die einschiffige **Klosterkirche** wurde 1798 geweiht und birgt einige interessanten Gemälde.

Maria Schnee aus dem Mutterkloster

Benediktinerinnenkloster

Das Benediktinerinnenkloster wurde zwischen 1857 und 1863 erbaut. Der an der ul. Dworna gelegene Komplex im **Stil der Neorenaissance** wurde im Zweiten Weltkrieg zerstört und in den 1950er-Jahren nach Originalplänen wieder aufgebaut. Den Altar schmückt ein barockes Bild der Maria Schnee aus dem frühen 17. Jh., das die Benediktinerschwestern aus ihrem Mutterkloster in Thorn hierher überführten.

Erst orthodox, dann katholisch

Mariä-Himmelfahrt-Kirche

Die 1877 erbaute ehemalige orthodoxe Kirche von Łomża wurde 1919 als Mariä-Himmelfahrt-Kirche (Kościół Wniebowzięcia Naszej Marii Pannej) zur katholischen Pfarrkirche geweiht. Zahlreiche **Originalfresken mit orthodoxen Heiligenmotiven** wurden in den letzten Jahren durch aufwendige Restaurierungsarbeiten freigelegt.

ŁOMŻA ERLEBEN

TOURISTINFORMATION
ul. Sienkiewicza 10/17
Tel. 60 8 62 95 19
https://narwia.wordpress.com

RETRO €€
In dem gemütlichen Restaurant am Rand der Altstadt wird polnische Küche serviert. Das über 100 Jahre alte Gebäude wurde 2006 stilvoll renoviert und verfügt auch über 24 komfortabel ausgestattete Gästezimmer.
ul. Nowogrodzka 157
Tel. 86 2 46 23 59
www.retro.lomza.pl

GROMADA €€
72 Zimmer. Äußerlich nicht gerade eine Perle, zeigt sich das im Stadtzentrum gelegene Hotel innen sehr gepflegt.
ul. Rządowa 1a
Tel. 86 2 16 54 51
www.gromada.pl

ZBYSZKO €€
60 Zimmer. Modern eingerichtetes Hotel mit zugehörigem Restaurant im malerischen Narewtal.
ul. Obrońców Nowogrodu 2
Nowogród
Tel. 86 2 17 55 18
http://zbyszko.com

Rund um Łomża

So lebten die Podlachen

★ Nowogród

Größter Anziehungspunkt von Nowogród, 14 km nordwestlich von Łomża, ist das **Museumsdorf Skansen Kurpiowski**. Auf 4,5 ha gibt es dort historische Gebäude mit Exponaten zur Geschichte der Region und zum Leben ihrer Bewohner, der Kurpen. Dazu gehören mehrere typische Bauernhöfe, ein Adelsgut und Wirtschaftsgebäude.

Skansen Kurpiowski: ul. Zamkowa 25 | Mo.–Fr. 9–17, Sa./So. 10–17 Uhr | Eintritt: 8 zł | www.4lomza.pl/index.php?k=279

Problematischer Besuch

Jedwabne

Das Städtchen Jedwabne, 20 km nordöstlich von Łomża, erlangte traurige Berühmtheit, als der polnischstämmige amerikanische Historiker **Jan Tomasz Gross** in seinem Buch »Sąsiedzi« (»Nachbarn«) die Beteiligung der polnischen Bevölkerung an der Vernichtung der jüdischen Einwohner der Stadt während der deutschen Besatzung thematisierte. Seitdem wird eine erbitterte Diskussion um die polnische Mitverantwortung am Holocaust geführt. Polens damaliger Präsident Aleksander Kwaśniewski entschuldigte sich offiziell; im Ort selbst erinnert ein Gedenkstein an die Ereignisse. Die meisten Einwohner verschließen sich indes den Fragen und der Suche nach jüdischen Spuren. Wer die Stadt besuchen möchte, sollte sich dessen bewusst sein.

★★ MALBORK · MARIENBURG

Wojewodschaft: Pomorskie
Höhe: 6 – 30 m ü. d. M. | **Einwohner:** 38 800

Hier werden mittelalterliche Träume wahr: Eine Burg am Fluss, errichtet aus Millionen Ziegeln, mit Türmen, Bastionen und Erkern. Was von außen so wuchtig wirkt, entfaltet im Innern höfische Pracht: lichtdurchflutete Säle mit fantastischen Säulenkonstruktionen, filigranen Riesenfenstern und meisterhaften Wandmalereien. Als größte Backsteinfestung Europas ist die Marienburg ein Weltkulturerbe der UNESCO – nehmen Sie sich Zeit, in ihre Geheimnisse einzutauchen ...

Zentrale des Deutschen Ordnes

Im Jahr 1270 begannen die Kreuzritter mit dem Bau einer Festung am östlichen Ufer des Flusses Nogat. Nach ihren Bauherren, den Brüdern vom Deutschen Haus St. Marien, wurde sie Marienburg genannt. Ursprünglich nur als Sitz des Komturs geplant, wurde die Marienburg zur Machtzentrale des Deutschen Ordens (▶ Baedeker Wissen, S. 158), nachdem Hochmeister Siegfried von Feuchtwangen 1309 den Hauptsitz des Ordens von Venedig hierher verlegt hatte. Während des Baus der Festung war außerhalb der Burgmauern eine Siedlung entstanden, die 1286 das Stadtrecht erhielt.
Nach der Niederlage gegen das polnisch-litauische Heer in der Schlacht von Tannenberg 1410 musste der amtierende Hochmeister des Ordens, Heinrich von Plauen, 1411 im **»Frieden von Thorn«** Ordensgebiete an Polen abtreten und hohe Kriegsentschädigungen zahlen. Im Jahr 1457 fiel die Marienburg schließlich an Polen und diente lange Zeit als Residenz der polnischen Könige. Nach der ersten polnischen Teilung 1772 gehörte sie zu Preußen und wurde in eine Kaserne umgewandelt. Ab 1817 begann man mit der schrittweisen Restaurierung der Anlage. Im Zweiten Weltkrieg schwer zerstört, begann 1961 der Wiederaufbau dieser größten gotischen Burg Europas.

Mittelalter und Moderne

Stadt Malbork

Die Stadt im Schatten der Burg können Sie getrost vernachlässigen. Im Zweiten Weltkrieg wurde sie großenteils zerstört, danach wurden innerhalb der alten Mauern Neubausiedlungen hochgezogen. Zwar ist in der letzten Zeit viel geschehen, um das Bild aufzuhübschen, doch noch immer ist der Kontrast zwischen Mittelalter und Moderne groß. Einen Blick lohnen das gotische Altstädtische Rathaus (Ratusz Staromiejski) und die Johannes dem Täufer geweihte Kirche.

★★ Deutschordensburg

ul. Starościńska 1 | Innenhöfe tgl. 9 – 19, Museum Di. – So. 9 – 19, im Winter 10 – 15 Uhr | Eintritt: 39,50 zł inkl. Audioguide oder Führung (auch individuelle Besichtigung möglich)
www.zamek.malbork.pl

Dreigeteilte Burganlage

Die Ordensritterburg gliedert sich in drei Teile: die **Vorburg** mit den ehemaligen Wirtschaftsgebäuden, das **Mittelschloss** mit dem **Palast der Hochmeister** sowie das **Hochschloss**, das ehemalige Machtzentrum der Kreuzritter.
Für den Besuch der Burg sollte mindestens ein halber Tag eingeplant werden. Malbork liegt an der oft befahrenen Bahnstrecke Danzig–▶ Warschau; von ▶ Gdánsk braucht der Zug 30 – 50 Min., von Warschau 2,5 Std. und von ▶ Olsztyn 2 Stunden. Der Eingang zur Burg befindet sich an deren Nordseite, wo sich auch das Info- und Ticketbüro befindet.

Souvenirs in alten Ställen

Vorburg

Der Weg zu der Schlossanlage führt durch die im Norden gelegene Vorburg (Przedzamcze) aus dem 14. Jahrhundert. Dort befanden sich einst Ställe, Speicher und Werkstätten sowie Wohnungen für die Bediensteten. Heute werden hier u. a. Eintrittskarten und Souvenirs verkauft; in einem Teil des Gebäudes sind das Schlosshotel und ein Restaurant untergebracht.

Fallgitter und Zugbrücke

Mittelschloss

Vom Vorhof führt der Weg auf einer überdachten Holzbrücke in das aus drei Flügeln bestehende Mittelschloss. Eine Zugbrücke, mit Eisen beschlagene Tore und schwere Fallgitter dienten dem Schutz vor Angreifern. Die Gebäude des Mittelschlosses gruppieren sich um einen großen, rechtwinkligen Hof. Am südwestlichen Ende des Vorhofs entdeckt man **vier steinerne Figuren von bedeutenden Hochmeistern** des Ordens.

Früher Spital, heute Büros

Nordflügel

Der nördliche Flügel beherbergte früher die Wohn- und Arbeitsräume des Großkomturs sowie ein Spital. Heute befinden sich dort die Büros und Arbeitsräume des Schlossmuseums.

Waffensammlung in Gästezimmern

Ostflügel

Im östlichen Flügel, dessen Hoffassade durch Spitzbogenarkaden gegliedert ist, waren einst die Gäste des Ordens untergebracht. Heute wird dieser Teil des Mittelschlosses für **Ausstellungen** genutzt: Im Erdgeschoss wird die kostbare Marienburger **Bernsteinsammlung** gezeigt; in den übrigen Räumen sieht man u. a. wertvolles Porzellan, Stilmöbel und eine große Waffensammlung.

Buchladen, Innenhof und Ballsaal

Westflügel

Im westlichen Flügel liegen die **repräsentativsten Räume** des Schlosses. Die niedrigen Bauten des heute als Schlossbuchhandlung genutzen Bads und der Kanzlei umschließen mit dem dahinterliegenden Großen Remter einen kleinen Innenhof. Der Große Remter ist der größte Saal der Ordensburg; drei schlanke Säulen tragen das schmückende Sternengewölbe.

Münzen und Siegel im Untergeschoss

Palast der Hochmeister

An den Westflügel des Mittelschlosses schließt sich, durch eine kleine Kapelle getrennt, der Ende des 14. Jh.s erbaute Hochmeisterpalast an. Das äußerlich ebenso wehrhafte wie repräsentative Gebäude, vermutlich von Nikolaus Fellenstein entworfen, gilt als ein Meisterwerk profaner gotischer Backsteinarchitektur. Besonders beeindrucken die beiden Speisesäle des Palasts, **Sommer- und Winterremter**, mit großen, ursprünglich bunt verglasten Fenstern und den feinen, auf grazilen Säulen ruhenden Sterngewölben. Im Untergeschoss des Hochmeisterpalasts lagen einst die Räume der Kanzlei. Heute werden hier Dokumente, Siegel und Münzen aus der Zeit des Ordensstaates ausgestellt.

Meditation und Wahl des Hochmeisters

Hochschloss

Südlich vom Mittelschloss erhebt sich das Hochschloss, dessen Hof von zweigeschossigen Kreuzgängen mit Spitzbogenfenstern umge-

DER DEUTSCHORDENSSTAAT

1225 rief Konrad von Masowien den Deutschen Ritterorden zu Hilfe gegen die heidnischen Pruzzen, die seine Nordgrenze bedrohten. Im Gegenzug versprach er den Rittern das Kulmer Land (heute Chelmno). Von dort aus eroberten sie seit 1226 das heutige Ostpreußen und das Baltikum und errichteten einen Staat, der im 13. und 14. Jh. eine der beherrschenden Mächte des Ostseeraums war.

▶ **Geschichte des Ordens**

2010 feierte der Deutsche Orden sein 800-jähriges Bestehen.

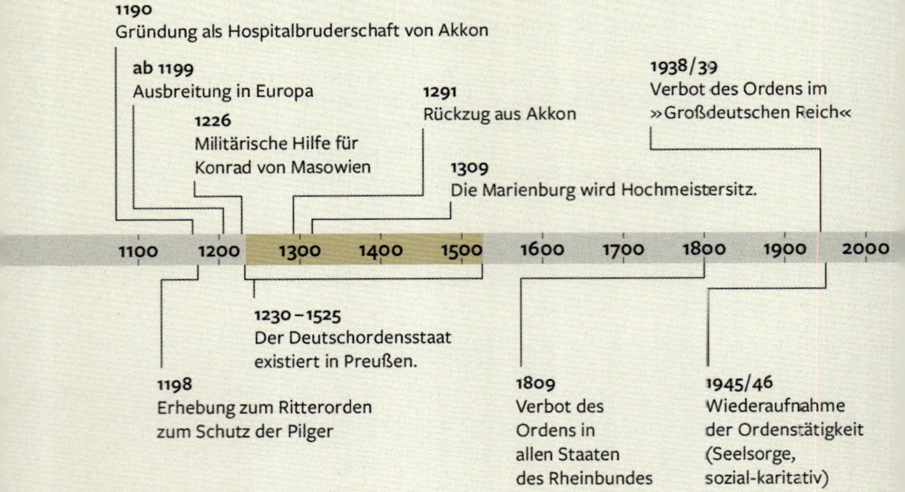

▶ **Wichtige Persönlichkeiten**

Heinrich Walpot von Bassenheim
Erster Hochmeister von 1198 bis 1200

Hermann von Salza
Der vierte Hochmeister (1210–1239) führte den Orden nach Preußen und errichtete den Ordensstaat.

Ulrich von Jungingen
Der 26. Hochmeister führte das Ordensheer in der Schlacht bei Tannenberg, in der er fiel.

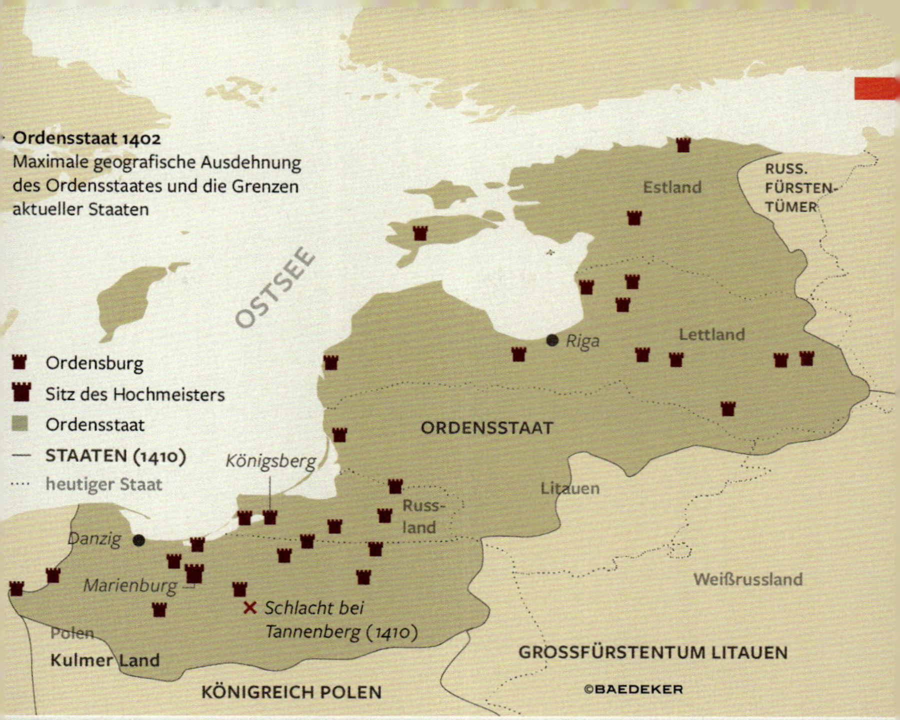

Mythos Tannenberg

In der Schlacht bei Tannenberg am 15. Juli 1410 brachte ein polnisch-litauisches Heer dem Orden eine vernichtende Niederlage bei. Als »Schlacht von Grunwald« gilt sie als die militärische Vorwegnahme der polnisch-litauischen Union, die bis 1795 bestand. Bis zur erneuten Staatsgründung 1918 entstand ein regelrechter Kult um die Schlacht, der sich literarisch im 1900 erschienenen Roman »Die Kreuzritter« von Henryk Sienkiewicz niederschlug. Für preußisch-deutsche Nationalisten war der Sieg über die russische Armee beim ostpreußischen Allenstein im August 1914 als »zweite Schlacht bei Tannenberg« die Revanche für die »Schmach« von 1410.

Königreich Polen Großfürstentum Litauen	**Parteien**	Deutscher Orden
u.a. Tataren, Weißrussen, Ruthenen (Russen)	**Verbündete**	u.a. Böhmen, Schlesier, Ungarn
König Władysław II. Jagiełło Großfürst Vytautas	**Befehlshaber**	Hochmeister Ulrich von Jungingen (*fiel in der Schlacht*)
32 000 bis 39 000 Mann, davon 2000 tatarische Reiter	**Truppenstärke** (*geschätzt*)	ca. 20 000 bis 27 000 Mann, ca. 100 Geschütze
unbekannt	**Opfer** (*genaue Zahlen sind unbekannt*)	209 der 250 Ordensritter fielen

MALBORK ERLEBEN

TOURISTINFORMATION

ul. Tadeusza Kościuszki 54
Tel. 55 6 47 47 47
Mo. – Fr. 8 – 18, Sa./So.
10 – 15 Uhr
www.visitmalbork.pl

Alljährlich im Juli wird die Marienburg eine Woche lang von Freizeitrittern »belagert«. Geboten werden u. a. mittelalterliche Märkte, Pferdeschauen, Turniere und Konzerte (▶ Baedeker Wissen, S. 338). Im August gibt es abendliche Opernkonzerte unter freiem Himmel.
www.zamek.malbork.pl

PIWNICZKA €€

Auch das Untergeschoss der Burg kann erkundet werden! Steigen Sie im Nordflügel hinab, stoßen Sie auf das »Kellerchen« (piwniczka), wo man unter schweren Gewölben deftige Klassiker der altpolnischen Küche serviert. Das Lokal kann auch ohne Burg-Eintrittskarte besucht werden!
ul. Starościńska 1
Tel. 55 2 73 36 68
http://piwniczkamalbork.pl

GROT €€

18 Zimmer. Auf halber Strecke zwischen Bahnhof und Schloss schlafen Sie ruhig, stilvoll und gut umsorgt.
ul. Kościuszki 22d
Tel. 55 6 46 96 60
http://grothotel.pl

ben ist. Die Kreuzgänge dienten der Meditation und der Kommunikation. Vom ersten Stock des Kreuzgangs aus sind u. a. der **Kapitelsaal** und die Marienkirche, beide im Nordflügel des Hochschlosses, zu erreichen. Unter dem von drei Pfeilern getragenen Sterngewölbe des Kapitelsaals wurden die Entscheidungen des Ordensstaats getroffen; hier wurden auch die Hochmeister des Ordens gewählt.

Eine »lebendige Ruine«

Marienkirche

Nach Osten schließt sich die Marienkirche an den Kapitelsaal an. Der Eingang erfolgt vom Kreuzgang durch die dekorative **Goldene Pforte**. Das gegen Ende des Zweiten Weltkriegs fast komplett zerstörte Gotteshaus wurde zwar äußerlich wieder hergestellt und kann besichtigt werden, doch der Kirchenraum ist noch nicht restauriert. Denn diskutiert wird, ob er als »lebendige Ruine« in der derzeitigen Form erhalten werden soll. Zu sehen sind unter anderem Reste des mittelalterlichen Chorgestühls, Fragmente des 1687 aus Holz geschnitzten barocken Hochaltars und Teile des Prunksitzes des Hochmeisters.

Auch auf eine mächtige Festung können sich liebliche Perspektiven eröffnen.

Stille Örtchen überm Wasser

Dansker

Von der südwestlichen Ecke des Hochschlosses führt ein etwa 60 m langer Gang zu dem sinnigerweise auf Arkaden über dem Wasser errichteten Dansker – einer recht großen **Abortanlage in der Form eines Wehrturms**. Im West- und Südflügel des Schlosses lagen die Wohn- und Repräsentationsräume wichtiger Würdenträger des Ordens. Im Erdgeschoss waren Wirtschaftsräume wie Lagerräume, eine Küche und eine Backstube untergebracht.

Ruhestätte der Ordenshochmeister

St.-Annen-Kapelle

Zwischen Hoch- und Mittelschloss führt eine Holztreppe in östlicher Richtung zu den weitläufigen Schlossterrassen. Von dort gelangt man in die kleine St.-Annen-Kapelle, in deren Krypta seit 1341 insgesamt 13 Ordenshochmeister ihre letzte Ruhestätte fanden. Erhalten blieben aber lediglich die Grabplatten von **Dietrich von Altenburg**, **Heinrich Dusemer** und **Heinrich von Plauen**.

DENKMAL FÜR DIE EWIGKEIT

Als im Jahr 1398 – genau 20 Jahre nach Grundsteinlegung – der Bau des Hochmeisterpalasts abgeschlossen wurde, bedeutete dies auch das Ende der über 120 Jahre dauernden Bauarbeiten an der Marienburg. Damit war der Burgkomplex der drittgrößte in Europa, nach dem Prager Hradschin und dem Kreml in Moskau. Mit dieser gewaltigen Anlage demonstrierte der Deutsche Orden seine Macht und setzte sich mit dem Bauwerk zugleich ein Denkmal für die Ewigkeit.

Muzeum Zamkowe w Malborku
ul. Starościńska 1
www.zamek.malbork.pl
(Infos ► S. 156)

❶ Sommerremter
In dem 14 x 14 m großen und knapp 10 m hohen Raum, der durch spätgotische Doppelfenster erhellt wird, empfingen die Hochmeister im Sommer ihre Gäste oder feierten Feste. Als »Remter« bezeichnete man die Speisesäle in Burgen und Schlössern.

❷ Stützpfeiler im Sommerremter
Der gesamte Saal wird nur durch diesen Pfeiler gestützt. Angeblich soll einmal auf diesen Pfeiler mit jener Steinkugel gezielt worden sein, die in die Wand über dem Kamin eingemauert wurde.

❸ Winterremter
Der Winterremter war – wie der Sommerremter – in erster Linie zu Repräsentationszwecken eingerichtet worden. Zwar war er weniger prachtvoll ausgestattet als der Sommerremter, doch dafür konnte dieser Raum beheizt werden.

1
2
3
©BAEDEKER

Auch das Große Refektorium überspannen prächtige Gewölbe.

Rund um Malbork

Kwidzyn

Etwas bescheidener

25 km weiter südlich liegt das Industriestädtchen Kwidzyn (Marienwerder) im Tal der unteren Weichsel. Sehenswert ist die im 14. Jh. über dem rechten Liwa-Ufer entstandene **Burg für das Domkapitel**, eine quadratische, von Ecktürmen gefasste Vierflügelanlage. Erhalten sind der Nord- und Westflügel der Burg und der mächtige Dansker in Form eines frei stehenden und durch einen Gang mit der Burg verbundenen Turms.

Burgmuseum

Folterwerkzeuge und die eingemauerte Heilige

Das Burgmuseum (Muzeum w Kwidzyni) umfasst neben kunstgewerblichen und volkskundlichen Sammlungen auch Exponate zur Geschichte der Burg; gezeigt werden u. a. spätmittelalterliche Folterwerkzeuge. Integriert in den Burgkomplex ist die 1344 bis 1355 erbaute **Kathedrale**. Ihr schönes Sterngewölbe ruht auf acht Pfeilern. In der Unterkirche der Kathedrale sieht man noch die kleine Zelle, in die sich die 1976 heilig gesprochene **Dorothea von Montau** um 1393 als sog. Reklusin einmauern ließ.

ul. Katedralna 1 | Di. – So. 9 – 17 Uhr | Eintritt: 10 zł | www.zamek.kwidzyn.pl

MIĘDZYZDROJE · MISDROY

Wojewodschaft: Zachodnio-Pomorskie
Höhe: 0 – 52 m ü. d. M. | **Einwohner:** 5500

Im Sommer geht hier die Post ab: Die schöne Küste auf der Insel Wollin lockt Tausende, die Sonne , Strand und Spaß suchen. Naturfreunde kommen in der Vor- und Nachsaison, um den Wolliner Nationalpark mit seinen Buchenwäldern, Smaragdseen und wilden Kliffen zu erkunden.

Misdroy wurde 1554 erstmals urkundlich erwähnt. 1835 begann hier der Badebetrieb, und innerhalb weniger Jahrzehnte entstand aus dem unbedeutenden Fischerdorf eines der bekanntesten Ostseebäder. Das **Kurbad** gehört seit 1945 zu Polen und besitzt seit 1947 Stadtrecht.

Ostseebad mit Nationalpark

Wohin in Międzyzdroje?

Eine Frage der Qualität

Promenade, Seebrücke

Entlang der 2 km langen Promenade gibt es eine Reihe von prächtigen Villen aus dem späten 19. Jh., die in den vergangenen Jahren saniert wurden. Eingestreut sind »Touristenattraktionen« mit für Polen vergleichsweise hohen Eintrittsgeldern, so das bescheidene **Oceanarium** und das **Wachsfigurenkabinett**, das Prominente aus aller Welt vorstellt – leider nur eine schlechte Kopie des Londoner Vorbilds.

Oceanarium: Promenada Gwiazd 4 | tgl. ab 10 Uhr | Eintritt: 20 zł | http://oceanarium.com.pl
Gabinet Figur Wojskowych: Bohaterów Warszawy 19 | tgl. ab 10 Uhr | Eintritt: 20 zł | www.woskowe.pl

Dampfer und Bus an der Mole

Seebrücke

Die Seebrücke mit ihren zwei prägnanten Ecktürmen wurde 2005 auf 400 m Länge erweitert. Von hier starten **Ausflugsdampfer** nach ▶ Świnoujście und weiter zu den Seebädern auf Usedom. Nahe der Mole wartet auch ein Gratisbus, mit dem man zu einem **Miniaturenpark** voller Leuchttürme, Kirchen und Denkmäler fahren kann.

Park Miniatur: Bałtycki Park Miniatur | ul. Nowomyśliwska 98 | tgl. 10 – 18 Uhr | Eintritt: 20 zł
http://baltyckiparkminiatur.pl

★★ Wolin-Nationalpark

Zu Steilküste, Seeadler und Wisent

Die **Hauptattraktion von Międzyzdroje** ist der 1960 gegründete, rund 11 000 ha große Woliński Park Narodowy. Er umfasst etwa ein Drittel der Inselfläche, eine vorwiegend mit Buchen- und Mischwäldern bewachsene Moränenlandschaft. Ferner sind Teile der Küstengewässer und des Haffs geschützt. Die südlich von Międzyzdroje beginnende, bis zu 90 m hohe Steilküste zählt zum Bereich des Nationalparks, ebenso der beim Dorf Lubin gelegene Jezioro Turkowskie (Türkissee), eine nach ihrem türkisgrünen Wasser benannte Kreidegrube.

Im Nationalpark wurden etwa 200 verschiedene Vogelarten gezählt, dazu gehört auch der Seeadler. Eine Attraktion ist das etwa 2 km von Międzyzdroje entfernte **Wisentreservat** – hier können Sie beim Füttern der Riesen zuschauen!

Rezerwat Żubrów: Mai – Sept. Di. – So. 10 – 18, Okt. – April Di. – Sa. 8 – 16 Uhr | Eintritt: 6 zł | www.wolinpn.pl

Naturkundemuseum

Das Wichtigste über den Nationalpark

Über die Entstehung der Insel, ihre Flora und Fauna sowie über die Geschichte des Nationalparks informiert das Naturkundemuseum (Muzeum Przyrodnicze) der Nationalparkverwaltung.

ul. Niepodległości 3 | Sommer Di. – So. 9 – 17, Winter Di. – Sa. 9 – 15 Uhr | Eintritt: 7 zł | www.miedzyzdroje.hg.pl

Rund um Międzyzdroje

Wolin

War hier Vineta?

Das Städtchen Wolin (Wollin), Namensgeberin der Insel, liegt etwa 23 km südöstlich von Międzyzdroje. Im 10. Jh. zählte Wolin zu den größten und reichsten Städten Europas. Viele vermuten hier das sagenhafte **Vineta**, das nach einer verheerenden Sturmflut im Meer versank. Tatsächlich endete mit der Eroberung und Zerstörung der Stadt durch die Dänen im Jahr 1173 die glanzvolle Zeit von Wolin.

Wikinger-Festival

Met im Kettenhemd

Anfang August fühlt man sich in Wolin ins 10. Jh. zurückversetzt: Wilde Kerle mit Zottelmähne und in Kettenhemden landen mit ihren mittelalterlichen Booten am Ufer der Dziwna und veranstalten Turniere und Schiffswettfahrten. Danach gibt’s einen tüchtigen Schluck Met. Beim dreitägigen Wikinger-Festival (▶ Baedeker Wissen, S. 338) können Besucher Speisen aus der damaligen Zeit probieren und mittelalterlicher Musik lauschen. Im Bereich des früheren Hafens gibt es archäologische Grabungsstätten und eine kleine Werft, in der Wikingerschiffe nachgebaut werden.

OBEN: Spazieren bis zum Horizont am langen Strand von Misdroy

UNTEN: Dem scharfen Blick des Seeadlers entgeht im Wolin-Nationalpark nichts.

MIĘDZYZDROJE ERLEBEN

www.międzyzdroje.pl
www.miedzyzdroje.com

Anfang Juli trifft sich in Międzyzdroje die Filmprominenz des Landes. Dann werden am Strand auf riesigen Leinwänden die neuesten polnischen Filme gezeigt – und gefeiert wird bis spät in die Nacht.
Im August gibt es beim dreitägigen Wikingerfestival im südöstlich gelegenen Städtchen Wolin Turniere und Bootswettfahrten.

Unter der Mole von Międzyzdroje tobt nicht nur abends das Leben – die Disco »Paradise« hat während der Saison nämlich rund um die Uhr geöffnet.
Direkt am Strand feiert man gerne unter der Seebrücke im »Pod Molem«.
Eine weitere recht beliebte Diskothek, übrigens die älteste von Misdroy, ist das »Scena« direkt an der Promenade.

AMBER BALTIC
€€€
191 Zimmer und Suiten. Die direkt am Strand gelegene Ferienanlage »Amber Baltic« bietet nur Zimmer mit Meerblick, zudem einen großen Wellnessbereich sowie einen Shuttle-Bus zum hoteleigenen Golfplatz. Geboten werden außerdem opulente Frühstücks- und Abendbüfetts.
ul. Promenada Gwiazd 1
Tel. 91 3 28 10 00
www.viennahouse.com

MARINA **€€–€€€**
Das nostalgisch eingerichtete Hotel mit vielen maritimen Details liegt im Stadtkern und überzeugt seine Gäste mit freundlich-komfortablen Zimmern und einer ausgezeichneten Fischküche.
ul. Gryfa Pomorskiego 1
Tel. 91 3 28 04 49
www.marina-miedzyzdroje.pl

VILLA STELLA MARIS
€€
15 Zimmer. Eine gute Wahl: die Villa »Seestern«, das Lustschlösschen an der Promenade: Wo immer möglich, wurde die historische Kaiserbadarchitektur bewahrt, die Gästezimmer sind mit originalen Jugendstilelementen behaglich eingerichtet. Das Essen schmeckt vorzüglich, vom Frühstücksbüfett bis zum Abendmenü. Nachmittags gibt's im Café sehr guten hausgemachten Kuchen.
ul. Bohaterów Warszawy 13
Tel. 91 3 28 04 81
www.villa-stella-maris.de

DOM POD RÓŻĄ WIATRÓW
€–€€
4 Zimmer und Apartments. Südlich von Międzyzdroje, am Stettiner Haff, vermietet Elżbieta Czajka einen skandinavisch inspirierten Holzbau mit herrlichem Garten, die Besitzerin wohnt gleich nebenan. Mit Blick aufs Haff, Tennis- und Grillplatz, Nordic-Walking-Equipment ist ausleihbar.
ul. Głowna 52
Lubin
Tel. 91 3 28 42 99
Mobiltel. 603 78 21 59
www.dompodrozawiatrow.pl

WOLINS KLIPPEN FRÜHMORGENS

Egal ob in der Hoch- oder in der Nebensaison: Machen Sie sich noch vor dem Frühstück auf und laufen von den aufgebockten Fischerbooten in Richtung Sandklippen, erleben Sie eine Welt wie am ersten Schöpfungstag. Ringsum nur das Blau des Himmels und das Graugrün des Meeres, ein paar Pfützen im Sand und ausgefranste Dünen. Und immerzu pfeift der Wind ...

Wolins große Zeit

Das Regionalmuseum (Muzeum Regionalne) zeigt Funde aus der großen Zeit Wolins und vermittelt Einblick in das Leben der Wikinger. Regionalmuseum

ul. Zamkowa 24 | Juni – Aug. Di. – So. 9 – 17, Sept. – Mai 9 – 16 Uhr | Eintritt: 8 zł | www.muzeumwolin.pl

★★ MIERZEJA HELSKA · HALBINSEL HEL

Wojewodschaft: Pomorskie | **Höhe:** 0 – 20 m ü. d. M.

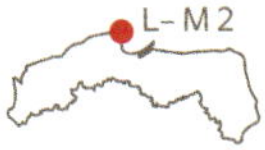

Der Himmel ist zuweilen voller Drachen – dann tummeln sich Hunderte Kitesurfer zu beiden Seiten der schmalen Halbinsel, die für diesen Trendsport ideale Voraussetzungen bietet. Die schmale Sandsichel, die die Danziger Bucht von der offenen See trennt, hat auch wunderbare Strände, die in Dünen übergehen.

Die Nehrung, 34 km lang, aber an manchen Stellen nur 200 m schmal, ist im Lauf von Jahrhunderten durch Versandung aus einzelnen Inselchen zusammengewachsen. Auf ihr liegen hübsche Fischerdörfer, die in der Saison zu Ferienorten mutieren und herrliche Strände, die zu einem erfrischenden Bad in der Ostsee einladen. Zugleich ist die Nehrung ein Hotspot der Wind- und Kitesurfer. Die Einheimischen zählen sich zur Volksgruppe der Kaschuben, die bis heute ihre Traditionen hoch halten (▶ Baedeker Wissen, S. 266).

Beliebte Sommerfrische

Wohin auf der Halbinsel Hel?

Schön ist anders

Władysławowo

Die Halbinsel Hel beginnt bei Władysławowo (Großendorf). Die 14 800 Einwohner zählende Stadt mit dem **größten Fischereihafen Polens** ist nicht gerade eine Schönheit. Einen Blick lohnt aber das in den 1950er-Jahren im Stil des sozialistischen Realismus gebaute **Fischerhaus** (Dom Rybaka). Ursprünglich diente es als Unterkunft für Fischer, wird aber jetzt als Sitz der Stadtverwaltung genutzt. Vom Turm des Gebäudes bietet sich die beste Aussicht auf die Halbinsel. Originell ist die im Stadtteil Cetniewo erbaute **Kirche Mariä Himmelfahrt**. Eine 1933 fertiggestellte, kleine neogotische Ziegelkirche war für die Zahl der Gläubigen zu klein geworden. Deshalb wurde ihr ein Neubau mit einem riesigen Satteldach übergestülpt, und die alte Kirche wurde zum Chorraum umfunktioniert.

Aufgestockter Turm für den Dichter

Rozewie

Der 1821 entstandene **Leuchtturm** (Latarnie) von Rozewie, etwa 7 km westlich von Władysławowo, wurde später auf knapp 33 m aufgestockt. Der seit 1933 nach dem Dichter **Stefan Żeromski** benann-

Mehr relaxen geht nicht: an der Strandpromenade von Hel

MIERZEJA HELSKA ERLEBEN

TOURISTINFORMATION
ul. Ks. Stefańskiego 5
Jastarnia
Tel. 58 6 75 23 40
www.jastarnia.pl

ul. Wiejska 78 | Hel
Tel. 58 6 75 10 10
www.gohel.pl und www.hel.pl

Hel ist vom Festland aus mit Bus und Bahn zu erreichen. Im Sommer ist die Fahrt mit dem Auto aus Gründen des Umweltschutzes nur bis Jurata erlaubt. Von Gdańsk, Sopot und Gdynia aus fahren häufig Schiffe nach Hel und Jastarnia (Dauer: 2 – 2,5 Std.).

Die Halbinsel Hel gehört zu Europas besten Revieren für Surfer und Kitesurfer. Am Strand von Chałupy gibt es mehrere Campingplätze, auf denen die Ausrüstung verliehen und Unterricht angeboten wird.

Insbesondere in Jurata und in Jastrzębia Góra wird im Sommer in zahlreichen Freiluftlokalen Tanzmusik geboten; außerdem gibt es dort mehrere Discos.

KREDENS €€
»Ableger« eines bekannten Warschauer Restaurants direkt an der Promeniermeile mit feiner Speise- und Weinkarte.
ul. Kaszubska 1 | Jastrzębia Góra
Tel. 58 6 74 95 81

VICTOR €€
Das stilvolle Restaurant in der gleichnamigen Pension bietet von seiner Terrasse den besten Sonnenuntergangsblick.
ul. Bałtycka 33 | Jastrzębia Góra
Tel. 58 6 74 95 74
http://willavictor.pl

MASZOPERIA €
Das in einer alten Fischerhütte untergebrachte stimmungsvolle Lokal ist der Hit für deftige Fischspezialitäten.
ul. Wiejska 110 | Hel
Tel. 59 6 75 02 97
www.maszoperia.net

BRYZA €€€€
84 Zimmer und Apartments. Elegantes Viersternehotel direkt am Strand. Die Zimmer sind teils zum Meer, teils zum Küstenwald ausgerichtet.
ul. Międzymorze 2 | Jurata
Tel. 58 6 75 51 00
www.bryza.pl

DOM ZDROJOWY €€€
35 Zimmer, 27 Apartments. Direkt am Meer gelegenes Kurhotel mit großem Wellnessbereich.
ul. Kościuszki 2 | Jastarnia
Tel. 58 6 79 91 82
www.zdrojowy.com.pl

ASTOR €€
118 Zimmer. Bei deutschen Urlaubern beliebtes Sporthotel mit Swimmingpool, Sauna und Tennisplätzen.
ul. Rozewska 38
Jastrzębia Góra
Tel. 58 7 71 51 50
www.astorhotel.pl

BAEDEKER ÜBERRASCHENDES

6X ERSTAUNLICHES

Hätten Sie das gewusst?

1. STORCHENLAND

Dank der vielen Seen in Pommern und Masuren kommen jedes Jahr zur Brutzeit **Hunderttausende von Störchen** in die Region. Jeder vierte Storch Europas, so wird geschätzt, ist ein Pole.

2. BERNSTEIN-AUTOBAHN

Sie startet an der Ostsee in Danzig, der »Hauptstadt des Bernsteins«, und führt längs der antiken **Bernsteinroute** bis zur Adria. Auch deshalb heißt die Autobahn höchst offiziell »AmberOne«.

3. GOLDRAUSCH

An der Bernsteinküste von der Danziger Bucht bis zur Kurischen Nehrung gibt es **so viel Bernstein** wie nirgends sonst. Jährlich werden ca. 20 t zutage gefördert (zum Vergleich: in Schleswig-Holstein und Dänemark sind es nur 1,5 t). (▶ **S. 146**)

4. FOKARIUM IN HEL

Kulleraugen, Stupsnase und samtweiches Fell – **Seerobben** sehen allerliebst aus. Das hat sie aber nicht davor bewahren können, fast ausgerottet zu werden. Nun werden sie in einer Robbenstation auf Hel gezüchtet, um eines Tages in die freie Wildbahn entlassen zu werden. (▶ **S. 174**)

5. KREUZFAHRT

Mit Entengeschnatter wachen Sie auf, mit dem letzten Ruf des Kranichs gehen Sie zu Bett – zwischendurch genießen Sie herzhafte polnisch-preußische Küche. Die kleine, feine **Classic Lady** schippert auf den masurischen Seen und steuert die schönsten Orte an. (▶ **S. 329**)

6. GRASAROMA

Der **Żubrówka-Wodka** (vermarktet als Grasovka) erhält sein besonderes Aroma durch einen Grashalm von den Lichtungen des Nationalparks Białowieska, den ein Żubr (= Wisent) mit seinem Urin veredelt hat ... (▶ **S. 214**)

te Turm beherbergt eine interessante kleine Austellung über Leuchttürme an der polnischen Küste.

Latarnie: tgl. 10 - 18, Juli/Aug. bis 19 Uhr | Eintritt: 8 zł | www.latarnie.pl

Villen am Abgrund

Jastrzębia Góra (Habichtsberg), 10 km westlich von Władysławowo, ist der größte Ferienort an der kaschubischen Küste. Er entstand 1920 nach der Neugründung Polens. Viele Künstler und Politiker aus Warschau ließen sich damals oberhalb der Steilküste ihre Ferienresidenzen bauen. Die oft stürmische See hat sich im Lauf der Jahrzehnte immer weiter vorgearbeitet, sodass einige der Villen heute gefährlich nahe am Abgrund stehen. Jastrzębia Góra ist übrigens der **nördlichste Punkt Polens**. 2001 ergaben satellitengestützte Messungen, dass die Nordspitze des Orts 300 m näher am Nordpol liegt als das nahe gelegene Kap von Rozewie, das bis dahin den Titel trug. Am Vermessungspunkt, etwa 300 m westlich der Promenade, wurde ein Findling aufgestellt.

Jastrzębia Góra

Größtes Familienbad der Halbinsel

Der Ferienort Jastarnia (Heisternest), etwa 20 km östlich von Władysławowo und schon auf der Sandsichel, entwickelte sich vom Fischerdorf zum größten Familienbad der Halbinsel. Die 1930 gebaute, neobarocke Kirche der Geburt der Jungfrau Maria (Kościół pw. Nawiedzenia Najświętszej Maryi Panny) besitzt eine originelle Kanzel in Form eines Fischerboots. In der nahen, 1881 erbauten **»Fischerhütte«** (Chata Rybacka) sind Fischereigerätschaften aus 500 Jahren ausgestellt. Unweit des Fischereihafens kann man in einem kleinen privaten Fischereimuseum (Muzeum Pod Strzechą) eine traditionelle Fischerstube und eine Bootsbauwerkstatt besichtigen.

Jastarnia

Chata Rybacka: ul. Rynkowa 10 | Juni - Sept. Di. - So. 14 - 18 Uhr
Fischereimuseum: ul. Mickiewicza 31 | Di. - So. 10 - 18 Uhr | Eintritt: 5 zł

Noch immer High Society

Wenige Kilometer weiter liegt Jurata, entstanden in den Zwischenkriegsjahren als mondäner Ferienort für die polnische High Society. Der nach dem Namen einer litauischen Seegöttin benannte Ort ist bis heute einer der beliebtesten Plätze des Warschauer Geldadels. In der ul. Świętopełka 13 hatte auch der Historien- und Schlachtenmaler **Wojciech Kossak** (1857 - 1942) sein Atelier.

Jurata

Am Ende der Halbinsel

Das 700 Jahre alte Städtchen Hel (Hela, 4100 Einw.) liegt am Ende der Halbinsel. Durch das Zentrum führt die ul. Wiejska, eine verkehrsberuhigte Straße, die zu beiden Seiten von zahlreichen **kaschubischen Fischerhäusern** aus dem 18. und 19. Jh. gesäumt wird. Äl-

Hel

testes Bauwerk Hels ist die gotische Kirche St. Peter und Paul. Das auf dem Grundriss eines Kreuzes errichtete Gotteshaus wurde 1417 erstmals erwähnt und erhielt um 1861 seine heutige Form. Bis 2014 beherbergte die Kirche, die bereits seit 1937 nicht mehr für Gottesdienste genutzt wurde, ein Fischereimuseum.
Gegenüber vom Hafen richtete die Danziger Universität 1992 eine **Robbenstation** (Fokarium) ein. Graurobben waren einst in der Ostsee heimisch, wurden aber bis Ende des Zweiten Weltkriegs ausgerottet und sollen jetzt wieder angesiedelt werden. Viele Schaulustige versammeln sich jeden Tag, um beim Füttern der Tiere zuzuschauen. Zu der Station gehört auch ein kleines Museum.
Der **Leuchtturm** am Ortsrand ersetzte 1942 einen Vorgängerbau. Schweißtreibende 197 Stufen führen zur Aussichtsplattform in 41 m Höhe. Bei guter Sicht reicht der Blick bis zur Dreistadt (Trójmiasto).

Robbenstation: ul. Morska 2 | tgl. 9.30 – 16 Uhr | Eintritt: 5 zł | www.fokarium.pl

Leuchtturm: Mai – Sept. tgl. 10 – 18, Juli/Aug. bis 19 Uhr | Eintritt: 6 zł | www.latarnie.pl

★ MIKOŁAJKI · NIKOLAIKEN

Wojewodschaft: Warmińsko-Mazurskie
Höhe: 122 m ü. d. M. | **Einwohner:** 3800

Ist es seine Lage zwischen den masurischen »Meeren«, die den Ort so beliebt macht? Tatsache ist, dass mehrere Komforthotels und ein großer Jachthafen im Sommer eine betuchte Klientel anlocken – bevorzugt aus Warschau. Doch nicht nur aufs Wasser kommt man leicht, auch das Land lockt. Gleich vor den Toren des Städtchens beginnt der Masurische Naturpark.

Masurisches Venedig

Die Region rund um Mikołajki wurde im Mittelalter vom Stamm der Galinder besiedelt. 1726 erhob der preußische König **Friedrich Wilhelm I.** die um die St.-Nikolaus-Kirche entstandene Fischersiedlung zur Stadt. Er ließ Kanäle anlegen, um Holz aus der Johannisburger Heide über den Śniardwy- und Mamry-See in Richtung Norden transportieren zu können. Damit sicherte er der Bevölkerung in und um Mikołajki einen bescheidenen Wohlstand. Heute haben Fischerei und Flößerei ausgedient, im **»Masurischen Venedig«** setzt man auf Tourismus.

Wohin in Mikołajki?

Nur nicht sparen

Viel Geld wurde in den letzten Jahren in die **Verschönerung des Städtchens** investiert: Längs der Uferpromenade reihen sich Fachwerkhäuser mit mächtigem Satteldach; Freitreppen führen zum Hauptplatz, dem pl. Wolności, hinauf, der von Bürgerhäusern gesäumt wird, in denen sich Bernsteinläden, Bars und Cafés eingerichtet haben. In der Mitte des Marktplatzes plätschert ein Brunnen mit der Figur des **»Stinthengsts«**, Mikołajkis Wahrzeichen. Dabei handelt es sich freilich nicht um ein Pferd, sondern um einen legendenumwobenen Fisch!

Stadtzentrum

Typisch Schinkel

Der Turm der evangelischen Dreifaltigkeitskirche (Kościół pw. Świętej Trójcy) bestimmt das Stadtbild. Sie wurde 1841/1842 nach Plänen von Karl Friedrich Schinkel im neoromanischen Stil erbaut; der Turm aus hellem Backstein wurde 1880 ergänzt. Mit einer Kassettendecke, einem Tonnengewölbe und den von leichten dorischen Säulen getragenen Emporen erinnert der Kirchenraum an einen antiken Tempel. Schön ist auch die Jugendstilmalerei über dem Altar.

Dreifaltigkeitskirche

Geschichte der evangelischen Kirche

Gleich neben der Dreifaltigkeitskirche zeigt das Museum der polnischen Reformation (Muzeum Reformacji Polskiej) verschiedene **Handschriften und Drucke**, davon viele im Original, die die Geschichte der evangelischen Kirche in Polen illustrieren.

pl. Kościelny 4 | tgl. 9 – 17 Uhr | Eintritt: 5 zł |
www.mikolajki.luteranie.pl

Museum der polnischen Reformation

Ökologisch umstritten

Viel Geld wurde in den letzten Jahren in der masurischen Stadt investiert. Auf der vorgelagerten Vogelinsel (Wyspa Ptasia) entstand – ökologisch sehr umstritten – das schicke Fünfsternehotel »Mikołajki« und dahinter ein weiteres Großhotel. Das »Gołębiewski« hat seine Bettenzahl auf 1700 (!) aufgestockt, und in Tałty vor den Toren der Stadt plant Sheraton ein Luxushaus.

Aufstieg zum Resort

Rund um Mikołajki

Masurisches Eden

Fährt man die kleine, staubige Straße von Mikołajki am Jezioro Bełdany entlang in Richtung Süden, stößt man nach 6 km beim Weiler Iznota (Isnothen) auf ein eigentümliches Anwesen. Ein hoher Palisa-

Iznota

MIKOŁAJKI ERLEBEN

TOURISTINFORMATION
pl. Wolności 7 | Tel. 87 4 21 68 50
www.mikolajki.pl

Von Mikołajki aus fahren regelmäßig die Schiffe der Żegluga Mazurska über die Großen Masurischen Seen (Tel. 87 4 21 61 02, www.zegluga mazurska.com).
Touren auf der Krutynia bietet der Verband der Bootsstaker »Perkun« an; für Gruppen werden auch nächtliche Lampionfahrten organisiert (Krutyń 4 | Piecki | Tel. 89 7 42 14 30 www.masuren-perkun.de).

Etwa 20 km südwestlich von Mikołajki liegt der sehr gepflegte kleine Ort Gałkowo. Dort lädt das Gestüt und Reitzentrum »Ferenstein« mit 80 Pferden zu Ausritten und Kutschfahrten in die Umgebung ein. Das zugehörige Restaurant »U Targowiczan«, eingerichtet im historischen Jagdhof, serviert schmackhafte masurische Küche.
Gałkowo 46 | Ruciane-Nida
Tel. 87 4 25 70 73
www.galkowo.pl

SPIŻARNIA €€
Das 500 m vom Ortskern gelegene, liebevoll im ländlichen Stil eingerichtete Restaurant (»Speisekammer«) serviert masurisch-polnische Gerichte.
pl. Handlowy 14
Tel. 87 4 21 52 18
www.spizarnia.mazury.pl

SIELAWA €–€€
Das Restaurant liegt direkt am Seeufer und bietet vor allem Fischgerichte.
pl. Wolności 13 | Tel. 87 4 21 55 06
www.mikolajki.com.pl/restauracja-sielawa

KRÓL SIELAW €–€€
In dem Lokal in der Nähe des Marktplatzes bekommt man Pizzen und gegrillten Fisch.
ul. Kajki 5 | Tel. 87 4 21 63 23
www.krolsielaw.mazury.info

MIKOŁAJKI HOTEL €€€
98 Zimmer. Auf der einst so schönen Vogelinsel prunkt das im Sommer 2013 eröffnete Luxushotel mit großem Spa-Bereich – Ökologen konnten den Bau nicht verhindern.
Aleja Spacerowa 11
Tel. 87 4 20 60 00
www.hotelmikolajki.pl

GOŁĘBIEWSKI €€€
1700 Zimmer. Gigantisches Hotel, direkt am Ufer des Jezioro Tałty, mit großem Aqua-Park, Wellnessbereich und eigenem Anleger.
ul. Mrągowska 34
Tel. 87 4 29 07 00
www.golebiewski.pl/de/mikolajki

AMAX €€
Das am Ufer des Jezioro Mikołajskie gelegene hübsche, kleine Hotel verfügt über 16 Zimmer, Swimmingpool und Sauna.
al. Spacerowa 7 | Tel. 87 4 21 90 00
http://hotel-amax.pl

NIDZKI €€
33 Zimmer. Am Rand des Ferienorts am See gelegenes Hotel mit großem

Wellnessbereich. Im Restaurant werden altpolnische Gerichte serviert.
ul. Nadbrzeżna 1 | Ruciane-Nida
Tel. 87 4 23 64 01
www.hotelnidzki.pl

FOLWARK ŁUKNAJNO €
In einem über 100 Jahre alten Landhaus am Seeufer wurden 10 gemütliche Gästezimmer und ein kleines Restaurant eingerichtet.
Łuknajno 2
Tel. 87 4 21 68 62
www.luknajno.pl

denzaun, flankiert von meterhohen Holzfiguren, kündet von **Galindia**, dem »Masurischen Eden«. Der Arzt und Psychiater Cezary Kubacki hat sich hier seinen Traum vom alternativen Leben erfüllt. Was mit einem kleinen Haus im Grünen begann, ist inzwischen zu einem großen Freizeitpark herangewachsen. Über das weitläufige Gelände verstreute, überlebensgroße Holzskulpturen illustrieren Geschichten und Sagen der pruzzischen Galinder, die die Gegend besiedelten, bis sie im Mittelalter von Deutschordensrittern und Masowiern ausgerottet wurden. Das Haupthaus ist einer altpruzzischen Burg mit Palisadenzaun nachempfunden. Rustikal sind auch die Gästezimmer, doch Bad und TV fehlen keineswegs; »Galindia« ist oft ausgebucht.
Galindia: www.galindia.com.pl

Schwäne im Schilf

★ Jezioro Łuknajno

5 km östlich von Mikołajki liegt der Jezioro Łuknajno (Luknainer See). Das 680 ha große Gewässer wurde 1976 von der UNESCO zum **Biosphärenreservat** erklärt. Der von einem dichten Schilfgürtel umgebene, flache See mit einer maximalen Tiefe von 3 m ist ein idealer Lebensraum für viele Wasservögel, u. a. für die größte Höckerschwankolonie Europas.

Scheue Waldpferde

Popielno

8 km südlich von Mikołajki, am Ufer des Spirdingsees, wurde auf einem alten Landgut in Popielno eine **Forschungsstation der Polnischen Akademie der Wissenschaften** eingerichtet. Hier werden seltene Tierarten gezüchtet, u. a. der Tarpan, das polnische Waldpferd. Mit etwas Glück trifft man die scheuen Tiere hier in freier Wildbahn an. Zu der Anlage gehört ein nur während der Sommersaison geöffnetes Museum, dessen Ausstellungen in erster Linie den in Popielno gezüchteten Wildtieren und der Geschichte der Forschungsstation gewidmet ist.
www.popielno.pl

Gut auf Touristen eingestellt

★ Krutyń

Inmitten der urwüchsigen Landschaft des Krutynia-Tals, rund 20 km südlich von Mikołajki, liegt unweit vom Jezioro Mokre (Muckersee) der kleine Ort Krutyń (Krutinnen) an einem der schönsten Abschnitte der Kajakroute auf der Krutynia (▶ S. 40). Krutyń ist hervorragend auf Besucher eingestellt und verfügt über zahlreiche Bootsverleihe, Restaurants und Pensionen. Beliebt sind Fahrten mit dem Stakboot über die Krutynia zum Jezioro Mokre. Die Verwaltung des Anfang der 1970er-Jahre eingerichteten Masurischen Landschaftsparks betreibt in einer ehemaligen Scheune ein kleines **naturkundliches Museum**.

Mazurski Park Krajobrazowy: Krutyń 66 | Mo. – Fr. 8 – 15 Uhr | www.mazurskipark.pl

Zwei Orte und ein Hafen

Ruciane-Nida

Der Urlaubsort Ruciane-Nida liegt knapp 20 km südlich von Mikołajki zwischen dem Jezioro Bełdany (Beldahnsee) und dem Jezioro Nidzkie (Niedersee). Die recht unterschiedlichen Ortsteile, das Dorf Nida und die ehemalige Arbeitersiedlung Ruciane, liegen gut 2 km voneinander entfernt. In Ruciane gibt es einen kleinen Segelhafen sowie eine **Anlegestelle der Masurischen Flotte**.

Toleranz für Altgläubige

Wojnowo

Etwa 8 km westlich von Ruciane liegt der kleine Ort Wojnowo (Eckertsdorf). Er wurde 1832 als eine von elf Siedlungen für die Angehörigen der **Philiponen** gegründet. Diese sog. Altgläubigen sind eine orthodoxe Glaubensgemeinschaft, die das Große Moskauer Konzil von 1666/1667 mit den dort beschlossenen Neuerungen in Liturgie und Kirchenordnung nicht anerkannten und deshalb in den späteren Jahrhunderten verfolgt wurden. Im 19. Jh. entschloss sich eine Gruppe von Philiponen, nach Preußen zu übersiedeln, wo man den Neuankömmlingen mit religiöser Toleranz begegnete.

Wichtigste Sehenswürdigkeit des Orts ist das **Kloster am Jezioro Duś** (Dusssee). 1847 wurde die Anlage an der Stelle einer Einsiedlerklause erbaut und beherbergte rund 80 Mönche und Nonnen. Nachdem in den 1880er-Jahren viele Altgläubige zur modernen Orthodoxie übergetreten waren, wurde das Kloster in ein Nonnenkloster umgewandelt. Von den rund 80 Nonnen, die sich der Glaubenspflege, Landwirtschaft und Betreuung alter und behinderter Menschen widmeten, blieben nach dem Zweiten Weltkrieg nur noch wenige hier. Die Letzte von ihnen starb im Frühjahr 2006.

Die **Klosterkirche**, gleichzeitig Wohnhaus für die Nonnen, überstand die Kriege des 20. Jh.s fast unbeschadet. Den Altarraum schmücken Ikonen, Kruzifixe und Tafelmalereien aus dem 19. Jh., von der Decke hängt ein silberner Kronleuchter. Im ehemaligen Wohngebäude neben der Klosterkirche hat Krzysztof Ludwikowski, dessen Familie das Anwesen seit den 1960er-Jahren gehört, eine kleine Pension eingerichtet. Der gläubige Katholik hat es sich zur Aufgabe gemacht, das **Andenken an die russischen Glaubensflüchtlinge** aufrechtzuerhalten.

Großer Wald und restaurierte Altstadt

Das Städtchen Pisz (Johannisburg) liegt etwa 26 km von Mikołajki entfernt am südlichen Ende der Masurischen Seenplatte bei der **Puszcza Piska** (Johannisburger Heide), einem der größten Waldgebiete Polens. Am nahe gelegenen Jezioro Roś (Roschsee) hat sich die Warschauer Polit- und Medienprominenz Zweitwohnsitze gebaut, weswegen der See auch **»Warschauer See«** genannt wird. Pisz wurde im Zweiten Weltkrieg erheblich zerstört, doch in den letzten Jahren aufgehübscht: Am See entstand die moderne Marina »Wrota Mazur«, der **Marktplatz** (Plac Daszyńskiego) mit niedrigen Bürgerhäusern aus dem 19. Jh. und einem neogotischen Rathaus sowie einige barocke und klassizistische Gebäude in den angrenzenden Straßen sind gleichfalls attraktiv. Ein Aufzug im 1907 erbauten Wasserturm führt zu einer gläsernen Aussichtsplattform mit prächtigem Blick über die Stadt und die Seenlandschaft. Pisz

Erhalten blieb auch die gegenüber dem Marktplatz in der ul. Armii Krajowej gelegene **Johanneskirche** (Kościół Św. Jana). Das 1843 erbaute Gotteshaus ist die **größte Fachwerkkirche Masurens**, der gemauerte Turm stammt noch vom Vorgängerbau und wurde 1737 errichtet. Vor allem barocke Kunstwerke schmücken die Kirche, der Altar stammt aus der Zeit der Renaissance.

★ MORĄG · MOHRUNGEN

Wojewodschaft: Warmińsko-Mazurskie
Höhe: 133 m ü .d. M. | **Einwohner:** 14 300

Auf dem Weg nach Masuren legt man in dem verschlafenen Städtchen gern einen Zwischenstopp ein. Groß wird hier ein Deutscher geehrt: Johann Gottfried Herder, der im 18. Jh. die Werbetrommel für ein friedliches Miteinander von Slawen und Germanen rührte.

Im Jahr 1280 errichtete der Deutsche Orden auf einer Halbinsel im Schertingsee (Jezioro Skiertąg) an der Stelle einer pruzzischen Burg eine Festung. In unmittelbarer Umgebung entstand eine kleine Siedlung, die 1327 das Stadtrecht erhielt. Wegen der Namensgleichheit geht man davon aus, dass die Stadtgründer aus dem Ort Morungen im Harz kamen. Die ehemals preußische Kreisstadt gehört heute zum Landkreis Ostróda. Nett verschlafen

Überreste der alten Stadtmauer stehen noch und umgeben die Pfarrkirche St. Peter und Paul.

Wohin in Morąg?

Herder im Schatten der Stadtmauer

★ Dohna-Schlösschen

Die historische Altstadt wurde Mitte der 1990er-Jahre originalgetreu restauriert. Im Zentrum liegt der **Marktplatz** mit dem 1360 bis 1380 errichteten gotischen Rathaus, heute Sitz der Touristeninformation. Vor dem Bauwerk stehen zwei belgische Kanonen, die während des Deutsch-Französischen Kriegs 1870/1871 erobert wurden.

Die wichtigste Sehenswürdigkeit Morągs ist das Dohna-Schlösschen. **Achatius zu Dohna** ließ 1562 im Schatten der Stadtmauer ein Wohnhaus bauen. Nach einem Brand Anfang des 18. Jh.s wurde es zu einem repräsentativen Schlösschen ausgebaut. Letzter deutscher Besitzer war **Graf Heinrich zu Dohna-Schlobitten**, der für seine

Beteiligung am Attentat auf Hitler 1944 hingerichtet wurde. Das Gebäude beherbergt heute das **Johann-Gottfried-Herder-Museum** (Muzeum Herdera). Es informiert über das Leben und Schaffen des Philosophen und Schriftstellers (▶ Interessante Menschen). Ein weiterer Teil ist der niederländischen Porträt- und Landschaftsmalerei des 17. Jh.s gewidmet.

ul. Dąbrowskiego 54 | Mai/Juni, Sept. Di. – Sa. 9 – 17, So. 10 – 18, Juli/Aug. Di. – So. 10 – 18, Okt. – April Di. – Sa. 10 – 16, So. 10 – 18 Uhr | Eintritt: 12 zł | http://muzeum.olsztyn.pl

Schnitzwerk aus Nürnberg

St. Peter und Paul

Südlich vom Marktplatz, umgeben von Resten der alten Stadtmauer, steht die gotische Pfarrkirche St. Peter und Paul (Kościół Św. Piotra i Pawła). Das dreischiffige Gotteshaus wurde 1305 bis 1312 erbaut. Neben dem barocken Hochaltar mit Holzschnitzereien des Nürnberger Meisters Gellert kann man im Chorraum **restaurierte Wandmalereien aus dem 14. Jh.** bewundern.

»Großer Philosoph und Freund der Slawen«

Geburtshaus Herders

In der ul. Zamkowa stand das Geburtshaus Herders. Das spätbarocke Bürgerhaus wurde im Zweiten Weltkrieg zerstört und durch ein historisierendes Wohnhaus ersetzt. Eine Gedenktafel erinnert an den »großen deutschen Philosophen und Freund der Slawen«. Gegenüber steht das **Herder-Denkmal**, eine Kopie der 1945 verschwundenen Büste von 1857.

Vom Gefängnis zur Pension

Ordensburg

Von der ehemaligen Deutschordensburg aus dem 14. Jh. blieb nur der im Stil der Renaissance und des Barock umgearbeitete Hauptflügel erhalten. Er diente bis ins 20. Jh. als Gericht, Gefängnis und Schule. Seit 2001 befindet sich die Burg in Privatbesitz und soll zur Pension und Kulturbegegnungsstätte ausgebaut werden.

Rund um Morąg

Zwei Kanonenkugeln als Erinnerung

Pasłęk

Pasłęk (Preußisch Holland) hat seinen deutschen Namen von den niederländischen Siedlern, die bereits im 13. Jh. hergeschickt wurden, um das sumpfige Gelände trockenzulegen. Das 27 km nordwestlich von Morąg gelegene Städtchen besitzt eine gut erhaltene mittelalterliche Befestigung. Durch das um 1330 errichtete gotische **Steintor** betritt man die malerisch über dem Tal der Wąska (Weeske) gelegene Altstadt.

Die barock ausgestattete **Pfarrkirche St. Bartholomäus** (Kościół Św. Bartłomieja) mit einem versetzt stehenden massiven Turm

MORĄG ERLEBEN

TOURISTINFORMATION
pl. Jana Pawła II 1
Tel. 89 7 57 38 26
www.ummorag.pl/lot

MŁYN KLĘKOTKI €€
42 Zimmer. Die Wassermühle aus dem 17. Jh., knapp 20 km nördlich von Morąg, wurde in ein Luxusrefugium mit Sport- und Wellnessangeboten verwandelt. Das Hotelrestaurant serviert regionale Gerichte.
Klękotki, Godkowo
Tel. 55 2 49 00 00
www.klekotki.com.pl

MORĄG €
49 Zimmer. Im Restaurant des modernen Hotels, 100 m vom Jezioro Skiertąg entfernt, wird schmackhafte polnische Küche serviert.
ul. Żeromskiego 38
Tel. 89 7 57 89 00
www.hotelmorag.pl

stammt aus dem 14. Jahrhundert. In die Nordwand sind in Erinnerung an die erfolglose Belagerung der Stadt durch die Schweden 1659 zwei Kanonenkugeln eingelassen. Direkt daneben steht das **gotische Rathaus**, eines der ältesten im ehemaligen Ostpreußen. Das kleine Gebäude wurde im 14. Jh. um eine Laube mit Spitzbögen und Sterngewölbe erweitert, der barocke Schmuckgiebel 1650 ergänzt.

Die Ordensburg am pl. Świętego Wojciecha wurde 1318 bis 1340 errichtet. Der Westflügel ist heute Sitz des Stadtratsamts. Die beiden anderen Flügel dienen als Bibliothek, Kulturhaus, Kino und Café.

Kacheln, Drachen und viele Altäre

Orneta

Rund 28 km nordöstlich von Morąg liegt Orneta. Den quadratischen Marktplatz säumen **Laubenhäuser aus dem 17./18. Jahrhundert**. In seiner Mitte steht das gotische Rathaus von 1373. Es wurde um 1800 klassizistisch umgebaut und beherbergt neben dem Stadtrat und der Touristeninformation ein Café im Kellergewölbe.

Die dreischiffige **Pfarrkirche St. Johann** (Kościół Św. Jana) wurde 1338 bis 1378 erbaut. Die Außenwand des massiven gotischen Baus ziert ein Fries aus Schmuckkacheln mit männlichen und weiblichen Figuren, eine Reihe von drachenartigen Wasserspeiern aus Kupfer ragt über die Seitenwände hinaus. Auffallend an der Ausstattung sind die vielen teils prächtigen Altäre. Die wertvollsten sind der **Rosenkranzaltar** von 1761 und der **Altar der Marienbruderschaft** aus schwarzem Marmor und Alabaster von 1646. Sehr gut erhalten sind auch die gotischen Wand- und Deckenmalereien mit Szenen aus der Bibel und aus dem Leben von Heiligen.

MRĄGOWO · SENSBURG

Wojewodschaft: Warmińsko-Mazurskie
Höhe: 131 m ü. d. M. | **Einwohner:** 21 800

Jedes Jahr verwandelt sich der zwischen zwei Seen gelegene Ferienort in das »Nashville Polens«, wenn Anfang August das »Piknik Country & Folk Festival« viele Fans aus dem In- und Ausland anlockt.

Country auf Polnisch

Im Jahr 1397 erstmals als Siedlung unterhalb einer 50 Jahre zuvor erbauten Ordensburg erwähnt, erhielt Sensburg 1409 das Stadtrecht. Die Ernennung zur Kreisstadt 1818, die Anbindung an das preußische Schienennetz 1897 und die Eröffnung einer Garnison bewirkten einen wirtschaftlichen Aufschwung.
Den Zweiten Weltkrieg überstand die Stadt so gut wie unbeschädigt. 1947 wurde Sensburg nach dem slawisch-masurischen Pfarrer und Sprachforscher **Krzyzstof Mrongowiusz** benannt. Heute ist die Stadt eines der größten Ferienzentren in der Wojewodschaft.

Wohin in Mrągowo?

Stadtzentrum

Die Innenstadt blieb in ihrer Form aus dem 19. Jh. erhalten; die Promenade zum Jezioro Czos (Schoss-See) gibt es erst seit wenigen Jahren. Das alte Rathaus wurde 1825 auf dem Marktplatz gegenüber dem See erbaut. Der kleine, schmucklose Bau mit barockem Uhrentürmchen beherbergt das **Heimatmuseum** (Muzeum w Mrągowie).
Neben Exponaten zur Geschichte der Region widmet sich eine Ausstellung im Bosnische Wache genannten Fachwerkanbau dem Leben und Schaffen des Schriftstellers **Ernst Wiechert** (► auch nachfolgende Seite Piersławek).

Muzeum w Mrągowie: ul. Ratuszowa 5 | Mai/Juni und Sept. Di. – Sa. 9 – 17, So. 10 – 18, Juli/Aug. Di. – So. 10 – 18, Okt. – April Di. – Sa. 10 – 16, So. bis 18 Uhr | Eintritt: 12 zł
http://mragowo.muzeum.olsztyn.pl

Drittes Gotteshaus am gleichen Platz

St.-Johannes-Kirche

In der ul. Kościelna steht die evangelische St.-Johannes-Kirche (Kościół Św. Jana). Der barocke Sakralbau wurde 1734 an der Stelle einer gotischen Kirche aus dem 15. Jh. errichtet. Nachdem das Gebäude 1945 ausbrannte, wurde es Ende der 1950er-Jahre mit moderner Ausstattung wieder aufgebaut.

Rund um Mrągowo

In den See stechen

★ Sorkwity

Auf einer Landenge zwischen Jezioro Lampackie (Lampasksee) und Jezioro Giełąd (Gehlandsee), rund 11 km westlich von Mrągowo, liegt das Dorf Sorkwity (Sorquitten). Bereits im 19. Jh. avancierte es zu einem beliebten Ausflugsort. In Sorkwity beginnt der schönste Abschnitt der **Krutynia-Kajakroute** (► S. 40).
Das 1788 am Ufer des Jezioro Lampackie gebaute Schloss wurde 1855 im Stil der englischen Neogotik umgebaut. Das imposante Bauwerk aus rotem Backstein und mit zinnenbewehrten Türmen soll nach abgeschlossener Renovierung als Hotel genutzt werden. Eine kostbare Ausstattung birgt das Innere der um 1700 erbauten evangelischen Kirche: mit Altar, Taufengel, Barockkanzel und Beichtstuhl.

Der Dichter aus dem Forsthaus

Piersławek

Umgeben von dunklen Kiefernwäldern, steht rund 12 km östlich von Mrągowo das Forsthaus von Piersławek (Kleinort). Der Schriftsteller **Ernst Wiechert** (1887 – 1950) verbrachte hier den größten Teil seiner Kindheit. Wie ein roter Faden ziehen sich Natur- und Landschaftsbilder Masurens durch Wiecherts Romane. Und so erscheint auch das kleine Forsthaus, das sich seit 100 Jahren kaum verändert hat, wie einer seiner Geschichten entsprungen. In dem kleinen **Wiechert-Museum** sind zahlreiche Erstdrucke, Fotografien und Dokumente ausgestellt, die das Leben des Schriftstellers beleuchten.

Auf der Krutynia bei Sorquitten kann man bestens paddeln.

MRĄGOWO ERLEBEN

TOURISTINFORMATION
ul. Warszawska 26
Tel. 89 7 41 80 39
www.it.mragowo.pl

Das »Piknik Country & Folk Festival«, das größte polnische Country-Festival, findet jedes Jahr an einem Wochenende Anfang August in Mrągowo statt.
http://festiwalpiknikcountry.pl

STARA CHATA €€
Angenehmes Restaurant in der Innenstadt. Im historischen Gebäude aus dem 18. Jh. bekommt man eine große Auswahl an Fisch- und Wildspezialitäten. Im Sommer sitzt man auch sehr schön im begrünten Innenhof.
ul. Warszawska 9b
Tel. 89 7 41 45 02
www.restauracja-starachata.pl

ZAMEK RYN €€–€€€
168 Zimmer. Im Schlosshotel nächtigt man in stilvollen Apartments, die nach Rittern und Komturen des Deutschen Ordens benannt wurden. Besonders schön ist der Wellnessbereich im Kellergewölbe.
pl. Wolności 2
Ryn
Tel. 87 4 29 70 00
www.zamekryn.pl

MAZUR SYRENKA €€
35 Zimmer. Das Hotel in dem restaurierten Gutshaus bietet Zimmer im Gutshaus oder im früheren Pferdestall, außerdem gibt es moderne Ferienapartments und »Nurdachhäuser«. Zum Hotel gehören das Restaurant Oberża Mazurska und eine Terrassenbar mit Seeblick.
Jędrychowo 15
Sorkwity
Tel. 89 7 42 81 87
www.masurenhotel.de

Izba Pamięci Ernsta Wiecherta: ul. Leśna 5 | Lennictwo Piersławek | Mai – Sept. Di. – Fr. 9 – 15 Uhr | Eintritt: 4 zł

Zwischen zwei Seen

Etwa 20 km nordöstlich von Mrągowo liegt Ryn (Rhein). Das gut 3000 Einwohner zählende Städtchen entstand Anfang des 15. Jh.s im Schatten einer **Ordensburg**. Aufgrund seiner Lage zwischen zwei Seen hat sich Ryn zu einem kleinen **Zentrum für Segelsportler** entwickelt. Ryn

Die Burg wurde 1377 an der Stelle einer pruzzischen Festung oberhalb des Rheinsees errichtet. Den Zweiten Weltkrieg überstand die vierflügelige Anlage unbeschädigt; sie diente bis in die 1990er-Jahre als Bibliothek und Behördensitz. Nach umfangreichen Renovierungsarbeiten öffnete das Hotel »Zamek Ryn« (► s. o.) in dem historischen Gemäuer seine Pforten.

Wegen gutem Kuchen ins Museum

Sądry

Krystyna und Dytmar Dickti haben ihr 200 Jahre altes Bauernhaus in Sądry (Zondern) in ein **masurisches Museum** verwandelt. In der ehemaligen Scheune werden alte landwirtschaftliche Geräte gezeigt, im Bauernhaus die Möbel und Haushaltsgegenstände ihrer Vorfahren. Weil es sich herumgesprochen hat, dass Krystyna leckeren Hefekuchen backt und bis zu 150 Gäste bewirtet, machen auch viele deutsche Busgruppen Station in dem kleinen Dorf zwischen Mrągowo und Ryn. Zum Übernachten stehen in der Pension 29 Zimmer zur Verfügung.

Pensjonat Christel: Sądry 3 | tgl. 10 – 18 Uhr | www.christel.com.pl

MYŚLIBÓRZ · SOLDIN

Wojewodschaft: Zachodnio-Pomorskie
Höhe: 65 m ü. d. M. | **Einwohner:** 11 800

Das seenreiche Gebiet rund um Myślibórz, gleich hinter der deutsch-polnischen Grenze, hat sich in den letzten Jahren zu einem beliebten Naherholungsgebiet entwickelt.

Grenznah

Im Jahr 1234 gelangten der Soldiner See und sein Umland in den Besitz des **Templerordens**, der hier einen Wirtschaftshof errichtete. 1261 ging der Besitz an die Brandenburgischen Markgrafen über. Sie gründeten 1270 eine Stadt. Bis Mitte des 16. Jh.s war Soldin das Verwaltungszentrum der Neumark, seit dem frühen 19. Jh. Kreisstadt in Brandenburg. Bis heute ist Myślibórz Sitz der Kreisverwaltung.

Wohin in Myślibórz?

Einmal um den See

Stadtzentrum

Das Stadtzentrum liegt unmittelbar am über 600 ha großen Jezioro Myśliborskie (Soldiner See), um den ein 30 km langer Radweg führt. In der ehemaligen Heiliggeistkapelle aus dem frühen 15. Jh. unweit der Seepromenade erwartet das **Regionalmuseum** Besucher. Gezeigt werden u. a. Fundstücke aus der slawischen Zeit.

Muzeum Pojezierza Myśliborskiego: ul. Boh. Warszawy 74 | Di. – Fr. 9 – 17, Sa./So. 10 – 17 Uhr | www.mysliborz.pl

Aus dem Mittelalter auf eine kleine Insel

Rathaus, Kloster

Das spätbarocke Rathaus am fast quadratischen Rynek wurde 1771 erbaut. Das ehemalige Dominikanerkloster (Klasztor Podominikański) an der ul. Klasztorna stammt aus dem 13. Jh.; es wird heute

MYŚLIBÓRZ ERLEBEN

www.mysliborz.pl

In Moryń, etwa 40 km südwestlich von Myślibórz, bieten zwei beliebte Reiterhöfe Unterricht, Ausritte und Unterkunft an: das Gestüt »Bielin« und der unter deutscher Leitung stehende, mit einer modernen Halle ausgestattete Reiterhof »Podkowa«.
Stadnina Koni Bielin: Bielin 1
Tel. 91 4 14 60 78
www.stadnina.pl
Ośrodek Jeździecki Podkowa: Skotnica 1
Tel. (Berlin) 030 42 80 55 73
www.reiterhof-podkowa.de

Beim Keramik-Jahrmarkt in Barlinek am 1. Mai präsentieren Künstler aus ganz Polen ihre Werke.
Jedes Jahr im August treten eine Woche lang Theaterensembles auf den schönsten Plätzen Barlineks auf. Zum Theatersommer gehört auch ein Kunstcamp mit Workshops.

MYŚLIBÓRZANKA €€
Am Marktplatz gegenüber dem Rathaus gelegenes Lokal mit guter polnischer und internationaler Küche.
ul. Rynek
im. Jana Pawla II 12
Tel. 95 7 47 21 91

WIELKOPOLANKA €
Direkt am Marktplatz von Barlinek gibt es polnische Gerichte und Pizza.
ul. Rynek 4 | Barlinek
Tel. 95 7 46 61 60

KLASZTOR CEDYNIA €€
22 Zimmer. Haben Sie Lust auf mondänes Klosterleben? Das 700 Jahre alte Gemäuer des Zisterzienserklosters in Cedynia (Zehden), 44 km südwestlich von Myślibórz, beherbergt ein komfortables Hotel. Die Gäste werden u. a. im schönen Sommergarten mit polnischen Spezialitäten aus der Klosterküche verwöhnt.
ul. Konopnickiej Marii 10
Tel. 91 4 14 45 31
www.klosterzehden.de

als Kulturhaus und Stadtbibliothek genutzt. Fragmente der mittelalterlichen Stadtmauer mit vier Stadttoren und zwei Basteien blieben erhalten. Nahe dem Stadtzentrum liegt das **Strandbad**.

Rund um Myślibórz

Blick in die Sterne

Das mittelalterliche Zentrum der Kleinstadt Trzcińsko Zdrój (Bad Schönfließ), ca. 22 km nordwestlich von Myślibórz, ist fast vollständig von einer **Stadtmauer** mit den beiden Stadttoren Brama Myślibórska und Brama Chojeńska umgeben. Schmuckstück ist das im 13. Jh. er- Trzcińsko Zdrój richtete und mit spätgotischen Giebelverzierungen geschmückte **Rathaus**. Die ebenfalls im 13. Jh. entstandene dreischiffige Marienkirche (Kościół Mariacki) besitzt ein wunderschönes Sterngewölbe.

Bemerkenswerte Baudenkmäler

Chojna

Die 1244 erstmals urkundlich erwähnte Stadt Chojna (Königsberg in der Neumark), ca. 32 km nordwestlich von Myślibórz, verfügt über bemerkenswerte Baudenkmäler. Der Stadtkern ist teilweise noch von einer mittelalterlichen **Stadtmauer** umgeben. Die gegen Ende des Zweiten Weltkriegs zerstörte Pfarrkirche **St. Marien** (Kościół Mariacki) wird seit 1989 als deutsch-polnisches Gemeinschaftswerk wieder aufgebaut. Der Bau der im Stil der norddeutschen Backsteingotik errichteten dreischiffigen Hallenkirche wurde 1389 vom Stettiner Baumeister Heinrich Brunsberg begonnen und konnte erst 1489 fertiggestellt werden. Erst 1854 bis 1861 wurde der 102 m hohe Turm angefügt. Das gegenüber liegende **gotische Rathaus** mit einem reich verzierten Schmuckgiebel dient heute als Sitz des Kulturzentrums.

»Perle der Neumark«

Barlinek

Unter diesem Namen war das Städtchen Barlinek (Berlinchen) früher bekannt. Die ca. 25 km östlich von Myślibórz gelegene Kleinstadt liegt am 272 ha großen Jezioro Barlineckie; am Seeufer gibt es Hotels, Erholungszentren, Campingplätze und eine historische Badean-

In der Kirche des Unbefleckten Herzens der Jungfrau Maria in Trzcińsko Zdrój wird unter dem Sternenhimmel gebetet.

stalt. Wahrzeichen ist der 1912 auf dem Rynek errichtete **Gänseliesel-Brunnen** (Fontanna Gęsiarka): Die Brunnenfigur zeigt ein Mädchen, das von einem Gänserich angegriffen wird. Das **Regionalmuseum** in der ul. Niepodległości bewahrt neben archäologischen und ethnografischen Sammlungen auch Erinnerungsstücke an den berühmtesten Sohn der Stadt: Der bislang einzige offizielle deutsche Schachweltmeister, **Emanuel Lasker**, wurde 1868 im heutigen Barlinek geboren. Er trug den Titel von 1894 bis 1921 und damit länger als jeder andere. Der auch mit Albert Einstein bekannte Philosoph und Mathematiker musste 1933 emigrieren, er starb 1941 in New York.
Muzeum Regionalne: ul. Niepodległości 17 | Mo. – Fr. 8 – 16 Uhr | www.bokbarlinek.home.pl

★ OLSZTYN · ALLENSTEIN

Wojewodschaft: Warmińsko-Mazurskie
Höhe: 90 – 156 m ü. d. M. | **Einwohner:** 176 400

Die Hauptstadt Masurens ist ein idealer Ausgangspunkt für Ausflüge in die Hügellandschaft der Seenplatte. Und wenn man abends zurückkommt, genießt man das quirlige Leben der Altstadt und mischt sich unter die Einheimischen.

Masurens Hauptstadt

Im Schutz einer Burg des ermländischen Domkapitels entstand die 1348 erstmals urkundlich erwähnte Siedlung Allenstein, die 1353 das Stadtrecht erhielt. Zwischen 1516 und 1521 lebte **Nikolaus Kopernikus** als Verwalter des Domkapitels auf der Allensteiner Burg. Mit der ersten polnischen Teilung 1772 kam Allenstein zu Preußen und wurde Anfang des 19. Jh.s Kreisstadt. Zu Beginn des 20. Jh.s entwickelte sich Allenstein zu einem lokalen **Zentrum polnischer patriotischer Bewegungen**. Dort entstanden polnische Schulen, Vereine, Betriebe und Zeitungen. Ungeachtet dieses starken Engagements votierten die Allensteiner während des Plebiszits 1920 mehrheitlich für den Verbleib bei Deutschland.

Fast die Hälfte zerstört

Zerstörung und Wiederaufbau

Im Januar 1945 setzten sowjetische Truppen kurz nach der Einnahme Allensteins die Stadt in Brand, über 40 % der Bebauung wurden zerstört. Als in den 1950er-Jahren hier gezielt Industriebetriebe angesiedelt wurden, erlebte Allenstein einen gewaltigen Aufschwung. Heute ist Olsztyn eine der wenigen Städte im Norden Polens mit **hoher Wachstums- und Zuzugsrate**. Davon profitiert auch das kulturelle Leben der Stadt. Neben den Theatern, der Philharmonie und den Museen der Stadt sind zahlreiche **Galerien und Kulturvereine** entstanden. Seit 1999 besitzt Olsztyn auch eine Universität, die aus der ehemaligen pädagogischen und der agrartechnischen Hochschule hervorgegangen ist.

Wohin in Olsztyn?

Nur eins von drei

Altstadt, Hohes Tor

Die Altstadt wurde nach den Kriegszerstörungen teilweise originalgetreu, teilweise im historisierenden Stil rekonstruiert. Das Hohe Tor (Wysoka Brama) ist das einzige erhalten Gebliebene von drei Stadttoren. Der um 1378 erbaute vierstöckige Backsteinturm mit einem quadratischem Grundriss fungierte u. a. als Waffenkammer und als Gefängnis.

Wiederaufbau zum Stadtjubiläum

Fischmarkt

Westlich vom Hohen Tor liegt der Fischmarkt (Targ Rybny). Der Platz wurde 1945 vollkommen zerstört und erst zum Stadtjubiläum 2003 neu bebaut. Die schmalen Häuser an drei Seiten des Platzes beherbergen Boutiquen, Galerien und Cafés. Der bis 1990 aus roten Ziegeln wieder aufgebaute ehemalige Speicher am Fischmarkt war von 1885 bis 1939 Sitz der »Gazeta Olsztyńska«, der polnischsprachigen Zeitung von Allenstein. Seit 1992 ist hier eine **Dependance des Ermländisch-Masurischen Museums** untergebracht mit Exponaten zur Geschichte von Stadt und Region.

Dom Gazety Olsztyńskiej: pl. Targ Rybny 1 | Juni – Aug. tgl. 9 – 17, Sept. – Mai Di. – So. 9 – 16 Uhr | Eintritt: 8 zł | http://gazeta.muzeum.olsztyn.pl

Laubengänge um den alten Marktplatz

Rynek Staromiejski

Vom Hohen Tor führt die als Fußgängerzone gestaltete Einkaufsstraße ul. Staromiejska direkt zum Altstädtischen Marktplatz, der von barocken Bürgerhäusern mit Laubengängen umgeben ist. In der Mitte des Platzes steht das **Alte Rathaus**, heute Sitz der Wojewodschaftsbibliothek. Die zwei Flügel des 1623/1624 im barocken Stil umgebauten gotischen Gebäudes sind durch überdachte Säulengänge verbunden. Der Eingangsbereich wird als Galerie und für Wechselausstellungen genutzt. Das Haus **Stare Miasto 11** an der Südostseite des Marktplatzes gilt als das älteste Gebäude der Stadt. Das sog. **Bürgermeisterhaus** soll aus der Zeit der Stadtgründung stammen. Als einziges Gebäude am Platz besitzt es einen original erhaltenen Laubengang mit gotischen Spitzbögen.

Ein Astronom und ein Architekt

Kirchturm

An der Nordseite des Altstadtmarktes erhebt sich der 40 m hohe Turm der evangelischen Kirche von Allenstein. Der neogotische Bau wurde 1877 eingeweiht. Neben der Kirche sitzt seit 2003 ein Mann mit wallendem Haar auf einer Bank. In Bronze gegossen, blickt **Nikolaus Kopernikus** in Richtung der nahen Burg am Ufer der Alle, in der er mehrere Jahre verbracht hatte. Bereits 1916 wurde in der unterhalb der Burg gelegenen kleinen Grünanlage ein Denkmal für den berühmten Astronomen enthüllt. Nahe dem Rynek Staromiejski wurde der u. a. durch den Einsteinturm in Potsdam berühmt gewordene, international erfolgreiche Architekt **Erich Mendelsohn** (1887 – 1953) geboren. Eine

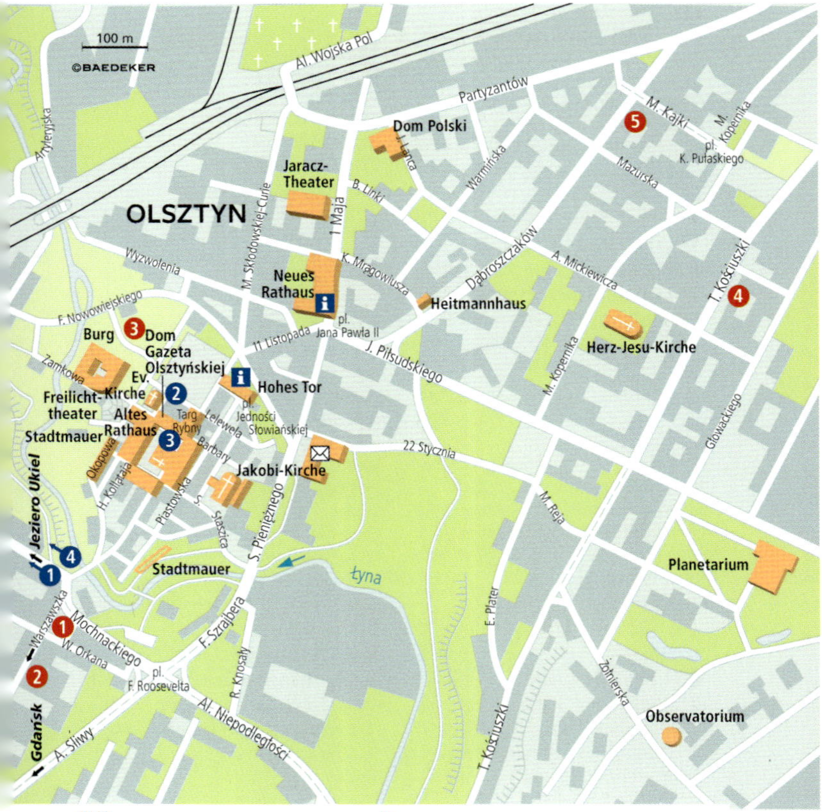

Essen & Trinken		Übernachten		
1 Przystań	3 Staromiejska	1 Kopernik	3 Pod Zamkiem	5 Dyplomat
2 Różana Café	4 Karczma Warmińska	2 Park	4 Warmiński	

OLSZTYN ERLEBEN

TOURISTINFORMATION
pl. Jana Pawla II 1
(Eingang ul. 1 Maja)
Tel. 89 5 21 03 98
www.visit.olsztyn.eu

Im Sommer werden auf dem Marktplatz und im Amphitheater viele Konzerte veranstaltet. Zu den kulturellen Höhepunkten gehören im Juli das dreitägige Festival »Allensteiner Blues-Nächte« und im September die »Jüdischen Kulturtage«.

Interessante Boutiquen haben sich rund um den Rynek Staromiejski angesiedelt. An der ul. Grunwaldzka findet jeden Dienstag und Freitag ein großer Wochen- und Flohmarkt statt.

Abendliche Treffpunkte sind die Bars und Cafés rund um den Altstädtischen Markt und den Fischmarkt. Regelmäßige Jazzkonzerte gibt es im »Bohema Jazz Club« (Targ Rybny 15).

1 PRZYSTAŃ €€
Rund um einen früheren Bootsschuppen am Jezioro Ukiel entstand das beliebte Restaurant. Im maritim gestalteten Gastraum und auf der großen Terrasse gibt's fantasievoll angerichtete Speisen.
ul. Żeglarska 3 | Tel. 89 5 23 77 79
www.przystanolsztyn.pl

2 RÓŻANA CAFÉ €€
Rosen sind Programm in dem Restaurant am Fischmarkt, z. B. beim gebeizten Wildbret in Rosen-Moosbeeren-Sauce. Guter Kaffee, die Kuchen und Süßspeisen stammen aus eigener Herstellung.
ul. Targ Rybny 14
Tel. 89 5 23 50 39
http://restauracjarozana.com.pl

3 STAROMIEJSKA €€
Einfache, gute polnische Küche in stilvoll eingerichteten Räumen am Altstadtmarkt. Schöner Sommergarten.
Stare Miasto 4/6
Tel. 89 5 27 58 83
www.staromiejska.olsztyn.pl

4 KARCZMA WARMIŃSKA €€
Die »Ermländische Schenke« in Gietrzwałd (▶ S. 197) ist für ihre einzigartige Atmosphäre weithin bekannt. Im Schatten des Mariensanktuariums werden Spezialitäten der regionalen Küche kredenzt. In diesem rustikalen Ambiente finden das ganze Jahr über Konzerte, Themenabende und Tanzveranstaltungen statt, man kann Kunsthandwerkern bei der Arbeit zuschauen und am Lagerfeuer Lieder singen.
Gietrzwałd 32 | Tel. 89 5 12 34 57
www.karczma.pl

1 KOPERNIK €€
Gediegenes Mittelklassehotel (62 Zimmer) südlich der Altstadt. Im Restaurant wird polnische Küche serviert.
ul. Warszawska 37
Tel. 89 5 22 99 29
www.hotelkopernik.info

2 PARK €€
Komforthotel am Stadtrand mit 100

Zimmern. Das Hotelrestaurant serviert internationale Küche.
ul. Warszawska 119
Tel. 89 5 24 06 04
www.hotelepark.pl

❸ POD ZAMKIEM €€
Jugendstilhotel in der Nähe der Burg mit 18 Zimmern.
Nowowiejskiego 10
Tel. 89 5 35 12 87
www.hotel-olsztyn.com.pl

❹ WARMIŃSKI €€
Im Zentrum gelegenes Hotel mit 133 komfortabel eingerichteten Zimmern.
ul. Kołobrzeska 1
Tel. 89 5 22 14 00
www.hotel-warminski.com.pl

❺ DYPLOMAT €€
Attraktives Hotel in einer Villa aus dem späten 19. Jh. nahe der Altstadt. Stilvoll eingerichtet sind die 29 Zimmern, WLAN und Safe gratis, außerdem feines Frühstück. Gutes Preis-Leistungs-Verhältnis!
ul. Dąbrowszczaków 28
Tel. 89 5 12 41 41
www.hoteldyplomat.com

Gedenktafel am Haus ul. Św. Barbary 1 erinnert an Allensteins bekanntesten Baumeister.

Noch einmal Kopernikus

★ Burg

Die Burg (Zamek) überstand den Zweiten Weltkrieg nahezu unbeschadet. Mit dem Bau der Anlage begann man wahrscheinlich schon Mitte der 1340er-Jahre. Der Südflügel mit dem mächtigen Bergfried und einer Kapelle kam erst im 15. Jh. hinzu. Der barocke Ostflügel wurde um 1758 als neuer Verwaltungssitz gebaut. Heute ist die Burg Hauptsitz des **Ermländisch-Masurischen Museums** mit Exponaten zur Geschichte, Kunst und Kultur dieser Region. Ein wichtiger Teil der Ausstellung ist Nikolaus Kopernikus gewidmet, der hier auch seine astronomischen Studien betrieb. Der von einem Kristallgewölbe bedeckte Verwaltersaal im Hauptgeschoss des Nordflügels wird als **Kopernikus-Kemenate** bezeichnet. Ein Diagramm zur Messung der Tagundnachtgleiche auf der Wand im Kreuzgang soll von Kopernikus persönlich stammen. Im Burghof begegnet man den sog. **»Steinweibern«**, drei mittelalterlichen pruzzischen Skulpturen.

Muzeum Warmii i Mazur w Olsztynie: Mai/Juni und Sept. Di. – Sa. 9 – 17, So. 10 – 18, Juli/Aug. Di. – So. 10 – 18, Okt. – April Di. – Sa. 10 – 16, So. bis 18 Uhr | Eintritt: 12 zł | http://muzeum.olsztyn.pl

Netze und Waben

Jakobi-Kirche

Unterhalb des Altstadtmarkts steht in der ul. Stanisława Staszica die Jakobi-Kirche (Kościół Św. Jakuba). Die dreischiffige gotische Hallenkirche wurde Ende des 14. Jh.s errichtet und ist seit 1972 **Konkathedrale** des Bistums Ermland. Der mächtige achtgeschossige Turm wurde im 16. Jh. an der Stelle eines hölzernen Vorgängerbaus errichtet; die herrlichen Netz- und Wabengewölbe, die die Schiffe überspannen, lassen den Innenraum wie eine gigantische Skulptur erscheinen. Auch sie entstanden erst im 16. Jahrhundert. Da mag man es verschmerzen, dass die ursprüngliche Ausstattung während der napoleonischen Kriege fast gänzlich vernichtet wurde. Die ältesten erhaltenen Ausstattungsstücke sind zwei Holzfiguren des hl. Jakobus und des hl. Andreas (15. Jh.). Ebenfalls erhalten blieb ein spätgotischer Marienaltar aus dem 16. Jh. im linken Kirchenschiff.

Merkwürdiger Bauplatz

Neues Rathaus

Das Neue Rathaus am pl. Jana Pawła II. wurde 1912 bis 1915 im Stil der Neorenaissance über einem alten Friedhof errichtet. Von dem Turm aus bietet sich ein **prächtiger Ausblick über Olsztyn und Umgebung**.

Restaurierter Jugendstil

Heitmannhaus

Nordöstlich der Altstadt verläuft die von Villen gesäumte ul. Dąbrowszczaków. Eines der schönsten Häuser (Nr. 3), das ehemali-

Eine schöne Kulisse: die Burgruine von Allenstein im winterlichen Sonnenschein

ge Heitmannhaus im Jugendstil, wurde aufwendig restauriert und in ein **Kulturzentrum mit zwei Galerien** verwandelt.

Deutsche Minderheit im alten Finanzamt

Das sog. Kopernikus-Haus in der ul. Partyzantów 3 ist Sitz der Allensteiner Gesellschaft der Deutschen Minderheit. Das Jugendstilgebäude wurde 1905 errichtet und diente bis 1945 als Finanzamt. 1996 erwarb die Deutsche Minderheit das Haus und brachte dort neben einem Kindergarten und einer Bibliothek auch die Redaktion der deutschsprachigen »Allensteiner Nachrichten« unter.

Kopernikus-Haus

Sternenhimmel und Sonnenflecken

Auf dem St. Andreasberg östlich der Altstadt wurde in einem alten Wasserturm das **Observatorium** von Olsztyn eingerichtet. In den Nächten kann man sich hier den Sternenhimmel über Polen zeigen lassen, tagsüber die Wanderung der Sonnenflecken beobachten. Ganz in der Nähe findet man das 1979 zum 500. Geburtstag von Kopernikus eröffnete **Planetarium**. In einem Kuppelsaal wird die Illusion erzeugt, man befände sich in den Weiten des Weltraums. Die Ausstellung »Von Kopernikus bis Sputnik« beleuchtet die Entwicklung der Astronomie als Wissenschaft.

Obserwatorium Astronomiczne: ul. Żołnierska 13 | Mo. – Sa. 9 – 15, Mo./Mi./Fr. 22 – 23 Uhr | Eintritt: 15 zł | www.planetarium.olsztyn.pl
Planetarium: al. Piłsudskiego 38 | tgl. 9 – 18 Uhr | Eintritt: 15 zł | www.planetarium.olsztyn.pl

St. Andreasberg

Expressionistische Architektur

Als Architekturstudent entwarf Erich Mendelsohn die jüdische, an den Friedhof angeschlossene **Trauerhalle** (Bet Tahara) südwestlich der Altstadt.
In dem 2013 mithilfe der Robert-Bosch-Stiftung aufwendig restaurierten Gebäude wird bereits die expressionistische Handschrift des Architekten sichtbar: Ein hoher, streng symmetrischer Bau, überwölbt von einem Walmdach, beherbergt einen farbgewaltigen Innenraum. In die Trauerhalle zog die Kulturstiftung Borussia ein, die sich für das multikulturelle Erbe der Region engagiert und im September die »Jüdischen Kulturtage« organisiert.

ul. Zyndroma z Maszkovic 2 | Mo. – Fr. 10 – 16 Uhr | http://borussia.pl

Mendelsohn-Haus

Natur im Sezessionspalast

Südlich der Altstadt wurde im 1903 erbauten Sezessionspalast mit dem Muzeum Przyrody ein Museum für Naturfreunde eingerichtet. Man erfährt hier Näheres über **mehr als 250 Tiere**, die in der Region leben.

ul. Metalowa 8 | Juni – Sept. Di. – So. 9 – 17, Okt. – Mai Di. – So. 10 – 16 Uhr | Eintritt: 8 zł | http://przyroda.muzeum.olsztyn.pl

Naturkundemuseum

Rund um Olsztyn

Wallfahrt zu Maria

Gietrzwałd

19 km westlich von Olsztyn liegt Gietrzwałd (Dietrichswalde). Das Mariensanktuarium des Dorfs ist ein wichtiger Wallfahrtsort. Bereits im 15. Jh. entstand mit der Errichtung einer einfachen, der Muttergottes geweihten Landkirche ein örtlicher Marienkult. Im 16. Jh. war hier ein Marienbildnis angebracht, dem wundertätige Kräfte zugesprochen wurden. Besondere Bedeutung erlangte Dietrichswalde dann im Jahr 1877, als zwei junge Mädchen behaupteten, ihnen würde die Jungfrau Maria erscheinen. Diese **Marienerscheinungen** wurden durch die katholische Kirche offiziell bestätigt, ebenso wie die Segnung einer nahe gelegenen Quelle durch Maria persönlich. Seitdem pilgern jährlich Hunderttausende Gläubige hierher.

Authentische Einblicke im Freilichtmuseum

★ Olsztynek

Etwa 28 km südwestlich von Olsztyn liegt Olsztynek (Hohenstein). Im Bereich seiner nördlichen Altstadt sind Teile der mittelalterlichen Stadtbefestigung mit einer Gesamtlänge von etwa 1 km erhalten. Größte Attraktion ist das **Muzeum Budownictwa Ludowego** nördlich der Altstadt. Die Geschichte des 60 ha großen Freilichtmuseums reicht bis ins Königsberg der vorigen Jahrhundertwende zurück. Dort hatte der ostpreußische Provinzialkonservator Richard Dethlefsen nach skandinavischem Vorbild ein Museumsdorf mit Gebäuden und Exponaten aus Preußisch-Litauen gegründet. 1938 wurde das Dorf nach Hohenstein verlagert, um einen weiteren Anziehungspunkt für die Touristen zu schaffen, die das Hindenburg-Mausoleum im nahen Tannenberg besuchten. Nach dem Zweiten Weltkrieg ergänzte man das Museum um etliche Gebäude. In den vier Hauptbereichen **Weichselland**, **Ermland**, **Masuren** und **Preußisch-Litauen** wird versucht, ein authentisches Bild von der kulturellen und ethnischen Vielfalt der Bevölkerung zu zeichnen, die das ehemalige Ostpreußen über Jahrhunderte prägte. Besonders sehenswert sind die masurischen Bauernhäuser, drei Vorlaubenhäuser aus dem Weichselland und eine hölzerne Dorfkirche, die aus den Resten verschiedener masurischer Kirchen zusammengesetzt wurde.

Die mehrfach zerstörte und umgebaute **Ordensburg** am Nordrand der Altstadt wurde 1350 bis 1366 als vierflügelige Festungsanlage erbaut. Seit 1848 als Gymnasium und Lehrerseminar genutzt, ist die sehr schön restaurierte Burg seit 1977 Sitz einer Berufsschule.

Am Marktplatz steht die ehemalige evangelische Pfarrkirche von Olsztynek. Das gotische Gotteshaus aus der Mitte des 14. Jh.s wurde nach dem Zweiten Weltkrieg durch einen Brand stark zerstört und in

Gänsemarsch im Freilichtmuseum von Olsztynek

Auch in der St.-Adalbert-Kirche von Nidzica herrschen frohe Farben.

en 1970er-Jahren wieder aufgebaut. Seitdem wird es als **Zweigstelle des Museumsdorfs** genutzt. Zu sehen sind Ausstellungen zu ethnografisch-historischen Themen.
Hinter der Kirche steht das alte Pfarrhaus aus dem 16. Jh., das nach seinem bekanntesten Bewohner heute **Mrongovius-Haus** genannt wird. Christoph Coelestin Mongrovius wurde 1764 in Hohenstein geboren, war hier von 1790 bis 1797 als Pfarrer tätig und setzte sich sehr für das Polentum in Masuren ein. Das Erdgeschoss ist dem Leben und Werk des Pfarrers gewidmet, im ersten Stock informiert eine Ausstellung über das größte ostpreußische Kriegsgefangenenlager des Zweiten Weltkriegs: **StaLag IB Hohenstein**.
Freilichtmuseum: ul. Leśna 23 | April u. Sept. Di. – So. 9 – 17, Mai/Juni tgl. 9 – 17, Juli/Aug. tgl. 10 – 18, Okt. Di. – So. 9 – 16 Uhr | Eintritt: 12 zł | www.muzeumolsztynek.com.pl
Dom Mrongowiusza: Rynek 4 | Mai – Sept. Di. – So. 9 – 17, Okt. – April Di. – So. 10 – 16 Uhr

Ritterturniere zwischen Seen

Rund 45 km südöstlich von Olsztyn erstreckt sich auf einer Landenge zwischen zwei Seen das Städtchen Szczytno. Die 1360 errichtete **Ortelsburg** ist im Juli Schauplatz von originalgetreu nachgestellten Ritterturnieren. Hinter der Burg ragt der Turm des Rathauses auf, das das interessante **Masurische Museum** mit einer original erhaltenen Bauernstube beherbergt. Szczytno

Muzeum Mazurskie: ul. Sienkiewicza 1 | Mai – Sept. Di. – So. 9 – 17, Okt. – April 8 – 16 Uhr | Eintritt: 7 zł | www.muzeumszczytno.art.pl

Eine Deutschordensburg

Das etwa 50 km südlich von Olsztyn gelegene Städtchen Nidzica (Neidenburg) kann mit einer der größten und am besten erhaltenen Deutschordensburgen des Landes aufwarten. Sie thront auf einem Hügel oberhalb der Altstadt. Zwischen 1370 und 1400 erbaut, wurde die Festung während der napoleonischen Kriege stark zerstört und verfiel zusehends. Um 1830 restauriert, diente die Burg fortan als Amtsgericht und Gefängnis; heute wird sie als Kulturzentrum, **Heimatmuseum** zur Geschichte Preußens und als Hotel genutzt. Nidzica

Den rekonstruierten **Marktplatz** der Altstadt säumen einige gotische und barocke Bürgerhäuser. In seiner Mitte erhebt sich das **Rathaus**. Das ursprüngliche gotische Bauwerk fiel im 17. Jh. einem Brand zum Opfer. Es wurde abgetragen und 1842 im neoklassizistischen Stil wieder aufgebaut. Dort findet man u. a. die Touristeninformation.

Das älteste Gebäude der Stadt, die **St.-Adalbert-Kirche** (Kościół Św. Wojciecha) in der ul. Młynarska, wurde im 13. Jh. in die Stadtmauer hineingebaut. Ein Teil der mittelalterlichen Stadtbefestigungsanlage ist heute noch zwischen Kirche und Pfarramt erhalten. Das gotische Gotteshaus wurde zuletzt im 18. Jh. im Stil der Neorenaissance erneuert.

Muzeum Ziemi Nidzickiej: ul. Zamkowa 2 | Mai – Sept. tgl. 9 – 17, Okt. – April Di. – Sa. 9 – 16 Uhr | Eintritt: 8 zł

OSTRÓDA · OSTERODE

Wojewodschaft: Warmińsko-Mazurskie
Höhe: 95 – 120 m ü. d. M. | **Einwohner:** 33 200

Hier macht's die Lage: Genießen Sie den Anblick des grünen Sees mitten in der Stadt und spazieren Sie auf der Uferpromenade! Für Viele ist Ostróda ein obligatorischer Halt auf der Strecke nach Grunwald, wo jedes Jahr aufs Neue eine der größten mittelalterlichen Schlachten nachgespielt wird.

Zwischen den Seen

Um 1270 entstand auf einer Insel in der Drwęca (Drewenz) eine hölzerne Ordensfestung, in deren Schatten sich schnell eine Siedlung entwickelte. 1329 erhielt der Ort das Stadtrecht. Osterode führte in den folgenden Jahrhunderten ein eher unbedeutendes Dasein als Amts- und Kreisstadt. Der Bau des Oberlandkanals (Kanał Ostródzko-Elbląski) Mitte des 19. Jh.s bescherte dem Ort einen kurzzeitigen Aufschwung. Die reizvolle Lage zwischen 15 größeren und kleineren Seen und ausgedehnten Wäldern brachte Osterode den Beinamen **Perle des Oberlands** ein. Die Stadt entwickelte sich schon im frühen 20. Jh. zu einem beliebten Ausflugsziel.

Wohin in Ostróda?

Wieder gefunden

Neuer Markt

Das Zentrum des dreieckigen Neuen Markts (Nowy Rynek) bildet der 1907 installierte ehemals sog. **Drei-Kaiser-Brunnen**. Ursprünglich zierte ihn ein Obelisk, den die Deutschen 1945 im Pausensee (Jezioro Pauzeńskie) versenkten. Dort entdeckte man ihn 1991. Zum EU-Beitritt Polens am 1. Mai 2004 wurde der Brunnen in seiner alten Form erneut eingeweiht und trägt jetzt die Bezeichnung **Pomnik Jednonci Europejskiej** (Denkmal der Europäischen Einheit).

Zweimal in Flammen aufgegangen

Schloss

Das gotische Ordensschloss wurde zwischen 1349 und 1370 auf fast quadratischem Grundriss erbaut. Nach einem Brand 1788 wurde der Bau wiederhergestellt, nach dem Einmarsch der Roten Armee 1945 ging die Burg aber erneut in Flammen auf. Der Wiederaufbau begann Mitte der 1970er-Jahre. Vor allem im Sommer dient die Anlage regelmäßig als Kulisse für Open-Air-Veranstaltungen. 2000 öffnete dort das **Städtische Museum** seine Pforten. Die Ausstellung ist der Geschichte von Stadt und Region seit der Frühzeit gewidmet.

ul. Adama Mickiewicza 22 | Di. – Fr. 9 – 16, Sa./So. 10 – 15 Uhr, Juli/Aug. eine Std. länger | Eintritt: 4 zł | www.muzeumwostrodzie.pl

Nur ein Taufbecken blieb

Dominik-Savio-Kirche

Die gotische Dominik-Savio-Kirche (Kościół Św. Dominika Savio) am pl. Tysiąclecia wurde im 14. Jh. als Stadtkirche erbaut. Von der ursprünglichen Ausstattung des bis 1980 wieder errichteten Hallenbaus blieb nur ein steinernes Taufbecken aus dem 14. Jh. erhalten.

Aus der Kaiserzeit

Bismarck-Turm

Im **Stadtpark** steht der erste im ehemaligen Ostpreußen gebaute Bismarck-Turm (1902). Im Gegensatz zu den meisten anderen

OSTRÓDA ERLEBEN

TOURISTINFORMATION
pl. 1000-lecia Państwa
Polskiego 1A
Tel. 89 6 42 30 00
www.mazury-zachodnie.pl

»Ostróda Reggae Festival« im Juli oder August.
www.ostrodareggae.com

OBERŻA
€€
Uriges Gasthaus in einer alten Mühle, ca. 3 km südlich von Ostróda.
Młyn Idzbarski 2
Tel. 89 6 46 03 55

PLATINUM SPA & BUSINESS
€€€
Stilvolles Hotel mit großem Wellnessbereich, 1 km vom Drwęckie-See entfernt. Direkte Unterführung zum Aquapark.
ul. Kardynała Wyszyńskiego 11A
Tel. 89 6 42 36 00
http://hotelplatinum.pl

ZAMEK KARNITY
€€
Neogotisches Schlosshotel zwischen Iława und Ostróda an einem kleinen See. Zum Anwesen gehört ein kleiner Zoo.
Karnity 10
Miłomłyn
Tel. 89 6 47 34 65
www.karnity.pl

deutschen Bauwerken und Denkmälern aus der Kaiserzeit ließ die polnische Nachkriegsregierung den 21 m hohen Turm nicht abtragen. Er wurde in den 1970er-Jahren renoviert und ist für Besucher geöffnet.

Startpunkt zum Oberlandkanal

Promenade

Ein beliebter Ort zum Flanieren ist die Promenade am Jezioro Drwęckie. Neben der L-förmigen, 80 m langen Mole starten die Schiffe der Ostróda-Elbląg-Reederei zu ihrer Fahrt über den Mitte des 19. Jh.s gebauten Oberlandkanal (▶ Das ist …, S. 8).

Rund um Ostróda

Die große Schlacht

★ Grunwald, Stębark

Auf den Feldern zwischen den kleinen Dörfern Grunwald (Grünfelde) und Stębark (**Tannenberg**), rund 25 km südlich von Ostróda, fand 1410 eine der größten Schlachten des Spätmittelalters statt. Am 15. Juli schlug das vereinigte polnisch-litauische Heer unter Führung von König Władysław Jagiełło und seinem Vetter, dem

Schlachtengetümmel ohne Blutvergießen in Grunwald

litauischen Großfürst Witold, die Streitkräfte des Deutschen Ordens unter Hochmeister Ulrich von Jungingen. Die Niederlage leitete den Zerfall des Ordensstaats ein. Heute wird jedes Jahr Mitte Juli diese historische Schlacht vor vielen Besuchern nachgestellt. Ein zum 550. Jahrestag 1960 am damaligen Schlachtfeld enthülltes Denkmal zeigt auf einer Granitsäule die überdimensionalen Köpfe zweier Ritter, die die beiden verbündeten Mächte Polen und Litauen symbolisieren. Das **Museum** von Grunwald dokumentiert den Schlachtverlauf. Im Kinosaal werden Ausschnitte aus dem berühmten Historienfilm »Krzyżacy« (»Die Kreuzritter«) von Aleksander Ford nach einem Roman von Henryk Sienkiewicz gezeigt (▶ Baedeker Wissen, S. 158).

Muzeum Bitwy Grunwaldzkiej: Stębark 1 | April – Sept. tgl. 9.30 – 18 Uhr | Eintritt: 11 zł | www.muzeumgrunwald.fbrothers.com

Im Süden des Geserichsees

Iława Etwa 32 km westlich von Ostróda baut das rund 23 000 Einwohner zählende Ferienzentrum Iława (Deutsch-Eylau) seine touristische Infrastruktur immer weiter aus. Der 1226 erstmals urkundlich erwähnte Ort liegt malerisch an der Südspitze des Jezioro Jeziorak (Geserichsees), der mit 27 km als **längster See Polens** gilt. Die Verklärungskirche (Kościół Przemienienia Pańskiego) ist das älteste erhaltene Bauwerk der im Zweiten Weltkrieg stark zerstörten Stadt.

Die im 14. Jh. erbaute gotische Kirche wurde 1550 um einen 27 m hohen Turm im Renaissancestil erweitert. Die Ausstattung wird vom spätbarocken Flügelalter bestimmt. Sehenswert ist auch das **neobarocke Rathaus** in der ul. Niepodległości. Der dreiflügelige Bau entstand 1910 bis 1912 und beherbergt u. a. die Touristeninformation.

Sommersitz für den Bischof

Szymbark

Wenige Kilometer nordwestlich von Iława liegt das Dörfchen Szymbark (Schönberg). Im 14. Jh. ließ der Deutsche Orden am Nordufer des Jezioro Szymbarskie auf den Resten einer alten pruzzischen Burg ein Schloss als Sommersitz für den Bischof von Pomesanien erbauen. Die 75 m × 92 m große Anlage war die **zweitgrößte Ordensburg** nach der Marienburg (▶ Malbork). Nach der Flucht der hier stationierten SS-Einheiten übernahmen 1945 sowjetische Truppen die Burganlage und brannten die Wohngebäude nieder. Noch erhalten sind Reste der Festungsmauern und der Wohngebäude sowie der Glockenturm mit dem Haupttor. Umgeben ist das Gelände von einem breiten Grünstreifen und einem verwilderten Park am Ufer des Sees.

★★ POJEZIERZE MAZURSKIE · MASURISCHE SEENPLATTE

Wojewodschaft: Warmińsko-Mazurskie | **Höhe:** 65 – 309 m ü. d. M. | ⓘ ul. Wyzwolenia | Giżycko | Tel. 87 4 28 52 65 | **www.gizycko.turystyka.pl**

Sehnsuchtslandschaft mit Tausenden von Seen in einem sanft gewellten Land, darüber ein weit gespannter Himmel. In Masuren gibt es wenige Orte, dafür umso mehr Alleen, Pferdekoppeln und Wiesen. Kein Wunder, dass vor allem Naturliebhaber hierherkommen!

Sehnsuchtslandschaft

Masuren liegt im Nordosten Polens und umfasst die Verwaltungsgebiete der Wojewodschaften Ermland / Masuren (Warmia-Mazury) und Podlachien (Podlaskie). Dieser südliche Teil des Baltischen Höhenrückens, eine hügelige Moränenlandschaft, steigt in der Dylewska Góra (Kernsdorfer Höhe) bis zu 312 m und im Wzgórze Szeskie (Seesker Berg) bis zu 309 m an und senkt sich im mittleren Teil zur

Masurischen Seenplatte ab. Ausgedehnte Waldgebiete wie die Puszcza Piska (Johannisburger Heide) und viele Seen, die durch Flüsse und Kanäle verbunden sind, bestimmen das Landschaftsbild. Die etwa 3000 Seen Masurens bedecken rund 15 % der Region.

★★ Große Masurische Seen

Spirdingsee

Ihr Zentrum bilden die Großen Masurischen Seen, deren größter der **Jezioro Śniardwy** (Spirdingsee) ist. Der Spirdingsee wird auch »Masurisches Meer« genannt und gilt mit einer Fläche von 114 km² als größtes Binnengewässer Polens.

Luchse, Elche und Schwarzstörche

Flora und Fauna

Aufgrund der bis heute vergleichsweise spärlichen Besiedlung des Gebiets überlebten hier viele Tier- und Pflanzenarten, die in anderen Teilen Europas bedroht oder bereits ausgestorben sind. Elche und Luchse sind hier genauso heimisch wie der seltene Schwarzstorch oder das im 20. Jh. neu ausgewilderte Wisent. Die Masurischen Seen sind Heimat vieler Fischarten und eine wichtige Station auf der Wanderroute der Kraniche, die man hier im Frühjahr und Herbst beobachten kann. Um Flora und Fauna zu bewahren, stehen große Teile der Region unter einem besonderem Schutz. Bereits 1977 wurde eine 55 km² große Fläche rund um den Jezioro Śniardwy zum **Masurischen Landschaftspark** (Mazurski Park Krajobrazowy) erklärt.

Pruzzen, Polen und Deutsche

Geschichte

Älteste Spuren einer menschlichen Besiedlung stammen aus dem 5. Jt. v. Chr. Seit dem Ende des 1. Jt. n. Chr. gab es Versuche, die hier lebenden **heidnischen Pruzzen** zu missionieren. 1225 rief Konrad von Masowien die Ordensritter gegen die Pruzzen zu Hilfe. In ihrem Gefolge kamen erste deutsche Siedler. Seit dem 15. Jh. strömten immer mehr Siedler aus Masowien in die Region und Masurisch entwickelte sich zur vorherrschenden Sprache. Mit der Umwandlung des Ordensstaats wurde Masuren 1525 ein Teil des Herzogtums Preußen, später ein Teil der Provinz Ostpreußen. Noch 1875 sprachen zwei Drittel der Bewohner Masurisch oder Polnisch. 1910 hingegen bezeichneten fast 60 % Deutsch als ihre Muttersprache. Nach dem Ersten Weltkrieg, unter dem Masuren schwer zu leiden hatte, sprach sich in einer Volksabstimmung die große Mehrheit für den Verbleib bei Deutschland aus. Nach dem Zweiten Weltkrieg kam Masuren zu Polen. Die meisten deutschstämmigen Bewohner mussten das Land verlassen, in die verwaisten Häuser und Höfe zogen überwiegend Vertriebene aus den ehemals polnischen Ostgebieten.

BAEDEKER ÜBERRASCHENDES

6X TYPISCH

Dafür fährt man an die Polnische Ostseeküste.

1. WALLFAHRTEN

Kaum ein Tag ohne **Wallfahrt**: in Koszalin auf den Berg Góra Chełmska, im ermländischen Gietrzwałd zu einer Quelle und im masurischen Święta Lipka zu einer Barockkirche. Natürlich sind an jedem dieser Orte Wunder geschehen ... (▶ **S. 336**)

2. CADINEN MAJOLIKA

In **Kadyny** am Frischen Haff entstand 1904 die »Königliche Majolika- und Terrakotta-Werkstatt« für **hochwertige Keramik**. Heute setzen polnische Töpfer die Tradition fort. (▶ **S. 71**)

3. GROSSE PIRATEN

Piraten haben hier einen guten Ruf. **Erik VII.** ruht in der Pfarrkirche von Darłowo und **Paul Beneke** aus Danzig wird noch heute dafür gedankt, dass er frech das Gemälde »Jüngstes Gericht« kaperte. (▶ **S. 63 bzw. S. 103**)

4. SKANSEN

Mit dem skandinavischen Wort werden **Polens Freilichtmuseen** bezeichnet, in denen jede Region ihren bäuerlich-ländlichen Architekturstil bewahrt. Ein großes und schönes befindet sich in **Kluki** am Rand des Slowinzischen Nationalparks: ein komplettes Dorf mit Kirche, Schule und Schänke. (▶ **S. 145**)

5. EISSEGELN

Segeln im Winter? Kein Problem, wenn man wie **Masuren Seen** hat, die so groß sind, dass der Horizont mit dem Himmel verschmilzt. Unter das Segelboot werden Kufen montiert und schon geht's los mit dem Ritt übers Eis. (▶ **S. 206**)

6. 17. WOJEWODSCHAFT

Polen hat eine lange Tradition der **Emigration**. Doch nach dem EU-Beitritt 2004 wanderten ganze 2 Mio. Menschen v. a. nach Großbritannien, Irland und Island aus. London gilt seitdem scherzhaft als 17. Wojewodschaft Polens.

Seenidyll mit Booten – ruhige Plätze in der Natur gibt es in der Masurischen Seenplatte zuhauf.

Schon lange nicht mehr auf Fischfang angewiesen

Tourismus

Schon im späten 19. Jh. entdeckte man den Erholungswert dieser **ärmsten Region Ostpreußens**, in der man vor allem vom Fischfang und von der Holz- und Landwirtschaft lebte. Heute sind die im Gebiet der Großen Masurischen Seen gelegenen Städte wie ▶ Giżycko und ▶ Mikołajki ganz auf den Tourismus ausgerichtet. Seit einigen Jahren gibt es einen regelrechten Run von deutschen Urlaubern, die hier **eines der letzten großen Naturparadiese** erleben möchten. Doch auch die Bewohner von Warschau und anderen polnischen Großstädten entdecken Masuren für sich. Sehr beliebt sind Rad-, Kajak- und Segeltouren. Im Winter entdecken Eissegler und Snowkiter die oft monatelang zugefrorenen Seen. Der zunehmende Tourismus bleibt jedoch nicht ohne Folgen. Immer häufiger entstehen Neubauten, die auf regionale Besonderheiten keine Rücksicht nehmen, werden Seeufer privatisiert und eingezäunt oder Alleebäume zum Ausbau der Straßen gefällt. Doch noch überwiegt die Idylle.

★ POJEZIERZE POMORSKIE · POMMERSCHE SEENPLATTE

Wojewodschaft: Zachodnio-Pomorskie | **Höhe:** 64 – 224 m ü. d. M. | ⓘ ul. Rynek 1 | Czaplinek | Tel. 94 3 75 47 90 | **http://wrota.czaplinek.pl**

Zu Unrecht steht sie im Schatten der kaschubischen und masurischen Seenplatte: 200 große Gewässer liegen eingebettet in eine grüne, von der letzten Eiszeit ausgehobelte Hügellandschaft. Hier wird gewandert, geradelt und gepaddelt – oder einfach nur am See gefaulenzt.

Ferien-region für Aktiv-urlauber

Die zwischen sanften Hügeln gelegene Seenplatte entstand während der letzten Eiszeit vor rund 12 000 Jahren. Größter See ist mit einer Fläche von 1872 ha und einer Uferlänge von 76 km der **Jezioro Drawsko** (Dratzigsee) im Zentrum der Region. Zugleich ist er mit 83 m der zweittiefste See in Polen. Zum Schutz von Pflanzen- und Tierwelt wurde 1979 rund um den Dratzigsee der **Drawski-Landschaftspark** (Drawski Park Krajobrazowy) gegründet, der eine Fläche von rund 41 000 ha umfasst. Insgesamt ist die touristische Infrastruktur noch vergleichsweise schwach entwickelt. Es gibt nur wenige Hotels mit gehobenem Standard, und selbst in größeren Ferienorten ist das gastronomische Angebot eher bescheiden. Doch wer auf besonderen Komfort keinen allzu großen Wert legt, findet gute Erholungsmöglichkeiten in zahlreichen Ferienheimen, auf Campingplätzen direkt am Seeufer und auf Ferienbauernhöfen. Vor allem ist die Pommersche Seenplatte bei Aktivurlaubern beliebt. Es gibt dort viele Möglichkeiten, Wassersport zu treiben, sowie zahlreiche Rad-, Wander- und Reitwege.

Wohin in der Pommerschen Seenplatte?

Noch keine Bauhaus-Ästhetik

Drawsko Pomorskie

Westliches Tor zur Seenplatte ist die Kreisstadt Drawsko Pomorskie (Dramburg, 11 000 Einw.) am Oberlauf der Drawa (Drage). Wichtigstes Baudenkmal ist die im 15. Jh. errichtete spätgotische **Marienkirche** (Kościół pw. Zmartwychwstania Pańskiego). Das Salzmagazin direkt daneben, ein schöner Ziegel-Fachwerk-Bau aus dem 19. Jh., soll nach der Sanierung wieder als Museum genutzt werden. Der weltberühmte Bauhaus-Architekt **Walter Gropius** (1883 – 1969) hinterließ seine Spuren auch in und um Drawsko Pomorski. Im 4 km westlich gelegenen Dorf Jankowo baute er für seinen Onkel 1906 bis 1909 mehrere Landarbeiterhäuser und einen gemauerten Speicher. Diese Erstlingswerke haben allerdings noch wenig gemein mit der späteren Bauhaus-Ästhetik. Gropius entwarf 1914 auch das zweigeschossige Bankgebäude in der ul. Piłsudskiego in Drawsko Pomorskie, in dem heute die PKO-Bank residiert.

Templerorden und Flohmarkt-Atmosphäre

Czaplinek

Am südlichen Ufer des Jezioro Drawsko liegt die reizvolle Kleinstadt Czaplinek (Tempelburg). Der deutsche Name geht zurück auf die Ritter des Templerordens, die hier 1286 eine Burg bauten. Auf dem Gelände der 1378 zerstörten Burg entstand bald darauf die kleine **Dreifaltigkeitskirche** (Kościół Św. Trójcy) im romanisch-gotischen Stil. Das älteste Bauwerk Czaplineks besitzt einen sehenswerten Barockaltar mit einem von sechs Säulen getragenen, vergoldeten Baldachin. Am nahe gelegenen Rynek entstand 1829/1830 die klassizistische **Heiligkreuzkirche** (Kościół Św. Krzyża) nach Entwürfen von Karl Friedrich Schinkel; die Wandmalereien stammen aus dem Jahr 1954. Wie auf einem Flohmarkt fühlt man sich im kleinen **Heimatmuseum** am Rynek, das vollgepackt ist mit allerlei Nippes aus Kellern und von Dachböden.

Izba Muzealna: Rynek 1 | Di. – So. 10 – 18 Uhr

Burgenalltag auf der Landzunge

Stare Drawsko

Stare Drawsko (Alt-Draheim) liegt etwa 6 km nördlich von Czaplinek auf einer Landzunge zwischen dem Jezioro Drawsko und dem Jezioro Żerdno. Die um 1360 von den Johannitern errichtete Burg (Zamek Drahim) wurde 1759 zerstört. Innerhalb der Ruinen versucht ein **Museum**, aus nachgebauten kleineren Burggebäuden den einstigen Burgenalltag zu vermitteln. Im Burghof finden hin und wieder auch Ritterturniere statt.

Muzeum Zamku Drahim: Juni – Aug. tgl. 10 – 18 Uhr | www.drahim.pl

In 90 Minuten einmal ums Eiland

Insel Bielawa

Rund 500 m Luftlinie sind es von Stare Drawsko zur Insel Bielawa auf dem Jezioro Drawsko. Mit einer Fläche von 80 ha ist sie die **fünftgrößte Insel Polens**. Ein Naturpfad führt in etwa eineinhalb Stunden über das bis vor wenigen Jahren noch dauerhaft bewohnte Eiland. Zu erreichen ist Bielawa mit dem Ruderboot von Stare Drawsko aus oder mit dem kleinen Ausflugsschiff »Europa«, das an den Wochenenden von Czaplinek aus in See sticht.

Großer Ferienort in der Nähe zweier Seen

Szczecinek

Im Osten der Pommerschen Seenplatte liegt der Ferienort ▶ Szczecinek (Neustettin), mit ca. 40 000 Einwohnern die größte

Stadt der Region, nahe beim Vilm- und beim Streitzigsee (Jezioro Trzesiecko).

Touristen statt Soldaten

Borne Sulinowo

Knapp 20 km südwestlich von Szczecinek trifft man auf **eine der ungewöhnlichsten Städte Polens**. Borne Sulinowo (Groß Born) entstand erst 1993 nach dem Abzug der Roten Armee. Auf dem bereits 1919 angelegten Truppenübungsplatz rund um die Siedlung Groß Born am Jezioro Pile (Pilburger See) gründeten die Nationalsozialisten in den 1930er-Jahren eine Militärbasis. Hier bereiteten sich die Panzertruppen des Generals Heinz Guderian 1939 auf den Feldzug nach Polen vor. Später wurde hier das Afrikakorps von Generalfeldmarschall Erwin Rommel für den Afrika-Einsatz aufgestellt. Nach dem Zweiten Weltkrieg ging die militärische Nutzung des Geländes nahtlos weiter: Die **Rote Armee** übernahm die Militäranlage als Übungsgelände. Von 1945 bis 1993 waren dort, streng abgeschirmt von der polnischen Bevölkerung, 17 000 sowjetische Soldaten stationiert. Auf offiziellen Landkarten allerdings war Borne

Die Pommersche Seenplatte steht etwas zu Unrecht im Schatten der Masurischen Seen.

Und auch hier kommt man bestens mit dem Boot voran.

Sulinowo als Waldfläche markiert. Nach dem Abzug der russischen Soldaten wurde am 5. Juni 1993 offiziell die neue Stadt Borne Sulinowo gegründet. In der ehemaligen russischen Kommandantur an der al. Niepodległości residiert jetzt die Stadtverwaltung der 4000 Einwohner zählenden Gemeinde. Der Ort mit seinen 55 Seen entwickelt sich immer mehr zu einem Ferienzentrum; der einstige Truppenübungsplatz hingegen verwandelt sich allmählich in **eine der größten Heidelandschaften Europas**.

Kurort dank Heilquelle

Połczyn Zdrój

Schon 1688 entdeckte man die Heilwirkung einer Quelle in Połczyn Zdrój (Bad Polzin), das sich im 19. Jh. zu einem der bekanntesten Kurorte Pommerns entwickelte. Die meisten Kurhäuser und die Trinkhalle »Joasia« liegen in dem 80 ha großen **Kurpark**. Ein Teil des Parks wurde 1836 bis 1839 im französischen Stil mit Alleen und herrlichen Blumenbeeten angelegt. 1903 entstand der größere Teil im Stil eines englischen Landschaftsgartens. Das große Amphitheater im Kurpark bietet mehr als 2000 Besuchern Platz.

Unweit vom Kurzentrum liegt der von alten Bürgerhäusern gesäumte **Marktplatz,** der pl. Wolnośći. Die nahe gelegene **Kirche der Heiligen Jungfrau** (Kościół pw. Niepokalanego Poczęcia NMP) wurde Mitte des 14. Jh.s errichtet. Am Rand der Altstadt erhebt sich das um 1290 erbaute **Schloss,** das bis ins 19. Jh. mehrfach verändert wurde. Im gotischen Stil sind nur noch die Kellerräume enthalten. Das Gebäude beherbergt heute die städtische Bibliothek.

Das malerische Tal der fünf Seen

Dolina Pięciu Jezior

Borne Sulinowo ist eingebettet in eine wald- und seenreiche Landschaft. Zu den attraktivsten Naherholungsgebieten zählt das ca. 11 km südlich gelegenene Dolina Pięciu Jezior (Tal der fünf Seen). Die in der Nähe entspringende Drawa bildet hier fünf malerische Binnenseen.

PUCK · PUTZIG

Wojewodschaft: Pomorskie
Höhe: 0 – 20 m ü. d. M. | **Einwohner:** 11 300

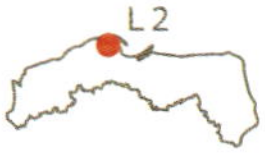

Der deutsche Name »Putzig« trifft's: Es erwartet Sie eine nette, kleine Altstadt, dazu weit aufs Wasser führende Stege und im Hintergrund dunkler Wald. Viele Traditionen stehen im Zeichen der Fischerei, so die farbenprächtige Bootsprozession am 29. Juni hin zur Halbinsel Hel.

Einfach putzig

Im Jahr 1348 erhielt die Fischersiedlung Putzig das Stadtrecht; 1567 entstand hier der Hafen für die neue polnische Kriegsflotte. Durch die erste polnische Teilung kam Putzig 1772 zu Preußen und wurde 1878 Kreisstadt. Nach dem Ersten Weltkrieg kam die Stadt zu Polen und war bis zum Bau des Hafens im 30 km entfernten Gdynia in den 1920er-Jahren der einzige polnische Ostseehafen, der heute aber nur noch von Fischern und Freizeitkapitänen angesteuert wird.

Wohin in Puck?

Erkennbare Struktur

Altstadt

Der Stadtkern rund um den pl. Wolności, den ehemaligen Hauptmarkt, blieb in seiner Struktur bis heute erhalten. Die meisten Altstadtgebäude und Bürgerhäuser stammen aus dem 18. und 19. Jh.; das klassizistische Rathaus wurde 1865 erbaut.

PUCK ERLEBEN

TOURISTINFORMATION
pl. Wolności 2
Tel. 58 6 73 24 03
www.miastopuck.pl

Am kleinen Sandstrand von Puck erwarten im Sommer Strandbars die Gäste bis spät in die Nacht.

NA MOLO €€
Das Lokal befindet sich im hölzernen Rundbau am Ende der Mole (in Verlängerung der ul. Lipowa). Es bietet einen zauberhaften Panoramablick auf die Bucht, die Gerichte sind schön präsentiert. Auch Vegetarier werden hier fündig, beliebt ist die »Ratatouille warzywne z orzechowym puree z marchwi« (Gemüsepfanne mit Erdnussbutter und Karottenpüree).
ul. Lipowa | Tel. 570 92 94 00
www.namolopuck.pl

WILLA PUCK CAFÉ €
Für Eis, Kaffee und Kuchen, Crepes und Piroggen ist dies eine der besten Adressen der Stadt. Und Sie können in der Willa Puck auch wohnen: die Zimmer sind bestens ausgestattet (€€)!
ul. 1 Maja 12 | Tel. 58 7 46 38 98

ZAMEK KROKOWA €€–€€€
ul. Zamkowa 1 | Krokowa
Tel. 58 7 74 21 11
http://zamekkrokowa.pl
► Baedeker Wissen, S. 347

ZAMEK JAN III SOBIESKI €€
23 Zimmer, 6 Apartments. 6 km südlich von Puck am Strand von Rzucewo gelegenes Schlosshotel mit Reitmöglichkeiten, Tennisplätzen und Sauna.
Rzucewo 6 | Tel. 58 6 73 88 05
www.zameksobieski.pl

Familie Weiher

St. Peter und Paul

Bedeutendstes Bauwerk der Stadt ist die in der Nähe des Hafens gelegene dreischiffige Pfarrkirche St. Peter und Paul (Kościół Św. Piotra i Pawła) aus dem 14. Jahrhundert. Das gotische Sterngewölbe über dem Chor wurde erst Mitte des 17. Jh.s eingefügt. Prunkstück ist der barocke Altar in der **Weiher-Kapelle**. In der Kreuzigungsszene sind auch Angehörige der Familie Weiher zu sehen, im 14. Jh. eine der mächtigsten Familien der Region.

Alles Fachwerk

Museum des Putziger Landes

Am pl. Wolności zeigt eine Dependance des Museums des Putziger Landes (Muzeum Ziemi Puckiej) u. a. Teile der frühmittelalterlichen Hafenanlagen. Seinen Hauptsitz hat das Museum in einem Fachwerkbau, der 1757 als städtisches Spital entstand. Ausgestellt werden **kulturhistorische Exponate** zu Archäologie, Ethnografie und Kunstgeschichte aus der Region. In dem Fachwerkgebäude direkt da-

Mitglieder des pommerschen Geschlechts derer von Weyher sind in Putzigs gotischer Pfarrkirche St. Peter und Paul auf einer Kreuzigungsszene verewigt.

neben war früher eine Schmiede untergebracht, deren Einrichtung aus dem 19. Jh. erhalten blieb.
ul. Wałowa 28 | Juli/Aug. Di. - Fr. 9 - 17, Sa./So. 10 - 14, Sept. - Juni Mo. - Fr. 8 - 15, Sa. 10 - 14 Uhr | Eintritt: 5 zł | http://muzeumpuck.pl

Rund um Puck

Familie von Krockow

★ Krokowa

Krokowa (Krockow) ist etwa 15 km nordwestlich von Puck entfernt. Die Hauptattraktion des Bauerndorfs ist das **Schloss** im Zentrum. Die damalige Besitzerin Margarethe Luise von Krockow ließ das dreiflügelige Gebäude aus dem 14. Jh. um 1782 im barocken Stil umbauen und den italienischen Garten anlegen. Es beherbergt ein Hotel und ein Restaurant sowie eine kleine Ausstellung zur Geschichte der Familie von Krockow. Besonders sehenswert ist die um 1700 bemalte Holzdecke des Restaurants, die 1993 bei Sanierungsarbeiten entdeckt wurde. In Zusammenarbeit mit dem Westpreußischen Landes-

museum in Münster entstand 1999 das neben dem Schloss gelegene **Regionalmuseum** zur Kulturgeschichte der Region.
Zamek Krokowa: Mai/Juni Di. – So. 11 – 17, Juli/Aug. tgl. 10 – 18, Sept. – April Di. – So. 11 – 16 Uhr | Eintritt: 5 zł
http://zamekkrokowa.pl/de/muzeum

Eine gute Idee?

Żarnowiec

Żarnowiec (Zarnowitz) liegt 9 km westlich von Krokowa am Nordufer des gleichnamigen Sees. Dort gründeten Zisterzienser 1215 ein Kloster, das seit dem 16. Jh. von Bernhardinerinnen betrieben wird. Die im 14. Jh. erbaute, barock ausgestattete **Klosterkirche Mariä Verkündigung** ist eines der ältestens Gebäude Nordpommerns und besitzt ein schönes Sternengewölbe. Anfang der 1980er-Jahre wollte man am westlichen Ufer des Zarnowitzer Sees ein **Atomkraftwerk** bauen. Nach Protesten aus der Bevölkerung und auch aus finanziellen Gründen wurde der Bau des AKWs aber aufgegeben. Ungeachtet von der Nuklearkatastrophe in Fukushima 2011 soll just an dieser Stelle nun aber doch wieder ein Atomkraftwerk entstehen.

Nacktbader und Neureiche

Dębki

Dębki (Dembeck), ca. 10 km nördlich von Krokowa an der Piasnitzmündung am Rand des Slowinzischen Nationalparks gelegen, war einst Zufluchtsort der polnischen Bohème und ist heute ein beliebter Ferienort mit einem der wenigen **FKK-Strände** Polens. Mit immer größeren Villen versuchen sich Warschauer Neureiche dort gegenseitig zu übertreffen. An das einstige Fischerdorf erinnert noch eine mit Stroh gedeckte Lehmhütte aus dem späten 18. Jahrhundert.

★★ PUSZCZA BIAŁOWIESKA · URWALD VON BIAŁOWIEŻA

Wojewodschaft: Podlaskie
Höhe: 155 – 177 m ü .d. M.

Natur, Natur und nichts als Natur! Der Urwald von Białowieża wird von zotteligen Riesen bevölkert, den Wisenten, die andernorts längst ausgestorben sind. Auf markierten Wegen dürfen Besucher – meist in Begleitung eines Rangers – in die Wildnis eintauchen.

Bereits Anfang der 1920er-Jahre wurden große Teile des nie durch menschliche Eingriffe umgestalteten Waldes unter Schutz gestellt. Dieses Areal bildete den Anfang des **Białowieski-Nationalparks**, der 1932 gegründet und 1979 in die Liste des Welterbes der UNESCO aufgenommen wurde. Seit 1945 ist der Nationalpark durch eine Grenze getrennt. Der flächenmäßig größere Teil gehört heute zu Weißrussland; das streng geschützte Gebiet auf polnischer Seite umfasst rund 10 500 ha. Seit 1992 ist der Park auch Teil eines grenzüberschreitenden polnisch-weißrussischen **Biosphärenreservats**. Zum Nationalpark gehören ein kleiner Zoo und ein Naturkundemuseum, angesiedelt bei der Parkverwaltung in Białowieża, dem Ausgangspunkt für Ausflüge in das Schutzgebiet.

UNESCO-Welterbe

Białowieski Park Narodowy: an der Hauptstraße von Hajnówka nach Białowieża | Di. – So. 9 – 17 Uhr | www.bpn.com.pl

Bäume, Pilze, Moose, Flechten

Pflanzen

Im Urwald von Białowieża haben sich verschiedenartige **Pflanzengemeinschaften** herausgebildet. Am meisten verbreitet ist der Eichen-Hainbuchen-Linden-Wald mit einem Anteil an Ahorn, Fichte, Esche und Ulme, also Bäumen, die auf fruchtbaren Böden wachsen. Eine große Fläche nehmen Mischwälder aus Kiefer, Eiche und Fichte ein. Große Sandbodenflächen sind mit Kiefern-Fichten-Wald bewachsen. In abflusslosen Mulden findet man **Sumpfwälder** mit Schwarzerlen, in sumpfigen Flusstälern Bruchwald aus Erlen und Eschen mit einem Anteil an Fichten und Ulmen.

In der Puszcza Białowieska zählt man über 4000 Pflanzenarten, darunter 26 Baumarten wie Hainbuche, Stieleiche, Schwarzerle, Moorbirke, Kleinblättrige Linde und Esche, außerdem gibt es etwa 1500 Pilz- und 250 Moosarten und über 200 Arten von Flechten.

Fast schon zu viele Wisente

★★ Tierwelt

Das Gebiet ist Lebensraum für über 60 Arten von Säugetieren, rund 230 Vogelarten und etliche Kriechtier-, Amphibien- und Fischarten. Außer Birk- und Rebhuhn, Eule und Auerhahn leben hier weiße und

PUSZCZA BIAŁOWIESKA ERLEBEN

TOURISTINFORMATION
ul. 3 Maja 45
Hajnówka
Tel. 85 6 82 43 81
www.hajnowka.pl

BIAŁOWIESKI PARK NARODOWY INFORMATIONSZENTRUM
Park Pałacowy 11
Białowieża
Tel. 85 6 81 29 06
www.bpn.com.pl

schwarze Störche, Reiher und Kraniche. Noch imposanter ist die Liste der Säugetiere: Luchse und Dachse, Wölfe und Bären haben hier einen geschützten Lebensraum gefunden.

»König des Waldes« ist der **Wisent**, das größte Landsäugetier Europas. Nach dem Ersten Weltkrieg sah es so aus, als müsse er zu den ausgestorbenen Spezies gerechnet werden. Nachdem 1919 der letzte Wisent der Puszcza Białowieska erlegt wurde, gab es in den europäischen Zoos nur noch zwölf fortpflanzungsfähige Tiere. Der Urwald wurde unter Schutz gestellt und ein Zuchtprogramm für die Wisente aufgelegt. Schließlich konnten 1952 erstmals wieder gezüchtete Wisente im Wald ausgesetzt werden; fünf Jahre später wurde das erste Kalb in freier Wildbahn geboren. In der Folge vermehrten sich die Wisente so emsig, dass sie in andere polnische Wälder übersiedelt werden mussten, um eine »Überbelegung« der Puszcza Białowieska zu vermeiden.

Ein Teil der Zuchtstation dient als **Schaureservat**. Neben Wisenten kann man dort Elche, Hirsche, Wölfe und das polnische Steppenpferd Tarpan bewundern.

Rund um die Puszcza Białowieska

Orthodoxe Kirchenmusik im futuristischen Bau

Hajnówka

Auf dem Weg zum Nationalpark lohnt sich ein Zwischenstopp in der am westlichen Rand der Puszcza Białowieska gelegenen Kreisstadt. Ein **Museum** in der ul. 3 Maja widmet sich in erster Linie der ländlichen Kultur der weißrussischen Bevölkerung. Hier präsentieren auch lokale Künstler und Kunsthandwerker ihre Arbeiten.

Futuristisch mutet die orthodoxe **Dreifaltigkeitskirche** (Sobór Św. Trójcy) in der ul. Dziewiałowskiego an. Die Arbeiten an dem eindrucksvollen Bauwerk dauerten über 20 Jahre und waren zu Beginn der 1990er-Jahre beendet. Bereits seit 1982 fanden hier Treffen orthodoxer Kirchenchöre aus Polen statt, aus denen sich in den 1990er-Jahren das **Internationale Festival der orthodoxen Kirchenmusik** entwickelte, zu dem jährlich über 50 Chöre und Kirchenmusikensembles aus der ganzen Welt kommen und seit 2002 um den Titel der besten Interpreten orthodoxer Kirchenmusik wetteifern.

Muzeum Zabytków Kultury Białoruskiej: Mo. - Fr. 8 - 16, Sa./So. 12 - 17 Uhr | Eintritt: 10 zł | www.muzeumbialoruskie.hajnowka.pl

Könige und Zaren auf Jagd

Białowieża

In dem unweit der weißrussischen Grenze gelegenen **»Urwalddorf«** Białowieża ist die Verwaltung des Białowieski-Nationalparks angesiedelt. Białowieża wurde im 17. Jh. als Vorwerk zum Jagdhof des litaui-

Im Urwald von Białowieża sind die Wisente die Könige.

schen Großfürsten gegründet. Später gingen hier polnische Könige und russische Zaren auf die Jagd.
Der 50 ha große Palastpark wurde Ende des 19. Jh.s angelegt. An der Stelle des 1944 von deutschen Truppen gesprengten Zarenpalasts steht heute das **Informationszentrum des Nationalparks** mit einem sehenswerten **naturkundlichen Museum**, durch das stündlich Führungen veranstaltet werden.
Muzeum Przyrodniczo-Leśne: Park Pałacowy 5 | Di. – So. 9 – 16 Uhr, im Sommer tgl. | Eintritt: 15 zł | www.bpn.com.pl

Rares aus dem Fernen Osten
St. Michael
Die 1895 gebaute orthodoxe St.-Michael-Kirche (Cerkiew Świętego Michała Cudotwórca) liegt direkt vor dem Palastpark. Ausgestattet ist das rote Backsteingebäude mit der einzigen **Ikonostase aus chinesischem Porzellan** in ganz Polen.

REWAL-NIECHORZE

Wojewodschaft: Pomorskie
Höhe: 20 – 40 m ü. d. M. | **Einwohner:** ca. 10 000

E 3

Am Fuß niedriger, kieferngekrönter Klippen liegen weiße, feinsandige Strände – kilometerlang ziehen sie sich an der Küste entlang. Im Sommer ist Baden angesagt, in der kühleren Jahreszeit Strandwandern in steifer Brise. Die Ferienorte sind bekannt für ihr ausgezeichnetes Mikroklima und haben sich mit guten Wellness- und Spa-Hotels auf Gäste eingestellt.

Auf die Klippen

Der historische Ortskern von Rewal wurde in den letzten Jahren verschönert. Eine von Terrassenlokalen gesäumte **Flanierstraße** führt zum Hauptplatz, an dem eine Walskulptur aus dem Boden emporwächst. Noch ein paar Schritte weiter führt ein Aussichtssteg über die Klippen hinaus, von wo aus man Küste und Strand überschauen kann. Tief unten liegen bunte Fischerboote, mit denen tagtäglich der Fang eingeholt wird.

Wohin in Rewal-Niechorze und Umgebung?

40-km-Lichtstrahl und Mini-Leuchttürme
Niechorze
Wandert man den Strand entlang bzw. auf der hoch angelegten Promenade ostwärts, erreicht man nach wenigen Kilometern Niechorze,

BAEDEKER MAGISCHE MOMENTE

MIT DER DAMPFEISENBAHN

Mit 25 Stundenkilometern tuckert die Bahn durch die Küstenlandschaft – ganz so wie bei ihrer ersten Reise anno 1896. Dabei schnaubt sie, stößt schrille Schreie aus und bleibt auch schon mal vor Anstrengung liegen. Nicht nur die Bahn ist original erhalten, auch Schaffner und Fahrer erscheinen in historischer Uniform. Lassen Sie sich zurückversetzen in eine Zeit, als das Tempo gedrosselt war – am besten auf der Strecke von Trzęsacz über Rewal und Niechorze bis Pogorzelica (▶ S. 220).

das für seinen schönen Leuchtturm bekannt ist. 1866 wurde er aus Backstein auf der 45 m hohen Klippe errichtet; sein Licht strahlt 40 km weit. Man kann die vielen Stufen der Wendeltreppe hinaufsteigen und von der Aussichtsplattform einen **grandiosen Weitblick** genießen: Nördlich liegt das Meer, südlich – nur durch einen schma-

REWAL-NIECHORZE ERLEBEN

TOURISTINFORMATION
ul. Szkolna 1
Rewal
Tel. 91 3 86 26 29
al. Bursztynowa 28
Niechorze
Tel. 91 3 86 32 50
www.rewal.pl

AUSFLUG MIT DER BAHN
Die Badeorte Pogorzelica, Niechorze, Rewal und Trzęsacz verbindet im Sommer eine historische Schmalspurbahn. Täglich geht es in die Kreisstadt Gryfice (Greifenberg), ca. 18 km südlich von Trzebiatów. Dort sind auf dem Freigelände des Eisenbahnmuseums zahlreiche alte Dampfloks aus Pommern, Waggons und Draisinen zu bestaunen (Muzeum Kolejnictwa, ul. Błonie 2, Di. - Do. u. Sa. 10 - 18, Fr./So. 10 - 16 Uhr, Eintritt: 12 zł, www.muzeum.szczecin.pl).

WY&SPA €€
Restaurant mit Terrasse und Meerblick in einer Villa im Kiefernwald. Hier genießen Sie fantasievoll variierte polnische Klassiker und nachmittags hausgemachten Kuchen. Da einige Köche aus Thailand kommen, stehen aber leichte asiatische Gerichte auf der Karte - köstlich!
ul. Grunwaldzka 32
Pobierowo
Tel. 91 3 84 76 40
http://wyspa.com.pl

CAFÉ SZKOLNICKI €
In diesem Prunkbau an der Hauptstraße kann man sich von morgens bis abends mit Süßem und Pikantem stärken.
ul. Grunwaldzka 49
Pobierowo
Tel. 91 3 84 10 73
www.palace-pobierowo.pl

OASIS RESORT €€€
ul. Klifowa 34
Rewal
Tel. 91 3 86 27 01
www.oasisresort.pl
▶ Magischer Moment, S. 221

VILLA DEL MAR €€€
13 Suiten. Neue Villa im historischen Bäderstil unmittelbar am Strand, einige der großen, in Pastellfarben gehaltenen Suiten haben Meerblick. Das stilvolle Restaurant bietet polnische Küche, Strandkörbe gibt es im Gartencafé. Bei schlechtem Wetter nutzt man den Wellnessbereich mit Innenpool, finnischer Sauna und Massageräumen.
ul. Szczecinska 11 | Niechorze
Tel. 91 3 84 05 85
www.hoteldelmar.de

WY&SPA €€€
22 stilvoll möblierte Apartments. Das Wellnesshotel im ruhigen Kiefernhain thront auf einer Klippe oberhalb des Strands, die komfortablen Apartments verteilen sich auf drei Villen. Neben dem Oasis in Rewal ist dies eine der besten Adressen der polnischen Küste!
ul. Grunwaldzka 32
Pobierowo
Tel. 91 3 84 76 40
http://wyspa.com.pl
http://wellnesshotel-polen.de

SUNSET SPA €€
Hotel an der Steilküste, 200 m vom Abgang zum Strand entfernt. 71 Zim-

BAEDEKER MAGISCHE MOMENTE

PAUSE IN EINER »OASE«

Die Terrasse öffnet sich zu einem riesigen Garten mit alten Obstbäumen – im Hintergrund hören Sie das Rauschen des Meeres von Rewal. Setzen Sie sich in den Strandkorb im Grünen oder ans plätschernde Wasserspiel und genießen Sie feine Küche von polnisch bis asiatisch!

mer auf drei Etagen, die meisten mit Meerblick. Wellnessbereich mit Hallenbad, Whirlpools und Saunen, WLAN und Fahrradverleih kostenlos, Bademäntel und Safe gegen Gebühr.
ul. Klifowa 14
Tel. 91 3 86 25 08
www.sunsetspa.pl

RYBAK 3 **€–€€**
11 Apartments. Gartenvilla anno 1905, 50 m vom Strand in der Ortsmitte gelege. Die Besitzerin, Ania Łabucka-Buttenschoen, hat »Polnisch für Ausländer« studiert und in Deutschland unterrichtet. In der Vor- und Nachsaison bietet sie hier Intensivsprachkurse an. Kurse für Fortgeschrittene sowie individuelle, zeitlich und thematisch angepasste Kurse werden gleichfalls angeboten (www.sprachreisen-polnisch.info).
ul. Pomorska 5
Niechorze
Tel. 91 3 86 30 62
Mobiltel. 783 36 80 06
www.ostsee-polen.de
www.apartamenty-niechorze.info

len Landstreifen getrennt – ein großer Binnensee. Zu Füßen des Turms breitet sich ein gepflegter Park aus, in dem alle Leuchttürme der polnischen Küste en miniature im Maßstab 1:10 zu sehen sind – nicht nur eine Augenweide, sondern auch eine technische Meisterleistung.
Park Miniatur Latarni Morskich: ul. Ludna 16 | tgl. 10 – 17 Uhr | Eintritt: 25 zł | www.park-miniatur-latarni.pl

Meer frisst Kirche

Einen Besuch lohnt auch Trzęsacz, wo sich alles um eine Kirche dreht, besser gesagt um das, was von ihr übrig blieb: Das Meer hat sich im Lauf der Zeit so viel Land einverleibt, dass das einst weit landeinwärts gelegene Gotteshaus bereits halb in die Fluten gestürzt ist und nur noch ein Ruinenrest am Abgrund steht. Im Ortsmuseum wird die Neptun-Legende vorgestellt. Trzęsacz
Muzeum na Klifie: ul. Klifowa 3b | tgl. 9 – 19 Uhr, in der Nebensaison kürzer | Eintritt: 16 zł | www.muzeumtrzesacz.pl

★ SŁUPSK · STOLP

Wojewodschaft: Pomorskie
Höhe: 20 – 40 m ü. d. M. | **Einwohner:** 92 000

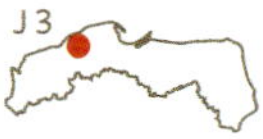

Nach ein paar Tagen Strandurlaub an der Ostseeküste möchte man vielleicht etwas Stadt und Kultur. Dafür ist Słupsk ideal, denn hier gibt es eine historische Altstadt, eine Burg voller Kunstschätze und polnischen Alltag fernab künstlicher Ferienwelten. Ein 3000 Jahre altes Bernstein-»Glücksbärchen« und die Werke des expressionistischen Malers Stanisław Ignacy Witkiewicz sind der besondere Stolz der Stadt.

Kultur statt Strand

Die im 9. Jh. aus einer Wehrburg am Ufer der Słupia entstandene Siedlung gehörte seit 1236 zu Pomerellen und erhielt 1265 das Stadtrecht. Wenige Jahre später gelangte Stolp in den Besitz der Brandenburgischen Markgrafen und erhielt 1310 erneut die Stadtrechte. 1316 erwarb der pommersche Herzog **Wartisław IV.** die Stadt. Nach dem Dreißigjährigen Krieg kam Stolp wieder zu Brandenburg und wurde später preußisch. Nach der Besetzung der Stadt durch die Rote Armee im März 1945 gingen große Teile des Stadtzentrums in Flammen auf. Von 1975 bis zur Verwaltungsreform 1999 war Słupsk Hauptstadt einer eigenen Wojewodschaft und ist seitdem Kreisstadt.

Wohin in Słupsk?

Wer Malerei liebt …

Schloss

Westlich vom Ufer der Stolpe liegt an der ul. Zamkowa der bedeutendste Gebäudekomplex der Stadt, der aus dem Schloss, der alten Schlossmühle und der ehemaligen Dominikanerkirche besteht. Das Schloss der Pommerschen Herzöge (Zamek Książąt Pomorskich) entstand ab 1507 als Residenz von **Boguslaus X.** Anfangs als gotisches Bauwerk errichtet, wurde es 1580 bis 1587 im Renaissancestil umgebaut. Das nach den Zerstörungen des Zweiten Weltkriegs wieder hergestellte Schloss ist heute Sitz des **Mittelpommerschen Museums**. Ausgestellt werden unter anderem kunstgewerbliche Exponate, pommersche Malerei aus dem 16. bis 19. Jh. und Schätze aus dem Besitz der Pommerschen Herzöge. Besondere Bedeutung hat die rund 250 Werke umfassende Sammlung von Arbeiten des Expressionisten **Stanisław Ignacy Witkiewicz** (1885 – 1939), einem der wichtigsten Vertreter der polnischen Kunst vor dem Zweiten Weltkrieg. Es ist die einzige Dauerausstellung seiner Werke weltweit.

Muzeum Pomorza Środkowego w Słuspku: ul. Dominikańska 5 | Mi. – So. 10 – 16 Uhr | Eintritt: 14 zł | www.muzeum.slupsk.pl

SŁUPSK ERLEBEN

www.slupsk.pl

Die dicksten Fische an der Angel haben die Teilnehmer am »Internationalen Angelwettbewerb im Lachsforellenfischen« im Januar. Jeden November spielen bekannte Musiker aus dem In- und Ausland beim »Komeda Jazzfestival«.
www.komedajazz.com

ANNA DE CROY €€
Edles Restaurant im Kellergewölbe des Schlosses, spezialisiert auf altpolnische Gerichte.
ul. Dominikańska 5
Tel. 59 8 48 16 50
www.annadecroy.pl

KARCZMA POD KLUKĄ €€
An der Straße Richtung Łeba liegt dieses rustikale Gasthaus mit Garten und kaschubischer Küche. Dazu gehört auch ein Dreisternehotel mit 23 Zimmern.
ul. Kaszubska 22
Tel. 59 8 42 34 69
www.podkluka.pl

GRAND LUBICZ SPA & WELLNESS €€€
Das Fünfsternehotel verfügt über 310 Zimmer und Apartments, Aquapark, Hallen- und Freibad und mehrere Saunen, Kegelbahn, Billardzimmer, Golf-Simulator, Tennis- und Squash-Plätze.
ul. Wczasowa 4 | Tel. 59 8 15 44 79
www.grandlubicz.pl

DOLINA CHARLOTTY €€€
Bei Strzelinko im schönen Charlottental, ca. 17 km südlich von Ustka, entstand ein etwas groß geratenes Resort mit ca. 80 Zimmern, das viel Komfort mit Schwimmbad und Spa, Reitmöglichkeiten und Kanufahrt bietet. Anfang Juli findet im Tal ein Rockfestival statt.
Strzelinko 14
Tel. 59 8 47 29 80
www.dolinacharlotty.pl

LUBICZ €€–€€€
55 Zimmer. Das Wellnesshotel in Ustka liegt nicht am Strand, bietet aber guten Service und präsentiert sich kinderfreundlich.
ul. Grunwaldzka 14
Ustka
Tel. 59 8 14 31 02
www.hotel-lubicz.pl

STAROMIEJSKI €€
41 Zimmer. Traditionsreiches Hotel mit gut ausgestatteten Zimmern im Stadtzentrum.
ul. Jedności Narodowej 4
Tel. 59 8 42 84 64
www.hotel-slupsk.pl

VILLA RED €€
ul. Żeromskiego 1
Ustka
Tel. 59 8 14 80 00
www.villa-red.pl
▶ Baedeker Wissen, S. 347

ZAMKOWY €–€€
29 Zimmer. Das Hotel am Schloss punktet mit seiner Lage, die Zimmer sind funktional ausgestattet.
ul. Dominikańska 4
Tel. 59 8 42 52 94
www.hotel-slupsk.pl

Mit Bernsteingalerie

Schlossmühle

Die Schlossmühle (Młyn Zamkowy) entstand um 1310 am linken Ufer der Stolpe und ist eines der ältesten Industriegebäude Polens. Der mithilfe eines Wasserrads betriebene Mühlstein wurde 1929 durch eine Turbine ersetzt. In den 1960er-Jahren erhielt die Mühle ihr ursprüngliches Aussehen zurück und präsentiert heute eine ethnografische Ausstellung und eine Bernsteingalerie. Das benachbarte **Mühlentor** (Brama Młyńska) wurde 1325 bis 1329 erbaut.

Feiner Schwarztee

★ Richterspeicher

Ein Blickfang ist der Richterspeicher (Spichlarz Richtera) hinter dem Mühlentor. Das Fachwerkhaus wurde 1780 erbaut und 1994 wegen Baufälligkeit abgetragen. Etwa 1 km vom ursprünglichen Standort entfernt wurde es in den Jahren 1994 bis 1998 in der Nähe des Schlosskomplexes **originalgetreu wieder aufgebaut**. Es beherbergt heute eine Teestube mit einer großen Auswahl an Teesorten. Das Mittelpommersche Museum nutzt den Richterspeicher zeitweilig für Ausstellungen.

Rynek Rybacki | Tel. 604 27 48 06

Niedergebrannt von Protestanten

Dominikanerkirche

Die ab Mitte des 14. Jh.s entstandene einschiffige gotische Dominikanerkirche (Kościół Podominikański) **St. Hyazinth** wurde 1525 von Protestanten niedergebrannt und 1602 als Schlosskirche wieder aufgebaut. Sehenswert sind die Kanzel und der Altar aus der Zeit der Renaissance und die barocke Orgel.

Dominikańska 5 – 9 | Di. – So. 10 – 17 Uhr

Beim »Glücksbärchen«

Neues Rathaus

Am pl. Zwycięstwa entstand 1898 bis 1901 das repräsentative Neue Rathaus im neogotischen Stil. Von der Aussichtsplattform des 56 m hohen Rathausturms bietet sich ein herrlicher Panoramablick über die Stadt. Auf dem Weg hinauf über 180 Stufen passiert man eine kleine Ausstellung mit Aufnahmen aus dem alten Stolp. Zu sehen ist dort auch die Kopie des »Glücksbärchens«, eines rund 3000 Jahre alten Amuletts aus Bernstein, das vermutlich einem Bärenjäger Glück bei der Jagd bringen sollte. Das Original, das 1887 in einem Sumpf bei Stolp gefunden wurde, ist im Kunsthistorischen Museum von Stralsund ausgestellt.

Mit kleinem Lädchen

Neues Tor

Vom Rathaus führt der Weg durch das gegenüberliegende Neue Tor (Nowa Brama) in die Altstadt. Es war 1385 als drittes Stadttor erbaut worden und beherbergt heute im Durchgang einen kleinen Laden für Kunstgewerbe.

Optische Täuschung in Słupsk

Butique
Geld
Wechsel
8

Ehemals für die deutsche Bevölkerung

Marien-kirche

Durch die ul. Nowobramska gelangt man zur im 15. Jh. errichteten Marienkirche (Kościół Najświetszej Marii), ehemals Gotteshaus der deutschen Bevölkerung der Stadt. 1859 wurde bei Renovierungsarbeiten der gotische Charakter der dreischiffigen Kirche wieder hergestellt. Sehenswert sind die gotische **Kreuzigungsgruppe** sowie die manieristische Kanzel aus dem Jahre 1606.

Kunst im »Frauengefängnis«

Hexenbastei

Die Verlängerung der ul. Nowobramska führt zum Ufer der Słupia (Stolpe) und zu der mittelalterlichen Stadtmauer mit der 1410 bis 1415 entstandenen Hexenbastei (Baszta Czarownic). Hier hielt man Frauen gefangen, die der Hexerei verdächtigt wurden. 1701 wurde die letzte Insassin hingerichtet. Heute beherbergt das Gebäude eine **Galerie**.

Bałtycka Galeria Sztuki: ul. Francesco Nullo (Filiale ul. Partyzantów 31-A) | Di. - So. 10 - 18 Uhr | Eintritt: 6 zł | www.baltic-gallery.art.pl

Rund um Słupsk

Ausflug nach Bornholm?

Ustka

An der Mündung der Słupia (Stolpe) in die Ostsee, 18 km nordwestlich von Słupsk, liegt das Seebad Ustka (Stolpmünde), ein beliebter **Ferien- und Kurort mit wunderschönen, feinsandigen Stränden**. Dank großzügiger EU-Hilfen entstand 2018 am Nordende des Hafens ein kleiner Fischmarkt. Von den beiden Molen der Hafenstadt legen im Sommer regelmäßig Fähren zur Insel Bornholm ab. Außerdem stechen »Piratenschiffe« mit Feriengästen zu einem Tagesausflug in See, denen man vom 1892 errichteten, 21 m hohen **Leuchtturm** aus hinterherwinken kann.

Hinter dem Hafen, im **»Kapitänswinkel«** (Zaułek Kapitański) rund um den pl. Kościelna, stehen einige prächtige alte Villen. In der ul. Kosynierów und der ul. Sprzymierzenców blieben noch zahlreiche Fischerkaten aus dem 19. Jh. erhalten. Das originelle **Brotmuseum** (Muzeum Chłeba) zeigt Backutensilien und Bäckereigerätschaften aus vier Jahrhunderten. Einige Häuser weiter präsentiert das **Heimatmuseum** (Muzeum Ziemi Usteckiej) interessante Exponate und Fotos zur Stadtgeschichte.

Latarnia Ustka: Tgl. 10 Uhr bis zur Dämmerung | Eintritt: 8 zł | www.latarnie.pl

Muzeum Chłeba: ul. Marynarki Polskiej 49 | Mo. - Fr. 8 - 16 (letzter Zugang 14.30) Uhr | Eintritt: 19 zł | www.muzeum-chleba.pl

Muzeum Ziemi Usteckiej: ul. Marynarki Polskiej 62 A | Di. - So. 11 - 18 Uhr | www.muzeumustka.pl

★★ SOPOT · ZOPPOT

Wojewodschaft: Pomorskie
Höhe: 0 – 60 m ü. d. M. | **Einwohner:** 39 000

Das »Rimini des Nordens« zog in den 1920er-Jahren die Schönen und Reichen an; man traf sich auf der Promenade, im Casino, zum Pferderennen oder in der Waldoper. Keine Frage: Heute ist Sopot wieder Polens schönster Strandort – mit alter und neuer Bäderarchitektur vom Feinsten und sommerlichem Highlife. Und zum Stadtbummeln und Shoppen nach Danzig ist es nur ein »Katzensprung«.

Rimini der Ostsee

Erstmals erwähnt wurde Zoppot im Jahr 1283. Damals schenkte der Pomerellenherzog **Mestwin II.** das Fischerdorf dem Zisterzienserkloster von Oliwa (▶ Gdańsk), in deren Besitz es bis 1772 blieb. **Jean Georg Haffner**, ein Arzt in Napoleons Armee, war von Zoppot so angetan, dass er den Militärdienst quittierte und 1823 mit dem Bau einer Badeanstalt begann. Seither zieht der Ort mit seinen langen

Erst flanieren und Aussicht genießen, danach vielleicht noch ein Souvenir – auf der Seebrücke von Sopot

SOPOT ERLEBEN

TOURISTINFORMATION

pl. Zdrojowy 2
Mobiltel. 501 81 82 77
www.sts.sopot.pl

Musik- und Sportevents finden das ganze Jahr über in der Ergo-Arena statt. Im August treten beim »Sopot Festival« in der Waldoper nationale und internationale Stars der Pop- und Rockszene auf.

Sopot bietet das attraktivste Nachtleben in der Dreistadt. Rund um die Fußgängerzone ul. Bohaterów Monte Cassino und zu beiden Seiten der Seebrücke finden sich zahlreiche Klubs und Diskotheken. Sehr beliebt ist z. B. der Disko-Pub »Atelier« in der al. Mamuszki 2.

SOPOT 793 L'ENTRE VILLES €€€

In einer fantastisch restaurierten Gartenvilla nördlich des Zentrums wird Fisch- und Fleischküche vom Feinsten geboten. Allein die unterschiedlich gestylten Räume – vom Wintergarten bis zur Bodega – lohnen den Besuch!
al. Niepodległości 793
Tel. 58 7 17 37 37
www.entrevilles.pl

THE WAVE €€€

Vor allem für den Sonntagsbrunch ist dies eine sehr gute Adresse: Man wird begrüßt mit Prosecco oder Sekt, es folgt ein dekorativ arrangiertes, fantastisches warm-kaltes Buffet. Hervorragend sind auch die hausgemachten Nachspeisen von süß bis pikant. Dazu erklingt Jazz vom Hauspianisten.
im Sheraton Sopot
ul. Powstaćów Warszawy 10
Tel. 58 7 67 10 61
www.sheratonsopot.pl/de

U KUCHARZY €€€

Man sitzt im Karree rings um die offene Küche und schaut den Köchen (kucharzy) bei der Arbeit zu. Die Karte ist klein, dafür ist alles frisch. Das Beefsteak-Tatar wird vor den Augen der Gäste angerichtet, die Suppen entstammen dem köchelnden Großtopf. Die hausgemachte Desserts kommen auf einem Wägelchen vorbeigefahren.
ul. Monte Cassino 60
Tel. 58 5 54 14 76
www.gessler-sopot.pl

SEMPRE €€

Den Service könnte man schon noch ein wenig verbessern, doch ansonsten: ein wunderschöner Ort für eine sehr gute Pizza – mit einer Filiale in der ul. Bohaterów Monte Cassino 49 und einer weiteren am Targ Rybny in Danzig!
ul. Grunwaldzka 11
Tel. 58 3 41 91 78
http://semprepizza.pl

TAWERNA RYBACKI €€

Das Fischrestaurant an der Promenade ist bekannt für seinen freundlichen Service und eine große Auswahl an Weinen.
al. Wojska Polskiego 26
Tel. 58 5 51 47 74
www.tawernarybaki.pl

BAR PRZYSTAŃ €

Direkt am kleinen Fischerhafen liegt das auch bei den Einheimischen recht

beliebte Fischlokal. Von Bratfisch bis zur Meeresfrüchte-Platte eine große Auswahl!
al. Wojska Polskiego 11
Tel. 58 5 50 02 41
www.barprzystan.pl/de

GREEN WAY €

Die polnische Selbstbedienungskette bietet einfache, aber schmackhafte vegetarische Gerichte.
ul. Bohaterów Monte Cassino 47
Tel. 58 3 40 47 23
www.greenway.pl

SHERATON €€€€

189 Zimmer. Von vielen Zimmern des Nobelhotels blickt man auf die Danziger Bucht und die Seebrücke. Mit großem Spa, Innenpool, Saunen und Massagen.
ul. Powstańców Warszawy 10
Tel. 58 7 67 10 00
www.sheratonsopot.pl/de

SOFITEL GRAND HOTEL €€€€

127 Zimmer, 8 Apartments. Das traditionsreichste Haus an der polnischen Ostseeküste (1926), ein Fünfsterne-Grandhotel im Art-déco-Stil unmittelbar am Strand. Sowohl zur Meeres- als auch zur Parkseite hat es eine prächtige Fassade, die Lobby mit fünfstöckiger, kreisrunder Galerie spart nicht mit Eleganz. Mit ihren zurückhaltenden Naturfarben vermitteln die Hotelzimmer modernes Wohlgefühl, sie bieten Meeres- oder Parkblick, Gratis-WLAN, Tee- und Kaffeemaschine, Bademantel. Das Frühstücksbuffet ist hervorragend, vom erdgeschossigen Spa mit Innenpool und Saunen gelangt man via französischem Garten zum hauseigenen Strand.
ul. Powstanców Warszawy 12
Tel. 58 5 51 00 41
www.sofitel.com

SOPOT MARRIOTT RESORT & SPA €€€

145 Zimmer. Ein Strandhotel, das Maßstäbe setzt: Das Viersternehotel im klaren skandinavischen Stil präsentiert Gästen eine Strandtasche – gefüllt mit Bademantel, Slipper und Strandtuch. Fein ist auch das gute Frühstücksbuffet, das auf Wunsch draußen eingenommen werden kann. Der wichtigste Pluspunkt ist das im Preis inbegriffene Spa: Es gibt Thermalbäder mit Hydromassagen, Whirlpools drinnen und draußen sowie eine große Saunalandschaft, die »deep relaxation« verspricht. Der Clou ist der Außenpool auf dem Dach, von dem man einen weiten Blick über die Küste genießt. Für Wellnessbehandlungen ist eine komplette Etage reserviert: Jeder der 35 Räume ist anders eingerichtet: vom entspannenden Bernsteinzimmer bis zum anregenden Meeres-Kabinett!
ul. Bitwy pod Plowcami 59
Tel. 58 7 66 60 00
www.marriott.com

OPERA €€

22 Zimmer. Angenehmes, ruhiges Haus am Stadtrand in der Nähe der Waldoper.
ul. Moniuszki 10
Tel. 58 5 55 56 00
www.hotelopera.pl

Sandstränden entlang der Danziger Bucht, den Promenaden, den Badeanstalten in den Strandparks und den vielen Freizeitmöglichkeiten alljährlich zahlreiche Urlauber an. 1901 erhielt Zoppot Stadtrecht. Zwischen 1920 und 1945 gehörte es zur Freien Stadt Danzig; seit dem Ende des Zweiten Weltkriegs ist es polnisch.

Wohin in Sopot?

Bäderarchitektur

Strand

Im Bereich des mehr als 4 km langen, sichelförmigen Strands entstanden zu Beginn des 20. Jh.s viele **prachtvolle Villen im Stil der Bäderarchitektur** mit hölzernen Vorbauten. Viele blieben bis heute bestehen; sie sind saniert und manche davon als Ferienwohnungen oder Pensionen genutzt.

Zentrum Sopots

★★ Seebrücke

Die mit 511,50 m **längste hölzerne Seebrücke Europas** (1928) ist die größte Attraktion und zugleich markantes Zentrum des Kurorts. An schönen Sommertagen zählt sie Zehntausende von Besuchern (Eintritt: 7,50 zł). Ihr Kopfende wurde mit EU-Mitteln in Form eines Bugs attraktiv umgestaltet, zugleich entstand hier ein schöner Yachthafen. Auf der anderen Seite der Mole legen die Ausflugsdampfer aus Gdańsk und Gdynia an.

Wellness und Kunstgenuss

Nordpark

Nördlich der Seebrücke beginnt der Nordpark (Park Północny). In direkter Nachbarschaft zum Luxushotel Sheraton eröffnete 2009 das fünfstöckige **Kurzentrum** (Dom Zdrojowy) mit der kuppelgekrönten Rotunde, die noch von dem im Zweiten Weltkrieg zerstörten Vorgängerbau stammt. Im Kurhaus sind neben Wellness- und Spa-Bereichen auch Konferenzräume, ein großer Ballsaal, Restaurants, Cafés und die Mini-Trinkhalle (im 3. Stock oberhalb der Touristen-Info) untergebracht. Außerdem wurde hier auf drei Geschossen die Staatliche Kunstgalerie eingerichtet. Vorbei am altehrwürdigen **Grandhotel** kommt man zum ehemaligen Nordbad, heute umfunktioniert zur **Zatoka Sztuki**, der »Kunstbucht« mit Ateliers, Seminarräumen und Gästezimmern. Open-Air finden Ausstellungen, Konzerte und Filmvorführungen statt, erholen kann man sich im Beach Club mit Strandliegen und Massagen.

al. Franciszka Mamuszki 14 | tgl. 8 – 21 Uhr | Tel. 58 3 45 30 30 | www.zatokasztuki.pl

Vom Frauenbad nach China

Südbad

Das am Strand gelegene ehemalige Südbad (Łazienki Południowe) wurde 1907 als Badeanstalt für Frauen gebaut. Heute ist es ein »chinesisches« Hotel.

In der Fabrikantenvilla

Stadtmuseum

Das Stadtmuseum ist untergebracht in der 1904 am Strand gebauten Villa des Fabrikanten **Ernst Claaszen**. In diesem repräsentativen Gebäude illustrieren Exponate, Dokumente und Fotos die Entwicklung Sopots zu einem der beliebtesten Ferienorte des Landes.

ul. Poniatowskiego 8 | Di. – So. 10 – 16 Uhr | Eintritt: 5 zł | www.muzeumsopotu.pl

Angeschwipste Flaniermeile

An der Seebrücke beginnt Sopots berühmteste Straße, die ul. Bohaterów Monte Cassino, kurz **»Monciak«** genannt. Zahlreiche Geschäfte, Cafés und Restaurants säumen die als Fußgängerzone

ul. Bohaterów Monte Cassino

BAEDEKER MAGISCHE MOMENTE

SUNSET AUF DER SEEBRÜCKE

Mit fast 512 m Länge ist sie die längste der Ostsee, ein Corso zum Sehen und Gesehenwerden. Doch Sie suchen Ruhe? Kein Problem! Zum Sonnenuntergang, wenn die meisten Besucher zum Abendessen streben, spazieren Sie zu ihrem Kopfende. Von einer Aussichtsplattform blicken Sie auf das vielleicht schönste Architektur-Ensemble der polnischen Ostsee: Rechts das Grandhotel, daneben das Kurhaus, anmutige Türmchen und Kuppeln – alles durchgestylt im Bäderstil der Belle Époque.

BAEDEKER ÜBERRASCHENDES

6X DURCHATMEN

Entspannen, wohlfühlen, runterkommen

1. SCHIFFSFAHRT IN STETTIN

Am Fuß der Hakenterrasse starten **Ausflugsboote** in die Nebenarme der Oder und aufs Stettiner Haff. Entschleunigen können Sie auf dem »Weg des Seeadlers« oder zum »Kormoranen-Reservat« (www.statek.pl).

2. MÜHLENBAKE

Wollten Sie schon einmal übers Wasser laufen? In Swinemünde geht das! Zwei mächtige Molen ragen weit ins Meer und dienen als **Spazier-Parcours**. Hier sind Sie oft allein mit Wellen und Wind. (► **S. 247**)

3. KUR IN KOLBERG

Jodhaltige Seeluft, Schlammbäder, solehaltige Quellen – all dies tut dem Körper gut. Sie können es aber auch trendiger haben und von **Aromatherapie bis Zen-Massage** alle gängigen Therapien buchen. (► **S. 331**)

4. TIEFENENTSPANNUNG

Die ungewöhnlichste **Spa-Landschaft** an der polnischen Ostsee: Relaxen Sie in Thermal-Pools und in schwarz gestylten Saunen von trocken über bio bis feucht. Im Kaminraum des Sopot Marriott schlürfen Sie anschließend Erfrischendes in baltischer Szenerie. (► **S. 229**)

5. RICHTUNG ADLERKLIPPEN

Sopots Strand ist meist recht voll. Doch laufen Sie **ein Stück gen Norden**, wird's einsam. Nach zwei Kilometern sind die sandigen Adlerklippen erreicht ...

6. PADDELN AUF DER KRUTYNIA

Am Start herrscht Hochbetrieb. Doch kaum haben Sie das Boot **ins grüne Dickicht** manövriert, sind Sie allein mit Vögeln, Schmetterlingen und Flusskrebsen. Am schönsten ist die Tour gleich zu Beginn oder am Ende der Saison. (► **S. 40**)

ausgewiesene Flaniermeile. Mit dem **»betrunkenen Haus«** (Nr. 50) – so genannt wegen seiner höchst eigenwilligen Architektur mit wellenförmig verlaufendem Dach und kunstvoll verzogenen Türen und Fenstern – erhielt die Straße vor einigen Jahren ein neues Aushängeschild.

Restauriert von Sopots Freunden

Herrenhaus der Familie Sierakowski

Unweit der Fußgängerzone liegt das 200 Jahre alte **Dworek Sierakowskich**, das Herrenhaus der Familie Sierakowski. Die »Gesellschaft der Freunde von Sopot« hat es von Grund auf restauriert; nun dient es als Kulturzentrum, Galerie und Café.

ul. Czyżewskiego 12 | www.tps-dworek.pl

Von Wagner bis Rock und Pop

Waldoper

Die Verlängerung der Monciak führt bergauf zur Waldoper (Opera Leśna). Diese Freiluftarena mit mehr als 4000 Plätzen entstand im Jahr 1909 und war zunächst für die Aufführung von Wagner-Opern gedacht. Sopot wurde dadurch als **»Klein Bayreuth«** bekannt. Heute treten hier bei den Sommerfestivals im August weltbekannte Rock- und Popstars auf.

Mit Meerblick!

Pferderennbahn

Seit 1898 rühmt sich Sopot der weltweit einzigen Pferderennbahn mit Meerblick. Dort spürt man seit einigen Jahren wieder einen Hauch von Ascot, wenn im Sommer internationale Reitturniere veranstaltet werden. Reitunterricht wird in mehreren Sprachen angeboten. Das 40 ha große »Hipodrom« wird auch für Großveranstaltungen mit Zehntausenden von Besuchern genutzt.

ul. Polna 1 | www.hipodrom.sopot.pl

Mittelalterliche Siedlung aus Holz

Große Burg

Auf einer bewaldeten Anhöhe in der Nähe des Aquaparks wurden Reste einer aus Holz errichteten slawischen Burg (9./10. Jh.) entdeckt. Die Exponate aus dieser Fundstelle sind im Archäologischen Museum in ▶ Gdańsk ausgestellt, vor Ort entstand mit dem **Freilichtmuseum »Große Burg«** eine Nachbildung der mittelalterlichen Siedlung.

Grodzisko: ul. Haffnera 63 | Mai – Okt. Di. – So. 10 – 18 Uhr, Nov. – April Di. – So. 9 – 17 Uhr | Eintritt: 8 zł

Sport und Lady Gaga

Ergo Arena

In der Ergo Arena (**Hala Gdańsk-Sopot**), einer Multifunktionshalle mit 11400 Sitzplätzen an der Stadtgrenze zwischen Danzig und Sopot, treten Popstars wie Lady Gaga auf, aber es finden auch Sportveranstaltungen statt.

pl. Dwóch Miast 1 | http://ergoarena.pl

★ STARGARD SZCZECIŃSKI · STARGARD

Wojewodschaft: Zachodnio-Pomorskie
Höhe: 20 – 40 m ü. d. M. | **Einwohner:** 70 200

Der Beiname deutet die Nähe zu ▸ Szczecin (Stettin) an, zu dem die Hansestadt einst in heftiger Konkurrenz stand. Doch das ist lange her. An jene »goldene« mittelalterliche Zeit erinnern Wehrmauen und mächtige Kirchen.

Hansestadt am Fluss

Die slawische Siedlung, gegründet im 8. Jh., erhielt 1243 das Stadtrecht. Über den Fluss Ina (Ihna) hatte die Stadt einen Zugang zur Ostsee, entwickelte sich zu einem wichtigen Handelszentrum und trat 1363 folgerichtig der Hanse bei. Unter **Bogisław VIII.** wurde Stargard Residenzstadt und gehörte seit 1648 zu Brandenburg. Anfang 1945 schwer beschädigt, wurden nach dem Zweiten Weltkrieg Teile der Altstadt wieder aufgebaut.

Wie die ganze Kirche wurde auch das Gewölbe der im Krieg zerstörten Kirche St. Marien hervorragend wiederhergestellt.

STARGARD SZCZECIŃSKI ERLEBEN

TOURISTINFORMATION
Rynek Staromiejski 4
Tel. 91 5 78 54 66
www.cit.stargard.com.pl

MAŁY MŁYN €
17 Zimmer, 3 Apartments. Das eindrucksvolle Backsteingebäude von 1894, ausgestattet mit stilvollen Möbeln, war einst eine Mühle. Das gepflegte Restaurant mit einem schönem Innenhof und erfreulichem Weinkeller bietet gute altpolnische Gerichte.
ul. Gdańska 5
Tel. 91 5 78 65 55
http://malymlyn.com.pl

Wohin in Stargard Szczeciński?

Stadtbefestigung

Die **mittelalterliche Stadtmauer** maß ursprünglich 2260 m und wurde auf einer Länge von rund 1040 m rekonstruiert. Hinter den mächtigen Wällen und Festungsgräben umgibt eine breite Parkanlage das historische Zentrum.

Unten Feldstein, oben Schießscharten

Pyritzer Tor

Das Pyritzer Tor (Brama Pyrzycka) an der ul. Mieszka ist **das älteste der vier noch erhaltenen Stadttore**. Der aus Feldstein errichtete, 6 m hohe untere Teil stammt aus dem späten 13. Jahrhundert. Die Bastei wurde Mitte des 15. Jh.s auf vier Stockwerke erhöht und erhielt im oberen Geschoss einen überdeckten Gang mit Schießscharten.

Zollstation und Warenbörse

Mühlentor

Das Mühlentor (Brama Młyńska) an der ul. Portowa, auch **Hafentor** genannt, wurde Anfang des 15. Jh.s über einem Nebenarm der Ina errichtet. Von zwei achteckigen Türmen flankiert, diente es einst als Zollkontor für Frachtschiffe und als Warenbörse.

Norddeutsche Backsteingotik

★ Pfarrkirche St. Marien

Die mächtige Pfarrkirche St. Marien (Kolegiata Najświętszej Marii Panny) am Altstädtischen Markt (Rynek Staromiejski) gehört zu den wertvollsten gotischen Backsteinkirchen in Nordpolen. Sie wurde 1292 bis 1350 erbaut und Anfang des 15. Jh.s von dem Stettiner Baumeister **Heinrich Brunsberg** im Stil der norddeutschen Backsteingotik umgebaut. Ihr 84 m hoher Nordturm entstand im 16. Jh. und erhielt 1723 eine barocke Haube. Die im Krieg zerstörte Basilika wurde bis 1962 wieder aufgebaut. Von der historischen Inneneinrichtung blieb nur die 1683 entstandene Kanzel im Renaissancestil erhalten. Dem genialen Baumeister der Stargarder Kirche St. Marien ist ein reich bebildertes Buch gewidmet (Innovation und Tradition: Hinrich Brunsberg, Deutsches Kulturform östliches Europa, Potsdam 2014). An die Kirche schmiegen sich drei aus dem 14. bis 19. Jh. stammende Pfarrhäuser an.

Sitz der Wachmannschaft

Hauptwache

Die barocke Hauptwache neben der Marienkirche, 1720 entstanden, war einst Sitz der Wachmannschaft der Stargarder Garnison und beherbergt heute die Sammlungen des **Regionalmuseums**.

Muzeum Stargard: Di. - Fr. u. So. 10 - 17 (im Winter bis 16), Sa. 10 - 14 Uhr | Eintritt: 6 zł | http://muzeum-stargard.pl

Mit Zuckerguss überzogen

Rathaus

Das um 1250 entstandene Rathaus daneben erhielt bei einem Umbau in der zweiten Hälfte des 16. Jh.s seine spätgotische Form. Den repräsentativen **Schmuckgiebel** ziert ein filigran gearbeitetes Netzwerk – wie Zuckerguss überzieht er das Mauerwerk.

Wassersport, Erholung und leckere Fische

Jezioro Miedwie

Der 7 km westlich von Stargard gelegene Jezioro Miedwie (Madüsee) ist mit einer Fläche von 36,7 km^2 der **fünftgrößte See Polens**, seine tiefste Stelle misst 42 m. Das klare Gewässer dient der Trinkwasserversorgung von Szczecin, ist aber auch ein beliebtes Naherholungs-, Wassersport- und Ferienzentrum. Bekannt ist es für seine Madüsee-Maränen, ein sehr leckerer Speisefisch.

★★ SUWAŁKI

Wojewodschaft: Podlaskie
Höhe: 170 m ü. d. M. | **Einwohner:** 69 500

Suwałki ist die letzte Stadt vor der großen Wildnis im Nordosten, eine Durchgangsstation in den Wigry-Nationalpark und den Landschaftspark mit dem zungenbrecherischen Namen »Suwalszczyzna«. Werfen Sie einen Blick auf die Grenzstadt, in der einst Litauer, Russen, Polen und Juden zusammenlebten, bevor Sie weiterfahren ins Reich der Seen und Wälder!

Die Stadt inmitten der **Suwalker Seenplatte** (Pojezierze Suwalskie), dem touristisch und wirtschaftlich noch wenig erschlossenen äußersten Nordosten Polens, entstand im 17. Jh. aus einer Siedlung, die Kamaldulensermönche aus dem nahen Wigry gründeten. 1720 erhielt Suwałki das Stadtrecht. Nach dem Wiener Kongress 1815 fiel die Stadt an das russische Zarenreich und wurde zur Garnison ausgebaut. 1920 wurde die Region der neu geschaffenen polnischen Wojewodschaft Białystok zugeschlagen.

Letzter Halt vor der Wildnis

Wohin in Suwałki?

Klassizistisch

Das klassizistische Stadtzentrum rund um die ul. Kościuszki entstand in der ersten Hälfte des 19. Jahrhunderts. Hier, an der Hauptschlag-

Stadtzentrum

SUWAŁKI ERLEBEN

www.suwalszczyzna.com.pl
www.suwalki-turystyka.info.pl

Im Zentrum von Suwałki lädt die Fußgängerzone in der ul. Chłodna mit Cafés und Boutiquen zum Bummeln ein. Die ul. Kościuszki nahe dem Marktplatz bietet ebenfalls gute Einkaufsmöglichkeiten.

NA STARÓWCE €

Das im Herzen der Altstadt gelegene Restaurant offeriert eine große Auswahl an regionalen Gerichten.
ul. Chłodna 2
Tel. 87 5 63 24 00

ROZMARINO €

Die auch bei Einheimischen beliebte Pizzeria liegt praktisch im Zentrum des Städtchens.
ul. Kościuszki 75
Tel. 87 5 66 59 04
www.rozmarino.pl

HOTEL LOGOS €–€€

31 Zimmer. Neben hübsch eingerichteten Zimmern gibt es hier auch ein gutes Restaurant. Spezialität: Fischgerichte.
ul. Kościuszki 120
Tel. 87 5 66 69 00
www.logos-hotel.pl

HAŃCZA €

61 Zimmer. Einfaches Hotel südlich des Zentrums an der Czarna Hańcza mit eigenem Sport- und Erholungskomplex, 25-m-Becken im Hallenbad und Zugang zum nahen Stadtsee.
ul. Wojska Polskiego 2
Tel. 87 5 66 66 33
www.noclegihancza.pl

POKAMEDULSKI KLASZTOR W WIGRACH €

15 Zimmer. Die Einsiedeleien der Mönche und das Königshaus vom Kloster Wigry dienen als Pension. Restaurant und Café empfangen ihre Gäste mit regionalen Spezialitäten.
Wigry 11 | Stary Folwark
Tel. 87 5 66 24 99
www.wane.wigry.pro

ader von Suwałki, liegen die wichtigsten Sehenswürdigkeiten, die meisten Restaurants und Geschäfte. In den letzten Jahren wurden viele Gebäude liebevoll restauriert, darunter auch das 1844 gebaute **klassizistische Rathaus**. Mit seiner lichten Fensterfront und einem **Uhrturm** an der südlichen Ecke des Marktplatzes bildet es einen markanten Punkt im Stadtbild.

Erbaut von Orthodoxen, genutzt von Katholiken

Herz-Jesu-Kirche

Auf dem Marktplatz, dem pl. Józefa Piłsudzkiego, erhebt sich gegenüber dem Rathaus die Herz-Jesu-Kirche (Kościół Najświętszego Serca Jezusa). Nach einem Entwurf von **Enrico Marconi** wurde sie 1838 bis 1840 für die orthodoxe Gemeinde der Stadt erbaut. Später erhielt die Kirche einen zweigeschossigen Glockenturm und eine Vorhalle nach antikem Vorbild. Das Gotteshaus wird heute von der katholischen Gemeinde genutzt.

Nach antikem Vorbild

★ Alexanderdom

Eines der schönsten Gebäude der Stadt liegt ebenfalls am Marktplatz: Der Alexanderdom (Kościół Świętego Aleksandra) wurde 1820 bis 1829 von dem polnischen Architekten **Christian Aigner** als klassizistische Kathedrale für den neuen Bischofssitz errichtet. Mehrere Umbauten gaben dem Dom seine heutige Form im Stil der Neorenaissance. Die Hauptfassade wird von einem nach antikem Vorbild errichteten und von zwei Türmen flankierten Säulenportikus bestimmt. Zwei pseudodorische Säulenreihen im Kirchenraum trennen das Hauptschiff mit Tonnengewölbe von den lichten Seitenschiffen.

Archäologie und Kunst

Kreismuseum

In einer alten Stadtvilla zeigt das Kreismuseum (Muzeum Okręgowe) seine naturkundlichen und archäologischen Sammlungen. Ausgesprochen sehenswert ist auch die **Galerie polnischer Malerei** um 1900 mit einer einzigartigen Sammlung der Werke des polnischen Malers **Alfred Wierusz-Kowalski**. Er wurde 1849 in Suwałki geboren. Ab 1873 studierte er an der Münchener Kunstakademie, wo er später bis zu seinem Tod 1915 lehrte.

ul. Kościuszki 81 | Di. - Fr. 8 - 16, Juli/Aug. 9 - 17, Sa./So. 9 - 17 Uhr | Eintritt: 5 zł | http://muzeum.suwalki.pl

Rund um Suwałki

★ Puńsk

Direkt an der litauischen Grenze, gut 20 km nordöstlich von Suwałki, liegt Puńsk, auch die »heimliche Hauptstadt« der litauischen Minderheit in Polen genannt. Das **Ethnografische Museum** im Litauischen Kulturhaus zeigt über 2000 Exponate der ländlichen Kultur der litaui-

Der Wigry-Nationalpark ist zwar geschützt, aber die Nutzung etwa zur Pferdezucht ist dennoch erlaubt.

schen Bevölkerung. Einblick in die Vergangenheit der Region bietet das kleine, am Stadtrand in Richtung Sejny gelegene Museumsdorf (**Skansen w Puńsku**) mit litauischen Bauernhäusern aus dem 19. und frühen 20. Jahrhundert.

Muzeum Etnograficzne: ul. 11 Marca 17 | Mo. - Fr. 10 - 16 Uhr | Eintritt: 6 zł | www.punsk.kultura.pl

Skansen w Puńsku: ul. Szkolna 67 | Di. - Fr. 11 - 17, Sa./So. 12 - 16 Uhr | www.punsk-kultura.pl, www.punsk.com.pl

Seltene Renaissancebauten

Das Bild der Stadt Sejny, rund 30 km östlich von Suwałki, wird bestimmt vom Ensemble des ehemaligen **Dominikanerklosters** aus dem frühen 17. Jh., einem der wenigen Renaissancebauten im Nordosten Polens. Der wehrhafte Konvent wurde auf quadratischem Grundriss erbaut, an den Ecken erheben sich bastionsartig hervorspringende Türme mit zwiebelförmigen Kuppeln. Die **»Madonna von Sejny«** in der Klosterkirche, eine der wenigen erhaltenen goti- Sejny

schen Schreinmadonnen, stammt aus einer Danziger Werkstatt des 14. Jahrhunderts. An katholischen Feiertagen werden die beiden verborgenen Seitenflügel der 1,60 m hohen Skulptur geöffnet. Sie zeigen eine auf einem Thron sitzende Gottesfigur, umringt von 27 weiteren Figuren, u. a. zwei Ordensrittern.
Wunderschön präsentiert sich auch die **Mariä-Heimsuchungs-Kirche** (Kościół Nawiedzenia Najświętszej Maryi Pannej). Die dreischiffige Klosterkirche wurde 1610 bis 1619 ebenfalls im Stil der späten Renaissance erbaut. Bereits 1710 erfolgte der Umbau nach barockem Muster mit dem von zwei Türmen flankierten Hauptportal.
Die **Weiße Synagoge** (Biała Synagoga) in der ul. Piłsudskiego entstand 1865 an der Stelle eines hölzernen Vorgängerbaus. Das Gebäude mit neogotischen und neoklassizistischen Elementen diente nach 1939 zeitweilig als Lagerhalle. Anfang der 1980er-Jahre instandgesetzt, wird der einstige Sakralbau nun als **Kulturzentrum** (Ośrodek »Pogranicze – sztuk, kultur, narodów«) für Veranstaltungen, Konzerte und Ausstellungen genutzt.

Klasztor Podominikański: pl. Św. Agaty 6 | Mai – Sept. tgl. 9 – 18, Okt. – April Mo. – Fr. 8 – 16, Sa./So. 8 – 15 Uhr | www.um.sejny.pl/klasztor
Weiße Synagoge: ul. Piłsudskiego 37 | www.pogranicze.sejny.pl

★★ Wigry-Nationalpark

Wigierski Park Narodowy: www.wigry.org.pl

Aus der letzten Eiszeit

Wigry-See

6 km östlich von Suwałki beginnt der 15 000 ha große **Wigry-Nationalpark** (Wigierski Park Narodowy). 1989 gegründet, lässt sich das v. a. bei Hobbyornithologen beliebte Ausflugsziel auf insgesamt 190 km Rad- und Wanderwegen erkunden. Seinen Namen hat der Park vom Wigry-See (Jezioro Wigry), der am Ende der letzten Eiszeit vor rund 12 000 Jahren entstand.

Im Zimmer vom Papst

★ Kamaldulenserkloster

Auf einer malerischen Halbinsel im Wigry-See liegt eine der **schönsten barocken Klosteranlagen** im Nordosten des Landes. 1667 schenkte König Jan Kazimierz dem Kamaldulenserorden den See nebst umliegenden Wäldern und Ortschaften. Schon wenige Jahre später entstand der Klosterkomplex in seiner spätbarocken Form mit 17 Einsiedeleien, Refektorium, Uhrenturm, Pförtnerloge, Gästehäusern und dem sog. Königshaus (► S. 237). Gegen ein geringes Ent-

Angeln auf dem Wigry-See ist vor der Kulisse des Kamaldulenserklosters erst recht beruhigend.

EINSIEDLER AM SEE

Am Ufer eines großen Sees steht ein mächtiges Kloster, daneben kauern Klausen: Hier verbrachten die Kamaldulensermönche ihr Leben im Gebet, fern der Welt und ihren Versuchungen. Nur wenig hat sich bis heute verändert, Wigry liegt ab vom Schuss im äußersten Nordosten Polens. Quartieren Sie sich in einer Klause ein, kosten Sie die Klosterküche und rudern Sie im Boot auf den See!

gelt kann man hier die Zimmer besichtigen, in denen Papst Johannes Paul II. während seines Aufenthalts 1999 logierte.
Die Klosterkirche wurde 1694 bis 1745 nach Plänen des italienischen Architekten **Pietro Putini** erbaut. Mit seinen beiden Türmen dominiert das mächtige, auf einer kleinen Anhöhe gelegene Bauwerk den gesamten Komplex. Die beiden Seitenschiffe der Basilika sind vom Hauptschiff durch Mauerbögen abgetrennt. Bemerkenswert sind die kunstvoll verzierten Altäre. An der Nordwand der Krypta ist ein **Totentanz** aus dem 17. Jh. erhalten geblieben.

Vor allem bei Tauchern beliebt

Jezioro Hańca

Durch die Czarna Hańcza ist der Wigry-See mit dem im Suwałki-Landschaftspark (Suwałski Park Krajobrazowy) gelegenen Jezioro Hańcza (Hańcza-See) verbunden. Der mit 113 m **tiefste See Polens** hat eine steile Uferzone und ist eines der beliebtesten Ziele des Landes für Tauchsportler.

★ ŚWIĘTA GÓRA GRABARKA · HEILIGER BERG GRABARKA

Wojewodschaft: Podlaskie | **Höhe:** 167 m ü. d. M.

Ein Berg voller Büßerkreuze, ein Fluss, in dem sich Tausende taufen lassen, zwiebelförmige Kuppeln und spitze Türmchen: Das »heilige« Grabarka ist der wichtgste Wallfahrtsort der polnischen Orthodoxen.

Die **Ursprünge des Heiligtums** gehen auf die wundertätige Ikone des Spas Izbavnik (Christerlöser) zurück, die im 13. Jh. in der nahen Stadt Mielnik aufbewahrt wurde. Während eines Tatarenüberfalls 1258 wurde die Ikone in die umliegenden Wälder gebracht. Doch die Ikone ging verloren. Als 1710 eine Choleraepidemie wütete, erinnerte sich ein Bürger aus Siematycze an die verlorene Ikone und schlug vor, dass ersatzweise jeder ein Kreuz zimmern und es auf den Berg Grabarka bringen solle. Dort verbrachten die Einwohner der Stadt mehrere Tage mit Gebeten und tranken aus einer Quelle, der man wundertätige Kräfte nachsagte. Als schließlich niemand mehr an der Seuche erkrankte, stifteten die Überlebenden eine Kapelle, die der Verklärung (Transfiguration) Christi geweiht wurde.

Orthodoxer Wallfahrtsort

Wohin auf dem Heiligen Berg?

Ohne wundertätige Ikone

★ Kloster der heiligen Marta und Maria

Bis zur zwangsweisen Aufhebung der Kirchenunion durch die russischen Behörden 1846 war Grabarka ein uniertes, griechisch-katholisches Heiligtum. Bei diesem bedeutendsten orthodoxen Heiligtum Polens wurde 1947 das Kloster der heiligen Marta und Maria eingerichtet, das sich der Pflege der Anlage widmet. Die Klosterkirche Maria von der sorgenvollen Freude (Cerkiew Marii Wszystkich Strapionych Radość) schmücken einige Ikonen – die »wundertätige« ist nicht dabei, denn sie stammen alle aus dem 19. Jahrhundert.
Die erste hölzerne Kirche der **Transfiguration Christi** (Cerkiew Przemieniania Pańskiego), die 1886 aus dem benachbarten Mielnik hierher überführt wurde, fiel 1990 einem Brand zum Opfer. In der neu errichteten Holzkirche kann man noch zwei gerettete Ikonen aus dem Vorgängerbau bewundern. Mehr als 7000 **Büßerkreuze**, die zum Teil schon mehrere Jahrhunderte hier stehen, umgeben die Kirche. Sie haben den Brand so gut wie unbeschadet überstanden.

Am 19. August wird die Verklärung Christi gefeiert.

Auf Knien um den Gipfel

Wallfahrt

An den jährlichen Wallfahrten Mitte August beteiligen sich Zehntausende Gläubige. Erste Station ist das mit kunstvollen Deckenmalereien verzierten **Brunnenhäuschen** am Fuß des Bergs. Das Wasser der heiligen Quelle soll vor Krankheiten schützen. Die Tücher, mit denen die Pilger sich reinigen, sollen das Böse und Kranke aufnehmen. Oben auf dem Berg umrunden die Gläubigen die hölzerne Kirche dreimal auf Knien. Singend und betend verbringen sie die ganze Nacht auf dem heiligen Berg. Viele lassen ein Kreuz mit einer persönlichen Fürbitte auf dem Berg zurück.

Rund um den Święta Góra Grabarka

Jüdisches Gedenken

Siematycze

Ca. 15 km westlich von Grabarka liegt die Kreisstadt Siematycze. An der ul. 3 Maja, unweit vom Marktplatz, erhebt sich die Mariä-Himmelfahrts-Kirche (Kościół Wniebowzięcia Naszej Marii Pannej) aus der ersten Hälfte des 17. Jh.s, die im 18. Jh. barock umgestaltet wurde.

Sehenswert ist der spätbarocke Altar mit Schnitzereien des Warschauer Meisters **Bartłomiej Bernatowicz**.
Die zwischen 1797 und 1801 errichtete Synagoge an der ul. Pałacowa wurde im Zweiten Weltkrieg niedergebrannt, Anfang der 1960er-Jahre wieder aufgebaut und 2005 aufwändig restauriert. In dem klassizistischen Gebäude widmet sich heute ein kleines Museum der Geschichte der Juden; öfters finden hier Konzerte statt.

Umfassend barockisiert

Drohiczyn

Drohiczyn, ca. 24 km südöstlich von Grabarka am Ufer des Bug, gehört zu den ältesten Siedlungen der Wojewodschaft Podlaskie. Das ehemalige **Franziskanerkloster** mit der Mariä-Himmelfahrtskirche (Kościół Wniebowzięcia Najświętszej Marii Pannej) stammt aus dem 15. Jh.; zu Beginn des 18. Jh.s wurden Kloster und Kirche umfassend barockisiert. In den Klostergebäuden präsentiert das **Museum der Diözese** seine Sammlungen.
Die Dreifaltigkeitskirche (Kościół Trójcy Przenajświętszej) an der ul. Kościelna entstand 1696 bis 1707 als **Klosterkirche des Jesuitenordens**. In den Klostergebäuden sind heute die Kurie des Bistums Drohiczyn und ein Priesterseminar untergebracht.
Südlich vom Marktplatz erhebt sich der **Burghügel** Drohiczyns über den Bug, der einen wunderbaren Blick über die Flussniederung bietet. An der Stelle der ehemaligen Burg steht seit 1928 ein Denkmal für die Gefallenen im Kampf um die Unabhängigkeit Polens.
Muzeum Diecezjalne: ul. Kraszewskiego 4 | Mo. – Sa. 10.30 – 13 u. 14.30 – 17 Uhr | http://drohiczynska.pl

★ ŚWINOUJŚCIE · SWINEMÜNDE

Wojewodschaft: Zachodnio-Pomorskie
Höhe: 0 – 5 m ü. d. M. | **Einwohner:** 41 000

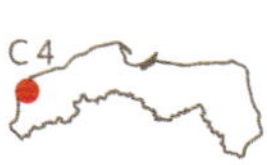

Auch Polen hat ein Stück Usedom: Auf dem äußersten Nordostzipfel der Insel liegt der traditionsreiche Bade- und Kurort mit einem herrlich breiten Strand, attraktiver Promenade und Villen im Bäderstil. Und auch die durch einen Park abgetrennte Altstadt hat sich herausgemacht.

Die Stadt war viel in ihrer langen Geschichte: Fischer- und Hafenort, Kurbad und Garnisonsstadt. Sie war slawisch und schwedisch, preu-

Ein wenig Usedom

ßisch und polnisch. Im Jahr 1181 begann der Bau von festen Häusern an der Mündung der Świna (Swine), 1230 entstand eine Fährverbindung über den Fluss. Die gesamte Insel Usedom kam am Ende des Dreißigjährigen Kriegs zu Schweden, das sie 1720 an Preußen abtrat. 1740 bis 1746 entstand ein **Seehafen an der Swinemündung**. Mit dem Ausbau des Hafens entwickelte sich auch der Ort. 1765 erhielt Swinemünde Stadtrechte. Nach dem Bau der Kaiserfahrt, eines Kanals zwischen Swine und Stettiner Haff im Jahr 1880, geriet der Hafen aber gegenüber Stettin ins Hintertreffen. Dafür erblühte der Badebetrieb (ab 1824), und Swinemünde entwickelte sich zum größten deutschen Ostseebad. Nachdem 1897 die ersten Solequellen entdeckt worden waren, etablierte sich zusätzlich der Kurbetrieb. Parallel dazu wurde die Stadt aufgerüstet: Seit 1850 war Swinemünde Garnisonsstadt. Darauf bauten die Nationalsozialisten auf, die den Hafen ab 1934 zur Marinebasis machten. Bei einem amerikanischen Luftangriff kurz vor Kriegsende wurde die Stadt zum größten Teil zerstört, 23 000 Menschen kamen ums Leben. Erst 1958, als die sowjetischen Truppen das Kurviertel geräumt hatten, wurde der Kurbetrieb erneut aufgenommen. Heute zählt die Stadt wieder zu den **größten und schönsten Kur- und Badeorten an der Ostsee**. Im Kurviertel begann mit dem EU-Beitritt Polens ein Bauboom.

Wohin in Świnoujście?

Promenade nach Deutschland

★ Kurviertel

Schöne, breite Sandstrände liegen zu beiden Seiten der Świna-Mündung. In dem etwa 2 km vom Stadtzentrum entfernten Kurviertel wurden in den vergangenen Jahren viele der neoklassizistischen und Jugendstilvillen saniert. Hier befinden sich auch die drei **Naturheilanstalten** der Kurgesellschaft Uzdrowisko Świnoujście. Die Promenade lädt zum Laufen und Radfahren ein: Sie ist 12 km lang und führt bis zu den deutschen Seebädern Ahlbeck, Heringsdorf und Bansin.

Mediterrane Pflanzenwelt

Kurpark

Der Weg vom Kurviertel zum Stadtzentrum führt durch den Kurpark, der nach Plänen des berühmten preußischen Gartenbaumeisters **Peter Joseph Lenné** in der ersten Hälfte des 19. Jh.s mit zahlreichen Pflanzen aus dem Mittelmeerraum angelegt wurde.

Wie die Fische an Land kommen

Innenstadt

Seit 2013 ist der historische Ortskern rund um den pl. Wolności verkehrsberuhigt, der Autoverkehr wird großzügig um die Altstadt herumgeleitet. Das um 1808 gebaute frühere Rathaus am pl. Rybacka 1 ist heute Sitz des **Museums für Hochseefischerei**. Neben Expona-

Abends zieht es viele zur Mühlenbake.

ten zur Stadt- und Regionalgeschichte dokumentiert das Museum u. a. anhand von Schiffsmodellen und historischen Navigations- und Fangmethoden die Entwicklung der Hochseefischerei.
Muzeum Rybołówstwa Morskiego: pl. Rybaka 1 | tgl. 9 – 17 Uhr (Okt. – Mai Mo. geschl.) | Eintritt: 7 – 15 zł | www.muzeum-swinoujscie.pl

Steife Brise am Wahrzeichen

Mühlenbake

Zu beiden Seiten der Swinemündung entstanden 1823 zwei 1100 und 1500 m lange Molen, für die damalige Zeit eine ingenieurtechnische Meisterleistung. An der westlichen Spitze erhebt sich mit der Mühlenbake das Wahrzeichen der Stadt, ein in Form einer Windmühle gehaltenes Navigationszeichen. Sie können dorthin spazieren, sich die steife Brise um die Nase wehen lassen und den einfahrenden Schiffen zuwinken.

Achteck wird rund

Leuchtturm

In den Jahren 1854 bis 1857 wurde am östlichen Ufer der Swine – bereits auf der Insel Wolin – der mit 68 m **höchste Leuchtturm an der Ostseeküste** errichtet. Eine neue Verklinkerung Anfang des 20. Jh.s machte aus dem ursprünglich achteckigen einen runden Turm. 300 Stufen führen zur Aussichtsplattform mit herrlichem Panoramablick.
Tgl. 10 – 18 Uhr | Eintritt: 5 zł | www.swinemuende.eu

ŚWINOUJŚCIE ERLEBEN

TOURISTINFORMATION
pl. Słowiański 6/1
Tel. 91 3 22 49 99
www.swinoujscie.pl

Eine kleine Gratis-Fähre für Fußgänger und Radfahrer sowie Autos der Anwohner verbindet den Bahnhof auf der Insel Wolin mit dem auf Usedom gelegenen Stadtzentrum, Fahrer mit auswärtigem Kennzeichen müssen die ca. 7 km südlich des Stadtzentrums über den Fluss führende, ebenfalls kostenlose Autofähre bei Świdny Las/Karsibór nutzen. Per Schiff gibt es regelmäßige Verbindungen zu den deutschen Badeorten auf Usedom; außerdem fahren täglich Fähren ins südschwedische Ystad.

ALEJA BALTIC PARK
Großer Wasserpark mit olympischem Becken (inkl. Wasserfahrrädern) und Freizeit-Pool mit künstlichem Wasserfall und Wasserbetten, Pirateninsel, Slalom-Rutschen und -tunneln, Wildem Fluss und Strudelbecken. Es gibt Saunen von feucht über salzig bis trocken, Eis- und Salzgrotten. Das Highlight der Anlage ist ein großer Pool mit der einzigen künstlichen Welle Polens, das ganze Jahr über surftauglich!
Molo 4 | tgl. 8 - 22 Uhr
Tageskarte 85 zł (Kinder bis 1 m Größe frei)
https://balticpark-aquapark.pl

KEJA BAR & PUB
Die maritim gestylte Bar ganz oben im Hotel Trzy Wyspy, hat sich dank ihrer exquisiten Cocktails zu einer der beliebtesten Abendadressen gemausert.
ul. Augusta Cieszkowskiego 1
Tel. 91 8 84 00 14
www.trzywyspy.pl

DUNE €€-€€€
In hellem Blau gestyltes Lokal an der Promenade. Ryszard Olszewski, der Besitzer, sorgt für Fischnachschub aus aller Welt, auch Bio-Fleisch steht auf der Karte.
ul. Uzdrowiska 12
Tel. 502 61 44 03

NEPTUN €€
Alt trifft neu am Hauptplatz der Altstadt: Historische Fotografien erinnern an das deutsche Swinemünde anno dazumal, die Küche ist zeitgemäß-polnisch.
ul. Bema 1/pl. Wolności
Tel. 91 8 88 80 01

WIEŻA €
Tolles Café im Turm der Lutherkirche! Hier beibt man gern länger ...
ul. Paderéewskiego 7
tgl. 9 - 21 Uhr

POD KASZTANAMI €
Im Kellerlokal einer Jugendstilvilla werden polnische Gerichte serviert: Rote-Bete-Suppe, Piroggen und in Folie gebackener Fisch. Preiswerte Zimmer werden im Obergeschoss vermietet.
ul. Paderewskiego 14/1
Tel. 91 3 21 39 47
www.pod-kasztanami.pl

RADISSON BLU €€€€
2018 eröffnetes Fünftsternehotel am Strand, in Außen- und Innenarchitektur inspiriert von Wellen- und Dünenformen. Elegante, helle Zimmer mit Tee- und Kaffeekocher, Bademantel und Slipper. Dazu ein fürstliches Frühstücksbüfett, Verleih von Rädern und ein Fitness-Gym – sogar mit Kletterwand. Der Clou ist die Dachterrasse mit einem beheizten Open-Air-Pool, Jacuzzi und Sauna mit Meerblick. Angeschlossen ist ein Aquapark der Superlative (s. Urlaub aktiv), den Hotelgäste tägl. 1 Std. gratis nutzen können.
Aleja Baltic Park Molo 2
Tel. 91 4 04 07 00
www.radissonblu.com

BALTIC HOME €–€€€€
An der neuen Promenade, wo Swinemünde am schönsten ist, wurden prachtvolle Residenzen geschaffen. Mit Türmchen und Kuppeln, Erkern und schmiedeeisernen Balkonen knüpfen sie an die verspielte Bäderarchitektur von anno dazumal an. Die darin untergebrachten 100 Ferienwohnungen geben sich eher modern: Die Spanne reicht vom preiswerten Studio mit integrierter Kitchenette bis zum Apartment mit zwei Schlafzimmern. Highlight ist das »königliche Apartment« (apartment królewski) auf zwei Ebenen mit 10 m hoher Fensterfront und Balkonen, loftartigem Wohnraum mit Kamin sowie zwei Schlafzimmern mit Bullaugenfenstern und schickem Bad.
ul. Uzdrowiska 11/3
Tel. 91 3 27 49 94
www.baltichome.pl

DELFIN SPA €€
Hotel mit Kur- und Wellnessbereich und kleinem Swimmingpool im Strandviertel.
ul. Słowackiego 19
Tel. 91 3 21 27 57
www.hotel-delfin.pl

PARK AVANGARD €€
45 Apartments. Stilvolles Aparthotel mit schönem Indoor-Pool.
ul. Uzdrowiskowa 5
Tel. 91 3 22 55 77
www.aparthotele.avangard.pl

Drill und Disziplin zum Spaß

Fort Gerhard

Unweit vom Leuchtturm entstand Mitte des 19. Jh.s das Fort Gerhard (Fort Gerharda), eine der drei historischen Anlagen der ehemaligen **Festung Swinemünde**. Besucher werden stilecht am Schilderhäuschen von einem Wachposten in preußischer Uniform empfangen. Wer will, kann sich einer Spaß-Führung mit viel Drill und Disziplin anschließen ...

Sommer tgl. 10 Uhr bis Sonnenuntergang, Winter 10 – 16 Uhr | Eintritt: 15 zł | www.fort-gerharda.pl

Römisches Vorbild auf der Insel Usedom

Engelsburg, Westfort

Die beiden anderen Teile der Festung, die Engelsburg (Zamek Anioła) und das Westfort (Fort Zachodni), erheben sich am gegenüberliegenden Swine-Ufer auf der Insel Usedom. Der mächtige Rundbau der Engelsburg entstand 1845 bis 1858 nach dem Vorbild des Hadrian-Mausoleums in Rom. Im Westfort erzählt ein kleines **Museum** die

Geschichte der Festung inklusive Gruselkabinett in Form von Schaufensterpuppen in Uniform.
Zamek Anioła: Tgl. 9 – 18 Uhr | Eintritt: 10 zł | http://fortaniola.pl
Zachodni Fort Artyleryjski: ul. Jachtowa s/n | tgl. 10 Uhr bis Dämmerung | Eintritt: 10 zł | www.westbatterie.prv.pl

★★ SZCZECIN · STETTIN

Wojewodschaft: Zachodnio-Pomorskie
Höhe: 5 – 84 m ü. d. M. | **Einwohner:** 405 000

Einst »Berlins Hafen«, heute eine polnische Stadt zwischen Oder und Haff, die sich als »Floating City« neu erfinden will. Erste ambitionierte Projekte sind fertiggestellt: eine rekonstruierte Altstadt, ein »Zentrum des Dialogs« und eine Philharmonie, die mit ihren weiß-gläsernen Spitzgiebeln mit dem EU-Preis für zeitgenössische Architektur ausgezeichnet wurde.

»Floating City«

Die im 8. Jh. auf dem heutigen Schlosshügel gegründete slawische Siedlung, später zu einer befestigten Burg erweitert, stieg rasch zu einem blühenden Handelsplatz auf. Im 12. Jh. zählte sie fast 10 000 Bewohner. Anfang des 12. Jh.s setzte König Bolesław II. Schiefmund den Greifenherzog **Wartisław I.** als seinen Statthalter in Stettin ein. Die Greifen residierten dort bis 1637, als Herzog **Bogusław XIV.** starb, ohne Nachfahren zu hinterlassen. 1243 erhielt Stettin das Stadtrecht, 1278 trat die Residenzstadt der Hanse bei. Durch König **Władysław Jagiełło** mit Handelsprivilegien ausgestattet, zog die Stadt deutsche Kaufleute an. 1630 nahmen die Schweden die Stadt ein und bauten sie zur Festung aus. In den folgenden Jahrzehnten gab es immer wieder Auseinandersetzungen mit Brandenburg um Stettin. 1720 verkaufte Schweden Stettin für zwei Mio. Goldtaler an Preußen. 1806 bis 1813 hielten Napoleons Truppen die Stadt besetzt.
Mit der ersten **Eisenbahnverbindung nach Berlin** 1843 entwickelte sich Stettin rasch zum Seehafen der Hauptstadt. Zu Polen kam die Stadt erst wieder 1945. Anders als in Danzig, wurde die alte Bausubstanz hier nur teilweise rekonstruiert, Lücken wurden mit einfachen Wohn- und Zweckbauten gefüllt. Bis heute dauert der Wiederaufbau des historischen Zentrums an. Seit der Verwaltungsreform 1999 ist Szczecin Hauptstadt der Wojewodschaft Zachodnio-Pomorskie (Westpommern).

★★ Westliches Oderufer

Start zur Hafenrundfahrt

Die wichtigsten Sehenswürdigkeiten der Stadt liegen am westlichen Ufer der Oder, an dem der Bulwar Piastowski entlangführt. Hier legen Kreuzfahrtschiffe auf ihren Ostseereisen an, und kleine Barkassen starten zu Hafenrundfahrten.

Bulwar Piastowski

Um 1240 ließ Herzog Barnim I. die **Johanneskirche** (Kościół Św. Jana) für die Franziskaner errichten. Ihre heutige Form erhielt die dreischiffige Hallenkirche in der zweiten Hälfte des 14. Jahrhunderts.

Origineller Stilmix

Herzstück der Altstadt ist der Rynek Sienny (Heumarkt) mit dem Altstädter Rathaus, das sich in einem originellen Stilmix präsentiert. Es wurde um 1450 von **Heinrich Brunsberg** im gotischen Stil erbaut. Im Jahr 1677 während der Belagerung der Stadt durch brandenburgische Truppen stark zerstört, wurde es beim Wiederaufbau barockisiert. Nach den Zerstörungen des Zweiten Weltkriegs beließ man den barocken Südgiebel und fügte der Nordseite einen Ziergiebel im spätgotischen Stil mit fünf schlanken Türmchen an. Hier zeigt das

★ Altstädter Rathaus

Für Baustilkundler hält das Altstädter Rathaus auf dem Heumarkt einiges bereit.

Stadtmuseum neben einer großen Münzsammlung archäologische Fundstücke, historische Urkunden, Fotos und Dokumente zur Stadtgeschichte Stettins.
Muzeum Historii Miasta Szczecina: ul. Księcia Mściwoja II 8 | Di., Mi., Do., Sa. 10 – 18, Fr./So. 10 – 16 Uhr | Eintritt: 12 zł

Alt und Neu

Neue Altstadt

Rund um das Altstädter Rathaus entsteht seit den 1990er-Jahren die neue Altstadt, wobei die historischen Straßenverläufe und Grundstücksgrenzen berücksichtigt werden. Einige Gebäude besitzen wieder ihre originale Form mit barocken Schmuckgiebeln, andere stellen eine gelungene Mischung aus Alt und Neu dar. Mit zahlreichen Restaurants, Cafés und Läden entwickelt sich die neue Altstadt zunehmend zum beliebten Treffpunkt der Einheimischen und Besucher. Wieder entstanden ist auch das Haus in der ul. Panieńska 16. Eine Gedenktafel erinnert daran, dass im Vorgängerbau der Schriftsteller **Alfred Döblin** (1878 – 1957), Autor des berühmten Großstadtromans »Berlin Alexanderplatz«, geboren wurde.

Schräg

Loitzenhof

Westlich des Stary Rynek steht eines der **schönsten mittelalterlichen Bürgerhäuser** der Stadt. Der Loitzenhof (Kamienica Loitzów) an der ul. Kurkowa entstand 1547 in spätgotischer Form für die Bankiersfamilie Loitz. Das reich verzierte und in einem warmen Orange gehaltene Gebäude beherbergt heute eine Kunstschule. Originell sind die schrägen Fenster, die dem Verlauf der Treppe folgen.

Eingemauerte Kirchenglocke

★ Kathedrale St. Jakobi

Die Katedra Św. Jakuba entstand im 14. Jh. an der Stelle eines 1187 errichteten Vorgängerbaus. 1677 wurde sie von brandenburgischen Truppen fast vollständig zerstört, der Wiederaufbau dauerte bis weit ins 18. Jh. hinein. Ende des 19. Jh.s wurde der Turm auf 119 m erhöht; er fiel 1944 den Bomben der Allierten zum Opfer. Erst nach der Bildung der Diözese Szczecin-Kamień 1972 wurde die Ruine der Jakobikirche als **Sitz des Erzbischofs** rekonstruiert. Beim Wiederaufbau entdeckte man auch die 200 Jahre lang verschollene Glocke wieder – eingemauert in einer Kirchenwand. Sie erhielt ihren neuen Platz in einer Holzkonstruktion an der Nordseite. Der Turm misst heute 70 m und kann bestiegen werden. Von der einst reichen **Ausstattung** ist nur wenig erhalten. Das Triptychon des Hauptaltars entstand im 15. Jh. und befand sich bis zum Ende des Zweiten Weltkriegs im Dom von Chojna (Königsberg). In der Taufkapelle werden die Reliquien von Otto von Bamberg bewahrt.
ul. św. Jakuba 1 | www.katedra.szczecin.pl

Der Turm von St. Jakobi war einst 119 m hoch. Aber auch seine heutigen 70 m machen einen stattlichen Eindruck.

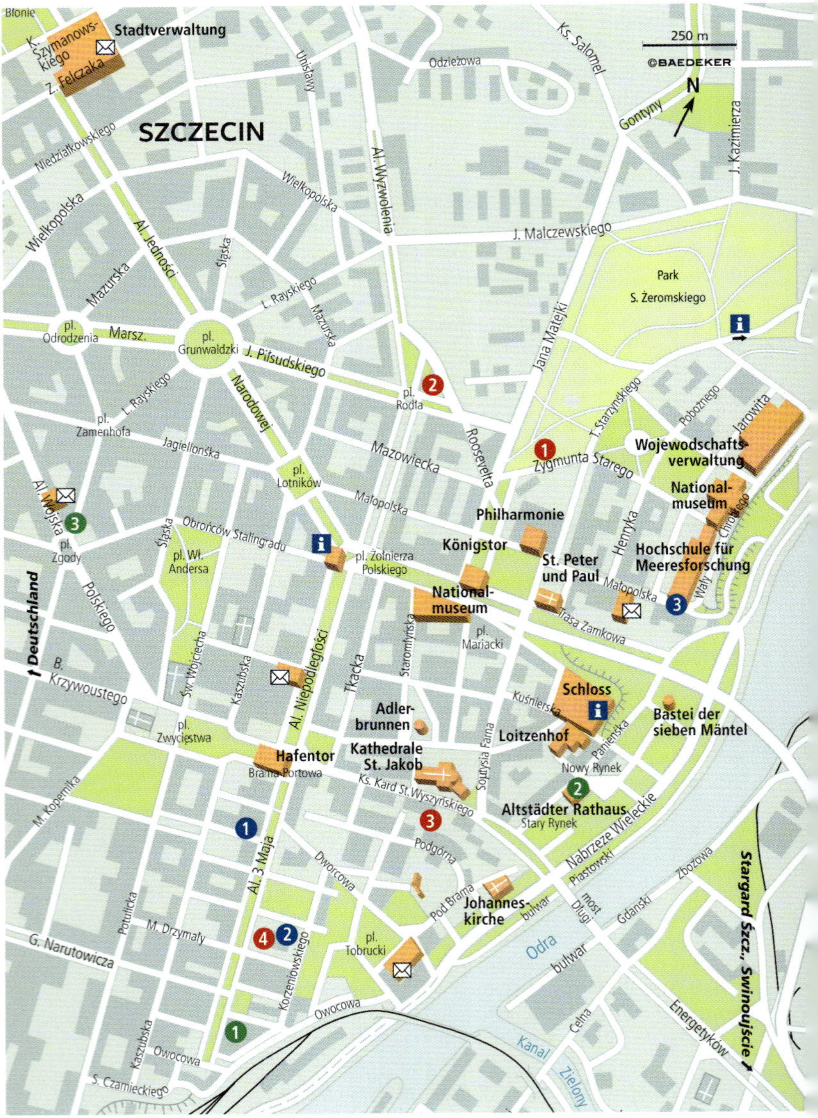

🍸 Klub City Hall, Camarillo, Club Grand Cru

1. Klub City Hall
2. Camarillo
3. Club Grand Cru

🍴 Bombay, Browar Stara Komenda, Colorado Steakhouse

1. Bombay
2. Browar Stara Komenda
3. Colorado Steakhouse

🏠 Park Hotel, Radisson, Campanile, Victoria

1. Park Hotel
2. Radisson
3. Campanile
4. Victoria

SZCZECIN ERLEBEN

TOURISTINFORMATION
pl. Żołnierza Polskiego 20
Tel. 91 4 34 04 40
www.szczecin.eu
Korsarzy 34 (im Schloss)
Tel. 91 4 89 16 30
http://zamek.szczecin.pl

STADTBESICHTIGUNG
Die wichtigsten Sehenswürdigkeiten Stettins lassen sich gut zu Fuß erkunden.
Am Hauptbahnhof beginnt eine 7 km lange, rot gekennzeichnete Wanderroute. Wichtige Objekte sind mit Infotafeln gekennzeichnet.
Bei Hafenrundfahrten von ca. 1 Stunde Dauer sieht man Stettin vom Wasser aus. Tickets erhält man bei der Touristinfo.

KULTURSOMMER
Klassik, Jazz und Pop: Zum Stettiner Musikfest im Frühjahr (www.szczecin musicfest.pl) kommen Orchester und Interpreten aus aller Welt. Rund um die Oder wird mit Folklore und Shows gefeiert: im Juni beim Treffen der Großsegler, bei den »Tagen des Meeres« und der Sonnwendfeier, im Juli beim Festival des Straßentheaters und im August beim internationalen Feuerwerkfestival »Pyromagic«.

PHILHARMONIE
Im hochmodernes, mit Architekturpreisen ausgezeichneten Konzerthaus wird natürlich auch erstklassig musiziert.
ul. Małopolska 48
Tel. 91 4 31 07 20
www.filharmonia.szczecin.pl

CENTRUM HANDLOWE GALAXY
Einkaufsspaß, garnietr mit Gastronomie und Multiplex-Kino. Internationale Marken konkurrieren an sieben Tagen in der Woche mit polnischen Labels wie Reserved und Gino Rossi.
al. Wyzwolenia 18
Tel. 91 4 83 91 33
www.galaxy-centrum.pl

1 KLUB CITY HALL
Im Roten Rathaus steppt nachts der Bär: Von Funk bis Soul, Hip-Hop bis Reggae wird alles gespielt, was Tanzwütige aufs Parkett treibt.
ul. 13 Maja 18
Do. – Sa. 21 – 5 Uhr

2 LULU CLUB
Brazil und Latino-Reggae-Nacht, Varieté und Cabaret, Champagner-Tastings und Live-Musik in einem eleganten ehemaligen deutschen Kino- und Theatersaal anno 1852.
ul. Partyzantów 2
Fr./Sa. ab 21 Uhr
www.luluclub.pl

3 CLUB GRAND CRU
Vor der Disco ins Restaurant mit mediterraner Küche, dazwischen und danach in die Bar.
ul. Ks. Bogusława X 9
Tel. 91 4 88 91 91
www.grand-cru.pl

1 BOMBAY €€
1973 von der ehemaligen Miss India eröffnet, bietet das Restaurant feine

südindische Gerichte aus dem Tandoori-Ofen.
ul. Partyzantów 1
Tel. 91 8 12 11 71
www.india.pl

❸ COLORADO STEAKHOUSE €–€€
Über der Oder thronendes Restaurant mit polnischen und europäischen Speisen, beliebt sind vor allem Grill- und Tex-Mex-Gerichte. Dem Besitzer gehört auch Columbus, das Nachbarlokal mit Biergarten!
ul. Wały Chrobrego 1-A
Tel. 91 4 88 19 21
www.walychrobrego.com/colorado

❷ BROWAR STARA KOMENDA €
Uriges Lokal mit kleiner Speisekarte. Es gibt deftige Suppen, Piroggen, Steak, Bratkartoffeln und Salat, dazu erfrischendes Bier vom Fass.
pl. Stefana Batorego 3
Tel. 91 4 23 44 45
http://starakomenda.pl

❶ PARK HOTEL €€€
32 Zimmer. Im Park Żeromskiego gelegenes, charmantes Haus mit gediegenem Ambiente. Der Chefkoch war früher für das belgische Königshaus tätig. Spa-Bereich mit Pool und Sauna.
ul. Plantowa 1 | Tel. 91 4 34 00 50
www.parkhotel.szczecin.pl

❷ RADISSON €€€
359 Zimmer, 10 Apartments. Zentral gelegen im Pazim-Businesscenter, mit Swimmingpool, Feinschmeckerlokal, Nightclub und dem höchstgelegenen Café der Stadt.
pl. Rodła 10 | Tel. 91 3 59 55 95
www.radissonblu.com

❸ CAMPANILE €€
85 Zimmer. Modernes Businesshotel gegenüber der Johannis-Kathedrale.
ul. Wyszyńskiego 30
Tel. 91 4 81 77 00
www.campanile.com.pl

❹ VICTORIA €€
43 Zimmer. Familiär geführtes Haus unter deutsch-polnischer Leitung mit gemütlichem Restaurant. Auf halbem Weg zwischen Bahnhof und Altstadt.
pl. Stefana Batorego 2
Tel. 91 4 34 38 55
www.hotelvictoria.com.pl

Prachtpromenade über der Oder

Wały Chrobrego

Die über dem Oderufer verlaufenden Wały Chrobrego wurde ab dem Ende des 19. Jhs. zu einer Prachtpromenade ausgebaut, an der sich repräsentative Gebäude aneinanderreihen, darunter die Marinehochschule und das in einem Neorenaissancebau von 1903 untergebrachte **Meeresmuseum**, eine Abteilung des Nationalmuseums, mit umfangreichen Sammlungen zur Geschichte der Seefahrt sowie archäologischen und völkerkundlichen Abteilungen.

Muzeum Morskie: ul. Wały Chrobrego 3 | Di. – Do. u. Sa. 10 – 18, Fr./So. 10 – 16 Uhr | Eintritt: 12 zł | www.muzeum.szczecin.pl

Gedenken an Herrn Haken

Hakenterrasse

Zur Oder hin erstreckt sich die von Pavillons gefasste Hakenterrasse – benannt nach **Hermann Haken**, dem Oberbürgermeister der Stadt von 1876 bis 1906. Von hier aus bietet sich ein schöner Blick auf Stadt

BAEDEKER MAGISCHE MOMENTE

AUF DER HAKENTERRASSE

Setzen Sie sich in einen der Biergärten im Schatten der Platanen, bestellen Sie sich einen kühlen Drink und blicken Sie hinab auf den Fluss. Auf seinem trägen Wasser ziehen Schiffe in Richtung Ostsee, begleitet von Möwen. Lassen Sie sich von ihrer Bewegung inspirieren und die Gedanken schweifen ...

und Hafen. Direkt gegenüber, auf der Insel Wyspa Grodzka, entstand 2015 eine neue moderne Marina mit einem großen künstlichen Strand.

★ Schloss der Pommerschen Herzöge

ul. Korsarzy s/n | Fr. - Mi. 10 - 18 Uhr | Eintritt: 6 zł | www.zamek.szczecin.pl

Ein Italiener am Werk

Kulturelles Zentrum

An der Stelle einer frühmittelalterlichen Festung entstand ab 1346 die Residenz der Greifenherzöge. Heute ist das Schloss der Pommerschen Herzöge (Zamek Książąt Pomorskich) das **wichtigste kulturelle Zentrum der Stadt** mit Oper, Operette, Theater und Ausstellungsräumen, mit einer Touristeninformation, Cafés und Restaurants. Außerdem dient es als Sitz des Marschalls, des Repräsentanten der Wojewodschaft.

Herzog Barnim III. begann 1346 mit dem Bau der Residenz. Um 1575 erhielt sie durch den italienischen Architekten **Guglielmo di Zaccaria** im Wesentlichen ihre heutige Gestalt. Die einen Innenhof umschließende Vierflügelanlage wurde 1616 bis 1619 um den sog. **Museumsflügel** erweitert, wodurch ein kleinerer Hof dazukam. Bei Luftangriffen 1944 wurde das Schloss bis auf seine Grundmauern zerstört; 1958 bis 1982 erfolgte der Wiederaufbau.

Alles im Blick

Münzhof, Westflügel

Von der ul. Korsarzy führt der Weg ins Schloss vorbei an dem 1974 errichteten Denkmal für Bogusław X. und seine Frau Anna Jagiellońka. Durch einen Torbogen betritt man zunächst den schmalen Münzhof, der nach dem Anbau des West- bzw. Museumsflügels Anfang des 17. Jh.s entstanden war. Herzog **Philipp II.**, ein großer Kunstliebhaber, wollte hier seine Kunstschätze ausstellen. Heute sind dort die

Touristeninformation und die Verwaltung des Marschallamts untergebracht. Am nördlichen Ende des Hofs erhebt sich der 58 m hohe **Glockenturm**. Über 204 Stufen gelangt man zur Aussichtsplattform, die einen herrlichen Blick auf Stadt, Oder und Hafen bietet.

Sommerliche Konzerte und Opern

Großer Innenhof

Ein Durchgang im ebenfalls vom Marschallamt genutzten Mittelflügel führt in den rechteckigen Großen Innenhof. Er bildet in den Sommermonaten die Bühne für Konzerte und Opernaufführungen. Ihre feste Bühne hat die Oper in dem nach Bogusław X. benannten **Südflügel**. In diesem Gebäudetrakt befinden sich auch der hübsche **Hochzeitssaal** des Standesamts sowie die **Südgalerie** (Galeria Południowa), die wechselnde Ausstellungen zeigt.

Auf die Nase achten!

Uhrenturm

Dem Südflügel vorgelagert ist der Uhrenturm. Dort hängt seit 1693 ein beeindruckender Zeitmesser, der von dem Dramburger Meister **Kaspar Ritard** gefertigt wurde: Als Ziffernblatt sieht man ein Gesicht. Auf der Nase dreht sich der Stundenzeiger, im weit geöffneten Mund wird der Monatstag angezeigt. Die beiden Augen folgen dem Lauf des Stundenzeigers. Eine kleinere, von zwei Greifen gehaltene Uhr darunter zeigt die Minuten an.

Frei nach Merian

Ostflügel

Im Keller des nach Barnim XI. benannten Ostflügels werden die **Sarkophage von sechs Greifenherzögen** ausgestellt. Der Gebäudetrakt ist Teil des Schlossmuseums, der **»Galeria Gotycka«**. Dort wird auch der Stich von Matthäus Merian aus dem Jahr 1653 gezeigt, der die Grundlage für den Wiederaufbau des Schlosses nach dem Zweiten Weltkrieg bildete.

Konzerte, Kunst und Mini-Theater

Nordflügel

Seit 1965 ist im Nordflügel das moderne **»Teatr Krypta«** untergebracht, das lediglich 30 Zuschauern Platz bietet. In den ehemaligen herzoglichen Gemächern im ersten und zweiten Stock wird junge polnische Kunst gezeigt, außerdem gibt es in der früheren Schlosskapelle einen Konzertsaal.

Rund um das Schloss

Studenten statt Pferde

Reitstall

Der um 1600 gebaute Reitstall des Schlosses in der ul. Rycerska 3 beherbergt heute Seminarräume der Stettiner Universität. Das prachtvolle Renaissanceportal an der Ostseite befand sich ursprünglich am Schloss.

Am Ort eines heidnischen Tempels

St. Peter und Paul

Die Geschichte der Kirche St. Peter und Paul (Kościół Św. Piotra i Pawła) reicht zurück bis ins Jahr 1124. Anlässlich einer Missionsreise des Bischofs **Otto von Bamberg** wurde hier an der Stelle eines heidnischen Tempels eine Holzkirche errichtet. Die heutige dreischiffige Hallenkirche entstand in der Mitte des 15. Jahrhunderts. Sehenswert ist ihre mit biblischen Szenen bemalte Holzdecke.

Jazz unterm preußischen Adler

Königstor

Das aus Sandstein gebaute barocke Königstor (Brama Królewska) beim pl. Żołnierza Polskiego entstand 1725 bis 1727. Mythische Figuren, ein preußischer Adler und eine Königskrone schmücken die Fassaden des Tors, das heute ein beliebtes Jazz-Café beherbergt. Das Pendant dazu bildet das 1724 entstandene **Berliner Tor** (Brama Portowa) weiter südlich am pl. Zwycięstwa. Errichtet hat die beiden Tore der preußische Festungsbaumeister **Gerhard Cornelius von Walrave** (1692 – 1773). Das Berliner Tor trägt eine lateinische Inschrift, die besagt, dass der preußische König Friedrich Wilhelm I. Stettin von den Schweden »zu einem gerechten Preis« erworben und dem preußischen Staat angliedert hat.

Wohnungen für Gymnasiallehrer

Professorenhäuser

An der Ostseite des pl. Żołnierza Polskiego stehen die sog. Kamienice Profesorskie; dort wohnten die Lehrkräfte des 1550 gegründeten Marienstiftgymnasiums. Die im Kern gotischen Gebäude aus dem 14. Jh. wurden um 1740 und nochmals um 1830 umgestaltet und mit repräsentativen Fassaden zum Platz hin versehen.

Neue und alte Kunst aus Pommern

★ Nationalmuseum

Der barocke Palast in der ul. Staromłyńska 27 entstand 1726/1727 nach Entwürfen des Festungsbaumeisters Gerhard von Walrave als **Sitz des Pommerschen Landtags**. Heute zeigt dort das Nationalmuseum (Muzeum Narodowe) Kunstwerke aus Pommern, die Sammlungen der Greifenherzöge sowie polnische Malerei vom 18. Jh. bis Anfang des 20. Jahrhunderts. In dem gegenüberliegenden Bau an der ul. Staromłyńska 1 wird die **zeitgenössische Kunstsammlung** des Nationalmuseums präsentiert.

ul. Staromłyńska 27 und ul. Staromłyńska 1 | Di. – Do. u. Sa. 10 – 18, Fr./So. 10 – 16 Uhr | Eintritt: 12 zł | www.muzeum.szczecin.pl

Hochkarätige Konzerte, multimediale Geschichte

★ Philharmonie und Zentrum des Dialogs

Auf der gegenüberliegenden Straßenseite fällt ein gleißend helles Gebäude in den Blick: ein kühner Bau mit »gotischen« Spitzgiebeln und Türmchen, entworfen 2014 vom katalanischen Architekten-Büro Baroozo/Veiga. Fast jeden Abend finden in der **Philharmonie** hochkarätige Konzerte und andere Veranstaltungen statt.

Ein Hingucker innen wie außen ist die Stettiner Philharmonie.

Gegenüber der neuen Philharmonie »versteckt« sich halb unterirdisch das **Zentrum des Dialogs**. Während auf dem darüber liegenden weiten Platz Skater ihre Runden drehen, taucht man im Museum in die jüngere Geschichte Polens ein. Multimedial wird von jenen Polen erzählt, die 1945 als Vertriebene in eine kriegsverwüstete, von Deutschen »geräumte« Stadt kamen.

Filharmonia: ul. Małopolska 48/pl. Solidarności | http://filharmonia.szczecin.pl/de

Centrum Dialogu Przełomy: pl. Solidarności 1 | Di. – So. 10 – 18 Uhr | www.przelomy.muzeum.szczecin.pl

Große, sternförmige Plätze

Pariser Viertel

Das Gebiet nördlich der Altstadt wurde Ende des 19. Jh.s nach Plänen des Pariser Stadtplaners **Georges-Eugène Baron Haussmann** umgestaltet. Dabei entstanden große Plätze mit sternförmig verlaufenden, breiten Straßen. Ein Großteil der meist viergeschossigen Jugendstil- und Gründerzeitbauten ist bis heute erhalten geblieben. Zentrum des Viertels ist der **pl. Grunwaldzki**. Auf der Grünfläche in der Mitte des großen Platzes trifft man sich im Sommer gern zum Plausch oder zum Schachspiel, unbeeindruckt vom ringsum tosenden Verkehr. Die al. Piłsudskiego führt zum pl. Rodła, wo in den 1990er-Jahren das **»Pazim Center«** mit Büros, Boutiquen, Kinos und dem Hotel »Radisson« entstand.

Pazim Spółka: pl. Rodła 8 | www.pazim.pl

Open-Air-Restaurants und Papst-Statue

al. Jedności Narodowej

Der breite Mittelstreifen der al. Jedności Narodowej verwandelt sich in den Sommermonaten in eine große Freiluftgaststätte. Die Straße führt vom pl. Grunwaldzki nach Südosten zum pl. Lotników, der Anfang des 21. Jh.s umgestaltet wurde. Dort wurde 2002 die Kopie eines Reiterstandbilds des Condottiere **Bartolomeo Colleoni** aufgestellt, eine der bedeutendsten Skulpturen der Renaissance. Das Original stammt von **Andrea del Verrocchio** (1435 – 1488) und steht in Venedig. In nordwestlicher Richtung führt die al. Jedności Narodowej vorbei am Rektorat der Universität zur Philharmonie am Rand der Grünanlage **Jasne Błonia**. In dem gepflegten Park steht eine Statue von Papst Johannes Paul II., der hier 1987 vor rund einer Million Menschen predigte. Seitdem trägt der Park den Namen des Papstes.

Nr. 3 in Europa

Zentralfriedhof

Der Stettiner Zentralfriedhof im Südwesten der Stadt ist mit einer Fläche von 170 ha der drittgrößte in Europa nach Wien und Hamburg. Er wurde 1900 angelegt. Durch das Haupttor im neoromanischen Stil mit einer 77 m langen Säulenhalle betritt man die parkähnlich gestaltete Anlage.

Rund um Szczecin

Ans Wasser

Dąbie

Der im Süden Stettins gelegene Vorort Dąbie (Altdamm) war bis 1939 selbstständige Stadt und ist für die Stettiner ein beliebtes Wassersportzentrum. Sehenswert sind die spätgotische Marienkirche und das im Renaissancestil errichtete Jagdschloss. Südlich des Orts breitet sich die 76 km² große **Puszcza Bukowa** (Buchheide) aus.

Vogelschutz in der Auenlandschaft

Park Krajobrazowej Doliny Dolnej Odry

Der **Landschaftspark Unteres Odertal** erstreckt sich entlang der beiden Oderarme südlich von Szczecin und schließt an den »Nationalpark Unteres Odertal« auf deutscher Seite an. Die Auenlandschaft

ist ein wichtiges Vogelschutzreservat. Am Rand des Parks liegt das Städtchen **Gryfino** (Greifenhagen). Die Kirche St. Nikolaus stammt aus dem 13. Jh. und besitzt eine wertvolle Ausstattung aus der Renaissancezeit.
www.zpkwz.pl

Verstörende Vergangenheit

Stettiner Haff

Nördlich der kleinen Industriestadt **Police** (Pölitz), die gut 20 km im Norden von Szczecin liegt, weitet sich die Oder zum Stettiner Haff (Zalew Szczeciński). Das beliebte **Segelrevier** erstreckt sich auf einer Fläche von 800 km^2 zu beiden Seiten der deutsch-polnischen Grenze bis zu den Inseln Usedom und Wolin. Zentrum des Wassersports ist der kleine Fischerort **Trzebież** (Ziegenhals).
In **Police** entstanden nach 1937 die Hydrierwerke Pölitz. Das zur IG Farben gehörende Unternehmen stellte synthetisches Benzin her. Tausende Zwangsarbeiter waren dort beschäftigt. 1944 entstand hier ein Außenlager des KZ Stutthoff. Der kriegswichtige Betrieb war Ziel alliierter Bombenangriffe und wurde im Februar 1945 zerstört. Bis Herbst 1946 unterstand das Gebiet der sowjetischen Militärverwaltung. Heute ist Police wieder ein wichtiger Chemiestandort.

Der Dammsche See geht bei Police in das Stettiner Haff über.

★ SZWAJCARIA KASZUBSKA · KASCHUBISCHE SCHWEIZ

Wojewodschaft: Pomorskie | **Höhe:** 140 – 329 m ü. d. M.
ul. Klasztorna 1 | Tel. 58 6 84 02 01 | **www.kartuzy.pl**

Gern erhalten malerische Landschaften den Beinamen »Schweiz«. So auch hier. Vor den Toren Danzigs erstreckt sich die hügelige Kaschubei mit 250 meist sehr klaren Seen, von denen viele durch Kanäle miteinander verbunden sind. Spaß macht auch die schräge kaschubische Folklore!

Ein bisschen schräg

Das Gebiet der Kaschubischen Schweiz umfasst den Landkreis Kartuzy mit 100 000 Bewohnern sowie den nördlichen Teil des Nachbarkreises Kościerzyna (Berent), der rund 66 000 Einwohner zählt. Viele Bewohner in den Dörfern und Kleinstädten der Region gehören der **Volksgruppe der Kaschuben** an und sprechen neben der polnischen auch die kaschubische Sprache. Das gesamte Gebiet war ursprünglich Teil des Herzogtums Pomerellen, gelangte mit der ersten polnischen Teilung 1772 zu Preußen und nach dem Ersten Weltkrieg erneut zu Polen.

Wohin in der Szwajcaria Kaszubska?

Sargdeckel auf dem Dach

★ Kartuzy

Die Kreisstadt Kartuzy (Karthaus) gilt als **Zentrum der Kaschubischen Schweiz**. Aus Böhmen eingewanderte Karthäusermönche gründeten hier 1383 das Kloster Marienparadies, das 1826 säkularisiert wurde. Erst danach entwickelte sich der nach den Mönchen benannte Ort Kartuzy, der 1923 das Stadtrecht erhielt.
Die gotische **Stiftskirche** (Kolegiata Kartuska), 1381 bis 1405 am Ufer des Klostersees entstanden, ist das bedeutendste Bauwerk der Region. Bemerkenswert ist das Dach in Form eines Sargdeckels, das das einschiffige Gotteshaus bei einem Umbau in den Jahren 1731 bis 1733 erhielt. Dessen wertvollstes Ausstattungsstück ist das filigran geschnitzte barocke Chorgestühl, 1641 bis 1671 aus Eichenholz entstanden. Die Schnitzereien zeigen Apostel und Heilige sowie die Leiden Jesu.
Ein weiteres Meisterwerk der Schnitzkunst ist der dreiflügelige Altar in der **Goldenen Kapelle**. Er stammt aus dem Jahr 1444 und stellt die Krönung Marias als Königin des Himmels und der Erde dar. Mittel-

punkt des Mitte des 17. Jh.s im Stile der Renaissance gefertigten Hochaltars ist ein Gemälde, das die Aufnahme Marias in den Himmel darstellt. Zu beiden Seiten des Hochaltars sind die Wände mit reich verzierten Ledertapeten bedeckt.
Das Muzeum Kaszubskie gibt in sieben Ausstellungsräumen mit alten Gebrauchsgegenständen, bäuerlichen Gerätschaften, traditionellen Musikinstrumenten, Kunsthandwerk und Spielzeug einen Einblick in die kaschubische Kultur (▶ Baedeker Wissen, S. 266).

ul. Kościerska | Mai/Juni u. Sept. Di. - Fr. 8 - 16, Sa. 8 - 15, So. 10 - 14, Juli/Aug. Di. - Fr. 8 - 18, Sa./So. 9 - 17, Okt. - April Di. - Fr. 8 - 16, Sa. 8 - 15 Uhr | Eintritt: 10 zł
www.muzeum-kaszubskie.pl

Altar aus Antwerpen

Żukowo

Das **Prämonstratenserinnenkloster** in der Kleinstadt Żukowo (Zuckau), ca. 12 km östlich von Kartuzy, stammt aus dem 13. Jahrhundert. Sehenswert ist der Schreinaltar der Klosterkirche, gefertigt im 16. Jh. in Antwerpen. Das **Pfarrmuseum** (Muzeum Parafialne) zeigt liturgische Gewänder und Gefäße sowie kaschubische Stickereien aus der Zuckauer Schule.

Muzeum Parafialne: Besichtigung nach Anmeldung in der Pfarrei | Tel. 58 6 81 82 42

Mit dem Kajak auf dem Seenring

Jeziora Raduńskie

Der Ring der Jeziora Raduńskie (Radauneseen) westlich von Kartuzy zählt zu den **landschaftlich schönsten Teilen** der Kaschubischen Schweiz. Das beliebte Kajakrevier kann auf einer rund 40 km langen Route erkundet werden. Ausleihstationen gibt es in vielen Ferienorten an den Ufern der klaren Gewässer.

Selbst töpfern

Chmielno

In der von drei Seen umgebenen Gemeinde Chmielno (Chmelno), 10 km westlich von Kartuzy, ist seit einhundert Jahren die **Töpferfamilie Necel** ansässig, deren Arbeiten in einem kleinen privaten Museum bewundert und gekauft werden können. Wenn Sie mögen, können Sie an kurzen Workshops teilnehmen.

Muzeum Ceramiki Kaszubskiej: ul. Gryfa Pomorskiego 63 | Mo. - Sa. 9 - 18 Uhr | Eintritt: 6 zł | www.necel.pl

»Berg« mit Aussichtsturm

Góra Wieżyca

Der Góra Wieżyca (Turmberg) liegt etwa 15 km südlich von Kartuzy oberhalb der Gemeinde Szymbark (Schönberg) und ist mit 329 m die **höchste Erhebung im Norden Polens**. Ein vor wenigen Jahren erbauter Aussichtsturm bietet einen beeindruckenden Blick über die Baumwipfel auf die Seenlandschaft der Umgebung. Am Westhang sind im Winter einige Skilifte in Betrieb.

So war es bei den Kaschuben – jedenfalls im Freilichtmuseum (▶ S. 268).

Wissenswertes beim Einkaufsbummel

Kościerzyna

Mit über 23 000 Einwohnern ist die Kreisstadt Kościerzyna (Berent) die größte Gemeinde der Kaschubischen Schweiz. Am Rynek (Marktplatz), wo die Fußgängerzone ul. Długa mit den **besten Einkaufsmöglichkeiten in der Region** beginnt, erhebt sich das 1845 gebaute neugotische Rathaus. Im Erdgeschoss und im gotischen Kellergewölbe ist heute ein Restaurant untergebracht. Das **Museum** im ersten Stock zeigt archäologische Fundstücke und volkskundliche Exponate aus der Stadt und ihrer Umgebung.

Muzeum Ziemi Kościerskiej: Mo. 8 – 16, Di. – Sa. 10 – 18, So. 12 – 18 Uhr | Eintritt: 6 zł | http://muzeumziemikoscierskiej.com.pl

Museum in der Ordensburg, Konzerte im Hof

Bytów

Das Industrie- und Verwaltungsstädtchen Bytów (Bütow; 17 000 Einw.) liegt knapp 30 km westlich von Kościerzyna am Rand der Kaschubischen Seenplatte (Pojezierze Kaszubskie). Die hoch über der Stadt gelegene **mächtige Burg** wurde 1398 bis 1406, als die Stadt zum Herrschaftsgebiet des Deutschen Ordens gehörte, von dem Koblenzer Meister Nikolaus Fellenstein errichtet. Die Greifen-

EIN KLEINES VOLK

Die Kaschubei umfasste den Küstenstreifen von den Wanderdünen bei Łeba bis zur Spitze der Halbinsel Hel und die weiter südlich gelegene wald- und seenreiche Kaschubische Schweiz. Die Kaschuben hatten nie einen eigenen Staat, gelten aber als eigenständiges slawisches Volk mit einer eigenen Sprache, die sich vom Polnischen klar unterscheidet.

Der Greifenherzog Barnim I. gab sich 1250 den Titel »Herzog der Wenden und Cassuben«. Seine Nachfahren behielten diese Bezeichnung bei. Gab es Siedlungsgebiete der Kaschuben zunächst auch im Stettiner und Kolberger Raum, so verlagerte sich ihr Zentrum im Laufe der Jahrhunderte immer weiter ostwärts.

Germanisierung

Nach dem Ende der Greifen-Dynastie im Jahr 1648 gelangte das westliche Pommern in den Besitz der Brandenburger Kurfürsten, die dort eine Politik der Germanisierung betrieben. **Pomerellen**, wo im frühen Mittelalter noch vergleichsweise wenige Kaschuben lebten, wurde danach zu ihrem eigentlichen Kerngebiet. Als nach der ersten polnischen Teilung dieses Gebiet zu Preußen gelangte, begann auch hier die Germanisierung. Gleichzeitig entwickelte sich im Zuge der Nationalstaatsbewegung um 1848 ein kaschubischer Regionalismus. Zu seinen Vorkämpfern zählte der bei Putzig geborene Mediziner, Bürgerrechtler und Schriftsteller **Florian Ceynowa** (1817 – 1881). Er sah Kaschubisch als eigene Sprache und die Kaschuben als slawisches Volk an. Ceynova entwickelte eine eigenständige kaschubische Schriftsprache und veröffentlichte 1843 seine erste Kurzgeschichte auf Deutsch und Kaschubisch: »Die Germanisierung der Kaschuben.«

Deutsche oder Polen?

Obwohl sich die meisten Kaschuben den Versuchen widersetzten, sie gegen die Polen auszuspielen, galten sie im Polen der Zwischenkriegszeit als **unsichere Kantonisten**. Die Verwaltungsposten im Gebiet der Kaschubei wurden in der Regel mit Polen aus anderen Regionen besetzt; wer auf seiner kaschubischen Identität beharrte, musste mit Reglementierungen rechnen. Während des Zweiten Weltkriegs wurde ein Großteil der kaschubischen Intelligenz umgebracht; wer sich nicht auf der »Volksliste III« als Deutscher eintragen ließ, landete recht schnell in einem Konzentrationslager oder als Zwangsarbeiter in Deutschland.

Kaschubisches Dilemma

Anna Bronska, die kaschubische Großmutter in der **»Blechtrommel«** von Günter Grass, bringt das Dilemma der Kaschuben auf den Punkt: »Die missen immer dableiben und Koppchen hinhalten, damit de anderen drauftäppern können, weil unserains nich richtich polnisch is und nich richtich deitsch jenug ...« Mit dem Ende des Zweiten Weltkriegs setzte sich dieses Dilemma fort: Die sowjetischen Truppen sahen in den Kaschuben Deutsche; viele von ihnen landeten in den Lagern Sibiriens.

Ein wenig Kaschubisch kann nicht schaden ...

Im Polen der Nachkriegszeit blieb für die Kaschuben der **Gebrauch ihrer Sprache auf den privaten Bereich beschränkt**. Was über die Pflege der Volkskunst hinausging, wurde als verdächtig angesehen und vorsichtshalber unterbunden.

Renaissance der Sprache

Seit dem Ende des Sozialismus kehrt die kaschubische Sprache langsam in das öffentliche Leben zurück: Straßenschilder auf der Halbinsel Hel etwa sind seit einigen Jahren zweisprachig, es gibt Bücher und Unterricht in kaschubischer Sprache und in Danzig seit 1997 ein **Kaschubisches Institut**, das sich der Geschichte und Kultur der Kaschuben annimmt. In der Wissenschaft überwiegt die Ansicht, dass Kaschubisch eine eigenständige Sprache und nicht nur ein Dialekt ist. Auf rund 500 000 wird die Zahl der Kaschuben geschätzt; viele von ihnen unterhalten sich in ihrer Sprache, die sich vom Polnischen klar unterscheidet und auch mit manchen deutschen Begriffen gespickt ist. »Guten Tag« heißt auf Kaschubisch übrigens »Njech bądze pochwoloni« (sprich: Niech bondze pochwoloni).

herzöge nutzten sie später als Sommerresidenz. Heute beherbergt die einstige Ordensburg das **Westkaschubische Museum** mit großen historischen und volkskundlichen Sammlungen. Das ehemalige Herzoghaus im südlichen Flügel dient als Hotel und Restaurant. In den Räumen der Ordensburg finden Konzerte, Vernissagen und Konferenzen statt, und im Burghof kann man im Sommer Ritterturniere erleben.

Muzeum Zachodnio-Kaszubskie: ul. Zamkowa 2 | tgl. 8 – 17 Uhr | Eintritt: 9 zł | www.muzeumbytow.pl

Kleiner Ort mit großem Museumsdorf

Wdzydze Kiszewskie

Wdzydze Kiszewskie (Sanddorf) liegt etwa 16 km südlich von Kościerzyna am Jezioro Wdzydze. Einen Blick in kaschubische Kultur gewährt das **Kaschubische Freilichtmuseum** in dem kleinen Ferienort. Das größte kaschubische Museumsdorf besteht seit 1906 und besitzt neben original ausgestatteten Fachwerkbauernhäusern, Ställen und Werkstätten auch Windmühlen, eine Schmiede, eine Dorfschule und eine Holzkirche. Bei vielen Veranstaltungen rund ums Jahr erleben Sie kaschubische Folklore – meist in musikalischer Form.

Muzeum Kaszubski Park Etnograficzny: April – Sept. Di. – Fr. 9 – 16, Juli/Aug. Di. – So. 10 – 18, Okt. u. Febr./März Mo. – Fr. 10 – 15 Uhr | Eintritt: 16 zł | www.muzeum-wdzydze.gda.p

SZCZECINEK · NEUSTETTIN

Wojewodschaft: Zachodnio-Pomorskie
Höhe: 130 m ü. d. M. | **Einwohner:** 38 000

Eine kleine Stadt abseits touristischer Routen mit überraschend schöner gotischer und neugotischer Architektur, allem voran der gewaltigen Marienkirche. Dazu kommt die idyllische Lage am Ufer eines Sees.

Idyll mit Gotik

Auf dem Gebiet von Szczecinek bestand eine frühmittelalterliche slawische Siedlung, die 1310 als Neustettin das Stadtrecht erhielt. Die Burg wurde in den folgenden Jahrhunderten zerstört und verlassen. Bis zum 16. Jh. war die Mehrheit der Bevölkerung slawisch, im 17. Jh. war es nur noch etwa ein Viertel. 1648 wurde die Stadt von Brandenburg eingenommen. Seit 1945 gehört sie zu Polen.

SZCZECINEK ERLEBEN

www.szczecinek.pl

ZAMEK SZCZECINEK €€

Vier stilvolle Zimmer und ein Apartment im Schloss der Pommerschen Herzöge am See: Hier fühlen Sie sich als Schlossdame bzw. -herr! Und auch die Schlossküche schmeckt: Fisch kommt frisch aus dem See und wird mit viel Kräutern und Butter serviert. Und als Dessert das hausgemachte Eis!
ul. Mickiewicza
Tel. 94 7 13 73 10
recepcja.zamek@sapik.pl
www.zamek.szczecinek.pl

RESIDENCE €

12 Zimmer. Das Haus liegt außerhalb des Stadtzentrums am Trzesiecko-See. Alle Zimmer mit Bad, Telefon, Sat-TV und Internetanschluss. Das Restaurant serviert gute polnische Küche.
ul. Lelewela 12
Tel. 94 3 72 88 50
www.resiedence.szczecinek.pl

Wohin in Szczecinek?

Herausgeputzt ...

Rund um den Marktplatz

ist der zentrale, abends stimmungsvoll beleuchtete Marktplatz. Ein Hingucker ist das neugotische, an eine Burg erinnernde Rathaus. Ein paar Schritte entfernt bietet das **Regionalmuseum** im alten gotischen Turm der Nikolauskirche (Kościół św. Mikołaja) Einblick in die Stadtgeschichte. Schon von weitem sichtbar ist die gewaltige, neugotische **Marienkirche** mit ihrem 78 m hohen Turm. Aufgrund der hervorragenden Akustik finden hier öfters Orgelkonzerte statt – steht eines auf dem Programm: nicht verpassen! Unmittelbar am Ufer des Sees steht das mittelalterliche **Schloss der Pommerschen Herzöge**. Es wurde aufwändig restauriert und beherbergt nun das stilvolle Konferenzzentrum Zamek Szczecinek.

Muzeum Regionalne: ul. Ks. Elżbiety 6 | Di. – So. 10 – 16 Uhr | Eintritt: 4 zł | www.muzeum.szczecinek.pl

Für ganz Mutige

Schiffsausflüge

Von der Anlegestelle starten im Sommer Ausflugsschiffe; wer sein Adrenalin stimulieren will, kann ausgerechnet in diesem kleinen Ort **Europas längsten Wasserskispringlift** testen.

Rund um Szczecinek

Draheimer Seengebiet

Den Aufenthalt in Szczecinek sollte man mit einer Erkundung des Draheimer Seengebietes verbinden (▶ Pojezierze Pomorskie).

★ TCZEW · DIRSCHAU

Wojewodschaft: Pomorskie
Höhe: 5 – 30 m ü .d. M. | **Einwohner:** 60 300

Berühmt ist der Ort für seine Eisenbrücken, die sich über das kilometerbreite, grüne Weichseldelta spannen. Ein zweites handwerkliches Meisterstück ist die Gutenberg-Bibel, die in der nahen Kathedrale von Pelplin aufbewahrt wird.

Eisern

Schon im Jahr 1252 gegründet, zählt Dirschau zu den **ältesten Städten Pommerns**. Von 1308 bis 1466 gehörte die Stadt zum Herrschaftsgebiet des Deutschen Ordens, danach zu Polen. In der Zeit der polnischen Teilungen kam sie zu Preußen, seit 1920 gehört sie wieder zu Polen.

Wohin in Tczew?

Weichselgotik

Pfarrkirche

Unweit des beschaulichen Marktplatzes, des von renovierten Bürgerhäusern umgebenen pl. Gen. Hallera, erhebt sich die im 13. Jh. im Stil der Weichselgotik gebaute Pfarrkirche (Kościół farny). Ihre wertvollen Fresken an den Decken und Wänden wurden im 15. Jh. geschaffen, ihre reiche Ausstattung stammt aus der Zeit des Barock.

Danziger Außenstelle

Weichselmuseum

Das Muzeum Wisły entstand 1984 als Außenstelle des Danziger Meeresmuseums in einem Industriebau aus dem 19. Jh. und informiert über die Geschichte der Weichselschifffahrt. Das absolute Highlight des Museums ist ein **über 3000 Jahre altes Boot**.

ul. 30 Stycznia 4 | Di. – Fr. 10 – 17, Sa./So. 10 – 16 Uhr | Eintritt: frei
www.nmm.pl

Machtvoll und imposant trotz Kriegsschäden

Weichselbrücken

Die Weichselbrücken am Rand des Stadtzentrums gelten als **technisches Meisterwerk**. Die erste Stahlbrücke über die Weichsel entstand 1850 bis 1857 und war mit 837 m die längste in Europa. Sechs mächtige Brückenpfeiler gaben der Straßenbrücke Halt. Von ihren ehemals zehn neogotischen Türmen blieben nach den schweren Zerstörungen im Zweiten Weltkrieg nur vier erhalten, auch die zwei Einfahrtstore wurden nicht wieder aufgebaut. Gleichwohl wirkt die Anlage machtvoll und imposant. Nicht minder eindrucksvoll ist die 1888 – 1891 entstandene Parallelbrücke für den Eisenbahnverkehr.

★ Kloster Pelplin

Riesig

Bischofssitz

Das Zisterzienserkloster von Pelplin, ca. 22 km südlich von Tczew, wurde 1258 von Mönchen aus dem Mutterkloster in Doberan gegründet. Sie blieben hier bis zur Säkularisierung des Klosters Ende des 18. Jahrhunderts. Heute ist die gotische Kathedrale **Sitz des Bischofs** von Pelplin. Sie entstand als Klosterkirche ab 1276. Etwa 200 Jahre dauerte die Fertigstellung. Jeweils zwei achteckige Treppentürme flankieren die beiden Fassaden der 86 m langen Basilika. Eines der schönsten Ausstattungsstücke der Kirche ist der riesige, **vergoldete Hauptaltar** aus dem Jahr 1640, einer der größten Altäre in Europa. Sehenswert ist auch das geschnitzte gotische Chorgestühl, auf dem einst nur die Mönche Platz nehmen durften. Die Barockorgel von 1673 mit einer beweglichen Christusfigur auf der Spitze erklingt unter anderem beim **sommerlichen Orgelfestival** von Pelplin (▶ Baedeker Wissen, S. 272).

Da das Dach mehrfach zerstört wurde, finden sich an der Decke heute Kreuz-, Stern- und Kristallgewölbe nebeneinander. Ein besonderes Kunstwerk entdeckt man am Altar des rechten Seitenschiffs: Das untere Bild mit dem Motiv der Anbetung der Hirten gehört zu den ersten, in denen Maler die Technik des Hell-Dunkel-Kontrasts einsetzen. Der Danziger Maler **Hermann Hahn** schuf das Bild 1616, einige Jahrzehnte, bevor Rembrandt diese Technik berühmt machte.

Ein seltener Schatz

Diözesanmuseum

Das Diözesanmuseum des Klosters besitzt eine der weltweit 48 noch vorhandenen Gutenberg-Bibeln, weitere wertvolle Drucke und sehenswerte gotische Schreinmadonnen. Die 1453 gedruckte zweibändige **Pelpliner Gutenberg-Bibel** wurde vermutlich vom Kulmer Bi-

TCZEW ERLEBEN

www.tczew7.pl

HACJENDA €€
Das Hacjenda serviert internationale Küche in behaglicher Atmosphäre.
ul. Armii Krajowej 50
Tel. 58 7 77 56 02
www.hacjenda-tczew.pl

ZAJAZD ROMA €
Zu dieser komfortablen Pension gehört auch ein sehr gepflegtes Restaurant, das altpolnische Küche auf den Tisch bringt. Im Sommer kann man auch draußen sitzen, der Außenbereich ist hübsch gestaltet.
ul. Rokicka 11
Tel. 58 5 31 10 21
www.zajazdhotel.pl

MEISTERHAFTE BACKSTEIN-KATHEDRALE

Das Zisterzienserkloster von Pelplin, ca. 22 km südlich von Tczew, wurde 1258 gegründet. Die Zisterziensermönche orientierten sich beim Bau der eindrucksvollen Backstein-Kathedrale im Wesentlichen am Bauplan der Doberaner Mutterkirche. Aber nicht allein die Kirche verdient Beachtung, auch im Diözesanmuseum findet sich so mancher hochmittelalterliche Schatz, etwa die einzige Gutenberg-Bibel in Polen.

1 Dachreiter
Die Dachreiter anstelle eines Turms sind ein Kennzeichen der Zisterzienserkirchen. Sie sollten die Schlichtheit der Kirche und ihrer Ausstattung betonen.

2 Hochaltar
Insgesamt hat die Kirche zwanzig Altäre, davon drei aus Mamor, zwei aus Stuckmarmor, die anderen bestehen aus Holz und sind mit Farbe und Gold versehen. Der großartige Hochaltar birgt ein Gemälde der Himmelfahrt Maria, geschaffen 1625 von dem Danziger Maler Hermann Hahn. Mit 10 m Breite und 26 m Höhe ist der Hochaltar einer der größten Europas.

3 Schlussstein
Der Pelikan steht in der christlichen Symbolik für den Kreuztod Christi. Nicht selten wird er dargestellt wie auf diesem Schlussstein: Der Pelikan reißt sich die Brust auf und opfert sein Blut den Jungen im Nest.

4 Chorgestühl
Auch wenn ihnen das wunderbar geschnitzte Chorgestühl vorbehalten war, so richtig bequem konnten es sich die Zisterziensermönche darin nicht machen.

1
2
3
4
©BAEDEKER

schof Mikołaj Chrapicki erworben und den Franziskanern im schlesischen Lübau geschenkt. Nach der Säkularisierung des Klosters gelangte sie in die Seminarbibliothek von Pelplin. Zu Beginn des Zweiten Weltkriegs wurde das kostbare Buch nach Warschau gebracht und in einem Banksafe verwahrt. Über Paris und London gelangte es schließlich nach Kanada. 1959 kehrte die wertvolle Bibel nach Pelplin zurück.

Di. – Sa. 9.30 – 16.30, So. 11.30 – 16.30 Uhr | Eintritt: 8 zł | www.muzeum.diecezja.org

Mittelalterliche Spektakel

Gniew

Gniew (Mewe), knapp 30 km südlich von Tczew, wurde 1282 der erste Besitz der Ordensritter westlich der Weichsel. 1297 begannen sie mit dem Bau der Burg. Vier schlanke Türmchen bilden die Begrenzungen der gewaltigen Vierflügelanlage. Der im 19. Jh. als Gefängnis genutzte Bau brannte 1921 zu großen Teilen ab. Seit 1991 wird die gotische Burg rekonstruiert. Heute ist hier eine Dependance des **Archäologischen Museums Danzig** untergebracht. Die einstige Ordensburg bietet außerdem Platz für einfache Unterkünfte und ein Restaurant. Bekannt ist die Burg für ihre mittelalterlichen Spektakel: Regelmäßig finden **Ritterturniere** statt, und alljährlich im August werden unter dem Titel »Vivat Vasa« Schlachten der Polnisch-Schwedischen Kriege des 17. Jh.s nachgestellt.

Muzeum Zamkowe: ul. Zamkowa 3 | Mai – Okt. Di. – So. 9.30 – 16.30 Uhr | Eintritt: 8 zł | www.zamek-gniew.pl

★ TYKOCIN

Wojewodschaft: Podlaskie
Höhe: 110 m ü. d. M. | **Einwohner:** 1900

Eine schöne Lage an der Narew, barocke Architektur und eine restaurierte Pracht-Synagoge, zu der fromme Juden pilgern: Kein Wunder, dass dieser kleine Ort Besucher aus aller Welt anzieht.

Jüdisches Zentrum

Tykocin wurde 1425 von polnischen Siedlern aus Masowien gegründet. Mit ► Białystok kam es Ende des 17. Jh.s in den Besitz der Adelsfamilie Branicki. Nach der dritten polnischen Teilung 1795 gelangte Tykocin unter preußische Herrschaft; der Wiener Kongress 1815 schlug es dem russischen Teilungsgebiet zu. Im Zweiten Weltkrieg verlor die Stadt die Hälfte ihrer Einwohner. Im August 1941 erschos-

Die Große Synagoge von Tykocin, jiddisch Tiktin, ist heute Museum.

sen SS-Einsatzgruppen unweit der Stadt, im Wald von Łopuchowo, 3000 jüdische Bürger aus Tykocin und Umgebung. Die überlebenden 1100 Juden kamen ins Ghetto von Białystok; heute gibt es keine jüdische Gemeinde mehr. Die stark zerstörte Stadt verlor 1950 das Stadtrecht und erhielt es erst 1993 wieder.

Wohin in Tykocin?

★ Große Synagoge

Geschändet und wieder erstanden
Die Große Synagoge ist **eines der ältesten und schönsten jüdischen Gotteshäuser Polens**. 1642 im Renaissancestil erbaut, wurde das Gebäude 1730 barock umgestaltet. Im Zweiten Weltkrieg wurde sie von den Deutschen als Magazin missbraucht und ihrer prachtvollen Ausstattung beraubt. 1965 richtete ein Brand schwere Schäden an. In den 1970er-Jahren wurde das Gebäude grundlegend saniert. Heute beherbergt es das **Museum der jüdischen Kultur** mit sakralen Gegenständen, Talmudbüchern und Thorarollen. Seine Wände schmücken hebräische und aramäische Inschriften. Zum Museum gehört das im 18. Jh. gebaute **Talmudhaus** gegenüber der Synagoge, dessen Sammlung sich der regionalen Kunst- und Kulturgeschichte widmet.
ul. Kozia 2 | Di. – So. 10 – 18, im Winter bis 17 Uhr | Eintritt: 16 zł | www.muzeum.bialystok.pl

Jüdischer Friedhof

Einer der ältesten Polens
Gut 500 m westlich der Synagoge, zwischen ul. Zachodnia und ul. Holendry, liegt einer der ältesten jüdischen Friedhöfe in Polen, dessen Geschichte bis ins Jahr 1522 zurückreicht. Die ältesten noch erhaltenen Gräber stammen aus dem 18. Jahrhundert.

Dreifaltigkeitskirche

Im Stil einer römischen Basilika
Der trapezförmig angelegte alte Markt von Tykocin wird von niedrigen Barockgebäuden und Holzhäusern gesäumt. Seine östliche Seite dominiert die Dreifaltigkeitskirche (Kościół Trójcy Przenajświętszej). Das prächtige spätbarocke Gotteshaus wurde 1742 bis 1750 im Stil einer römischen Basilika erbaut. Die Wandgemälde des Hauptschiffs stammen von dem mährischen Maler **Sebastian Eckstein**. Die Deckengemälde in den Haupt- und Seitenschiffen schuf 1910 bis 1912 **Władysław Drapiewski**.

Rund um Tykocin

Denkmal

In einem Waldstück an der Verbindungsstraße zwischen Tykocin und dem südlich gelegenen Dorf **Łopuchowo** erinnert ein Denkmal an

TYKOCIN ERLEBEN

TOURISTINFORMATION
ul. 11 Listopada 8
Tel. 85 7 18 16 26 | www.um.tykocin.wrotapodlasia.pl

TEJSZA €€
Das direkt hinter dem Talmudhaus gelegene Restaurant bietet regionale und koschere Speisen. Im Keller gibt man die Bestellung auf, essen kann man auch im Garten. Sehr gute Piroggen!
ul. Kozia 2 | Tel. 85 7 18 77 50
http://tejsza.restauracja.w.interiowo.pl

KIERMUSY DWOREK NAD ŁĄKAMI €€
13 Zimmer, 3 Apartments. Eine Topadresse inmitten der Natur! Die Hotelanlage aus nachgebauten historischen Gebäuden liegt rund 3 km nördlich von Tykocin und verfügt über einen Gasthof und einen Badesee. Räder können kostenlos ausgeliehen werden, auch Angeln ist möglich.
Kiermusy 12
Tel. 501 60 75 66
http://kiermusy.com.pl

DWOREK PENTOWO €
Im »kleinen Gutshaus« können Sie in der Storchen-Saison, d.h. von Mai bis August, an Storchen-Seminaren (auf Englisch) teilnehmen; auch Reitunterricht ist möglich. Seit 1875 ist das Haus in Besitz der Toczylowski-Familie, die auch vier einfache Gästezimmer vermietet (DZ 30 €, wer länger als eine Nacht bleibt, erhält Rabatt).
Tel. 85 7 18 16 29
www.pentowo.pl

die ermordeten Juden von Tykocin. Wer dorthin gelangen möchte, sollte sich im Museum erkundigen, da es keine Hinweisschilder gibt und das Denkmal auf keiner Karte verzeichnet ist.

Seltene Vögel im Flusslabyrinth

★ Narew-Nationalpark

Auf einer Fläche von 73 km² erstreckt sich der Narwiański Park Narodowy zwischen Tykocin und Białystok. Das sumpfige Auental der Narew zwischen Rzędziany im Norden und Suraż im Süden wurde 1985 infolge massiver Proteste der Bevölkerung gegen die voranschreitende Entwässerung des Gebiets als Landschaftspark ausgewiesen. Seit 1996 steht es als Nationalpark unter besonderem Schutz. Wegen seiner zahlreichen mäandernden Seitenarme wird die Narew auch als **»polnischer Amazonas«** bezeichnet. Das mit dichten Schilf- und Seggenpflanzen bestandene Flusslabyrinth bildet den Lebensraum für eine Vielzahl seltener Tier- und Pflanzenarten. Vor allem vom Aussterben bedrohte Vogelarten finden hier ein einzigartiges Rückzugsgebiet. Der Park ist mit 250 km Wasser-, Wander-

Am »polnischen Amazonas« gibt es auch manche Einsiedelei wie die von Odrynki.

und Fahrradrouten gut erschlossen und ein beliebtes Ziel von Aktivtouristen. In Kurowo und Uhowo kann man sich mit einer »Pychówka« durch die Seitenarme der Narew staken lassen.
www.npn.pl

»Hauptstadt der Störche«

Pentowo 3 km westlich von Tykocin liegt das Dörfchen Pentowo, die »Hauptstadt der Störche«. Schon von Weitem sieht man die vielen Nester, für die der Ort 2001 zum »Europäischen Storchendorf des Jahres« gekürt wurde. Die Vogelschutzgesellschaft von Podlachien betreibt hier ein Informationszentrum und eine »Storchengalerie«.

★★ WARSZAWA · WARSCHAU

Wojewodschaft: Mazowieckie
Höhe: 90 – 115 m ü. d. M. | **Einwohner:** 1712 000

Wer via Warschau nach Nordpolen reist, sollte dort zumindest einen kurzen Aufenthalt einplanen. Polens Hauptstadt hat alles, was man für einen (Kurz-)Urlaub braucht: eine stimmungsvolle Altstadt und ein modernes, boomendes Zentrum, Szene-Viertel und schöne Parks. Das kulturelle Angebot ist vielfältig – jeden Abend kann man Spannendes unternehmen.

Polens Hauptstadt

Die um das Jahr 1300 am linken Weichselufer gegründete Siedlung wurde 1408 zur Hauptstadt des Herzogtums Masowien erhoben. 1526 gelangte das Herzogtum unter die Herrschaft des polnischen Königs. Von 1569 an war Warschau Versammlungsort des Reichstags, des Sejm. Ab 1573 fanden hier die Königswahlen statt, was zu einer kontinuierlichen Entwicklung der Stadt führte. 1596 verlegte **Zygmunt III.** die königliche Residenz von Krakau hierher. Zur Zeit der polnischen Teilungen verlor Warschau an Bedeutung und wurde ab 1795 zur preußischen Provinzstadt degradiert. Von 1807 bis 1815 war es Hauptstadt des von Napoleon geschaffenen **Herzogtums Warschau**. 1815 vom Wiener Kongress zur Hauptstadt des von Russland abhängigen Königreichs Polen, des sog. »Kongresspolen«, bestimmt, wurde Warschau nach dem Ersten Weltkrieg die Machtzentrale des neu entstandenen polnischen Staates.

Systematische Zerstörung

Unter deutscher Besatzung

1939 nahmen die Deutschen Warschau ein. 1940 richtete die Besatzungsmacht im Stadtzentrum das jüdische **Ghetto** ein, in dem auf 4 km² ca. 500 000 Menschen zusammengepfercht waren. Die Deportation der jüdischen Bevölkerung begann 1942, der verzweifelte Aufstand der verbliebenen 60 000 Ghettobewohner wurde im Mai 1943 niedergeschlagen. Am 1. August 1944 erhob sich die polnische Untergrundarmee. Doch auch dieser Aufstand scheiterte; Die Bevölkerung wurde ausgesiedelt und die Stadt systematisch zerstört.

Wohin in Warschau?

Weltkulturerbe nach Wiederaufbau

★★ Altstadt

Die zwischen 1949 und 1963 originalgetreu wieder aufgebaute Altstadt (Stare Miasto) ist seit 1980 Weltkulturerbe der UNESCO. Den

1 Atelier Amaro
2 U Barssa
3 Piwna Kompania
4 Qchnia Artystyczna

1 Miedzy Nami Café
2 Tygmont
3 Hard Rock Café

❶ Westin
❷ Rialto
❸ Oki Doki

WARSZAWA ERLEBEN

TOURISTINFORMATION
pl. Defilad 1 (Kulturpalast, Eingang ul. Emilii Plater)
Tel. 22 1 94 31
www.warsawtour.pl
Filialen: Rynek Starego Miasto 19 und am Flughafen (Ankunftshalle)

Eine beliebte Einkaufsmeile ist die ul. Nowy Świat und Umgebung. Hier reihen sich die Geschäfte aneinander und laden zum Bummeln ein. Und in der riesigen Shoppingmall »Złote Tarasy« nahe dem Hauptbahnhof gibt's schlicht alles, was das Herz begehrt.
www.zlotetarasy.pl

❶ MIĘDZY NAMI CAFÉ
Entspanntes Ambiente, auch ein paar Kleinigkeiten zum Essen gibt es. Täglich bis 23 Uhr geöffnet, Fr./Sa. auch länger!
ul. Bracka 20
Tel. 22 8 28 54 17
www.miedzynamicafe.com

❷ TYGMONT
Im »Tygmont« gibt's beinahe jeden Abend eine Jazz-Session.
ul. Mazowiecka 6
www.tygmont.com.pl

❸ HARD ROCK CAFÉ
Stets gut gefüllt, auch wenn kein Livekonzert ansteht.
ul. Złota 59 (Złote Tarasy)
www.hardrockcafe.pl

❶ ATELIER AMARO €€€€
Das kleine Restaurant im Łazienki-Park gilt als Polens bestes. Darüber mag man geteilter Meinung sein, doch Fakt ist, dass Autorenkoch Wojciech Modest Amaro den ersten Michelin-Stern für Polen erobert hat. Er liebt es, längst vergessene Rezepte, auszugraben, die er radikal neu interpretiert. Die Zustaten sind immer saisonal, möglichst bio und aus der Region.
ul. Agrykola 1 | Mo. - Sa. 18 - 22.30, Mi. -Fr. auch 12 - 14.30 Uhr, Reservierung obligatorisch | Tel. 22 6 28 57 47
http://atelieramaro.pl

❷ U BARSSA €€€
Stimmungsvolles Restaurant am Altstädtischen Markt mit dunklen Stilmöbeln, Kerzenlicht und gut sortierter Vinothek.
Rynek Starego Miasta 14
Tel. 22 6 35 24 76
www.ubarssa.pl

❸ PIWNA KOMPANIA €€
Das urige Lokal mit großem Sommergarten ist bekannt für gutes Bier, deftiges Essen und üppige Portionen.
ul. Podwale 25
Tel. 22 6 35 63 14

❹ QCHNIA ARTYSTYCZNA €€
Die Gerichte der »Artistischen Küche« im Schloss Ujazdowski sind optisch wie geschmacklich ein Genuss.
al. Ujazdowski 6
Tel. 22 6 25 76 27 | http://qchnia.pl

❶ RIALTO €€€
44 Zimmer. Das Fünfsterne-Boutique-Hotel liegt 500 m südlich des Haupt-

bahnhofs und ist bis ins letzte Detail im Stil des Art déco eingerichtet. Die Zimmer sind mit Originalmöbeln der Epoche ausgestattet, stilistisch perfekt angepasst sind auch die Bäder und das Restaurant. Im obersten Stock gibt es einen großen Fitness-Raum sowie ein kleines Spa mit Feucht- und Trockensauna.
ul. Wilcza 73
Tel. 22 5 84 87 00
www.rialto.pl

2 WESTIN €€€
361 Zimmer. Exzellent geführtes Hotel in einem 20-stöckigen Glaspalast. Im »Fusion Restaurant« wird kreative Crossover-Küche serviert.
al. Jana Pawła II 21
Tel. 22 4 50 80 00
www.westin.pl

3 OKI DOKI €
Zentral gelegenes, beliebtes Hostel. Jedes der 37 Zimmer ist einem Thema gewidmet und wurde von Künstlern originell gestaltet.
pl. Dąbrowskiego 3
Tel. 22 8 28 01 22
http://okidoki.pl

Rynek Starego Miasta, den Marktplatz, umgeben farbenfrohe mehrgeschossige Bauten, die ursprünglich im 16. und 17. Jh. errichtet worden waren. Sie beherbergen heute stilvolle Cafés, Restaurants und Galerien.

Warschaus Geschichte

Historisches Museum

In den Häusern an der Nordseite residiert das Historische Museum (Muzeum Historyczne). Es dokumentiert die Geschichte Warschaus von den Anfängen bis in die Nachkriegszeit, v. a. auch den **Widerstand im Zweiten Weltkrieg**.
Rynek Starego Miasta 28 – 42 | Di. – So. 10 – 19 Uhr | Eintritt: 20 zł | http://muzeumwarszawy.pl

Hier wurden Könige gekrönt

Johannes-Kathedrale

Unweit vom Rynek erhebt sich die älteste Kirche von Warschau, die Anfang des 14. Jh.s errichtete Katedra Św. Jana. In dem gotischen Sakralbau wurden die Könige Polens gekrönt; in den Krypten finden sich die **Grabmäler bedeutender Persönlichkeiten**, z. B. des Literaturnobelpreisträgers Henryk Sienkiewicz (1846 – 1916).

Zwischen Alt- und Neustadt

Barbakane

Die 1548 vom italienischen Baumeister Giovanni Battista di Quadro erbaute Barbakane (ein vorgelagertes Verteidigungswerk) mit ihren vier Ecktürmen war Teil der mittelalterlichen Stadtbefestigung und verbindet die Alt- und Neustadt.

Jedem König seinen Einrichtungsstil

Königsschloss

Erster Vorläufer des Zamek Królewski war eine im 13. Jh. aus Holz und Lehm errichtete Burg der masowischen Fürsten. Das erste gemauerte Bauwerk war der Mitte des 14. Jhs. gebaute Stadtturm

POLSKA
WALCZĄCA

(Wieża Grodzka), neben dem Anfang des 15. Jhs. eine Fürstenresidenz entstand. Von 1569 bis 1572 ließ König **Zygmunt II. August** sie von Giovanni Battista di Quadro in einen Renaissancepalast umbauen. Seine heutige frühbarocke Gestalt erhielt das Schloss 1598 bis 1619 unter **Zygmunt III.** durch Jacopo Rodondo. 1741 bis 1747 wurde der Nordostflügel im Auftrag von **August III.** im Rokokostil umgebaut.
Ein wichtiger Abschnitt in der Geschichte des Schlosses waren die Jahre 1764 bis 1795, die Herrschaftszeit von König **Stanisław August Poniatowski**. Damals wurden der Bibliotheksflügel angebaut und die Wohnräume des Königs und die Regierungssäle barock und klassizistisch ausgestaltet.

Rembrandt, Canaletto-Saal und alte Münzen

Denkmal der Geschichte und Nationalkultur

Anfang der 1970er-Jahre wurde das im Zweiten Weltkrieg völlig zerstörte Bauwerk rekonstruiert und 1984 als »Denkmal der Geschichte und Nationalkultur« der Öffentlichkeit zugänglich gemacht. Im Parterre und im ersten Stock sind Räume aus dem 15. bis 17. Jh. mit Kunstwerken aus den früheren Sammlungen des Schlosses ausgestattet. Zu den Highlights gehören Werke alter Meister, u. a. von Rembrandt. Aufschlussreich ist der Canaletto-Saal mit Ansichten Warschaus aus dem 18. Jh. – sie dienten als Vorlage beim Wiederaufbau der Stadt. Das zweite Stockwerk beherbergt ein **Numismatisches Kabinett** mit über 8000 Stücken und der Schau »Münzen und Medaillen in der Geschichte Polens«. In den Kellerräumen sind archäologische Exponate ausgestellt, die während der Ausgrabungen auf dem Gelände des Königsschlosses und der Altstadt gefunden wurden.

Zamek Królewski: pl. Zamkowy 4 | Mai - Sept. Di. - Sa. 10 - 18 (Fr. bis 20), So. 11 - 18, Okt. - April Di. - Sa. 10 - 16, So. 11 - 16 Uhr | Eintritt: 30 zł | www.zamek-krolewski.pl

Für Zygmunt III.

Sigismund-Säule

In der Mitte des Schlossplatzes (pl. Zamkowy) erhebt sich die 22 m hohe Kolumna Zygmunta III. Im Jahr 1644 errichtet, gilt sie als ältestes weltliches Denkmal der Stadt.

Vom Schlossplatz zum Park

★ Königsweg

Der über 10 km lange Königsweg (Trakt Królewski) ist bei Touristen und Warschauern gleichermaßen beliebt. Er beginnt am Schlossplatz, führt, vorbei an einigen der schönsten Baudenkmäler der Stadt, entlang der Boulevards Krakowskie Przedmieście, der Nowy Świat und der al. Ujazdowskie zum Łazienki-Palast und endet im Park Wilanów.

15 Jahre lang, von 1970 bis 1984, dauerte der Wiederaufbau des Königsschlosses.

Der eingemauerte Chopin

Pałac Radziwiłłów

An der ul. Krakowskie Przedmieście liegt der barocke Pałac Radziwiłłów aus der Mitte des 17. Jahrhunderts. Heute ist das Palais die Residenz des Staatspräsidenten. Südlich davon liegt die 1816 gegründete **Universität** mit mehren Gebäuden aus dem 18. und 19. Jahrhundert. Die **Heiligkreuzkirche** (Kościół Św. Krzyża) gegenüber entstand 1679 bis 1696. In Pfeiler des Barockbaus wurden die Urnen des Komponisten Frédéric Chopin (1810 – 1849) und des Literaturnobelpreisträgers Władysław Reymont (1867 – 1925) eingemauert.

Schon immer sehr belebt

Nowy Świat

Der zweite Abschnitt des Königswegs führt durch eine der schönsten Warschauer Straßen, die Nowy Świat (**Neue Welt**). Angelegt Mitte des 17. Jh.s, war sie stets eine der belebtesten Straßen der Stadt mit eleganten Geschäften, Cafés und Restaurants. Diesen Charakter hat sie bis heute bewahrt.

An Botschaften vorbei zur Kunst

Zamek Ujazdowski

Die Nowy Świat geht über in die al. Ujazdowskie, die von zahlreichen Botschaftsgebäuden gesäumt wird. Hier liegt unter anderem das 1624 als Vorstadtresidenz des Königs Zygmunt III. errichtete Ujazdowski-Schloss. Heute beherbergt der Palast **eine der bedeutendsten Galerien des Landes für zeitgenössische Kunst**.

Centrum Sztuki Współczesniej: Di. – So. 12 – 19, Fr. 12 – 21 Uhr | Eintritt: 12 zł | www.csw.art.pl

Viel geboten: Konzerte, Plakate und Gemälde

★ Łazienki-Park

Östlich der breiten Allee erstreckt sich die bekannteste Grünanlage der Stadt, der Łazienki-Park. König Stanisław August Poniatowski ließ den Park 1760 im englischen Stil anlegen. Das klassizistische Sommerpalais des Königs, der sog. »Palast auf der Insel«, präsentiert heute eine Ausstellung mit Gemälden aus dem 17. und 18. Jahrhundert. Vor dem nahe gelegenen **Chopin-Denkmal** werden im Sommer jeden Sonntag kostenlos Klavierkonzerte gegeben. Der Königsweg endet beim Palast und Park von **Wilanów**. Das Ende des 17. Jh.s für König Jan III. Sobieski entstandene Schloss zählt zu den **schönsten Barockbauten Polens**. In dem Palast werden historisch und künstlerisch wertvolle Inneneinrichtungen samt originalem Wand- und Deckenschmuck sowie Kunstwerke aus dem 17. bis 19. Jh. gezeigt. Wer sich eher für neuere Kunst interesssiert, besucht die frühere Reitschule nebenan, wo das weltweit erste Plakatmuseum residiert: Seit 1968 werden hier künstlerisch wertvolle Poster der letzten 200 Jahre gezeigt.

Park: tgl. 9 – 20, im Sommer bis 21 Uhr; Schloss: Di./Do./Fr. 9.30 – 16, Mi./Sa./So. 9.30 – 18 Uhr, im Winter kürzer, letzter Einlass 1 Std. vor Ende | Eintritt: 20 zł

Mit dem Rynek Starego Miasta ist das alte Zentrum Warschaus wiedererstanden.

Muzeum Pałac w Wilanowie: ul. Stanisława Kostki Potockiego 10 | tgl. 9.30 – 16 (Mo. bis 20, Mi. bis 18) Uhr, im Winter Di. geschl. | Eintritt: 20 zł | www.wilanow-palac.pl
Muzeum Plakatu: Mo. 12 – 16, Di. – So. 10 – 16 Uhr | Eintritt: 11 zł (Mo. frei) | www.postermuseum.pl

Vom Veilchenduft bis zur Totenmaske

★ Chopin-Museum

Im barocken **Ostrogski-Palais** öffnet das multimediale Chopin-Museum (Muzeum Fryderyka Chopina) seine Pforten. Es besitzt die weltweit größte Sammlung von Ausstellungsstücken zu Chopin. Auf vier Etagen werden Leben und Werk des Musikers anhand von rund 5000 Exponaten dargestellt; Besucher können beispielsweise den Duft von Veilchen, Chopins Lieblingsblumen, schnuppern und Vogelgezwitscher hören, das an Chopins Aufenthalt im französischen Nohant erinnert. Zu sehen ist auch die Totenmaske des 1849 in Paris verstorbenen Komponisten.
ul. Okólnik 1 | Di. – So. 11 – 20 Uhr | Eintritt: 22 zł | www.chopin.museum

19 Granitblöcke für 300 000 Menschen

Denkmal für die Helden des Ghettos

Von ehemals 400 jüdischen Gebetsstätten blieb lediglich die um 1900 gebaute **Nożyk-Synagoge** erhalten, und vom Ghetto sind nur noch einige Fragmente der Mauer an der ul. Sienna zu sehen. Vom ehemaligen Umschlagplatz in der ul. Stawki wurden die Ghettobewohner in die Vernichtungslager transportiert. Hier entstand 1948 ein Denkmal zur Erinnerung an die 300 000 Deportierten. Von dort führt ein Gedenkweg mit 19 einfachen Granitblöcken zum »Denkmal für die Helden des Ghettos« an der ul. Zamenhofa. Weltweit bekannt wurde es durch den **Kniefall von Willy Brandt** am 7. Dezember 1970.

»Bleib doch, es ist gut hier«

★ Museum der Geschichte der polnischen Juden

2013 öffnete das »Museum der Geschichte der polnischen Juden« (Muzeum Historii Żydów Polskich) seine Türen. Entworfen wurde das 12 800 m^2 große Gebäude von dem finnischen Archtitekten Rainer Mahlamäki. Man betritt es durch einen haushohen Spalt und findet sich sogleich in einem höhlenähnlichen Innern wieder. Zur Rechten steigt man zum **Nachbau einer Synagoge** hinab – ein

Prunkvoll und informativ: im Museum der Geschichte der polnischen Juden

symbolisch aufgeladener Raum, der in die religiöse Welt des Judentums einführt. Anschließend werden die Besucher in acht Galerien durch historische Etappen geleitet, die an 1000 Jahre jüdischen Lebens in Polen erinnern. Die Homepage des Museums trägt den Namen »Polin« (hebräisch für »Polen«). Vom Krakauer Rabbi Mosze Isserles ist ein Text aus dem 16. Jh. überliefert, der den Ursprung dieses Wortes erklärt. Po-lin (»Bleib doch, es ist gut hier«): Dieses himmlische Zeichen soll den ersten jüdischen Einwanderern erschienen sein, worauf sie sich in diesem Land niederließen und ihnen immer mehr Juden nachfolgten. Schätzungsweise mehr als zwei Drittel der heute in alle Welt verstreuten Juden haben polnische Wurzeln.

ul. Anielewicza 6 | Mo./Do./Fr. 10 – 18, Mi./Sa./So. 10 – 20 Uhr | Eintritt: 25 zł | www.polin.pl

Im »Zuckerbäckerstil«

★ Kulturpalast

Der Kulturpalast ist mit 234 m Höhe das markanteste Gebäude der Stadt. In seinen 3300 Räumen sind neben Büros auch mehrere Theater, Museen und ein großes Ausstellungs- und Konferenzzentrum untergebracht. 1952 bis 1955 im damals typischen »Zuckerbäckerstil« gebaut, war das Bauwerk ein Geschenk der UdSSR. Die Bevölkerung war davon nicht begeistert, der Bau lange Zeit recht unbeliebt. Doch alle schätzen das Panorama von der **Aussichtsterrasse** im 30. Stock, von der aus sich ein herrlicher Blick auf Warschau eröffnet.

pl. Defilad 1 | Aussichtsterrasse tgl. 10 – 20 Uhr (einige Cafés und Clubs bleiben bis Mitternacht und länger geöffnet) | Eintritt: 20 zł | www.pkin.pl

Oper, Grabmal und preisgekrönte Architektur

Nationaltheater

Den pl. Teatralny dominiert der klassizistische Bau des **Teatr Wielki** (Großes Theater), dessen Opernsaal 2000 Besuchern Platz bietet. Am benachbarten pl. Piłsudskiego befindet sich das »Grabmal des unbekannten Soldaten«. Unweit davon schuf Sir Norman Foster sein preisgekröntes **Metropolitan Center** mit Büros, Bars und Designer-Boutiquen.

www.teatrwielki.pl

Hochprozentiges Nationalgetränk

Wodkamuseum

2018 wurde in Praga das Muzeum Polskiej Wódki, Polens erstes Wodkamuseum, eröffnet. Im Gebäude der ehemaligen Wodkafabrik Koneser erfährt man alles, was man schon immer über Polens Nationalgetränk wissen wollte. Und natürlich darf auch eine Bar nicht fehlen, in der Wodka gekostet werden kann.

pl. Konesera 1 | So. – Do. 10 – 20, Fr./Sa. 11 – 21 Uhr | Eintritt: 40 zł | www.muzeumpolskiejwodki.pl

H

HINTER-GRUND

Direkt, erstaunlich, fundiert

Unsere Hintergrundinformationen beantworten (fast) alle Ihre Fragen zur Polnischen Ostseeküste.

In Orzechowa (Freihof) kommt gleich hinter dem Wald das Meer. ►

DAS LAND UND SEINE MENSCHEN

Ostseebäder wie Swinemünde und Misdroy galten im 19. Jh. als Badewanne Berlins. Im Kurort Zoppot trafen sich in den 1920er-Jahren die Schönen und Reichen aus ganz Europa, und an den Großen Masurischen Seen entwickelten sich schon vor mehr als hundert Jahren die ersten Sommerfrischen. Heute entdecken immer mehr in- und ausländische Besucher diese traditionellen Ferienzentren im Norden Polens wieder.

Erholungsgebiet für die Bevölkerung

Der mit **Wald und Wasser** reich gesegnete Norden Polens entwickelte sich in sozialistischen Zeiten zum bevorzugten Erholungsgebiet für die Bevölkerung der polnischen Industriegebiete. Bis heute ist die Attraktivität der Region ungebrochen. Es entstanden zahlreiche neue Hotels und Pensionen, Aquaparks und Marinas, gemütliche Cafés und Restaurants, die den Vergleich mit dem Westen keinesfalls zu scheuen brauchen. Und so wälzt sich jedes Jahr zu Beginn der Sommerferien eine Blechlawine Richtung Norden. Zu den polnischen Feriengästen gesellen sich mehr und mehr Touristen aus Deutschland, Skandinavien und anderen Ländern. Wer immer es einrichten

Weiter Horizont und wenig Wellengang: Fischer in der Frischen Nehrung

kann, reist in der Vor- oder Nachsaison, wenn die Strände leer und die Hotelpreise niedriger sind.

Neuer alter Glanz

Später Wiederaufbau

Selbst sieben Jahrzehnte nach dem Ende des Zweiten Weltkriegs leiden noch immer einige Orte in Pommern und Masuren unter den Folgen der Kriegszerstörungen. In Danzig dagegen vollbrachten polnische Restauratoren bereits in den 1950er-Jahren das Wunder, die gesamte Rechtstadt im alten Stil wieder aufzubauen. In der Hafenstadt Stettin jedoch dauerte es mehr als vierzig Jahre, bevor mit dem Wiederaufbau der Altstadt begonnen wurde, und die ermländische Hauptstadt Allenstein hat erst zum 650. Stadtjubiläum im Jahr 2003 ihr Zentrum geliftet. In die Wohnungen der geflüchteten oder vertriebenen Deutschen zogen nach dem Weltkrieg Polen, die selbst ihre alte Heimat im Osten verloren hatten. Mit den Gedanken noch am alten Ort und in der Angst, die neue Bleibe bald wieder verlassen zu müssen, lebten viele von ihnen in einem Provisorium. Erst ihre Kinder und Enkel sind in der neuen Heimat angekommen. Frei vom ideologischen Ballast der Nachkriegszeit betrachtet man die **wechselvolle Geschichte** und legt so das Fundament für eine Zukunft im Zentrum Europas.

Landschaften

Ostseeküste

Große Vielfalt am langen Ufer: An der mehr als 500 km langen Ostseeküste, die die **nördliche Begrenzung Polens** bildet, wechseln sich breite, helle Sandstrände mit Steilküsten ab, die auf der Insel Wolin über 90 m Höhe erreichen. Hinter dem Strand erstrecken sich mit Kiefern bewachsene Dünengürtel. Die sich beständig nach Osten bewegende Meeresströmung sowie die Winde haben im Laufe der Jahrhunderte Unebenheiten der Küstenlinie ausgeglichen. Schmale, sandige Nehrungen trennen kleine Buchten vom Meer. Im westlichen Abschnitt sind auf diese Weise Binnenseen wie der Garder See (Jezioro Gardno) oder der Leba-See (Jezioro Łebsko) entstanden, weiter im Osten trennt eine sandige Nehrung das Frische Haff (Zalew Wiślany) fast vollständig von der Ostsee ab. Die Halbinsel Hel hingegen reicht weit in die Danziger Bucht hinein, bildet aber kein geschlossenes Haff.

Seenplatten

In die hügelige Moränenlandschaft der **Pommerschen Seenplatte** (Pojezierze Pomorskie) und der **Kaschubischen Schweiz** (Szwajcaria Kaszubska) sind Hunderte Seen eingebettet und zum Teil miteinander verbunden. Hier wachsen vor allem Buchen- und Mischwälder, und es herrscht ein mildes Klima. Größter See ist der 83 m tiefe Dratzigsee (Jezioro Drawsko) mit einer Fläche von 19,5 km² – und als Nationalpark geschützt. Im Gebiet der weiter östlich gelegenen **Masurischen Seenplatte** (Pojezierze Mazurskie) mit ihren rund 4000 kleineren und größeren Seen ist das Klima bereits kontinental geprägt. Dort dominieren Kiefern- und Fichtenwälder. Die beiden größten Seen sind der Spirdingsee (Jezioro Śniardwy) bei Mikołajki mit über 106 km² und der Mauersee (Jezioro Mamry) nahe Giżycko mit 104 km². So groß sind sie, dass sie auch als »masurische Meere« bezeichnet werden.

Flüsse

Im Westen Polens markiert die **Oder** (Odra) einen Teil der Grenze zu Deutschland. Der 866 km lange Fluss entspringt in Tschechien und mündet in das Stettiner Haff, das über drei Kanäle mit der Ostsee verbunden ist. Die **Weichsel** (Wisła) ist mit 1047 km der längste Fluss in Polen. Sie entspringt in den Beskiden und fließt durch Krakau und Warschau nach Norden. In seinem Mündungsgebiet spaltet der Fluss sich auf: Der Hauptarm erreicht östlich von Danzig die Ostsee, ein Nebenarm, der **Nogat**, fließt an der Marienburg, der einst mächtigen Zentrale der Deutschordensritter, vorbei und mündet bei Elbląg ins Frische Haff. Das Gebiet der Weichselniederung (Żuławy Wiślane) liegt zum Teil unter dem Meeresspiegel: durch zahlreiche Kanäle entwässert, gilt es als besonders fruchtbares Ackerland.

Natur- und Umweltschutz

Nationalparks

Die Haltung zum Natur- und Umweltschutz in Polen ist zwiespältig. Einerseits gibt es insgesamt 23 geschützte Nationalparks, die rund 1 % der gesamten Landesfläche einnehmen. Acht von ihnen liegen im Norden Polens und werden bei den Reisezielen ausführlich beschrieben. Andererseits kann man bei großen Teilen der Bevölkerung einen achtlosen Umgang mit der Umwelt feststellen. Auf wilden Deponien werden Autos oder Waschmaschinen entsorgt, reihenweise fallen alte Alleebäume in Masuren der Verbreiterung von Straßen zum Opfer. Obwohl viele Heizungen schon umweltfreundlich umgerüstet wurden, wird immer noch Braunkohle von geringer Güte verheizt und das macht im Winter mancherorts das Atmen zur Qual. Auch bei Investitionen zählt manchmal der vermeintlich schnelle Złoty mehr als der nachhaltige Schutz der Umwelt: Geplant ist der Bau von zwei Atommeilern bei Żarnowiec; Schiefergas-Probebohrungen im Fracking-Verfahren sind gleichfalls genehmigt. Als einziges EU-Land hat Polen gegen den »Klimaschutz-Plan 2050« votiert.

Artenvielfalt

Polen hat wie Deutschland eine typische mitteleuropäische Flora und Fauna. Im Nordosten des Landes, v. a. in den von außergewöhnlicher

Artenvielfalt geprägten Nationalparks, trifft man allerdings auf zahlreiche Pflanzen und Tiere, die anderswo in Europa selten geworden oder schon verschwunden sind.

Pflanzen

Küstengebiete

An der polnischen Ostseeküste findet man **Salzwiesen** sowie ausgedehnte Torfmoorgebiete. Dort wachsen einige seltene und vom Aussterben bedrohte Pflanzen wie die Sibirische Schwertlilie, das Sumpfveilchen oder der Gagelstrauch. Die **Dünen** sind nahe der Küste oft bedeckt mit Strandhafer und Strandroggen, auch Stranddisteln kommen vor. Auf den verfestigten Dünen gedeihen Kiefern, auch Heidekraut sprießt im Sand.

Pommern

Im Landesinneren von Pommern gibt es große **Laubwälder**, darunter die Puszcza Bukowa (Buchheide) bei Stettin sowie das Gebiet der Pommerschen Seenplatte. Die Bory Tucholskie (Tucheler Heide) ist mit rund 1200 km² das größte Waldgebiet Polens. Das »Juwel« hier ist das Reservat Wierzchlas mit Tausenden zum Teil über 600 Jahre alten Eiben.

Von wildromantischer Schönheit: Flusslandschaft in Masuren

Masuren

Masuren war im 12./13. Jh. zu 80 % von Wäldern bedeckt, heute ist noch ein knappes Viertel der Region bewaldet. Zu den größten Wäldern zählt die Puszcza Piska (Johannisburger Heide), die eine Fläche von rund 860 km² einnimmt. Auf den sandigen Böden überwiegen **Kiefern- und Fichtenwälder**. Im Unterholz blühen geschützte Pflanzen, darunter etliche Orchideenarten.

Podlachien

Im benachbarten Podlachien liegt die 1140 km² große Puszcza Augustowska (Augustower Heide). Auch dort überwiegen Kiefern und Fichten. Zu den wertvollsten Naturlandschaften des Landes zählen die Nationalparks der Wojewodschaft Podlachien. Im Bereich des Biebrza-Nationalparks, eines der größten europäischen **Sumpfgebiete**, findet man noch Pflanzen, die die letzte Eiszeit überstanden haben, z. B. verschiedene Riedgrasarten. Im mittleren Abschnitt gibt es die einzigen polnischen Sumpfbirkenwälder. Im Białowieski-Nationalpark, **Europas letztem Urwald**, zählt man 5000 verschiedene Pflanzenarten, darunter mehr als 3000 Pilze und etwa 200 Moosarten.

Tiere

Wisente & Co.

Noch vielfältiger als die Pflanzenwelt ist die Tierwelt im Norden Polens. Allein im Białowieski-Nationalpark werden 15 000 verschiedene Arten gezählt, zum größten Teil Insekten. Der bekannteste Bewohner des dichten Urwalds ist von ganz anderem Kaliber: Der **Wisent**, das größte europäische Säugetier, wurde hier erfolgreich wieder angesiedelt. Auf polnischer Seite zählt die Herde 500 frei lebende Exemplare. Auch andere Tierarten, die fast völlig verschwunden waren, wurden im Nordosten wieder heimisch. Hierzu gehören **Elche**, die vorwiegend im Gebiet des Biebrza-Nationalparks leben, und **Biber**, die besonders stark in der Suwalszczyzna, nordöstlich von Suwałki, verbreitet sind, aber auch in Masuren und Pommern vorkommen. Vereinzelt tauchen auch wieder **Wölfe** auf.

Vögel

Ornithologen kommen besonders in Polens Norden auf ihre Kosten: Ein Viertel aller Zugvögel, die im Frühjahr nach Europa kommen, brütet hier, insbesondere an den Seen Masurens sowie in den Sumpfgebieten der Biebrza und des Narew. Im Biebrza-Nationalpark, dem beliebtesten Vogelbeobachtungsrevier des Landes, leben 270 verschiedene Vogelarten, von denen 185 dort auch brüten. Unter ihnen sind über 20 vom Aussterben bedrohte Arten wie Rohrdommel, **Schreiadler**, Doppelschnepfe oder Sumpfeule. Im Gebiet der Masurischen Seen nisten u. a. Graureiher, Graugänse, **Fischadler** und Mäusebussarde. Der Jezioro Łuknajno bei Mikołajki gehört zu Europas größten Brutstätten des Höckerschwans.

Kormorane fühlen sich im Schutzgebiet bei Katy Rybackie sichtlich wohl.

Storchenland Polen

Fast jeder dritte europäische Storch verbringt den Sommer in Polen. Allein in der Region Ermland und Masuren zählt man etwa 15 000 Tiere, die Anfang April eintreffen und sich Mitte August wieder auf den dreimonatigen Rückflug nach Afrika machen. Überwiegend handelt es sich um Weißstörche, seltener anzutreffen sind Schwarzstörche.

Bevölkerung

Junge Gesellschaft

In Polens Norden leben ca. 6,6 Mio. Menschen, etwa 17 % aller Bewohner Polens. Allerdings herrschen große Kontraste: Während der Osten – Ermland, Masuren und Podlachien – mit nur 60 Menschen pro Quadratkilometer bevölkerungsarm ist, zählt die Region Pommern mit der Dreistadt (Gdańsk-Sopot-Gdynia) doppelt so viele Einwohner. Insgesamt ist Polen eine sehr junge Gesellschaft: 36 % sind unter 25 Jahre alt. Der Trend geht freilich auch hier in die andere Richtung: Wie in Deutschland ist die Geburtenrate rückläufig.

Religion 95 % der polnischen Bevölkerung gehören der römisch-katholischen Kirche an. Die meisten der etwa 500 000 Anhänger des orthodoxen Glaubens leben in Podlachien; viele gehören zur weißrussischen Minderheit. Dort leben auch die meisten der 5000 Muslime im Land. Sie sind Nachfahren der Tataren, die sich seit dem 17. Jh. in Ostpolen ansiedelten. Die evangelische Kirche zählt in ganz Polen weniger als 100 000 Gläubige, darunter sind viele Angehörige der deutschen Minderheit.

Staat und Verwaltung

Verfassungsorgane Die 1997 in Kraft getretene neue Verfassung definiert Polen als demokratischen Rechtsstaat, der den Prinzipien der Gewaltenteilung und der sozialen Gerechtigkeit verpflichtet ist. An der Spitze des Staates steht der auf fünf Jahre gewählte Präsident, der auch gleichzeitig Oberbefehlshaber der Streitkräfte ist.

Legislative Die Legislative besteht aus einem Zweikammersystem, dem **Sejm** mit 460 und dem **Senat** mit 100 Abgeordneten. Sie werden auf vier Jahre

Polen ist tiefkatholisch: Mädchen bei ihrer Kommunion in Masuren.

in geheimer Wahl gewählt. Stimmberechtigt sind alle Bürger über 18 Jahre. Entsprechend den Mehrheitsverhältnissen im Sejm, dem polnischen Parlament, schlägt der Präsident einen Kandidaten für das Amt des Ministerpräsidenten vor, über den das Parlament dann abstimmt. Der Regierungschef wiederum ernennt und entlässt die einzelnen Minister.

Verwaltungsgliederung

Polens 16 Wojewodschaften sind den deutschen Bundesländern vergleichbar und verfügen über ein eigenes Parlament, den **Sejmik**. Unterhalb der Wojewodschaften haben Kreise, kreisfreie Städte und Gemeinden eigene gewählte Räte. An der Spitze stehen direkt gewählte Bürgermeister bzw. in größeren Städten Stadtpräsidenten.

Parteien

Die PZPR, die Polnische Vereinigte Arbeiterpartei, wurde im Januar 1990 nach 42-jähriger Vorherrschaft aufgelöst. Ihre Nachfolge trat die Allianz der Demokratischen Linken (SLD) an, die sich für eine soziale Marktwirtschaft sowie den Eintritt Polens in die NATO und EU stark machte. Ab 2005 ging es mit der SLD u. a. durch Korruptionsaffären steil bergab.
Die Gewerkschaft »Solidarität« (**Solidarność**), die die Wende vom Sozialismus zum Kapitalismus 1989 bewirkt hatte und anschließend stärkste politische Kraft im neuen Polen war, mutierte innerhalb weniger Jahre von einer Arbeiterbewegung zu einer unternehmerfreundlichen Initiative. Die Solidarność ist mittlerweile bedeutungslos, büßte über 90 % ihrer Mitglieder ein. Zuwachs verbuchten ab Beginn des 21. Jh. die rechtsgerichteten europakritischen Parteien, allen voran die **PiS** (»Recht und Gerechtigkeit«), eine nationalkatholische Law-and-Order-Partei unter Führung der Zwillingsbrüder Lech und Jarosław Kaczyński. Die neoliberale **Bürgerplattform** (PO) unter Führung Donald Tusks drängte den Einfluss der PiS acht Jahre zurück, bevor diese bei den Wahlen 2015 mit absoluter Mehrheit wieder stärkste politische Kraft wurde. Sie hat im Eiltempo demokratische Rechte eingeschränkt, staatliche Medien und die Justiz immer stärker der Regierungskontrolle unterstellt. Ermahnungen seitens der EU werden wortreich übergangen ...

Jetzige Regierung

Die jetzige Regierung hat wie keine andere nach 1990 das Land gespalten: Während vor allem die Gewinner der Wende gegen den Abbau demokratischer Rechte auf die Straße gehen, wird die PiS von all jenen verteidigt, die sich benachteiligt fühlen. Noch 2018 verdiente die Hälfte aller Polen monatlich weniger als 700 Euro netto, wobei sich die Preise für Alltagsgüter auf westlichem Niveau bewegen. Immerhin hat die PiS-Regierung einiges für einkommensschwache Schichten getan. Sie führte ein großzügiges Kindergeld ein, senkte das Rentenalter für Frauen auf 60, für Männer auf 65 Jahre, erhöhte die Renten und entlastete Senioren u. a. mit kostenlosen Medikamen-

BAEDEKER WISSEN

▶ polnische Schreibweise:

Rzeczpospolita Polska

Fläche:
312 678 km²

Einwohner:
38,02 Mio.
(zum Vergeich:
Deutschland **81,8 Mio.**)

Bevölkerungsdichte:
121,5 Einwohner/km²

Hauptstadt:
Warszawa (Warschau)

▶ Staat

Parlamentarische Demokratie

Staatsoberhaupt: Staatspräsident, seit Mai 2015 Andrzej Duda
Regierungschef: Beata Szydło (seit 2015)
Parlament: Sejm und Senat

Nationalfeiertage:
3. Mai (Tag der Verfassung)
und 11. November
(Tag der Unabhängigkeit)

▶ Staatsflagge und -wappen

Das Wappen zeigt einen weißen Adler mit goldener Krone auf rotem Grund.

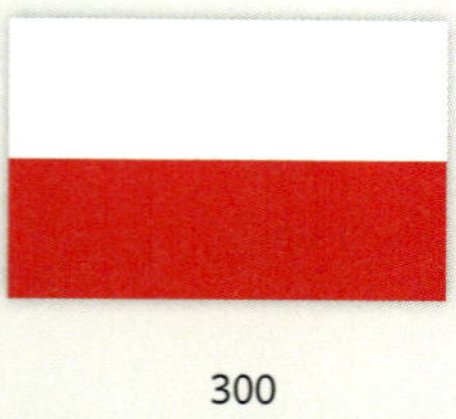

▶ Wojewodschaft

Polen hat 16 Verwaltungsbezirke (Wojewodschaften). In diesem Buch beschrieben sind:

Zachodnio-Pomorskie (A)
Fläche: **22 896 km²**
Einwohnerzahl: **1,7 Mio.**
Bevölkerungsdichte: **74 Einw./km²**
Hauptstadt: **Szczecin (Stettin)**

Pomorskie (B)
Fläche: **18 310 km²**
Einwohnerzahl: **2,22 Mio.**
Bevölkerungsdichte: **121 Einw./km²**
Hauptstadt: **Gdańsk (Danzig)**

Warmińsko-Mazurskie (C)
Fläche: **24 191 km²**
Einwohnerzahl: **1,43 Mio.**
Bevölkerungsdichte: **59 Einw./km²**
Hauptstadt: **Olsztyn (Allenstein)**

Podlaskie (D)
Fläche: **20 180 km²**
Einwohnerzahl: **1,2 Mio.**
Bevölkerungsdichte: **59 Einw./km²**
Hauptstadt: **Białystok**

Wirtschaft

Bruttoinlandsprodukt:
543 Mrd. € (2018)

Durchschnittlicher Monatsverdienst: 4300 Złoty (ca. 1030 €)

Arbeitslosenquote: 3,8 % (2018)

Erwerbsstruktur:
(Arbeitsplätze nach Sektoren)

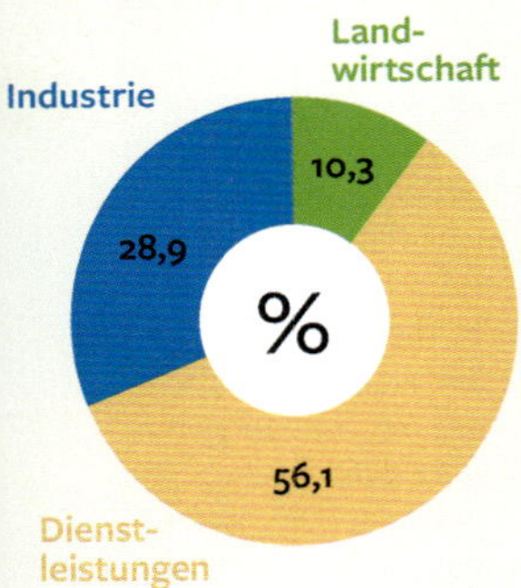

Klimastation Szczecin

Durchschnittstemperaturen

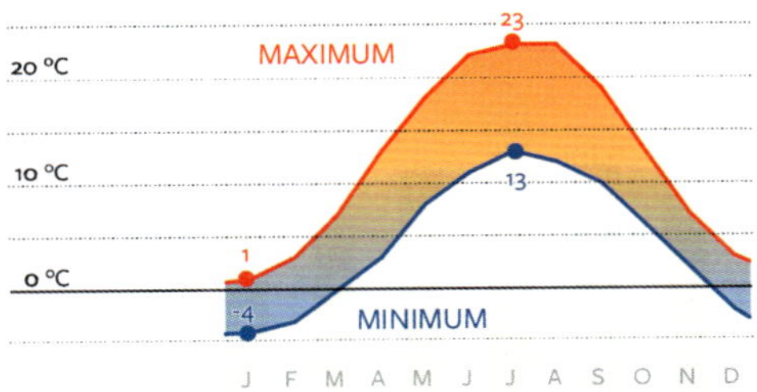

Niederschlag

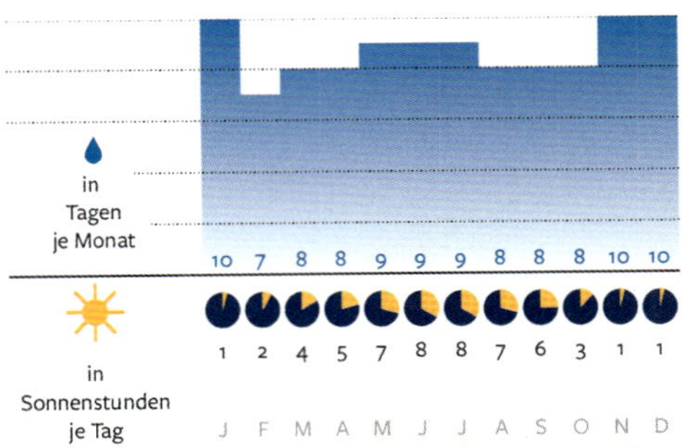

Die größten Seen Masurens

Jezioro Śniardwy
Spirdingsee

Fläche ***113,8 km²***
Tiefe ***23,5 m***

5 km

Jez. Mamry
Mauersee

(setzt sich aus sechs Becken zusammen)

Fläche ***104,5 km²***
Tiefe ***43,5 m***

Jez. Niegocin
Löwentinsee

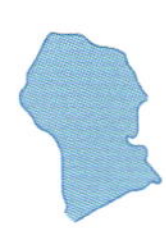

Fläche ***26,5 km²***
Tiefe ***40 m***

Jez. Roś
Roschsee

Fläche ***19 km²***
Tiefe ***32 m***

Jez. Tałty
Talter Gewässer

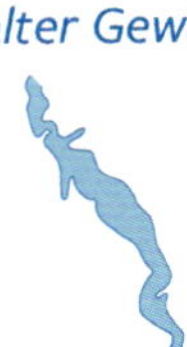

Fläche ***18,5km²***
Tiefe ***50,8 m***

Jez. Nidzkie
Niedersee

Fläche ***18 km²***
Tiefe ***23,5 m***

ten und dem Angebot, öffentliche Verkehrsmittel vielerorts gratis nutzen zu können. Zugleich modernisierte sie das Land mit Hilfe eines ambitionierten Infrastruktur-Programms. Das Geld hierfür kommt von der EU, mit der die PiS nicht selten auf Kriegsfuß steht ...

Wirtschaft

Übergang zur Marktwirtschaft

Polen war das erste mitteleuropäische Land, das nach dem Ende des Sozialismus seine Wirtschaft umgestaltete. Ein großer Verlust an Arbeitsplätzen und damit verbundene Armut in Teilen der Bevölkerung gehörten zu den negativen Folgen des rasanten Übergangs zur Marktwirtschaft. Die **Arbeitslosenrate** im Land lag noch 2013 bei knapp 11 %, ging dann kontinuierlich zurück, 2018 fiel sie auf 4,2 %. Viele junge Polen nutzten seit dem EU-Beitritt die Chance, in Großbritannien und Irland zu arbeiten. Anders als in Deutschland galt dort bereits ab 2004 die Freizügigkeit für Arbeitskräfte aus den neuen EU-Ländern (in Deutschland seit 2011). Derzeit erhält Polen mehr Fördergelder von der EU als jeder andere Staat. Wichtigster Handelspartner Polens ist Deutschland. Rund 25 % der polnischen Exporte fließen dorthin, im Gegenzug kommen über 20 % der Importe aus dem Nachbarland. Hinsichtlich der ausländischen Direktinvestitionen liegt Deutschland – hinter Frankreich und den Niederlanden – gleichauf mit den USA.

Industrie

Der Norden Polens gehört traditionell zu den **weniger industrialisierten Regionen Polens**. Die Arbeitslosenrate ist in Pommern

Fischfang lohnt sich kaum noch. Aber die Boote müssen in Schuss bleiben.

und Masuren überdurchschnittlich hoch. Zu den großen Unternehmen gehören die Häfen in Szczecin, Gdańsk und Gdynia sowie die Raffinerie in Gdańsk. Daneben gibt es einige größere Unternehmen aus den Bereichen Elektrotechnik, Reifenproduktion und Textilien. Wichtige Branchen sind daneben die Nahrungsmittel- und die holzverarbeitende Industrie. Insgesamt 31 % der polnischen Erwerbstätigen arbeiten in der Industrie, das sind halb so viel wie im Dienstleistungssektor.

Landwirtschaft

Die Landwirtschaft war früher die **Haupterwerbsquelle** der polnischen Bevölkerung, heute sind nur noch gut 10 % in diesem Bereich tätig. Während es in den südlichen Teilen Polens noch zahlreiche Klein- und Kleinstbetriebe gibt, dominieren in Pommern und Masuren Großbetriebe. Dort werden v. a. Getreide, Kartoffeln und Zuckerrüben sowie Obst und Gemüse angebaut. Europaweit gehört Polen zu den größten Produzenten von Beerenobst. Entgegen großer Befürchtungen in der Landbevölkerung hat sich der EU-Beitritt eher positiv auf die Entwicklung der Landwirtschaft ausgewirkt, da er mit Subventionszahlungen sowie verbesserten Absatzmöglichkeiten einherging. Seit dem **Fall der Zollgrenzen** ist die Nachfrage nach polnischem Fleisch und Milchprodukten deutlich gestiegen. Dagegen spielen Fischerei und Fischverarbeitung auch aufgrund vergleichsweise geringer Fischbestände in der Ostsee nur eine untergeordnete Rolle.

Tourismus

Gerade für die nördlichen Wojewodschaften ist der Tourismus ein **wichtiger Wirtschaftsfaktor**. Die Zahl der Hotels und Pensionen hat sich innerhalb der vergangenen Jahre vervielfacht. Jedes Jahr zählt Polen rund 15 Mio. ausländische Touristen mit mindestens einer Übernachtung; fast 40 % davon sind Deutsche.

GESCHICHTE

Welche Rolle spielte der Deutsche Orden? Wie kam es zu den für Polen verheerenden Teilungen des Landes? Wie sah das polnische Staatsgebiet nach dem Zweiten Weltkrieg aus und wie hat die Gewerkschaft Solidarność die Geschicke des Landes mitgeprägt?

Vorgeschichte und frühes Mittelalter

Vor etwa 12 000 Jahren, nach dem Ende der letzten Eiszeit, wird das heutige Polen besiedelt. Die hier lebenden Menschen sind in der Lage, Bronze und Eisen zu bearbeiten, was auf einen hohen Zivilisationsstand schließen lässt (»Lausitzer Kultur«). Zwischen Spätantike und frühem Mittelalter wandern aus dem Osten und Norden slawische und baltische Stämme ein.

EPOCHEN

VORGESCHICHTE UND FRÜHES MITTELALTER

18 000 v. Chr.	Erste Besiedlung des Krakauer Wawel-Hügels
1. Jh. v. Chr.	Handelskontakte mit dem Römischen Reich
5. Jh. – 9. Jh.	Vorrücken von Slawen ins Gebiet des heutigen Polen

HERRSCHAFT DER PIASTEN

10. Jh.	Gründung des polnischen Staats durch Mieszko I.
968	Gründung des ersten Bistums Polens in Poznań
1138	Zerfall des Reiches nach dem Tod von König Bolesław III.
14. Jh.	Wiedervereinigung Polens unter König Władysław I. aus der Piasten-Dynastie

HERRSCHAFT DER JAGIELLONEN

1410	Schlacht bei Grunwald: Niederlage des Deutschen Ordens
1466	Endgültige Kapitulation des Deutschen Ordens
1569	»Lubliner Union«: Vereinigung von Polen und Litauen

BEWEGTE ZEITEN

1683	Jan III. Sobieskis Sieg über die Türken bei Wien
1772/1793	Erste und zweite polnische Teilung
1795	Dritte Teilung und Tilgung Polens von der Landkarte
1830–1863	Erste Aufstände gegen die Besatzungsmächte

DIE WIEDERGEBURT POLENS

1918	Etablierung eines souveränen polnischen Staates
1926	Staatsstreich von General Piłsudski
1934	Nichtangriffspakt zwischen Deutschland und Polen

DER ZWEITE WELTKRIEG

1.9.1939	Kriegsbeginn mit dem Angriff Deutschlands auf Polen
1943	Aufstand derJuden im Warschauer Ghetto

DAS SOZIALISTISCHE POLEN

ab 1947	Einbindung in den »Ostblock«
1970	Streiks der Danziger Werftarbeiter
1980	Offizielle Anerkennung der Gewerkschaft »Solidarność«

NACH DER WENDE

1990	Wahl Lech Wałęsas zum Staatspräsidenten
2004	Mitgliedschaft Polens in der Europäischen Union.
2015	Parlamentswahlen: Sieg der rechtskonservativen PiS
2016	Breslau ist Kulturhauptstadt Europas.

Piasten

Der polnische Staat entsteht: Fürst Mieszko I. aus der Dynastie der Piasten lässt sich 966 nach römisch-katholischem Ritus taufen, erwirbt Anspruch auf päpstlichen Schutz und darf seinerseits missionieren (und unterwerfen). So verleibt er seinem Reich das Gebiet zwischen der Insel Rügen und der Weichselmündung ein. Die hier lebenden Pomoranen werden von Bischof Otto von Bamberg christianisiert. Später wandern deutsche Siedler ein. Der baltische Stamm der Pruzzen weiter östlich bleibt vorerst »heidnisch«.

Jagellionen

Der polnische Fürst Konrad I. Mazowiecki ruft den Deutschen Orden zu Hilfe, um die Pruzzen zu unterwerfen. Er kommt, bleibt und gründet einen eigenen expandierenden Staat. Kolonisten aus dem Westen werden angeworben und über 100 Städte gegründet. 1309 wird die Marienburg (▶ Baedeker Wissen, S. 162) Hauptsitz des Ordensstaats. Währenddessen vereinen sich Polen und Litauen, um die neue Großmacht zurückzudrängen: 1386 wird Władysław II. Jagiełło, der Begründer der Jagiellonen-Dynastie, zum König beider Länder gekrönt.
Während Pommern in (slawische) Teilherzogtümer zersplittert ist, erlebt Polen-Litauen seine **»goldene Zeit«**: Mit der Schlacht von Grunwald 1410 verpasst es dem Ordensstaat eine empfindliche Nie-

Bischof Otto von Bamberg wird auf seinem Missionierungszug von Bolesław III. empfangen.

DIE TEILUNGEN POLENS

Die Aufteilung der polnischen Adelsrepublik unter die »Drei Schwarzen Adler« – Preußen, Russland und Österreich – im ausgehenden 18. Jh. ist als Tiefpunkt ihrer Geschichte ins Bewusstsein der Polen eingegangen, der nur noch durch die Bedrohungen des Zweiten Weltkriegs überboten werden konnte.

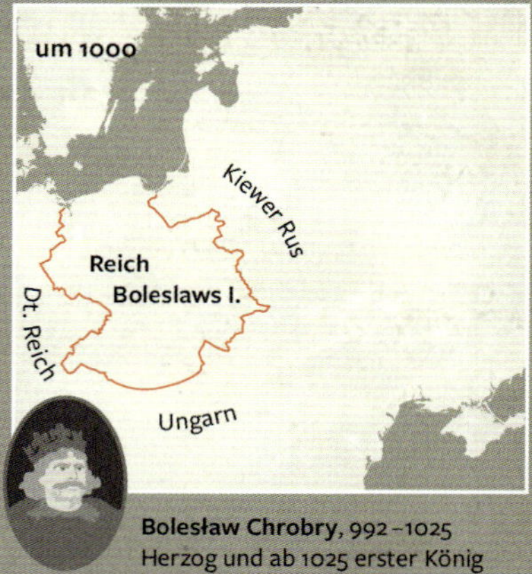

Bolesław Chrobry, 992–1025 Herzog und ab 1025 erster König von Polen, weitet durch Kriege gegen Böhmen, die Kiewer Rus und den deutschen Kaiser Heinrich II. sein Herrschaftsgebiet aus und begründet das Königreich Polen.

Jadwiga Andegaweńska, ungarische Königstochter, wird 1386 mit dem litauischen Großfürsten verheiratet, der als **Władysław II. Jagiełło** über beide Reiche herrscht und die Jagiellonen-Dynastie begründet.

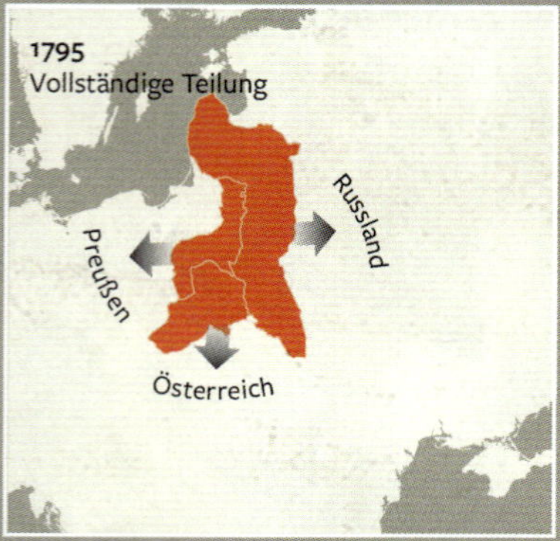

Die Nachbarmächte teilen den Unionsstaat schließlich völlig auf. Bis zum Ende des Ersten Weltkriegs existiert kein eigenständiger polnischer Nationalstaat mehr.

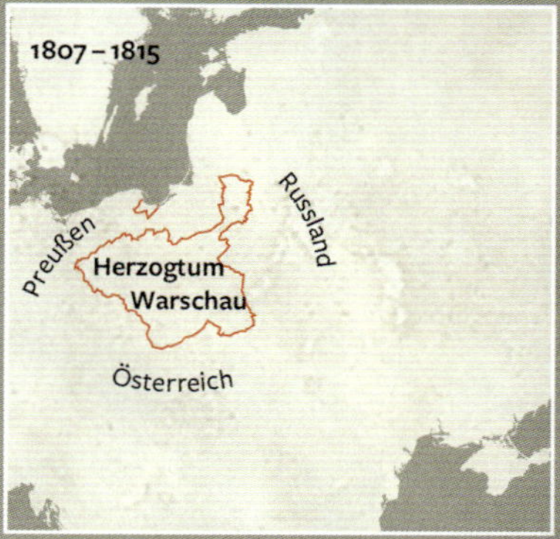

Nach Napoleons Eroberung Preußens entsteht das Herzogtum Warschau als französischer Satellitenstaat. Es wird ab 1815 als »Kongresspolen« vom russischen Zaren regiert.

Nach dem Ende der Jagiellonen stürzen Kriege (mit Schweden, dem Osmanischen Reich, Russland, Brandenburg-Preußen und Siebenbürgen), fehlende politische Reformen und ständige Unruhen Polen im 17. und 18. Jh. in eine dauerhafte Krise.

Die absolutistischen Nachbarn, an einem schwachen Polen interessiert, zwingen den polnischen Reichstag zur ersten Teilung. Nach der zweiten Teilung bricht der Krakauer Aufstand unter Führung von **Tadeusz Kościuszko** aus.

Józef Piłsudski dehnt das Staats- gebiet auf Kosten der UdSSR nach Osten aus. Hitlerdeutschland und die Sowjetunion definieren im Geheimen Zusatzprotokoll zum Gewaltverzichtsabkommen vom August 1939 ihre »Interessengrenze«, die nach dem Einmarsch im September zur Demarkationslinie wird.

Nach dem Ende des Zweiten Weltkriegs werden im Potsdamer Abkommen die Grenzen Polens nach Westen auf ehemaliges deutsches Staatsgebiet verschoben.

derlage. Dessen eigene Bürger – der hohen Abgaben überdrüssig – erheben sich gegen die Ordensritter, die sich 1466 auf einen Reststaat von Polens Gnaden rund um Königsberg zurückziehen müssen. Wichtige Hansestädte wie Danzig und Elbing unterstellen sich dem polnischen König, der viele Privilegien gewährt.

Bewegte Zeiten

In Polen setzt sich das **Wahlkönigtum** durch: Schwächung der Krone, Stärkung des Großadels – Polens Stern als Großmacht sinkt. Das Land wird in **verlustreiche Kriege** u.a. mit den Schweden verwickelt. Der Reststaat der Ordensritter wird souverän, 1701 lässt sich Friedrich I. in Königsberg zum »König in Preußen« krönen. Zu diesem gehört bald auch Pommern.
Polen wird unter Preußen, Österreich und Russland aufgeteilt und hört auf als souveräner Staat zu existieren (1795 – 1918). Durch die **»polnischen Teilungen«** profitiert Preußen enorm: Das Königreich reicht jetzt von Pommern über Danzig, Ermland und Masuren bis nach Königsberg. Unter dem preußischen Kanzler Otto von Bismarck setzt eine rigide **»Germanisierungspolitik«** der Bevölkerung in mehrheitlich polnischsprachigen und katholischen Landesteilen wie Masuren ein. Die Polen in Preußen reagieren mit passivem Widerstand und pflegen ihre nationale Identität in Sprache, Kultur und Religion.

Wiedergeburt und Zweiter Weltkrieg

Nach dem Ersten Weltkrieg wird Polen 1918 wieder souverän. Gemäß dem **Versailler Vertrag** erhält es den größten Teil Westpreußens (»Danziger Korridor«) und damit Zugang zur Ostsee. Danzig wird ein Freistaat. Die Frage des »Danziger Korridors«, der die Provinz Preußen vom Rest des Deutschen Reiches trennt, nimmt Hitler zum Anlass, Polen am 1. September 1939 den Krieg zu erklären: Die Polen werden entrechtet und zu »Untermenschen« degradiert, Juden aus ganz Europa in den Vernichtungslagern systematisch ermordet. 1941 erklärt Hitler auch der Sowjetunion den Krieg – Schalt- und Kommandozentrale des »totalen Kriegs« wird die masurische Wolfsschanze (▶ S. 127).

Sozialistisches Polen

Nach der Niederlage der Deutschen 1945 wird Polen 200 km Richtung Westen verschoben, es erhält weite Teile Preußens, Pommerns und Schlesiens. Die dortige deutschstämmige Bevölkerung wird vertrieben, nur sog. Autochthone, die polnische Wurzeln nachweisen können, dürfen bleiben. Polen wird eine **sozialistische Volksrepublik** von Gnaden der Siegermacht Sowjetunion. Die politische Opposition sammelt sich unter dem Banner des Katholizismus. 1980 entsteht auf der Danziger Werft die vom Staatsapparat unabhängige Gewerkschaft Solidarität. Die von ihr angeführten Massenstreiks führen – zeitgleich mit der sowjetischen Perestrojka-Politik – zur Auflösung des sozialistischen Systems in Osteuropa.

Neue Zeiten

1989/90 vollzieht Polen den Übergang zum Kapitalismus, 1999 tritt das Land der NATO bei. Polen wird **Mitglied der Europäischen Union** (2004). Es muss seine Industrie radikal umstrukturieren (Schließung von Werften in Danzig und Stettin, von Bergwerken in Schlesien), seine Wirtschaft muss vorbehaltslos westlichen Unternehmen geöffnet werden. Im Gegenzug erhält es hohe **EU-Subventionen** zwecks Verbesserung der Infrastruktur. Neue Autobahnen entstehen, Flughäfen und Bahnhöfe werden modernisiert; ambitionierte Museumsprojekte machen Städte für Urlauber attraktiv. Die Fußball-Europameisterschaft 2012 trägt dazu bei, den Modernisierungsschub zu beschleunigen. Doch viele Polen fühlen sich abgehängt. Niedrige Löhne bei steigenden Lebenskosten, dazu eine mangelhafte soziale Absicherung treiben sie **rechtspopulistischen Parteien** in die Arme. Seit 2015 regiert die europakritische PiS (»Recht und Gerechtigkeit«), deren erklärtes Ziel es ist, auch ärmere Polen am Wohlstand teilhaben zu lassen.

KUNST UND ARCHITEKTUR

Mit den Handelsschiffen kamen auch kulturelle Einflüsse aus vielen anderen Ländern in die Ostseeregion. Polens Nordosten war über Jahrhunderte ein Schmelztiegel unterschiedlicher Kulturen, was in Kunst und Architektur des Landes deutlich sichtbar ist.

Architekturgeschichte

Land in der Mitte Europas

Polen kann auf ein kulturelles Erbe aus mehr als tausend Jahren zurückblicken. Aufgrund seiner geografischen Lage in der Mitte Europas hat es **Einflüsse aus West und Ost, Nord und Süd** aufgenommen. Ob norddeutsche Backsteingotik oder italienische Renaissance, Manierismus oder habsburgischer Barock – viele Stilrichtungen sind im Land vereint.

Gotik

Zu den ältesten Bauwerken im Norden Polens zählt der Dom von **Kamień Pomorski** (Cammin), dessen Grundstein im Jahr 1176 gelegt wurde. Der Bau präsentiert sich heute im gotischen Stil, doch Reste des nördlichen Querschiffs stammen noch aus der ersten romanischen Bauphase. Aus dieser Zeit stammt auch das Zisterzienserkloster in **Kołbacz** (Kolbatz), südlich von Szczecin, das ab 1210 im spätromanischen Stil erbaut wurde.

Sächsische Baumeister entwarfen das »Versailles Podlachiens«, den Branicki-Palast in Białystok.

Das frühe 13. Jh. markierte mit dem Aufkommen der Ziegelsteine den **Übergang von der Romanik zur Gotik**. Zu den ersten frühgotischen Sakralbauten in Polen gehört die 1222 begonnene Kirche in Kołobrzeg-Buzdistowo, der Keimzelle von Kolberg. In den folgenden Jahrzehnten entstanden im Ostseeraum zahlreiche mächtige Hallenkirchen, u. a. in Elbląg, Frombork, Stargard Szczeciński, Słupsk und Szczecin. In Gdańsk begann man Ende des 14. Jh.s nach Entwürfen von **Heinrich Ungeradin** mit dem Bau der Marienkirche, der größten mittelalterlichen Backsteinkirche Europas. Im Nordosten Polens sicherten die Deutschordensritter ihr neu gewonnenes Herrschaftsgebiet mit mächtigen **Burgen**. Ihr Hauptsitz, die um 1280 begonnene Marienburg (▶ Baedeker Wissen, S. 162), wurde zur größten Backsteinfestung Europas ausgebaut. Auch die Ordensburgen in Bytów, Kętrzyń, Nidzica, Ostróda und Ryn zeugen von der einstigen Macht der Ordensritter. Die ermländischen Fürstbischöfe, die weitgehend autonom regierten, ließen kaum minder eindrucksvolle Burgen in Frombork, Lidzbark Warmiński und Reszel bauen.

Renaissance

Zu den wichtigsten Renaissance-Bauwerken im Norden Polens zählt das **Schloss der Pommerschen Herzöge** in Stettin. Im Nordosten des Landes sind in dieser Zeit einige schöne Sakralbauten entstanden, darunter die orthodoxe Maria-Verkündigungskirche in Supraśl, die bereits seit 1985 wieder aufgebaut wird, sowie die Pfarrkirche in Białystok. Für Danzig waren das 16. und 17. Jh. das Goldene Zeitalter, in dem viele der schönsten Bauwerke der Stadt entstanden sind. Eine besondere Bedeutung erlangten dort niederländische Baumeister wie **Anthony van Obbergen** sowie die Mitglieder der **Familie van den Blocke**. Ihre Arbeiten im manieristischen Stil markieren bereits den Übergang von der Renaissance zum Barock. Anthony van Obbergen war u. a. für die Umgestaltung des Rechtstädtischen Rathauses und den Bau des Altstädtischen Rathauses verantwortlich, Abraham van den Blocke gestaltete die Fassade des Artushofes sowie das Goldene Haus am Langen Markt.

Barock

Als der Sachsenkönig August der Starke (1670 – 1733) in Polen regierte, wirkten dort auch sächsische Baumeister. Zu ihnen gehörten **Johann Heinrich Klemm** und **Johann Sigmund Deybel**. Sie leiteten in Białystok den barocken Umbau des **Branicki-Palasts**, der auch als »polnisches Versailles« bekannt ist. Ein schönes Ensemble barocker Bauten findet sich im Zentrum der ehemaligen Residenzstadt Tykocin.
Im überwiegend protestantisch geprägten Norden spielte die barocke Umgestaltung von Kirchen keine so große Rolle wie in den anderen Teilen Polens, doch stammen zwei der bemerkenswertesten Sakralbauten der Region aus dieser Epoche: das Kloster von Święta Lipka (Heiligelinde) und das Kamaldulenserkloster am Wigry-See. Bedeutendster Barockbau in Danzig ist die von **Tylman van Gameren** (1632 – 1706) gebaute Königliche Kapelle. Für ihre Ausstattung war der Danziger Baumeister **Andreas Schlüter** (um 1660 – 1714) verantwortlich, der u. a. den Umbau des Berliner Stadtschlosses leitete.

Klassizismus

Karl Friedrich Schinkel (1781 – 1841), der große preußische Baumeister, hinterließ auch in Pommern und Masuren einige Spuren. Nach seinen Entwürfen wurde das Altstädtische Rathaus in Kołobrzeg im neogotischen Stil umgebaut. Auch für den klassizistischen Umbau der St.-Anton-Kirche in Braniewo sowie für den Bau von Kirchen in Czaplinek, Dobre Miasto, Giżycko, Mikołajki und Lidzbark Warmiński zeichnete er verantwortlich. **Friedrich August Stüler** (1800 – 1865) errichtete das heute als Hotel genutzte Schloss in Rzucewo bei Puck im neogotischen Stil und entwarf auch die ehemalige evangelische Kirche in Biskupiec knapp 40 km nordöstlich von Olsztyn. Ganz im klassizistischen Stil entstand in der ersten Hälfte des 19. Jh.s das Zentrum von Suwałki. Klassizistische Bürgerhäuser prägen auch die Zentren von anderen Städten in Podlachien wie Augustów, Białystok oder Łomża.

Moderne Zu den beeindruckendsten Bauten der Moderne im Norden von Polen zählt die von dem Warschauer Architekten **Oskar Sosnowski** (1880 – 1939) entworfene St.-Rochus-Kirche (Kościół Świętego Rocha) im Zentrum von Białystok. Sie war weltweit einer der ersten Sakralbauten des Modernismus. Der expressionistische Sakralbau aus Stahlbeton mit seinem 80 m hohen Turm sollte die wiedergewonnene staatliche Unabhängigkeit Polens symbolisieren.

Als **»Stadt der Moderne«** entstand seit den 1920er-Jahren Gdynia, das programmatisch zu einer Hafenstadt ausgebaut wurde. Junge Architekten in der Tradition des Bauhauses schufen zahlreiche funktionalistische Wohn- und Bürohäuser, die mit ihren Geländern und Aufbauten sowie mit ihren Fenstern in Form von Bullaugen zum Teil an gestrandete Dampfer erinnern. Ganze Stadtteile entstanden so, geprägt von den Elementen der Schiffsarchitektur. Zwei Architekten, die später Weltruhm erlangten, schufen ihre Erstlingswerke in Pommern und im Ermland. **Walter Gropius** (1883 – 1969) entwarf zu Beginn des 20. Jh.s in und um Drawsko Pomorskie seine ersten

In der bunten ulica Maliacka zeigt sich Danzig von seiner restaurierten Seite – moderne Bauten finden sich auf dem ehemaligen Werftgelände.

Gebäude, die allerdings noch wenig von der späteren Bauhaus-Ästhetik verströmen. **Erich Mendelsohn** (1887 – 1953) baute als Student die Begräbniskapelle für den jüdischen Friedhof in seiner Heimatstadt Allenstein (Olsztyn).

Nachkriegszeit

Während nach dem Ende des Zweiten Weltkriegs einerseits die Altstädte von Gdańsk und Warszawa bereits in den 1950er-Jahren in beeindruckender Weise rekonstruiert wurden, entschied man sich andernorts – aus finanziellen oder ideologischen Gründen – oft dafür, mit einfachen Zweckbauten Lücken zu schließen oder nur einzelne prägende Gebäude zu restaurieren. Vordringlicher als die Wiederherstellung historischer Stadtkerne erschien oft die Schaffung von genügend Wohnraum.
Zudem war die Rekonstruktion historischer Bausubstanz nicht unumstritten. Kritische Stimmen forderten eine **moderne Neugestaltung der zerstörten Städte**, allein schon um den Aufbruch in eine sozialistische Zukunft zu symbolisieren. Erst um die Jahrtausendwende wurde damit begonnen, die ehemaligen Zentren von Elbląg, Kołobrzeg und Szczecin wieder aufzubauen. Dabei orientierte man sich weitgehend an den alten Grundstücksgrößen, entschied sich bei den Gebäuden aber für einen mehr oder weniger gelungenen Mix aus Alt und Neu.
Dank reichlich fließender EU-Gelder entstehen in größeren Städten repräsentative Großbauten, die den Aufbruch zu neuen Ufern symbolisieren. In Sczecin erringt die mit Milchglas »übergossene« Philharmonie alle wichtigen europäischen Architekturpreise, in Gdańsk wird das ehemalige Werftgelände mit dem ultraschicken Europäischen Zentrum der Solidarität und dem an einen Riesenkran erinnernden Museum des Zweiten Weltkriegs aufgewertet. Ein 200 Mio. teures Opern- und Kulturhaus wird in Białystok eröffnet. Mit Dach- und Hängegärten will es in eine »grüne« Zukunft weisen.

Bildende Kunst

Historienbilder

Erst in Polens langer Teilungszeit (1795 – 1918) entstand eine einheimische Malschule. Die national aufgeladenen Historienbilder dienten v. a. als **agitatorisches Mittel** um die Unabhängigkeit. Heute beginnen sich die Künstler von ihrer politischen Mission zu verabschieden. Ihre Werke unterscheiden sich nur noch wenig von denen der internationalen Kunstszene.

Kunstzentrum Warschau

Seit einigen Jahren entdeckt das westliche Ausland junge Kunst »made in Poland«. Vor allem Warschau als kulturelle Hauptstadt des Landes hat sich zum Zentrum der »Jungen Wilden« entwickelt. In den maroden Gründerzeitbauten des östlichen Stadtviertels Praga fanden sie preiswerte Räume für ihre Ateliers und Galerien. Zeitgenössische Kunst aus Polen genießt international einen guten Ruf. Arbeiten von **Paweł Althammer** oder **Monika Sosnowska** werden heute auf renommierten Kunstausstellungen gezeigt und erzielen hohe Preise.

Danzig

Gemessen an Warschau spielt die Dreistadt eher eine Nebenrolle im Bereich der bildenden Künste. Zu den bekanntesten Zentren der jungen Künstler gehört das **Danziger Werftgelände**. Dort werden seit ein paar Jahren einige Räume als Ateliers, Probenräume oder für Performances genutzt. Dies alles geschieht mit Unterstützung der Investoren, die auf dem innerstädtischen Grundstück ein Business- und Kulturzentrum entwickeln möchten. Im Jahr 2004 zog in ein ehemaliges Schulgebäude auf der Werft die Galerie »Wyspa Institute of Art«, die dort zeitgenössische Kunst präsentiert. Moderne Kunst ist auch im »Centrum Sztuki Współczesnej Łaźnia« und im »Baltischen Kulturzentrum« (»Galeria Nadbałtyckiego Centrum Kultury«) in Gdańsk zu sehen, ebenso in der »Staatlichen Kunstgalerie« (»Państwowa Galeria Sztuki«) in Sopot und in der »Galeria Debiut«

Einer der bekanntesten Künstler Polens: Leon Tarasewicz, umgeben von den bunten »Rohstoffen« seiner Werke

in Gdynia. Dort stellen die Absolventen der Kunstakademie ihre Arbeiten aus.

Einer der bekanntesten zeitgenössischen Künstler Polens zieht die Abgeschiedenheit Ostpolens der Großstadt vor. Der Maler und Kunstprofessor Leon Tarasewicz (geb. 1957), dessen Bilder auch in Museen der USA zu finden sind, lässt sich in seinem Geburtsort, dem podlachischen Dorf Waliły an der Grenze zu Weißrussland, von der Natur inspirieren. Sie liefert ihm den Stoff für seine abstrakten Gemälde und Installationen, die in ihrer Farbigkeit auch durch die Ikonenmalerei seiner Heimat beeinflusst sind.

Leon Tarasewicz

INTERESSANTE MENSCHEN

Danziger Nobelpreisträger: Günter Grass

1927 – 2015
Schriftsteller

Er bezeichnete sich selbst gern als Kaschube, aber nur seine Mutter gehörte dieser Volksgruppe an. Seine Eltern betrieben ein kleines Lebensmittelgeschäft im Danziger Stadtteil Langfuhr (heute Wrzeszcz). Dort wurde Günter Grass am 16. Oktober 1927 geboren. In seiner **»Danziger Trilogie«** kehrte er an die Orte seiner Kindheit und Jugend zurück (▶ Das ist ..., S. 16). Nach dem Zweiten Weltkrieg studierte Grass in Düsseldorf und Berlin Malerei und Grafik. Mitte der 1950er-Jahre begann er mit dem Schreiben und erreichte mit dem 1959 erschienenen Roman **»Die Blechtrommel«** international Erfolg. Neben zahlreichen internationalen Auszeichungen erhielt Günter Grass 1999 den **Nobelpreis für Literatur**. Im April 2015 starb Günter Grass in Lübeck.

Schüler Kants: Johann Gottfried Herder

1744 – 1803
Philosoph

Der Schriftsteller und einflussreiche **Philosoph der Weimarer Klassik** wurde am 25. August 1744 in dem kleinen Städtchen Mohrungen (Morąg) geboren. Mit 18 Jahren ging Herder nach Königsberg, wo er zunächst Medizin, dann Theologie studierte und Vorlesungen von Immanuel Kant besuchte. Auf Vermittlung Goethes wurde er 1776 als Generalsuperintendent nach Weimar berufen, wo er bis zu seinem Tod 1803 wirkte. Zwischen 1784 und 1791 verfasste

OBEN: Ein gut gelaunter Günter Grass vor seinem Elternhaus in Gdańsk
UNTEN: Immer mit dem Blick zum Himmel: Nikolaus Kopernikus in Olsztyn

er sein Hauptwerk **»Ideen zur Philosophie der Geschichte der Menschheit«**. Seine Heimat und seine Eltern sah er nach seiner Abreise aus Mohrungen nie wieder.

Polit-Zwillinge: Jarosław und Lech Kaczyński

geb. 1949 (Jarosław), 1949–2010 (Lech) Politiker

In Polen waren die Zwillinge bereits bekannt, bevor sie in der Politik mitzumischen begannen. Sie waren gerade 13 Jahre alt, als sie 1962 die Hauptrolle im Kinderfilm »Die zwei Monddiebe« spielten.
Jarosław und Lech Kaczyński wurden als Kinder einer Sprachwissenschaftlerin und eines Ingenieurs geboren. Sie studierten Jura, promovierten und lehrten an Universitäten, bevor sie in den 1980er Jahren dem oppositionellen »Komitee zur Verteidigung der Arbeiter« (KOR) beitraten. Nach der Wende 1990 wurden beide Abgeordnete des Senats. 2001 gründeten die Brüder die Partei PiS (»Recht und Gerechtigkeit«), in der sich die konservativ-klerikalen Kräfte der zerfallenden antikommunistischen Solidarność sammelten. Schon die folgenden Parlamentswahlen (2005) wurden von der PiS gewonnen: Lech wurde Polens Präsident, ein Jahr später Jarosław Ministerpräsident. Dass Zwillinge die höchsten staatlichen Ämter eines Staates gleichzeitig bekleideten, hatte es zuvor nirgends gegeben.
2010 sollten im russischen Katyń jener polnischen Offiziere gedacht werden, die dort 70 Jahre zuvor vom sowjetischen Geheimdienst ermordet worden waren. Beim Anflug auf den Flughafen von Smolensk stürzte die polnische Regierungsmaschine ab. Dabei kamen Lech Kaczyński, seine Frau Maria und 95 Vertreter der politisch-militärischen Elite ums Leben. Allen Fakten zum Trotz hält Jarosław bis heute an der These fest, Lech sei vom russischen Geheimdienst umgebracht worden.
Jarosław scheiterte 2010 beim Versuch, selber Präsident zu werden. Indes vermochte er seine Führungsrolle in der PiS weiter auszubauen. Bei den Wahlen 2015 wurden »seine« Kandidaten in Polens höchste Ämter gewählt.

Prinzessin aus Stettin: Katharina II.

1729–1796 Russische Zarin

Als Prinzessin Sophie Auguste Friederike von Anhalt-Zerbst-Dornburg wurde die Zarin Katharina die Große am 2. Mai 1729 in Stettin geboren. 1745 heiratete sie in St. Petersburg den russischen Thronfolger Großfürst Peter Fjodorowitsch, den späteren **Zaren Peter III.** Weil Peter III. nach seiner Amtsübernahme im Dezember 1761 ungeschickt agierte und sich viele Feindschaften zuzog, plante Katharina einen Staatsstreich. Am 9. Juli 1762 ließ sie sich zur Zarin ausrufen; Peter III. wurde für abgesetzt erklärt und einige Tage später ermordet. Als Katharina II. regierte die Stettiner Prinzessin bis zu ihrem Tod am 17. November 1796 insgesamt 34 Jahre lang Russland und baute dessen Macht aus.

Revolutionärer Denker: Nikolaus Kopernikus

1473 – 1543
Astronom

Geboren wurde der weltberühmte Astronom am 19. Februar 1473 in der Stadt Thorn (Toruń). Nach Studien in Krakau, Bologna und Padua trat er in den Dienst seines Onkels, des ermländischen Fürstbischofs Lukas von Watzenrode, und wirkte auf den Bischofsburgen in Lidzbark Warmiński, Olsztyn und Frombork. Schon 1509 entwickelte er die Theorie, dass die Erde um die Sonne kreise, aber erst kurz vor seinem Tod veröffentlichte er diese revolutionäre Ansicht in der Schrift »De Revolutionibus Orbium Coelestium« (**»Von den Bewegungen der Himmelskörper«**). Nikolaus Kopernikus starb am 24. Mai 1543 in Frombork und wurde dort im Dom beigesetzt.

»Tiger« im Ring: Dariusz Michalczewski

geb. 1968
Boxer

Der Box-Champion wurde am 5. Mai 1968 in Danzig geboren und begann dort seine sportliche Laufbahn. 1988 setzte er sich bei einem Turnier in Karlsruhe ab und beantragte die deutsche Staatsbürgerschaft. 1991 wurde er Europameister im Halbschwergewicht, wechselte im gleichen Jahr ins Profilager und wurde 1994 **Weltmeister im Halbschwergewicht**. Diesen Titel verteidigte er danach in 24 Kämpfen. 2003 unterlag er in Hamburg knapp dem Mexikaner Julio Cesar Gonzales. Ein geplantes Comeback scheiterte 2005. Der **»Tiger«**, wie Michalczewski wegen seines aggressiven Kampfstils genannt wurde, blieb seiner Heimatstadt verbunden: Sein Stern leuchtet noch immer in der Allee der Sportstars auf dem Olympiastützpunkt Cetniewo in Władysławowo.

Pragmatischer Europäer: Donald Tusk

geb. 1957
Präsident des Europäischen Rats

Polens Premier ist der Erste seit der Wende, der von den Polen zweimal gewählt wurde (2007 und 2011). 1957 in Danzig als Sohn kaschubischer Eltern geboren, ist er mit der Dreistadt nach wie vor sehr verbunden. Nach der vorherigen anti-deutschen Regierungsphase der Kaczyński-Zwillinge kehrte unter Tusk **außenpolitisch ein pragmatischer Kurs** ein: Er agierte deutsch- und europafreundlich, strebte aber auch nach guten Kontakten zu den östlichen Nachbarn, allen voran zu Russland. Innenpolitisch verfolgte er als Neoliberaler der Partei Plataforma Obywatelska (PO, »Bürgerplattform«) einen radi-

Andrzej Wajda freut sich 2006 auf der Berlinale über den Goldenen Ehrenbären.

kalen marktwirtschaftlichen Kurs. 2014 wurde Tusk zum Präsident des Europäischen Rats bestimmt und trat als Ministerpräsident seines Landes zurück. Gegen den Widerstand der polnischen Regierung wurde er 2017 als Präsident des Europäischen Rates in seinem Amt bestätigt.

Oscar und Goldener Bär: Andrzej Wajda

geb. 1926
Filmregisseur

Polens bekanntester Regisseur wurde am 6. März 1926 in Suwałki geboren. Sein Vater, ein Offizier, wurde 1940 von sowjetischen Soldaten beim Massaker von Katyń ermordet. Nach dem Zweiten Weltkrieg studierte er zunächst Malerei, ging aber dann zur Staatlichen Filmschule in Łódź. Sein erster Film »Eine Generation«, 1954 gedreht, befasst sich mit dem polnischen Widerstand gegen die Nationalsozialisten. Es folgten **international gefeierte Produktionen** wie »Das gelobte Land«, »Der Mann aus Eisen« oder »Pan Tadeusz«. Sein Film »Wałęsa« wurde 2012 an Originalschauplätzen in Danzig gedreht – eine (unkritische) Hommage an den Streikführer und ersten Präsidenten der Dritten Republik. Wajda wurde für sein filmisches Lebenswerk u. a. mit einem Oscar und dem Goldenen Bären der Berlinale geehrt.

Vom Monteur zum Präsidenten: Lech Wałęsa

geb. 1943
Politiker

Lech Wałęsa, am 29. September 1943 in Popowo geboren, wuchs in bescheidenen Verhältnissen auf. Ab 1967 arbeitete er als Elektromonteur in einer Danziger Werft. Schon früh engagierte er sich für die Interessen der Arbeiter. Da die offiziellen Gewerkschaften in erster Linie die Interessen der Partei und des Staates vertraten, betrieb Wałęsa die Gründung der unabhängigen Gewerkschaft **»Solidarność«** (▶ Baedeker Wissen S. 88). Nach der Streikbewegung von 1980, an deren Spitze Wałęsa stand, wurde er zum Vorsitzenden. 1981 wurde die Solidarność verboten und Wałęsa für elf Monate inhaftiert. Für sein politisches Engagement erhielt er 1983 den **Friedensnobelpreis**. Nach der »Wende« wurde Lech Wałęsa im Dezember 1990 zum **Präsidenten der Dritten Republik** gewählt. Dass er sich als Präsident keinen Deut um die Interessen der Arbeiter kümmerte, denen er seinen Aufstieg zu verdanken hatte, und den kapitalistischen Umbau der Gesellschaft ohne Rücksicht auf Verluste vorantrieb (»Schocktherapie«), kostete ihn seine Wiederwahl: 2000 erhielt er bei der Präsidentschaftskandidatur nur noch 1 % der Stimmen. Wałęsa lebt heute mit seiner Familie im Danziger Stadtteil Oliwa.

Vordenker der Völkerverständigung: Ludwik Zamenhof

1859 – 1917
Erfinder des Esperanto

Der Augenarzt Ludwik Zamenhof wurde am 15. Dezember 1859 in Białystok geboren. Das Kind jüdischer Eltern wuchs in einer Stadt auf, die durch verschiedene Nationen, Kulturen und Religionen geprägt wurde. Ludwik interessierte sich früh für Sprachen. Neben Polnisch, Russisch und Jiddisch lernte er Deutsch und Französisch, später Griechisch, Lateinisch, Englisch und Hebräisch. Sein Traum aber war eine **universelle Sprache**, in der sich alle Menschen verständigen könnten, und er veröffentlichte 1887 seine »Internationale Sprache«. Um seinen Ruf als Augenarzt nicht zu gefährden, wählte er als Autor das Pseudonym Dr. Esperanto, das sich bald als Name der Sprache einbürgerte. Esperanto fand in der ganzen Welt immer mehr Anhänger, doch Zamenhofs Traum der Völkerverständigung platzte. Als er am 14. April 1917 in Warschau starb, befand sich die Welt im Krieg. Heute gibt es weltweit etwa 2 Mio. Menschen, die sich mit Esperanto verständigen.

Der Erfinder des Reiseführers: Karl Baedeker

1801 – 1859
Verleger

Als Buchhändler kam Karl Baedeker viel herum, und überall ärgerte er sich über die »Lohnbedienten«, die die Neuankömmlinge gegen

Trinkgeld in den erstbesten Gasthof schleppten. Nur: Wie sollte man sonst wissen, wo man übernachten könnte und was es anzuschauen gäbe? In seiner Buchhandlung hatte er zwar Fahrpläne, Reiseberichte und gelehrte Abhandlungen über Kunstsammlungen. Aber wollte man das mit sich herumschleppen? Wie wäre es denn, wenn man all das zusammenfasste? Gedacht, getan: Zwar hatte er sein erstes Reisebuch, die 1832 erschienene »Rheinreise«, noch nicht einmal selbst geschrieben. Aber er entwickelte es von Auflage zu Auflage weiter. Mit der Einteilung in »Allgemein Wissenswertes«, »Praktisches« und »Beschreibung der Merk-(Sehens-)würdigkeiten« fand er die klassische Gliederung des Reiseführers, die bis heute ihre Gültigkeit hat. Bald waren immer mehr Menschen unterwegs mit seinen **»Handbüchlein für Reisende, die sich selbst leicht und schnell zurechtfinden wollen«**. Die Reisenden hatten sich befreit, und sie verdanken es bis heute Karl Baedeker. Teile der heutigen polnischen Ostseeküste beschreibt er erstmals im 1842 erschienenen »Handbuch für Deutschland und den Östereichischen Kaiserstaat«; genauer in späteren Auflagen und in der 1. Auflage von »Baedeker's Russland« (1883).

»
An landschaftlicher Schönheit der Umgebung übertrifft Danzig alle deutschen Seestädte.
«

Baedeker's Nordost-Deutschland, 23. Auflage 1889

E

ERLEBEN & GENIESSEN

Überraschend, stimulierend, bereichernd

Mit unseren Ideen erleben und genießen Sie die Polnische Ostseeküste.

In dieser Beach Bar auf der Halbinsel Hel lässt es sich herrlich entspannen. ►

BEWEGEN & ENTSPANNEN

Wasser, wohin man schaut: salzig und süß, an der Küste und im Binnenland. Kein Wunder, dass Wassersport hoch im Kurs steht – Baden im Meer und an den Seen, Surfen und Segeln oder Paddeln auf Krutynia, Polens schönster Kanustrecke. Da das Land relativ flach ist, kommen auch viele Radler: Auf der Fahrt über alte Alleen, Feldstraßen und Waldpisten lernt man das ländliche Polen kennen.

Angeln Die **Masurischen Seen** und die fischreichen Flüsse und Seen Pommerns gehören zu den bevorzugten Anglerrevieren in Polen. Vor etwa 20 Jahren galt der Lachs in den pommerschen Seen als ausgestorben, inzwischen wurde er erfolgreich wieder angesiedelt. In mehreren Ostseeorten, u. a. in Kołobrzeg und Ustka, können sich Touristen an Hochsee-Angeltouren beteiligen. Wer in Polen angeln möchte, benötigt eine Erlaubnis; der deutsche Angelschein ist nicht gültig. Die polnische Genehmigung erteilt der Polnische Anglerverband bzw. der Gewässerbesitzer; die aktuellen Gebühren erfährt man beim Polnischen Fremdenverkehrsamt oder beim Anglerverband PZW.

Baden Die **Wasserqualität** an den Stränden der polnischen Ostsee hat sich in den letzten Jahren verbessert, im Hochsommer muss z. T. mit Algenbelastung gerechnet werden. 27 Strände tragen die blaue Flagge der EU, die für Sauberkeit und gute Qualität des Wassers bürgt. Dazu gehören z. B. die Strände in Świnoujście, Międzyzdroje, Dziwnów, Rewal, Kołobrzeg und Ustka. Offizielle Badestellen werden von Rettungsschwimmern überwacht. Eine sehr gute Wasserqualität weisen die Badeseen in der Kaschubischen Schweiz auf, auch die meisten Seen in Masuren und Podlachien bieten sehr sauberes Wasser.

Golf Im sozialistischen Polen noch verpönt, wurde der Golfsport nach 1989 dort sehr schnell populär. Inzwischen gibt es mehrere Golfclubs im Norden des Landes. Die Plätze in Pommern sind überaus beliebt, da sie noch nicht so überlaufen sind. Ein **Verzeichnis aller Golfplätze** gibt es beim Polnischen Golfverband PZG (http://pzgolf.pl/en).

Kajak, Kanu Die zahlreichen, oft durch Flüsse und Kanäle miteinander verbundenen Seen im Norden Polens bieten **schöne Wasserwege für Kanuten, Ruderer und Paddler**. Diese Sportarten sind in Polen sehr populär, entsprechend gut ist das Netz an Verleihstationen und

Rudern, plantschen, sonnenbaden: alles möglich in der Kaschubischen Schweiz

Biwakplätzen. Zu den beliebtesten Strecken gehören die Drawa-Route in Pommern, die Krutynia-Route in Masuren (►S. 40) sowie die Czarna-Hańcza-Route in Podlachien.

Radfahren

Die leicht hügeligen, dünn besiedelten Regionen in Polens Norden bieten gute Voraussetzungen für Radtouren. Immer mehr Fahrradrouten werden dort ausgewiesen. Meist handelt es sich dabei nicht um gesonderte Radwege, sondern um wenig befahrene Nebenstrecken oder Waldwege. Insbesondere in **Masuren** und in den **Nationalparks von Podlachien** bieten deutsche und polnische Reiseveranstalter organisierte oder individuelle Radtouren an. In vielen Hotels kann man Räder ausleihen, E-Bikes sind vorerst nur in großen Städten ausleihbar.

SPORT-INFOS

ANGELN

POLSKI ZWIĄZEK WĘDKARSKI (PZW)
ul. Twarda 42, Warszawa
Tel. 22 6 20 89 66
www.pzw.org.pl

GOLF

POLISH GOLF UNION
al. Jerozolimskie 65/79, pok. 3224
Warszawa
Tel. 22 6 30 55 60
http://pzgolf.pl/en
Auf der Website des Verbandes finden sich u. a. die Adressen der Plätze.

KAJAK

IN NATOURA REISEN
Auf dem Steinacker 13
37077 Göttingen
Tel. 0551 5 04 65 71
www.innatoura-polen.de

KAJAKI.PL
ul. Parkowa 64/3
Sopot
Tel. 58 5 50 27 74
www.kajaki.pl
Der polnische Veranstalter organisiert Kajaktouren auf Flüssen in Pommern, Masuren und Podlachien.

RADFAHREN

Individuelle und geführte Radtouren in Nordpolen bieten z. B. folgende deutsche Radreiseveranstalter an:

NATURE TRAVEL
ul. Wyszyńskiego 2/1
Białystok
Tel. 85 7 44 45 62
www.naturetravelreisen.de
Geführte Radwanderungen in Nordostpolen

REITEN

»DAS URLAUBSPFERD«
Wiesenstr. 25
64331 Weiterstadt
Tel. 06151 89 56 38
www.urlaubspferd.de
Reitunterkünfte, Stern- und Wanderritte

»PFERD UND REITER«
Rader Weg 30a
D-22889 Tangstedt
Tel. 40 6 07 66 90
www.pferdreiter.de
Reiterferien für Anfänger und Fortgeschrittene

SEGELN

POLSKI ZWIĄZEK ŻEGLARSKI
ul. Chocimska 14
Warszawa
Tel. 22 8 48 04 83
www.pya.org.pl

TAUCHEN

CENTRUM NURKOWANIA TICADA
ul. Stanisława Lema 20A
Suchy Dwór (nahe Gdynia)
Tel. 509 41 20 01
www.ticada.pl
Wracktauchen in der Ostsee und Tauchkurse

WANDERN

WIKINGER-REISEN
Kölner Str. 20
58135 Hagen
Tel. 02331 90 46
www.wikinger-reisen.de
Individuelle und geführte Wanderungen in Pommern und Masuren

WELLNESS

HOTEL SPA IRENA ERIS
Wysoka Wieś 22
Ostróda
Tel. 89 6 47 11 11
www.drirenaerisspa.pl

Irena Eris ist Polens Kosmetikpäpstin. Im westmasurischen Ostróda betreibt sie eine Wohlfühloase der Extraklasse. Diese verfügt über 97 Zimmer, ein Spa mit großem Pool und einen modernen Behandlungsbereich.

Reiten

Im Norden Polens gibt es Dutzende Reiterhöfe, Reitzentren und Gestüte. Dort können erfahrene Reiter Pferde ausleihen, gelegentlich wird Reitunterricht auch in deutscher Sprache angeboten. Einige Veranstalter organisieren auch **mehrtägige Wanderritte**.

Segeln

Mithilfe der EU wird der westpommersche Wassertourismus gefördert. Zwischen Stettin und Darłowo gibt es bereits mehr als 25 Marinas, vielerorts, so in Kołobrzeg (Kolberg), stammt die Mehrzahl der vor Anker liegenden Yachten aus Deutschland. Vorerst aber sind die Großen **Masurischen Seen** das beliebteste Segelrevier Polens.
In Ferienorten wie Giżycko, Mikołajki oder Węgorzewo sind moderne Marinas entstanden, hier bieten Dutzende Charterfirmen ihre Dienste an. Zu haben sind einfache, kleine Boote ebenso wie Luxusjachten; auf Wunsch werden ortskundige Skipper vermittelt (Informationen in den örtlichen Touristenbüros).

Surfen

Ein beliebtes Surfzentrum ist die Halbinsel Hel. Dort verzeichnet auch der Trendsport **Kitesurfen** wachsenden Zulauf. Auf den Campingplätzen bei Chałupy bieten zahlreiche Surf- und Kiteschulen ihre Dienste an. Die flache Danziger Bucht ist zum Üben ideal, Profis bevorzugen die rauere Ostsee auf der anderen Seite der schmalen Halbinsel. Ein weiteres Surf- und Kitezentrum ist Rewa nördlich von Gdynia an der Putziger Bucht.

Tauchen

Die besten Tauchgebiete für Anfänger finden sich im Gebiet der Masurischen Seen und der Kaschubischen Seenplatte. Für Tieftaucher ist der 108 m tiefe Jezioro Hańcza bei Suwałki ideal. Erfahrene Taucher können in der Danziger Bucht nach versunkenen Schiffen tauchen. In bis zu 60 m Tiefe liegen dort zahlreiche **Wracks** aus verschiedenen Jahrhunderten. Tauchgänge und -kurse organisiert das Centrum Nurkowania TICADA in Gdynia.

Wandern

Wandern ist in Polen überaus beliebt, Wanderrouten sind gut ausgeschildert, Tourenkarten bei den örtlichen Touristeninformationen oder in EMPiK-Shops erhältlich. Einige deutsche Reiseveranstalter (z. B. Wikinger Reisen) bieten organisierte Wandertouren in Nordpolen an.

ZU LAND UND ZU WASSER

Dieses Resort bietet vielerlei Urlaubsangebote, es ist weit mehr als nur ein Standort für Biker: Es locken auch Attraktionen wie Schiffsausflüge und Kreuzfahrten sowie schöne Reviere für Segler und Kanuten.

Wer mit Bahn oder Flugzeug anreist, kommt in den Genuss des **Masuren-Shuttle**: Der Bus startet jeden Samstagnachmittag in Warschau oder Danzig und steuert geradewegs den Masurischen Landschaftspark an, das Herzstück der »tausend Seen«. Nachdem man bei Ruciane Nida in eine einsame Landstraße abgebogen ist, wechselt man auf eine Holperpiste, die durch dichten Wald führt. Es kann sein, dass Rehe stehen bleiben, um die fremden Besucher neugierig zu mustern. Man fragt sich, ob man in dieser Wildnis wohl richtig sei, aber dann taucht ein Holzschild mit einem geschnitzten Radsymbol auf und weist unmissverständlich den Weg. Der Wald lichtet sich, und die Piste endet am Ufer eines Sees. Spiegelglatt liegt er da, eine große, ringsum von Buchen und Kiefern gesäumte Wasserfläche. Zwei Schwäne nähern sich zur Begrüßung und verharren erwartungsvoll am Ufer. Genauso mag es hier vor 500 oder 1000 Jahren ausgesehen haben, denkt man, nichts als Natur weit und breit! Im Kiefernwald erkennt man kleine Häuser mit Terrassen und rustikale Holzschilder, die den Weg durchs Gelände weisen ...

Sport und Erholung

Das masurische **»Radler-Resort«** liegt am flachen Ufer des Beldahn-Sees, dessen Wasser so sauber ist, dass sich Zander, Hechte und sogar Aale tummeln. Ein besserer Ort, um Urlaub in lockerem Ambiente fernab der Zivilisation zu verbringen, ist kaum vorstellbar. Dabei braucht man auf Komfort nicht zu verzichten. Die Gästezimmer sind behaglich eingerichtet, sie sind geräumig und haben ein eigenes Bad. Dazu gibt es ein Wintergarten-Restaurant mit großer Terrasse in Richtung See. Hier werden regionale Spezialitäten aufgetischt. Immer mit von der Partie: frisch gefangener Fisch. An warmen Abenden wird am Seeufer gern auch gegrillt. Nach einer Tour entspannt man in der Trocken- oder Dampfsauna und trainiert für den kommenden Tag im Fitness-Raum.

Sternfahrten per Rad

Für Sterntouren stehen Mountain-Bikes und Fun-Cruiser, Touren- und Tandemräder bereit, deren Benutzung im Buchungspreis inbegriffen ist. Vom Resort geht es nordwärts über das Altgläubigen-Kloster nach Krutyń, wo man auf der Krutynia staken kann, und über die Försterei Piersławek weiter nach Mikołajki. Alternativ bietet sich die **Südtour** an: am Ufer des lang gestreckten Nidzkie-Sees entlang durch die Puszcza Piska, die urwüchsige Johannesburger Heide. Konditionsbolzen nehmen sich die **große Seentour** vor und radeln ostwärts über Pisz und Giżycko bis zu dem an der Nordspitze des riesigen Mauersees liegenden Węgorzewo. Stets fährt man auf schmalen asphaltierten Straßen oder Wald- und Wiesenwegen. Ein bisschen Kondition sollte man daher mitbringen, die Steigungen sind allerdings minimal.

Mit dem Zweimaster »Chopin« lässt sich der Spirdingsee bei Nikolaiken erkunden.

Segeln und einiges mehr

Wer des Bikes überdrüssig wird, kann auf andere Sportarten umsteigen. Zur Wahl stehen **Kanu**, **Tretboot** oder **Kajak**, neuerdings auch das **Segelboot**. Vor Anker liegt zudem ein 15 m langer, über die Masurischen »Meere« kreuzender Zweimaster. Alle, die sich am Knotenknüpfen und Segelhissen, Wenden und Halsen aktiv beteiligen, erhalten am Ende der einwöchigen Tour ein Zertifikat, das die absolvierten Segelstunden bestätigt und als »Praxisnachweis« für den Segelschein gilt.

Classic Lady

Wem das alles zu anstrengend ist, der hat andere Optionen. Vor dem Resort liegt die Classic Lady: ein Kreuzfahrtschiff mit 20 komfortablen Außenkabinen (alle mit Duschbad), einem Panoramarestaurant und einem Sonnendeck. Mehrmals im Jahr bricht die »Lady« zu einer **Boot-Bike-Kreuzfahrt** auf. Sie fährt die Gäste von einem attraktiven Hafen zum nächsten, von jedem lassen sich kleinere Radtouren unternehmen. Oder man bucht eine **»Ostpreußische Schlemmerreise«**. Während die Classic Lady über die großen masurischen Seen schippert, lernt man die vergangene und gegenwärtige Regionalküche kennen, darunter Klassiker wie Königsberger Klopse, Fisch in Aspik und Bärenfang – abnehmen kann man bei dieser Tour gewiss nicht!

Hausboot

Der Masuren-Spezialist DNV bietet zusätzlich Reisen mit dem Hausboot an. Seit 2011 braucht man in Polen für das Manövrieren von bis zu 13 m langen Booten, die von ihrer Konstruktion her nicht schneller als 15 km/h fahren, keinen Motorbootführerschein. Nach einer kurzen technischen Einweisung darf man die Anker lichten und auf eigene Faust die masurischen Seen erkunden. Die Boote haben auch Platz für Räder oder Kajak und werden auf Wochenbasis für bis zu sieben Personen vermietet.

INFO & BUCHUNG
DNV-Touristik
Bolzstr. 126 | 70806 Kornwestheim
Tel. 07154 13 18 30
www.dnv-tours.de
www.fahrrad-und-reisen.de
Auf Wunsch wird die Anreise organisiert, Masuren-Shuttle ab Warschau oder Danzig.

BAEDEKER ÜBERRASCHENDES

6X GUTE LAUNE

Das hebt die Stimmung.

1. PREUSSISCHER DRILL

Pickelhaube auf dem Kopf und Empfang im Kasernenton: Im **Fort Gerharda** von Swinemünde werden Sie im Stechschritt durch Munitionslager und Schützengräben geführt. (▶ **S. 249**)

2. WISENT-RESERVAT

Possierlich sind sie nicht unbedingt, die zotteligen Riesenviecher im **Schau-Gehege von Międzyzdroje**. Sie stieren, kauen, drehen Ihnen ihren Wertesten zu – gern schaut man ihnen dabei zu! (▶ **S. 166**)

3. SCHLOSS STOLP

Dies ist ein **Museum**, das neugierig macht. Da sieht man Gesichter mit delirierenden Zügen, gemalt in grellen Farben. Auf jedem der Porträts hat Wikacy, der Künstler, die Art und Menge der Droge vermerkt, die ihm zur Inspiration verhalf – vom vertrauten Pils bis zum halluzinogenen Pilz. (▶ **S. 222**)

4. AM STRAND

Kaufen Sie sich in Sopots **Strandräucherei** (nahe Restaurant Przystań) ein Brötchen mit frisch geräuchertem Aal, Lachs oder Dorsch und verputzen Sie es auf einer Decke im Sand. Guten Appetit! (▶ **S. 230**)

5. HAUS AUF DEM KOPF

Die Kaschuben haben einen Hang zu schrägem Humor. In **Stębark** wird er eindrücklich in Szene gesetzt: Treten Sie ein ins Haus, dessen Dach in den Boden gerammt ist, und erleben Sie eine verkehrte Welt. (▶ **S. 201**)

6. EISBADER

In **Mielno** stürzen sich Mitte Februar Tausende in die eisige Ostsee, um das begehrte Zertifikat zu erhalten: »Ich, Neptun, Herr der Meere und Ozeane, bestätige, dass Herr/Frau XY am Internationalen Treffen der Goldenen Seelöwen teilgenommen hat.« (▶ **S. 138**)

Wellness, Kuren

Zahlreiche Kurreiseveranstalter haben sich auf Erholungsaufenthalte in Polen spezialisiert (besonders gut: Travel-Netto, www.travelnetto.de). Einige bekannte polnische Kurorte finden sich an der Ostseeküste. Der größte Kurort, Kołobrzeg (Kolberg), wird auch von vielen deutschen Gästen besucht. **Kuren sind in Polen deutlich preiswerter als in Deutschland**, von der Qualität der Behandlung aber durchaus vergleichbar. In vielen Kliniken und Kurhäusern gibt es inzwischen deutschsprachiges Personal. Seit dem EU-Beitritt des Landes bezahlen einige gesetzliche und private Kassen Zuschüsse für Badekuren in Polen. Man sollte sich allerdings bei seiner Krankenkasse über die Bedingungen informieren.

Neben klassischen Kuren werden auch **Wellnessaufenthalte** angeboten. Es lohnt sich, die Angebote zu prüfen, denn manche »Wellnesshotels« verfügen über nicht viel mehr als eine Sauna, ein Solarium und einen Hometrainer.

ESSEN & TRINKEN

Die traditionelle polnische Küche hat mit ihren russischen, litauischen, tatarischen und deutschen Einflüssen einen eher deftigen und bodenständigen Charakter. Doch zunehmend folgt man auch hier dem internationalen Trend zu leichteren Speisen. An der Küste steht viel Fisch auf der Speisekarte, vor allem Hering und Butt, Dorsch und Aal.

Stadt-Land-Kontrast

Während in Warschau und anderen großen Städten des Landes immer neue Spezialitätenrestaurants mit mediterranen oder fernöstlichen Gaumenfreuden locken, bleibt in kleineren Orten in der Regel nur die Wahl zwischen regionaler Küche, Big Mac oder Pizza. Wer in den Ferienorten an der Ostsee oder an den masurischen Seen frische Fischspezialitäten erwartet, wird oft enttäuscht. In der Ferienzeit schießen dort Imbissbuden wie Pilze aus dem Boden, in denen **»Ryby smażone«**, frittierter Tiefkühlfisch, angeboten wird, meist für wenige Złoty auf Papptellern mit Plastikbesteck serviert. Mehr Qualität versprechen **»Ryby wędzone«**, geräucherte Fische, die man am Strand direkt aus der Räucherkammer kauft. Ob frittierter, gegrillter oder geräucherter Fisch: Die polnischen Urlauber stehen dafür Schlange; einen ähnlich großen Andrang verzeichnen nur die Verkäufer von Softeis (lody) und Waffeln (gofry).

Trinkgeld

In der Regel sind Bedienung und Mehrwertsteuer in der Rechnung inbegriffen. Dennoch erwarten Hotelangestellte, Kellner u. a. ein zusätzliches Trinkgeld von etwa 5 bis 10 % des Rechnungsbetrags.

TYPISCHE GERICHTE

Vielfältig und schmackhaft ist die polnische Küche, bei der frische, unverfälschte Zutaten im Vordergrund stehen. Zu Recht sind die Polen stolz auf ihre landestypischen Spezialitäten. Aber probieren Sie selbst ...

Ryby smażone/wędzone: »Gegrillte« bzw. »geräucherte« Fische werden überall an der Küste angeboten. Besonders gut schmecken Aal (węgorz) und Lachs (łosoś).

Śledź: Baltischen Hering gibt's auf vielerlei Art: süßsauer mariniert mit Zwiebeln und Zucker, in Tomaten- und Sahnesauce und zum Rollmops aufgerollt (Abb. rechts).

Żurek: Polens populärste Suppe schmeckt pikant-säuerlich: Sie wird aus fermentiertem Roggenmehl, Fleischbrühe und Trockenpilzen zubereitet, als Einlage gibt's kleingeschnittene Weißwurst, Räucherspeck und ein halbes hartgekochtes Ei – herzhaft und wärmend!

Barszcz: Die Rote-Bete-Suppe (Abb. links) ist schön rot und schmeckt dank Zutaten wie Knoblauch und Zwiebel leicht pikant. Ein Stück Butter dazu, etwas Majoran und Petersilie – fertig ist der Klassiker! Gern wird dazu eine fleischgefüllte Krokette oder eine Blätterteigpastete gereicht. Mischt man dem barszcz Sauermilch und Dill bei, erhält man die im Sommer beliebte Kaltschale chłodnik.

Kasza gryczana: Die Buchweizengrütze ist eine beliebte Beilage zu Fleischgerichten und findet auch Verwendung als Füllung für Kohlrouladen. Die Zubereitung ist ähnlich der von Risotto: Die Grütze wird zunächst angeröstet und mit Wasser so lange gekocht, bis die Flüssigkeit absorbiert ist. Zum Schluss wird der Brei mit einem guten Stück Butter abgeschmeckt.

Gęs pomorska: Die »pommersche Gans« ist nicht nur das Traditionsgericht zum Martinstag (11. Nov.). Das ganze Jahr über gibt's Gänseleberpastete (pomorski kawiar), Gänseschmalz (smalc gęsi) und als Sonn-

tagsgericht mit Majoran gewürzte, gebratene Gans (gęs pieczona).

Gołąbki: Was in Deutschland als Krautwickel oder Kohlrouladen bekannt ist, heißt in Polen gołąbki (»Täubchen«). Ein Mantel aus Weißkohl umhüllt die deftig gewürzte Füllung, die aus Reis bzw. Buchweizen, Hackfleisch oder einer Mischung aus beidem besteht. Zum Verfeinern werden frische oder getrocknete Waldpilze hinzugegeben. Zu den geschmorten Rouladen serviert man gerne eine Tomaten- oder Pilzsauce.

Pierogi: Im Unterschied zu italienischen Ravioli und schwäbischen Maultaschen kommen pierogi meist in Halbmondform daher. Die Teigtaschen (Abb. unten) werden unterschiedlich gefüllt, klassisch ist die »russische« Variante (pierogi ruskie) mit Schichtkäse, Kartoffelbrei, Zwiebeln und Speck. Probieren Sie Piroggen mit einem Glas Kefir oder Buttermilch!

Faworki: Kein Karneval ohne die traditionellen faworki! (Abb. oben) Typisch für die Fastnachtszeit ist dieses frittierte Gebäck, zu Deutsch Raderkuchen oder Liebesschleifen. Der mit saurer Sahne und Eigelb zubereitete Teig wird dünn

ausgerollt, in Rauten geschnitten und in heißem Schmalz ausgebacken. Nach dem Abtropfen auf Küchenkrepp werden die faworki mit Puderzucker bestäubt. Frisch schmecken sie am besten!

Oscypek: Aus der südpolnischen Region Tatra stammt der Hartkäse aus Schafsmilch, der seit dem 14. Jh. nach alter Rezeptur von den Bergbewohnern hergestellt wird. Der Käse wird erst zum Trocknen aufgehängt und dann geräuchert. Der oscypek hat einen salzigen Geschmack und wird gerne als Snack zum Bier gereicht oder gegrillt mit Preiselbeermarmelade und Krautsalat als Vorspeise angeboten. Gut eignet er sich auch zum Überbacken oder als Zutat im Salat.

Sękacz: Der in der Gegend um Suwałki beliebte Baumkuchen darf bei keiner Feier fehlen. Er wird über dem offenen Feuer gebacken und erhält durch ständiges Drehen und Nachgießen von Teig seine charakteristische baumstammähnliche Form. Wahrscheinlich stammt er aus der Lausitz und wurde im 16. Jh. von Königin Bona Sforza in Polen eingeführt.

Speisen

Suppen und Eintöpfe Das polnische **Nationalgericht** ist »bigos«, ein Eintopf aus Sauerkraut mit Würstchen, Speck, Fleisch und Pilzen. Ähnlich häufig wird »żurek« angeboten, eine säuerlich-pikante Suppe, die aus speziell fermentiertem Mehl von gegorenem Roggenschrot hergestellt und mit Fleisch, Wurst, Eiern, Gemüse oder Pilzen angereichert wird. Gelegentlich wird sie auch noch in einem ausgehöhlten Brotlaib serviert. Sehr beliebt ist auch die »barszcz« genannte Rote-Bete-Suppe. Verfeinert werden viele Suppen gerne mit einem Schuss saurer Sahne.

Hauptgerichte Beim **Fleischverzehr** pro Kopf der Bevölkerung belegt Polen einen Spitzenplatz. Besonders Schweinefleisch wird gern gegessen, ob als »kotlet schabowy« (Schweinekotelett), »sznycel« (Schnitzel) oder »golonka« (Eisbein). Daneben sind auch Rindfleisch (wołowyna), Huhn (kurczak) und Pute (indyk) häufig auf den Speisekarten vertreten. Als Beilagen serviert man »ziemniaki« (Kartoffeln), häufig in Form von »frytki« (Pommes frites), sowie Gemüse oder Salat. Sehr beliebt sind als Vor-, Haupt- oder Nachspeise **»pierogi«** (Piroggen), die es mit den verschiedensten Füllungen gibt, z. B. herzhaft mit Käse, Fleisch, Sauerkraut und Pilzen oder süß mit Früchten. Ähnlich beliebt und vielfältig sind »naleśniki« (Pfannkuchen).

Regionale Spezialitäten Als **regionale Spezialität** wird nahe der Ostgrenze Polens gern »kiszka« serviert, eine Kartoffelwurst. Typisch für Masuren ist der »kartacz« aus geriebenen Kartoffeln und Fleisch. In Pommern gibt es oft »racuchy drożdżowe« (Hefeklöße). Aus der südlichen Region Tatra kommt »oscypek«, ein geräucherter Schafskäse.

Getränke

Kaffee, Tee Der traditionelle Tee (herbata) wird zunehmend vom Kaffee (kawa) verdrängt, der inzwischen fast flächendeckend in Form von Espresso, Cappuccino oder Latte macchiato ausgeschenkt wird. Nur in sehr einfachen Restaurants erhält man ihn noch auf traditionelle Weise: schwarz und mit Kaffeesatz.

Wasser Gern werden auch Polens **Mineralwässer** getrunken, von denen mehr als zwei Dutzend Sorten flächendeckend vermarktet werden. Zu den bekanntesten gehören Kropla Beskidu, Staropolanka und Piwniczanka, Cisowianka und Kinga Pienińksa. Fast alle kommen aus dem gebirgigen, quellenreichen Süden Polens. Aus dem Norden, genauer: aus Kołobrzeg, stammt das leicht salzhaltige Jantar, das nur am Herkunftsort verkauft wird.

Das berühmte Danziger Goldwasser sollte man an der Mottlau oder am Langen Markt genießen.

Goldwasser

Eine Danziger Spezialität ist Goldwasser, 1598 von einem eingewanderten Holländer kreiert. Es handelt sich um einen klaren Anislikör, der mit vielen weiteren Gewürzen verfeinert wird und dessen Clou auf dem Grund schwimmende Flitter von 22-karätigem Rauchgold sind. Der schönste Ort, um ihn zu probieren, ist das Lokal **Goldwasser** (▶ S. 85) an der Danziger Mottlau-Promenade – mit Blick auf vorbeifahrende Schiffe und schreiende Möwen. Oder Sie genießen den Likör im **Goldwasser Coffee Shop** (▶ S. 86) in Danzigs »guter Stube«, dem Langen Markt. Auch hier können Sie in der warmen Jahreszeit wunderbar draußen sitzen und das Treiben an sich vorbeiziehen lassen. Na Zdrowje!

FEIERN

Wichtige katholische Feiertage werden mit Prozessionen, Passionsspielen und Wallfahrten groß begangen. Im weltlichen Festkalender geht es oft um Musik jeden Genres. Traditionsreich sind Klassik, Jazz und polnischer Hiphop.

Rund ums Meer

Naturgemäß dreht sich an der Küste viel ums Meer: Am Tag der Heiligen, dem Peter-und-Paul-Tag am 29. Juni, startet im Fischerdorf Kuźnica auf der Halbinsel Hel, in Hel und in Władysławowo eine farbenfrohe **Prozession übers Meer**. Ziel der friedlichen Armada ist Puck auf der anderen Seite der Danziger Bucht. Auf halbem Weg kommen die Pucker Fischer dazu. Der Danziger Erzbischof segnet die Boote, und man betet für jene Fischer, die ihr Leben auf dem Meer ließen. Im Juli folgt die **Baltic Sail**, Polens größtes Seglertreffen, das in Danzig vor der malerischen Kulisse der historischen Rechtstadt zelebriert wird. In allen Ferienorten Polens finden **»Tage des Meeres«** statt, die mit Fun-Regattas, Shanties und anderen Open-Air-Konzerten am Strand viel Unterhaltung bieten. Zum Abschluss der Sommersaison könnte man nach Jantar auf der Frischen Nehrung fahren. »Jantar« heißt im Altslawischen »Bernstein«, und so verwundert es

VERANSTALTUNGSKALENDER

GESETZLICHE FEIERTAGE

1. JANUAR
Neujahr

MÄRZ/APRIL
Ostern

1. MAI
Tag der Arbeit

3. MAI
Tag der Verfassung (Nationalfeiertag)

MAI/JUNI
Fronleichnam

15. AUGUST
Mariä Himmelfahrt

1. NOVEMBER
Allerheiligen

11. NOVEMBER
Unabhängigkeitstag

25./26. DEZEMBER
Weihnachten

FESTE & EVENTS

FEBRUAR
Karneval: In vielen Städten werden Maskenbälle veranstaltet.

MÄRZ/APRIL
Am Ostermontag werden die Sünden symbolisch »abgewaschen«: Śmigus-Dyngus heißt der Brauch, bei dem man sich gegenseitig mit Wasser bespritzt.

MAI

Schwarze Hochzeit (Czarne Wesele, 1. – 3. Mai): Das Fest im Freilichtmuseum Kluki knüpft an die Tradition des Torfstechens an.
www.muzeumkluki.pl/adress.html

Festival orthodoxer Kirchenmusik im ostpolnischen Hajnówka
www.festiwal-hajnowka.pl

JUNI – AUGUST

Orgel- und Kammermusikfestival: jeden Fr. in Kamień Pomorski
www.kamienpomorski.pl

JUNI

Fischerprozession: Am Peter-und-Paul-Tag (29. Juni) fahren die Fischer von Hel mit ihren geschmückten Booten nach Puck.

JULI

Baltic Sail: internationales Seglertreffen in Danzig, Stettin und anderen Küstenstädten.
www.balticsail.info

Bluesnächte: dreitägiges internationales Blues-Festival in Olsztyn
www.blues.olsztyn.pl

Heineken Festival: großes Pop-Rock-Festival in Gdynia
http://opener.pl

Schlacht bei Tannenberg: Jährlich wird in Grunwald die historische Schlacht aufs Neue geschlagen.
www.grunwald1410.pl

Jakobsmarkt: buntes Treiben rund um die Stettiner Jakobskirche.
www.jarmarkjakubowy.pl

Weltmeisterschaften im Bernsteinfischen: In Jantar, wenig östlich von Danzig, wird mit an langen Stangen befestigten Netzen der Meeresboden abgesucht.

JULI/AUGUST

Danziger Musiksommer: Vor der Philharmonie gibt es Klassik unter freiem Himmel.

Orgelfestivals: internationale Solisten in Kamień Pomorski (freitags) und in Gdańsk-Oliwa (dienstags und freitags)

Kunstsommer im Schloss: Konzerte, Oper und Theater im Hof des Stettiner Schlosses

Piknik Country & Folk Festival: Mrągowo verwandelt sich im Sommer für ein Wochenende in Klein-Nashville.
www.festiwalpiknikcountry.pl

Dominikanermarkt: Die Altstadt von Gdańsk wird zum riesigen Flohmarkt – mit Straßenmusik und -theater.

AUGUST

Wikinger-Festival: Bärtige Gesellen in Kettenhemden treffen sich in Wollin.
www.jomsborg-vineta.com

»Goldenes Waschbrett«: In Iława versammeln sich die Fans von Jazz und Dixieland-Musik.
www.zlotatarka.pl

Sopot-Festival: Die Waldoper ist die Bühne für die Weltstars, die bei dem in ganz Polen bekannten Musikevent auftreten.
www.sopot.net/festival.htm

SEPTEMBER

Singer-Festival: In Warschau findet ein einwöchiges jüdisches Kulturfestival statt.
www.festiwalsingera.pl

NOVEMBER

Allerheiligen: Am Abend des 1. November verwandeln sich die Friedhöfe in ein leuchtendes Kerzenmeer.

WIE DIE ALTEN RITTERSLEUT'

Wie geschichtsverliebt die Polen sind, merkt man an ihren Festen. Längst Vergangenes wird aus der historischen Mottenkiste hervorgeholt und von Laienschauspielern so lebendig in Szene gesetzt, dass man meint, ein Zeitzeuge des Geschehens zu sein. Das ganze Jahr wird an den Kostümen gearbeitet und die Choreografie einstudiert, bis das »Schauspiel« perfekt ist. So begeistert die Teilnehmer, so enthusiastisch die Zuschauer: Zu Tausenden reisen sie aus allen Landesteilen an, um beim Spektakel live dabei zu sein. Wie mithilfe einer Zeitmaschine werden sie um Jahrhunderte zurückversetzt ...

Den Reigen der historischen Feste eröffnen die **Mysterienspiele** im kaschubischen Wallfahrtsort Wejherowo. Dort, wo ein Adeliger Mitte des 17. Jh.s ein imaginäres Jerusalem samt Kalvarienberg und Cedron-Bach anlegen ließ, wird Christi Passion 1 : 1 nachgespielt: vom Einzug in Jerusalem am Palmsonntag über den Judas-Verrat und das letzte Abendmahl bis zu Jesu Kreuzigung auf dem Golgatha. Die Zuschauer nehmen aktiv am Geschehen teil, ganz so, als wären sie bei allem wirklich dabei.

Zurück ins Mittelalter

Der Sommer steht ganz im Zeichen der Ritter mit dem schwarzen Kreuz (▶ Baedeker Wissen, S. 158). In ihren am besten erhaltenen Backsteinburgen, die allesamt zu Polens Top-Reisezielen gehören, werden mittelalterliche **Ritterturniere** so originalgetreu wie möglich nachgespielt. Zu den beliebtesten gehören jene in Gniew (Mai) und Golub-Dobrzyn (Juli). Das größte Spektakel findet in **Tannenberg bei Grunwald** statt und erinnert an eine der größten Schlachten des Mittelalters. Am 15. Juli 1410 stießen hier die deutschen Ordensritter auf das vereinte polnisch-litauische, mit tatarisch-ruthenischen Verbänden aufgestockte Heer – mehr als 50 000 Mann standen sich auf dem freien Feld gegenüber. Die deutschen Ritter wurden vernichtend geschlagen, der polnisch-litauische Sieg markierte eine wichtige Etappe auf dem Weg Polens zur Großmacht. Alljährlich um den 15. Juli schlüpfen ca. 2000 Mitglieder der europäischen Ritterbruderschaften ins historische Kostüm. Sie kommen aus fast allen Ländern Europas und auch aus den Vereinigten Staaten. In voller Montur, hoch zu Ross oder zu Fuß, treten sie gegeneinander an, wobei im Eifer des Gefechts schon mal echte Schläge ausgeteilt werden. Bis zu 100 000 Zuschauer, viele davon gleichfalls historisch verkleidet, jubeln »ihren« Rittern zu. Nach geschlagener Schlacht lässt man mit Markttreiben, Musik und ausgelassenem Festgelage das Mittelalter jenseits des Kampfes aufleben. Ein polnischer Sieg wird auch bei der **»Belagerung der Marienburg«** (Malbork) gefeiert. Anno 1457 gelang es den polnischen Truppen, die »uneinnehmbare« Festung einzunehmen und damit den Niedergang des Ordensstaates zu beschleunigen. Auf den Kampf folgt natürlich das Vergnügen: Burgfräulein und Ritter spazieren umher, es gibt Bier im Tonkrug und Deftiges nach mittelalterlichem Rezept. Workshops – vom Bogenschießen über Minnegesang bis zu höfischem Tanz – machen mit den Facetten des damaligen Alltags vertraut.

Ohne Knappen geht nichts.

Auf Napoleons Spuren

Es müssen nicht immer Deutsche sein, gegen die gekämpft wird. Gern jubelt man in Polen den napoleonischen Truppen zu, die 1807 in mehreren Schlachten die Russen besiegten. Im Februar – oft auch, weil's wärmer ist, im März – feiert man die **Erstürmung der »Russenschanze«** bei Jonkowo (Jonkendorf). Am 10. Juni zieht man dann weiter nach **Lidzbark Warmiński** (Heilsberg), wo sich die russische Armee mit 100 Geschützen anfangs erfolgreich am linken Flussufer gegen die Franzosen verteidigte. Erst als sie eingekreist zu werden drohte, zog sie sich nach Friedland (Prawdinsk) zurück, wo vier Tage später die entscheidende Schlacht stattfand. Nicht wenige Schaulustige folgen der napoleonischen Marschroute, die – blau markiert und 40 km lang – quer durchs Ermland führt.

Die Legende lebt

Ins ganz frühe Mittelalter führt das meist Anfang August stattfindende **Slawen- und Wikingerfestival** (Festiwal Słowian i Wikingów) in Wollin. Schauplatz ist das Freilichtmuseum an einer Flussmündung beim Dorf Recław, wo einst das sagenhafte Vineta gelegen haben soll. Schon der Schauplatz, ein originalgetreu rekonstruiertes Dorf aus Holzkaten, befestigt mit einem Palisadenzaun, lässt alte Ostseelegenden aufleben. Wenn dann noch 1500 »echte« Wikinger und Slawen mit Zottelmähne und Kettenhemd mit ihren Booten am Ufer der Dzwina landen, fühlt man sich vollends 1000 Jahre zurückversetzt. Damals zogen die Wikinger plündernd und brandschatzend durch West- und Mitteleuropa, wobei sie kaum einen Ort ausließen. Die Axt schwingend und im Vertrauen auf den Beistand ihrer Götter Thor und Odin, stürzten sie sich in die Schlacht. Doch meist trieben sie regen Handel, wobei ihnen ihre genial gebauten Boote gute Dienste leisteten. Mit diesen sollen sie sogar – lange vor Kolumbus – bis Amerika vorgedrungen sein. Doch als ihre Führer zum Christentum konvertierten, gehörten ihre sagenhaften Heldentaten der Vergangenheit an: Die Herrscher wurden zu mächtigen Königen und ihre Untertanen zu braven Bürgern, die fortan keinen Vorwand mehr hatten, gegen die Christen zu Felde zu ziehen.

Authentizität ist alles

In Wollin wird bei einem der größten mittelalterlichen Feste die große Zeit der Wikinger vor ihrer Christianisierung in Szene gesetzt. In Werkstätten wird geschmiedet, geschustert und gezimmert wie anno dazumal, Essbares wird nach alter Rezeptur hergestellt, dazu gibt's selbst gemachten Honigwein und frisch gebrautes Bier. Musik erklingt, wie sie in der Chronik steht, dazu werden die entsprechenden Tänze vorgeführt. Auch Schauturniere gibt es, dieses Mal zwischen Slawen und Wikingern. Doch das Highlight ist die sog. Drachenkopf-Regatta: 400 Wikingerboote, viele davon in der örtlichen Werft originalgetreu gezimmert, treten auf dem Fluss gegeneinander an. Wer nicht kentert, hat den Sieg so gut wie in der Tasche!

INFO

MYSTERIENSPIELE
Wejherowo
http://sanktuarium.wejherowo.pl

RITTERTURNIERE
Gniew
www.zamek-gniew.pl
Golub-Dobrzyn
http://zamekgolub.pl

SCHLACHT BEI TANNENBERG
Grunwald
www.grunwald1410.pl

BELAGERUNG DER MARIENBURG
Malbork
www.grunwald1410.pl

SLAWEN- UND WIKINGERFESTIVAL
Wollin
www.jomsborg-vineta.com

nicht, dass in der »Bernsteinstadt« Ende August die **Weltmeisterschaften im Bernsteinfischen** ausgetragen werden.

Musikfestspiele

Klassik

Der zweite Schwerpunkt im Festkalender liegt auf der Musik, wobei fast alle Richtungen bedient werden. Großstädte wie Gdańsk, Szczecin oder Białystok verfügen über Philharmonische Orchester und Opernensembles. Was das klassische Repertoire angeht, so reicht die Palette von schwermütiger orthodoxer Kirchenmusik in Hajnówka an der Grenze zu Weißrussland (Mai) bis zu Orgelfestspielen in den Kathedralen von Kamień Pomorski, Oliwa und Danzig (Juli/August). In den großen Städten wird Klassik gern **open air** an schönen Orten gespielt, z. B. im Schloss der Pommerschen Herzöge in Stettin.

Leichte Muse

Die leichtere Muse bedient das **Liederfestival in Sopot** während der sommerlichen Hochsaison (August). In der aufgehübschten Waldoper treten internationale Pop- und Schlagerstars auf. Starke Konkurrenz kommt aus der Nachbarstadt Gdynia, wo im Juli vier Tage lang auf dem Flugfeld Kosakowo Zehntausende zum **Heineken Open'er Festival** kommen. Auf mehreren Bühnen treten Stars wie Blur, Kaliber 44 und Nick Cave & The Bad Seeds auf. Dazu kommen originelle Crossover-Einlagen, z. B. Minimalistisches von Steve Reich oder eine »Polymorphia« von Altmeister Krzysztof Penderecki mit Jonny Greenwood.

All that Jazz

Nicht ganz so pompös, aber traditionsreich sind die gleichfalls in Gdynia gefeierten **Summer Jazz Days**. Seit über drei Jahrzehnten reisen Fans aus ganz Polen an (Mitte Juli). Auf längeres Bestehen können auch die **Blues Nights** in Olsztyn, der Hauptstadt von Masuren zurückblicken. Stimmungsvoll wirkt das Amphitheater am Fuß der Ordensburg, die von Lichtkünstlern geheimnisvoll beleuchtet wird, während Stars wie Ana Popovic oder Sharrie Williams, die »Prinzessin des Gospel-Blues« auftreten. Und danach schlendert man in der lauen Nacht hinüber auf den Marktplatz und lässt die Nacht in einer der Terrassenbars ausklingen (Anfang Juli).

Country & Folk

Weiter östlich in Masuren geht es ein Stück schräger zu. In Mrągowo wird beim **Piknik Country & Folk Festival** die Liebe zu Country Music, Cowboys und zur Tex-Mex-Küche zelebriert. Tausende von Besuchern strömen an diesem Wochenende in das ansonsten eher verschlafene Städtchen. Auf der Bühne am See treten Country-Musiker aus der ganzen Welt auf, während die Fans auf den Wiesen ringsum lagern und Picknicks abhalten. Höhepunkt ist das Festivalende, wenn inmitten eines singenden Menschengetümmels ein verrückter

Umzug aus geschmückten Pferden und Trucks, herausgeputzten Harley-Davidson-Motorrädern und Jeeps durch das Städtchen zieht (Juli/August).

Dixie vs. Subkultur

Beim **»Goldenen Waschbrett«** (Złota Tarka) in Iława stehen dagegen Dixieland und Traditionsjazz im Vordergrund. Hier beginnt das Spektakel mit einem musikalischen Umzug, danach folgen nachmittägliche und abendliche Jubiläums- und Galakonzerte. Nicht untypisch für Polen, endet das Festival mit einer sonntäglichen Gospel-Messe (Anfang August). Wer ganz Abseitiges sucht, fährt zum Festival **»Haltestelle Olecko«** nahe der Grenze zu Kaliningrad. Von Reggae bis Rock, von Indie bis Hiphop reicht das Repertoire. Auf dem riesigen Marktplatz des sonst so stillen Städtchens treten bis Mitternacht internationale und nationale Kultbands auf – das Festival ist Treffpunkt der polnischen Subkultur.

SHOPPEN

Die Palette der Mitbringsel reicht von bäuerlichem Kunsthandwerk bis zu edlen Designerobjekten. Fast schon obligatorisch als Andenken ist Bernstein, der in unzähligen Varianten als Schmuck angeboten wird. Auch die kulinarischen Spezialitäten Polens sind schöne Souvenirs!

Einkaufszentren

In den Großstädten sind in den vergangenen Jahren Einkaufszentren entstanden, in denen bekannte europäische Modelabels, aber auch polnische Marken, vertreten sind. Die Preise für Markenkleidung oder -schuhe sind oft etwas günstiger als in Westeuropa.

Öffnungszeiten

Ladenschlusszeiten gibt es in Polen nicht; in manchen großen Einkaufszentren kann man werktags bis 24 Uhr und auch an Sonn- und Feiertagen shoppen. In größeren Städten und Ferienzentren haben einige Läden rund um die Uhr geöffnet. Kaufhäuser, Supermärkte und Souvenirläden sind in der Regel werktags von 9 bis 20 Uhr geöffnet, einige auch sonntags. **Märkte** mit frischem Obst und Gemüse beginnen werktags oft schon um 6 Uhr früh und werden zur Mittagszeit wieder abgebaut.

Bernstein

Ein beliebtes Souvenir ist **Bernstein**, der in der gesamten Küstenregion angeboten wird. Insbesondere in Danzig gibt es eine große Zahl von Geschäften und fliegenden Händlern, die Bernsteinketten, -ringe oder -broschen verkaufen. Darunter befinden sich allerdings auch minderwertige Imitate. Es lohnt sich deshalb, Fachgeschäfte

Neben Bernstein sind auch andere Naturmaterialien als Souvenirs beliebt.

aufzusuchen, die über Echtheitszertifikate für ihre Waren verfügen. Auf der **Bernsteinmesse Amberif**, die stets im März stattfindet, werden die neuesten Designtrends vorgestellt, an denen sich die Juweliere orientieren. Der Rohstoff, den sie verarbeiten, schillert von Milchig-Weiß über Goldgelb bis Rotbraun und stammt von der polnischen und russischen Küste, die zu den bernsteinreichsten der Welt zählt. Gern erklären die Juweliere bei einer kurzen Vorführung, was es mit Bernstein auf sich hat: Seinem Namen zum Trotz ist er kein Stein, sondern ein vor Jahrmillionen fossiliertes Harz, das auf den Meeresgrund herabgesunken und später an die Oberfläche gespült worden ist. Zündet man Bernstein an, beginnt er zu schmelzen und verstömt einen harzigen Duft, der auf seine Herkunft verweist.

Kunsthandwerk

In fast jeder größeren Stadt gibt es einen **Cepelia-Laden**, wo man polnisches Kunsthandwerk erwerben kann. Das vielfältige Angebot reicht von Holzschnitzereien, Möbeln und Wohnaccessoires über Glas und Keramik bis hin zu Textilien und Lederwaren.

ÜBERNACHTEN

Die polnische Ostseeküste bietet etwas für jeden Geldbeutel und jeden Geschmack: Die Palette reicht von der Jugendherberge bis zum Luxushotel, vom gemütlichen Bauernhaus bis zur Wellnessoase und zum feudalen Schloss. Der Standard der Unterkünfte entspricht mitteleuropäischem Niveau.

Hotels

Hotels gibt es in verschiedenen Preiskategorien, wobei in der Vor- und Nachsaison oft erhebliche **Preisnachlässe** gewährt werden. Meist gehören mehrere dicht nebeneinander liegende Hotels einem einzigen Unternehmen, weshalb Gäste, die in der preiswerteren Unterkunft Quartier bezogen haben, die Serviceleistungen des teureren Hauses, etwa das Schwimmbad oder die Sauna, mitbenutzen können.

Die Zahl der Hotels in Polen hat sich in den letzten zehn Jahren vervielfacht. Bestehende Häuser aus sozialistischen Zeiten wurden modernisiert, internationale Ketten und private Investoren haben neue Unterkünfte in Städten und Feriengebieten errichtet. Größter Anbieter ist die **Orbis**-Gruppe. Das ehemals staatliche Unternehmen befindet sich inzwischen unter dem Dach der französischen Accor-Gruppe mit Häusern wie Ibis, Mercure, Novotel und Sofitel. Hotels werden in Polen, wie international üblich, mit einem bis fünf Sternen klassifiziert. Natürlich können Sie alle Unterkünfte auch in Polen via booking und airbnb buchen. Allerdings ist dies nicht unbedingt günstiger: Immer mehr Hotels bieten Gästen, die über die hoteleigene Website buchen, bessere Bedingungen (z. B. in Form eines Gratis-Dinners oder Spa-Besuchs).

Pensionen

Neben Hotels gibt es in kleinen Städten und auf dem Land auch Pensionen (Pensjonat) oder einfachere Gasthäuser (Zajazd), in denen man preiswert übernachten kann.

Ferienwohnungen und Privatzimmer

In den Ferienorten machen viele **private Zimmervermieter** durch Schilder mit den Aufschriften »noclegi« oder »wolne pokoje« auf ihre Angebote aufmerksam. Der Hinweis »brak« bedeutet belegt. Meist verfügen die Zimmer über ein eigenes Bad, auf Wunsch wird manchmal Frühstück serviert. Die Preise sind in der Regel sehr günstig und liegen bei 60 – 180 zł p. P.; wer länger als drei Tage bleibt, zahlt pro Nacht in der Regel 30 % weniger. Zum Teil werden solche Zimmer auch über die örtlichen Touristeninformationen vermittelt. Bei deutschen Ferienhausanbietern und Reiseveranstaltern kann man auch Ferienwohnungen oder Apartments in Pommern oder Masuren mieten; die Mindestmietdauer beträgt in der Regel eine Woche.

FEUDALE FERIENQUARTIERE

Viele restaurierte Schlösser und Gutshäuser wurden in komfortable Hotels umgewandelt, sodass man während einer Reise durch Polens Norden sein Haupt jede Nacht fürstlich betten kann. Dazu muss man nicht einmal ein Krösus sein: Die Preise sind bedeutend niedriger als in Westeuropa. Für die Fahrt ist ein Auto öffentlichen Verkehrsmitteln vorzuziehen, denn so manches Schloss liegt wunderbar ruhig im Abseits, damit aber auch fern aller Bus- und Zugverbindungen.

Auf wenig befahrenen Nebenstraßen erreicht man die Küste, wo sich ein Ferienort an den nächsten reiht. Eine der schönsten Unterkünfte findet man in Rewal. Obwohl kein Adelssitz, sondern »nur« ein ehemaliges Gutshaus, kann im **Oasis Resort** fein übernachtet werden. Großartig ist bereits die Lage: Ein paar Schritte vor dem Haus zieht sich ein Strand am Fuß niedriger Klippen endlos hin, hinter dem Anwesen erstreckt sich ein Obstgarten mit romantischen Ecken. Michael und Gabriela Krull begrüßen jeden Ankömmling, als sei er Teil der Familie: »Auf diese Weise fühlt sich nicht nur der Gast wohl«, so der Hausherr, »auch uns gefällt es, wenn unsere Besucher zu Freunden werden!« Beide haben ihr Handwerk im Warschauer Spitzenhaus Bristol erlernt, aus dem Polens neue Gastro- und Hotellerie-Elite hervorgegangen ist. Das spiegelt sich nicht nur im souveränen Umgang mit dem Gast wider, sondern auch im subtilen Landhaus-Ambiente, das von der Suite bis zum Gartencafé durchgehalten wird. Das i-Tüpfelchen ist auch hier die Küche: Der thailändische Koch des Hauses setzt auf Frische und Leichtigkeit, präsentiert Meeresfrüchte-Spieße in Kokosmilch, knackigen süßsauren Salat und pikant gewürztes Gemüse.

Nach Gutsherrenart

Ins gottverlassene Krąg würde kein Mensch fahren, wäre da nicht das legendäre **Schloss Podewils**: Im 15. Jh. hatte ein Ritter, der diesen Namen trug, dem Pommerschen Herzog Bogusław X. das Leben gerettet – zum Dank erhielt er ein Anwesen am See. Seine Nachfahren verwandelten es in ein repräsentatives Renaissance-Schloss mit mächtigen Mauern und Haubentürmen, eingefasst von einem Wassergraben. Das feudale Flair setzt sich drinnen fort: Man spaziert durch verwinkelte Gänge und Säle mit offenem Kamin, Zimmer mit Antiquitäten und Kristalllüstern. Im Restaurant gibt es Schlossküche »nach Gutsherrenart«, serviert von Kellnern in historischem Kostüm und untermalt von mittelalterlicher Musik. Und da ein Schloss ohne eigene Kirche nicht vollständig ist, wurde im großen Park eine Kapelle erbaut. Ihre Barockeinrichtung ist perfekt erhalten, in der Gruft ruhen die einstigen Herren von Krąg. Die Erinnerung an sie wird bei Ritterturnieren aufgefrischt, bei denen Kämpfer in voller Montur hoch zu Ross antreten.

Beim Eisernen Kanzler

Keinerlei Promotion bedarf Otto von Bismarck. Zwar mag es erstaunen, dass ausgerechnet das Anwesen eines Polenhassers zum Kultort aufrückte. Seine **Residenz Varzin** (Warcino), ein aus

Ein gemütlicher Platz, um Kaffee und Kuchen zu genießen: die Schlossterrasse von Krokowa

dem 17. Jh. stammendes Gut, das Bismarck 1867 erwarb, wurde mit EU-Mitteln restauriert und zum Kulturzentrum ausgebaut.

Übernachten kann man hier allerdings nicht, wohl aber in Bismarcks Sommerfrische im Küstenort Ustka (Stolpmünde). Sein Schlösschen anno 1886, das heute unter Denkmalschutz steht und als **Villa Red** firmiert, gefällt mit Türmchen und Terrassen – der Strand ist nur einen Katzensprung entfernt. Wer sich in der Penthouse-Suite einquartiert, wohnt nicht nur mit Meerblick, sondern inmitten eines musealen Sammelsuriums – inklusive historischer Gemälde und Uniformen.

Adel verpflichtet

Der Junkerfamilie derer von Krockow gehörte **Schloss Krokowa** (Krockow). Dem einen oder anderen Leser ist vielleicht der Historiker Christian Graf von Krockow (1927 – 2002) bekannt, der seine Heimat im Buch »Die Reise nach Pommern« porträtierte. Sein Neffe, Ulrich Graf von Krockow, konnte das ehemalige Familienschloss dank guter Kontakte zur Bundesregierung zum »Europäischen Begegnungszentrum« ausbauen lassen. Seit 1288 war die Familie in der Kaschubei ansässig, hatte mal mit den polnischen, mal mit den deutschen Machthabern kooperiert. Als der Zweite Weltkrieg begann, war sie zwischen Loyalitäten und Nationalitäten zerrissen: Das kleine, ans Schloss angeschlossene Museum berichtet, dass ein Sohn als Offizier in der deutschen, ein zweiter in der polnischen Armee fiel. Doch der »für Polen« Gefallene nutzte der Familie wenig: 1945 musste sie ihr Anwesen aufgeben; erst nach der Wende war die Zeit reif dafür, dass ein Krockow als »kultureller Botschafter« zurückkehren konnte. Wer Glück hat, trifft ihn persönlich an – gern unternimmt Ulrich von Krockow mit seinen Gästen eine Schlossbesichtigung, führt sie durch den Garten, in dem schon Fichte und Kant lustwandelten, oder auch durch den prunkvollen Ball- und Kaminsaal. Anschließend lässt man sich gern im nostalgischen Schlosscafé nieder bzw. im Restaurant, in dem ein preisgekrönter Koch kaschubische Spezialitäten serviert. Übernachtet wird stilvoll im Schloss oder (einfacher und preiswerter) im Anbau.

Ruhe im Grünen

Auch in Danzig kann man in einem herrschaftlichen Gutshaus, dem Anbau einer Wassermühle, fürstlich übernachten. Erste Wahl ist der »Olivenhof« im Vorort Oliwa, der nahtlos in die naturgeschützten Waldhügel der Kaschubei übergeht. Im **Dwór Oliwski** (▶ Abb. S.348) kommt man inmitten von viel Grün zur Ruhe, genießt ein exquisites Frühstücksbüfett und ein Spa, dessen großer Pool sich mit Panoramafenstern zum Garten öffnet. Und abends hört man die Elefanten aus dem nahen Zoo trompeten ...
Noch ein Pluspunkt: Das Hotel stellt seinen Gästen kostenlose E-Bikes zur Verfügung, auf denen sie die Dreistadt erkunden können.

ADRESSEN

DWÓR OLIWSKI €€€€
ul. Bytowska 4
Gdańsk
Tel. 58 5 54 70 07
www.dworoliwski.pl
70 Zimmer

ZAMEK KROKOWA €€€
ul. Zamkowa 1
Krokowa
Tel. 58 7 74 21 11
www.zamekkrokowa.pl
37 Zimmer

VILLA RED €€
ul. Żeromskiego 1
Ustka
Tel. 59 8 14 80 00
www.villa-red.pl
17 Zimmer und Suiten

OASIS RESORT €€
ul. Klifowa 34
Rewal
Tel. 91 3 86 27 01
www.oasisresort.pl
11 Apartments und Suiten

ZAMEK PODEWILS €€
Krąg 16
Tel. 94 3 47 05 16
www.podewils.pl
70 Zimmer, Preisnachlass bei mehrtägigem Aufenthalt (Anfahrt am besten via Sławno über die E-28)

Schloss-hotels Als Alternative zu traditionellen Hotels und Apartments bieten sich **Burgen und Schlösser** an, die meist abseits der Touristenströme liegen. Gerade im Norden Polens gibt es zahlreiche Schlösser und Herrenhäuser. Viele von ihnen verfielen in der Nachkriegszeit. Private Investoren haben einige dieser Kleinode zu neuem Leben erweckt und in moderne Schlosshotels verwandelt. Historisches Ambiente trifft hier auf zeitgemäßen Komfort.

Campingplätze Zelten ist nur auf Campingplätzen erlaubt. Die Plätze sind in zwei Kategorien eingeteilt. Plätze der 1. Kategorie haben eine etwas höhere Ausstattung. Saison ist meist von Mitte Juni bis Ende September. Ein Verzeichnis der Campingplätze gibt es beim Polnischen Fremdenverkehrsamt (► Praktische Informationen, Auskunft).

Idyll bei Danzig im Dwór Oliwski

Ferien auf dem Bauernhof

Ferien auf dem Bauernhof werden auch in Polen immer populärer. Unter dem Begriff **»agroturystyka«** werden neben Unterkünften auf klassischen Bauernhöfen häufig auch andere private Unterkünfte auf dem Land angeboten. Die Zimmer sind oft einfach ausgestattet, doch finden sich hie und da echte Perlen. Eine besonders große Auswahl an Ferienbauernhöfen gibt es in der Kaschubischen Schweiz.

Jugendherbergen und Studentenwohnheime

Einfache und preiswerte Übernachtungsmöglichkeiten bieten die Jugendherbergen (schronisko młodzieżowe). Der Polnische Jugendherbergsverband PTSM gewährt Reisenden mit einem IYHF-Ausweis eine Preisermäßigung von 25 %. In den Sommermonaten kann man in den größeren Städten auch sehr preiswert in Studentenwohnheimen in Einzel-, Doppel- oder Mehrbettzimmern übernachten. Inhaber eines Internationalen Studentenausweises erhalten meist eine Ermäßigung. Die genauen Adressen erhält man bei den örtlichen Touristenbüros. Eine Alternative sind private **Hostels**, die außer Schlafsälen mit Gemeinschaftsbad auch Doppelzimmer mit eigenem Bad anbieten (www.hostelworld.com).

P

PRAKTISCHE INFOS

Wichtig, hilfreich präzise

Unsere Praktischen Infos helfen in allen Situationen an der Polnischen Ostseeküste weiter.

Zimmer frei auf der Halbinsel Hel ▶

2

KURZ & BÜNDIG

ELEKTRIZITÄT

Die Netzspannung beträgt 230 Volt mit 50 Hz. In der Regel sind Europa-Norm-Stecker verwendbar, Schuko-Stecker nur mit Adapter.

GELD

WÄHRUNG

1 Złoty = 0,233 €
1 € = 4,28 Złoty

1 Złoty = 0,25 sfr
1 sfr = 3,93 Złoty

Aktuelle Umrechnungskurse und Währungsrechner: www.oanda.com

SPERR-NOTRUFNUMMER

Unter der einheitlichen Servicenummer (0049) 11 61 16 kann man Konten, EC-, Kredit- und Krankenversicherungskarten, den neuen Personalausweis sowie Handys sperren lassen (PINs bereithalten!). Die Nummer ist nur innerhalb Deutschlands kostenlos.
www.sperrnotruf.de

NOTRUFE

ALLGEMEINER NOTRUF

Tel. 112

AMBULANZ/NOTARZT

Tel. 999

FEUERWEHR

Tel. 998

POLIZEI

Tel. 997

ADAC IN POLEN

Tel. 616 31 98 88

ADAC IN DEUTSCHLAND

Tel. 089 22 22 22

POLNISCHER MOTORVERBAND (PZM)

Tel. 981

TOURISTEN-HOTLINE

Tel. 22 2 78 77 77
Mobil 0048 6 08 59 99 99
(deutschsprachig)
Juni – Sept. tgl. 8 – 22,
Okt. – Mai tgl. 8 – 18 Uhr

TELEFONIEREN

VORWAHLNUMMERN

Deutschland: 00 49
Österreich: 00 43
Schweiz: 00 41
Polen: 00 48

TELEFONAUSKUNFT

Tel. 912 (Fernverbindungen)
Tel. 913 (Ortsnetz)

ZEIT

Im Winter gilt die Mitteleuropäische Zeit (MEZ), von Ende März bis Ende Oktober die Sommerzeit (MEZ +1 Std.).

ANREISE · REISEPLANUNG

Mit dem Auto

Grenzübergänge

Die **wichtigsten Anfahrtsstrecken** führen von Süd nach Nord über die Autobahn-Grenzübergänge bei Görlitz (A 4), Forst (A 15), Frankfurt/Oder (A 12) und Stettin (A 11). Für Urlauber aus Norddeutschland empfiehlt sich auch die Anreise über Usedom (A 110). Die polnischen **Küstenorte erreicht man nur über Landstraßen**. Parallel zur Küste verlaufen die E 28 von Stettin über Słupsk nach Danzig und weiter südlich die E 22 von Kostrzyn über Chojnice nach Malbork und Elbląg. Nach Masuren und in den Nordosten Polens kommt man auch auf der Autobahn A 2 via Posen und Warschau, von dort geht es auf der Schnellstraße S 7 nach Ostróda und Elbląg, auf der S 8 nach Białystok. Mit dem Auto ist die Strecke von Berlin nach Danzig in 7 Std. zu schaffen, nach Warschau braucht man 6 Stunden. Die polnischen **Autobahnen sind mautpflichtig**, dies gilt insbesonders für Reisebusse und alle Fahrzeuge über 3,5 Tonnen.

Mit dem Bus

Linienbusverkehr

Die Deutsche Touring GmbH sowie einige weitere Veranstalter bieten regelmäßige Busverbindungen zwischen Deutschland und Polen an. Infos über verschiedene **Busverbindungen** nach Polen gibt es auch auf der Internetseite des Polnischen Fremdenverkehrsamts (▶ Auskunft).

Mit der Bahn

Verbindungen

Von allen größeren Städten gibt es gute Verbindungen, die meisten über Berlin. In weniger als 2 Std. erreicht man von Berlin aus die Hafenstadt Szczecin. Einmal täglich fährt von Berlin ein EC in 6,5 Std. nach Danzig, viermal täglich (am Wochenende dreimal) der Berlin-Warszawa-Express in 5,5 Std. nach Posen und Warschau. Die polnische Ostsee erreicht man von Berlin im Regionalexpress mit Umsteigen in Szczecin (Stettin) in ca. 4 Std. Zwischen Berlin und Szczecin verkehrt ein- bis zwei mal täglich ein Regionalexpress, in dem auch Fahrräder mitgenommen werden können. Im Sommer bietet die Bahn von Berlin aus an Wochenenden auch durchgehende

BAHN

REISESERVICE DER DEUTSCHEN BAHN
Tel. 0180 6 99 66 33
www.bahn.de

RADFAHRER-HOTLINE DER DEUTSCHEN BAHN
Tel. 0180 6 99 66 33
Tgl. 8 – 20 Uhr

BUS

DEUTSCHE TOURING GMBH
Am Römerhof 17
60486 Frankfurt/Main
Tel. 069 79 05 01
www.eurolines.de

FLIXBUS
www.flixbus.de

FLUGZEUG

EUROWINGS
www.eurowings.com

LOT
www.lot.com

LUFTHANSA
www.lufthansa.com

RYANAIR
www.ryanair.com

WIZZ AIR
www.wizzair.com

Verbindungen in den Badeort Świnoujście an. Im grenznahen Verkehr verbindet die Usedomer Bäderbahn (UBB) Stralsund über Zinnowitz und Ahlbeck mit Świnoujście.

Günstig reisen Für Reisen nach und in Polen bietet die Deutsche Bahn verschiedene Vergünstigungen. Mit dem Angebot **»Sparpreis Europa«** können Reisende echte Schnäppchen finden (ab 19,90 Euro!). Die **Railplus**-Option auf der Bahncard beschert 25 % Ermäßigung auf den Strecken der polnischen PKP. Ferner gibt es auf der Webseite der Bahn die Rubrik »Angebotsberatung«. Dort findet sich auch ein Verweis auf das **»Europa-Spezial Polen«**, mit dem man schon ab 39 Euro z. B. nach Warschau (Warszawa) oder Danzig (Gdańsk) reisen kann. Der Preis ist abhängig von der Entfernung und wird nur im grenzüberschreitenden Verkehr nach Polen angeboten. Tickets gibt es, solange der Vorrat reicht. Sie gelten für eine einfache Fahrt, für die Hin- und Rückfahrt werden beide Fahrten jeweils einzeln zum Europa-Spezial-Preis berechnet. Für Reisen innerhalb von Polen gibt es spezielle Angebote vor Ort, beispielsweise das »Bilet Weekendowy« für Wochenendurlauber, gültig von Freitag 19 Uhr bis Montag 6 Uhr.

Fahrradtransport mit der Bahn Fahrräder dürfen zollfrei nach Polen eingeführt werden. Für die Mitnahme in grenzüberschreitenden Zügen ist eine **internationale Fahrradkarte** erforderlich, die am Schalter des Abfahrtsbahnhofs erhältlich ist. Fahrräder können in der Regel nicht in IC-, EC- oder Expresszügen mitgeführt werden. Innerhalb Polens ist die Fahrradmitnahme nur in Zügen mit Gepäckwagen möglich.

Mit dem Flugzeug

Flughäfen in Nordpolen

Der wichtigste Flughafen für den Norden Polens ist Warschau (Warszawa), mit großem Abstand folgt Danzig (Gdańsk). Direktflüge nach **Warschau** und **Danzig** gibt es von Berlin, Düsseldorf, Frankfurt/Main, Hamburg und München. Die Billigflieger Ryanair und die ungarische Wizz Air haben ebenfalls Warschau und Danzig im Programm. Von Frankfurt/Main wird zusätzlich die kujawisch-pommersche Hauptstadt Bydgoszcz (Bromberg) angeflogen. Der masurische Flughafen Olsztyn-Mazury (bei Szczytno) wird vorerst nur von wenigen Airlines bedient (http://mazuryairport.pl). Auf dem internationalen Flughafen Szczecin-Goleniów landen Maschinen aus London und Warschau. Außerdem gibt es mehrmals wöchentlich Flüge nach Heringsdorf (Usedom), wenige Kilometer vom Badeort Świnoujście entfernt.

Reisedokumente

Personalpapiere

Besucher aus EU-Ländern benötigen für die Einreise einen gültigen **Personalausweis oder Reisepass.** Auch Kinder benötigen einen eigenhändig unterschriebenen Ausweis mit Nationalitätsvermerk und Lichtbild. Kindereinträge im Reisepass eines Elternteils sind nicht mehr gültig.

Fahrzeugpapiere

Der nationale Führerschein und der Fahrzeugschein sind mitzuführen. Ist man mit einem geliehenen Auto unterwegs, benötigt man die schriftliche Bestätigung des Fahrzeughalters, sein Auto nutzen zu dürfen. Das für diese Vollmacht erforderliche Formular kann auf der Website des Polnischen Fremdenverkehrsamts (▶ Auskunft) heruntergeladen werden.

Haustiere

Mitgeführte Tiere wie Hunde oder Katzen benötigen einen vom Tierarzt ausgestellten sog. **»Heimtierausweis«**, der auch den Nachweis über einen gültigen Impfschutz gegen Tollwut enthält. Außerdem muss das Tier zwecks korrekter Identifizierung per Chip gekennzeichnet sein.

Ein- und Ausreisebestimmungen

Zollbestimmungen

Im **EU-Binnenmarkt** ist der private Warenverkehr weitgehend zollfrei und es gelten lediglich obere Richtmengen (z. B. für Reisende über 17 Jahre 10 l Spirituosen und 90 l Wein). Begrenzt ist die Freimenge für Zigaretten (800 Stück pro Person). Die Ausfuhr von Gegenständen wie Kunstwerke, Antiquitäten, Möbel oder Bücher, die vor dem 9. Mai 1945 hergestellt wurden, unterliegt besonderen Regelungen. Sie dürfen nur exportiert werden, wenn eine Genehmigung des Denkmalkonservators der jeweiligen Wojewodschaft bzw. der Nationalbibliothek in Warszawa vorliegt. Zollfrei bei der **Wiedereinreise in die Schweiz** sind für Personen ab 17 Jahre 200 Zigaretten, 1 l Spirituosen und 2 l Wein sowie weitere Reisemitbringsel im Wert von bis zu 300 sfr.

AUSKUNFT

TOURISTINFORMATION

POLNISCHES FREMDENVERKEHRSAMT

Hohenzollerndamm 151
14199 Berlin
Tel. 030 2 10 09 20
www.polen.travel/de

Fleschgasse 34/2a
1130 Wien
Tel. 01 5 24 71 91
www.polen.travel/de-at
Die touristischen Informationszentren in Städten und wichtigen Feriengebieten sind mit »it« (informcja turystyczna) gekennzeichnet.

DIPLOMATISCHE VERTRETUNGEN

POLNISCHE BOTSCHAFT IN DEUTSCHLAND

Lassenstr. 19
14193 Berlin
Tel. 030 22 31 30
www.polnischebotschaft.de

POLNISCHE BOTSCHAFT IN ÖSTERREICH

Hietzinger Hauptstr. 42c
1130 Wien
Tel. 01 87 01 51 00
www.wieden.msz.gov.pl/de

POLNISCHE BOTSCHAFT IN DER SCHWEIZ

Elfenstr. 20a
3000 Bern 15
Tel. 031 3 58 02 02
www.berno.msz.gov.pl/de

VERTRETUNGEN IN POLEN

DEUTSCHE BOTSCHAFT

ul. Jazdów 12
00-467 Warszawa
Tel. 22 5 84 17 00
www.warschau.diplo.de

DEUTSCHES GENERALKONSULAT

al. Zwycięstwa 23
80-219 Gdańsk
Tel. 58 3 40 65 40
www.danzig.diplo.de

ÖSTERREICHISCHE BOTSCHAFT

ul. Gagarina 34
00-748 Warszawa
Tel. 22 8 41 00 81
www.bmeia.gv.at/oeb-warschau

SCHWEIZER BOTSCHAFT

al. Ujazdowskie 27
00-540 Warszawa
Tel. 22 6 28 04 81
www.eda.admin.ch/warsaw

INTERNET

HTTP://CULTURE.PL
Polnisch- und englischsprachige Informationen über die Kulturszene in Polen, mit Veranstaltungskalender.

WWW.POLNISCHEOSTSEEKUESTE.DE
Ausflugstipps zu allen Küstenorten, Hotel- und Restaurant-Empfehlungen.

WWW.WELCOME2POLAND.COM
WWW.MASUREN-PRIVAT.DE
Deutsche Internetseiten für Masuren.

WWW.INFO-POLEN.COM
Wissenswertes zu Staat und Gesellschaft, Wirtschaft, Geschichte und Kultur Polens, aktuelle Nachrichten und ausgewählte touristische Adressen.

WWW.POLENJOURNAL.DE
Aktuelle Nachrichten zu Wirtschaft und Politik, Wissenschaft und Sport, Tourismus, Kultur & Lifestyle.

WWW.POLEN.TRAVEL/DE
WWW.POLEN.TRAVEL/DE-AT
Website des Polnischen Fremdenverkehrsamts mit grundlegenden Infos, nützlichen Adressen für die Reiseplanung und Tipps für sportlich interessierte Urlauber.

ETIKETTE

Höflichkeit

In Polen achtet man sehr auf **gute Umgangsformen**. So werden Frauen von Männern häufig noch mit einem Handkuss begrüßt. Auch für jüngere Männer ist es selbstverständlich, einer Frau den Vortritt zu lassen, die Tür aufzuhalten oder ihr in den Mantel zu helfen. Männer begrüßen und verabschieden sich mit Handschlag.

Anrede

Üblich sind in Polen die Anreden »pan« für Herr und »pani« für Frau. Verknüpft werden sie üblicherweise mit dem **Vornamen** oder dem Titel der angesprochenen Person, also »pani Ewa« oder »pan dyrektor«. Oft wird diese Form ins Deutsche übertragen und ein Gesprächspartner als »Herr Jürgen« angesprochen. Dies ist dann keineswegs Ausdruck besonderer Vertrautheit, sondern die übliche Höflichkeitsform.

Katholizismus

Polen ist ein **streng katholisches Land**. Die Menge an Denkmälern und Straßenschildern, die dem verstorbenen Papst Johannes Paul II. (Jan Paweł II.) gewidmet sind, mag Besucher verwundern, doch in Polen wird Karol Wojtyła noch immer sehr verehrt. Witze oder kritische Bemerkungen über ihn oder die katholische Kirche werden von vielen Gesprächspartnern als eine Beleidigung empfunden.

Besuche

Die Polen sind ein überaus **gastfreundliches Volk**. Bekannte und Freunde werden gern nach Hause eingeladen und ausgiebig bewirtet.

Bei privaten Einladungen sollte man auf jeden Fall der Gastgeberin Blumen mitbringen. In der Regel werden die Straßenschuhe beim Betreten der Wohnung ausgezogen, und man schlüpft in die angebotenen Hausschuhe. Vermeiden sollte man jedoch, bei der Begrüßung dem Gastgeber die Hand über die Türschwelle hinweg zu reichen, da dies einem polnischen Aberglauben zufolge Unglück bringen soll.

Alkohol

Gern trinken die Polen mal einen oder zwei Wodka, vielleicht auch ein Bier – doch auf der Straße und an öffentlichen Plätzen ist das **Konsumieren von Alkohol** verboten. Wer erwischt wird, muss mit einem empfindlichen Bußgeld rechnen. Hoch sind auch die Strafen für alle, die Alkohol an Personen unter 18 Jahren verkaufen.

FKK

FKK ist in Polen nicht üblich. Man sollte das als Tourist respektieren und sich hüllenlos nur an den ausgewiesenen FKK-Stränden – etwa bei Międzyzdroje auf der Insel Wolin oder bei Dębki an der kaschubischen Küste – aufhalten.

Homosexualität

Führende Politiker verunglimpfen Homosexualität öffentlich als »sündhaft« und »abartig« – sie wissen die schweigende Mehrheit hinter sich. Gleichwohl haben sich in den letzten Jahren Homosexuelle mit »Gleichheitsparaden« und Plakataktionen an die Öffentlichkeit gewagt. In vielen Großstädten, allen voran in Warschau, Breslau und Posen, entstanden Schwulentreffs und -bars.

GELD

Währung

Währungseinheit ist der **Złoty**; ein Złoty entspricht 100 Groszy. Im Umlauf sind Münzen im Wert von 1, 2, 5, 10, 20 und 50 Groszy sowie 1, 2 und 5 Złoty, Banknoten im Wert von 10, 20, 50, 100 und 200 Złoty.

Banken, Geldwechsel

Bargeld kann man in Banken und Wechselstuben (kantor) umtauschen, zu meist schlechterem Kurs auch am Flughafen, in Reisebüros und größeren Hotels. Es gibt **flächendeckend Geldautomaten** (bankomat) mit deutschen oder englischen Bedienungshinweisen. Der auszahlbare Höchstbetrag liegt je nach Bank bei 1000 bis 2000 Złoty pro Tag, die Hausbank berechnet pro Transaktion eine Gebühr von 5 bis 7 Euro. Achten Sie darauf, dass der Betrag nicht in Euro, sondern in Złoty belastet wird. Nur dann kann man davon ausgehen, dass der abgehobene Betrag erst beim kartenausgebenden Institut zu den bekannten Konditionen umgerechnet wird. Banken haben in der Regel montags bis freitags von 8 bis 17, oft auch samstags von 9 bis 13 Uhr geöffnet.

GESUNDHEIT

Ärztliche Hilfe

In allen Städten gibt es **Krankenhäuser** und Ambulanzen. Besitzen Sie die Europäische Krankenversicherungskarte, erhalten Sie von Ihrer Krankenkasse die Kosten für ärztliche Leistungen in Polen zurück.

Apotheken

In allen größeren Ortschaften gibt es Apotheken, die mit polnischen und internationalen Arzneimitteln gut ausgestattet sind. Wer regelmäßig bestimmte Arzneimittel einnehmen muss, sollte diese in ausreichender Menge mitnehmen. Apotheken haben in der Regel montags bis freitags von 8 bis 19 und samstags von 9 bis 14 Uhr geöffnet. Am Eingang findet man Hinweise zu Apotheken mit Notdiensten an Sonn- und Feiertagen oder in der Nacht.

LESETIPPS

Belletristik

Günter Grass: Die Blechtrommel. dtv, München. Der Roman vom kleinen Oskar, der trommeln und Glas zersingen kann, ist der bekannteste von mehreren Danzig-Werken des Autors. 50 Jahre nach seiner Erstveröffentlichung ist er in einer Jubiläumsausgabe des Deutschen Taschenbuchverlags erschienen: mit Texten, Gedichten und Zeichnungen des Autors im Anhang.

Paweł Huelle: Castorp. Beck, München 2007. Im »Zauberberg« von Thomas Mann findet sich ein Hinweis, dass die Hauptfigur Hans Castorp einige Semester in Danzig studierte. Paweł Huelle greift dies auf und schildert Castorps Zeit in der Dreistadt, die durch eine nicht erwiderte Liebe geprägt wird.

Zygmunt Miłoszewski: Warschauer Verstrickungen. Berlin Verlag, 2015. In der polnischen Hauptstadt ereignet sich im Neureichen-Milieu ein Mord. Beim Versuch, die Tat aufzuklären, gerät der Ermittler Szacki in ein Netz von Verstrickungen. Wie es sich für einen Krimi gehört, der im Westen Preise einheimsen will, wird der im Sozialismus aufgebaute polnische Geheimdienst an den Pranger gestellt. Ein Liebesabenteuer darf auch nicht fehlen ...

Sachbücher

Deutsches Polen-Institut Darmstadt (Hg.): Jahrbuch Polen. Wiesbaden 2018. Jedes Jahr erscheint ein neues interessantes Jahrbuch, schön ediert mit motivisch interessanten Bildern und informativen Grafiken. Band 29 diskutiert das Thema »Mythen«.

Izabella Gawin/Dieter Schulze: Kulturschock Polen. Reise Know-How, Bielefeld 2015. Eine spannende Begleitlektüre für jeden Polenurlaub: Was ist das für ein Land, in der Nationalstolz eine so wichtige Rolle spielt und die Schwarze Madonna fast jedes Wohnzimmer ziert? Warum wünschen sich so viele polnische Frauen eine Hochzeit in Weiß? Und wie steht's um die Gleichberechtigung in Polen? Ist der Handkuss mehr als nur ein Relikt aus vergangenen Zeiten? Viele Fragen und etliche überraschende Antworten.

Klaus Klöppel/Peter Hirth: DuMont Bildatlas Danzig · Ostsee · Masuren. DuMont Reiseverlag, Ostfildern 2016. Schöne Bilderreise durch den Norden Polens mit erläuternden Texten, Informationen und Reisetipps.

Peter Oliver Loew: Danzig. Biographie einer Stadt. Beck, München 2011. Hier liest sich Danzigs über tausendjährige Geschichte fast so spannend wie ein Roman. Bei der Lektüre kann man sich auf die Qualität der Darstellung von Fakten und Hintergründen verlassen – der Autor ist wissenschaftlicher Mitarbeiter des Deutschen Polen-Instituts.

Peter Oliver Loew: Literarischer Reiseführer Danzig. Deutsches Kulturforum östliches Europa, Potsdam 2009. Anhand von Texten bekannter Autoren, die in Danzig gelebt und gearbeitet haben, führt der Autor heutige Besucher durch die Ostseemetropole. Die Text-Collagen sind so lebendig, dass man das Buch mit Gewinn auch zu Hause lesen kann.

Emilia Smechowski: Wir Strebermigranten. Hanser, Berlin 2017. Wie fühlt es sich an, als Pole in Deutschland zu leben? Dieser Frage geht die Autorin nach, die als fünfjährige Aussiedlerin nach Berlin kam. Während der Recherchen wird ihr bewusst, wie sehr die Polen in ihrer neuen Heimat unsichtbar sind. Viele verdrängen ihre Muttersprache, kappen den Kontakt zur Ex-Heimat und haben kaum polnische Freunde. Sie sind die Über-Assimilierten, deutscher als die Deutschen.

Bildband

Dumont Bildatlas Danzig/Ostsee/Masuren. Dumont Reiseverlag, Ostfildern 2019. Kenntnisreiche Texte des Leipziger Journalisten Carsten Heinke, bebildert von Peter Hirth.

Hörbuch

Barbara Barberon-Zimmermann: Polen hören. Silberfuchs-Verlag, Kayhude 2010. Auf dieser musikalisch untermalten Audio-CD der Autorin Barbara Barberon-Zimmermann lädt der Schauspieler Rolf Becker zu einer Reise nach Polen ein. Er macht uns vertraut mit Künstlern und Musikern, präsentiert u. a. Polanskis »Tanz der Vampire«, den Jazzmusiker Krzysztof Komeda, die Musik Chopins oder auch den Schriftsteller Stanisław Jerzy Lec, den »Meister der Gedankensplitter« – ein wahres Hörvergnügen! Zusätzlich zu der CD gibt's ein 16-seitiges informatives Booklet.

Das Hanse-Hörbuch. Silberfuchs-Verlag, Tuschow 2013. Das mit historischen Musikbeispielen und einer Ton-Collage von Zitaten, See- und Schiffsgeräuschen angereicherte Porträt macht Hörer mit der Ostseewelt des Mittelalters vertraut.

POST · TELEKOMMUNIKATION

Postämter

Neben Briefmarken (znaczek pocztowy), die man außerdem in Hotels oder an Zeitungskiosken erhält, verkaufen Postämter (poczta) auch **Telefonkarten**. Die Schalter sind in der Regel montags bis samstags von 8 bis 18 oder 20 Uhr geöffnet, in großen Städten oft rund um die Uhr, in kleineren Orten oft nur bis 15 Uhr.

Handys

Mobiltelefone (komórka) wählen sich automatisch über Roaming in das entsprechende Partnernetz ein. Darum kann man in Polen zu den Konditionen des normalen Inlandstarifs telefonieren, auch Mehrkosten fürs Internetsurfen und den SMS-Versand entfallen.

PREISE · VERGÜNSTIGUNGEN

Preisniveau

Polen ist noch immer ein verhältnismäßig günstiges Reiseland. Deutlich preiswerter sind Dienstleistungen und im Allgemeinen auch Lebensmittel. Besonders günstig kauft man diese auf den Bauernmärkten – Feilschen ist hier üblich.

Ermäßigungen

Ein **ermäßigtes Ticket** (bilet ulgowy) bekommen Kinder in Museen und öffentlichen Verkehrsmitteln, ebenso Studenten und ältere Personen ab 60 oder 65 Jahren. An einem Tag der Woche ist der Eintritt in polnische Museen für alle Besucher kostenlos (bezpłatny). Für Senioren sind in vielen Städten öffentliche Verkehrsmittel gratis – erkundigen Sie sich in der Touristeninfo, ob »Ihr« Ferienort dazu zählt!

Toiletten Für die Benutzung öffentlicher Toiletten sind in der Regel umgerechnet etwa 0,50 Euro zu zahlen. Das Dreieck zeigt den Eingang zur Männertoilette an, Frauen folgen dem Kreissymbol.

REISEZEIT

Klima Polen liegt im Übergangsbereich zwischen dem ozeanisch geprägten Klima West- und Zentraleuropas und dem kontinentalen Klima Osteuropas. Dabei überwiegen im Frühjahr und Sommer, angestoßen durch den Klimawandel, zunehmend **kontinentale Einflüsse** mit einem späten Frühjahr und hohen Sommertemperaturen. Im Winter setzen sich dagegen öfter atlantische Luftmassen mit milden Temperaturen und viel Regen durch. Im Osten und Südosten herrscht Kontinentalklima, im Norden und Westen ein gemäßigtes Seeklima.

Jahreszeiten Das Frühjahr tut sich durch wiederholte **Kaltlufteinbrüche** noch lange schwer, obwohl die Sonne schon kräftig scheint. Nachtfröste bleiben bis in die zweite Maihälfte (Eisheilige) ein Thema. Besonders zurückhaltend ist der Frühling an der Ostseeküste, wo sich die Vegetation durch die niedrigen Wassertemperaturen gegenüber dem Binnenland um bis zu zwei Wochen verspätet. Die Sommer sind an der Ostseeküste normalerweise relativ kühl, im Binnenland und nach Osten wärmer. Im Herbst macht sich der Klimawandel durch immer mehr Sonne und Wärme bemerkbar. Strenge Winter, in denen Küsten und Häfen vom Packeis blockiert sind, werden dagegen immer seltener.

Niederschläge In Polen regnet es relativ gleichmäßig, verteilt über das ganze Jahr. Der meiste Niederschlag fällt im Sommer, oft in Form heftiger Schauer oder Gewitter, während Februar und März die trockensten Monate sind. Allgemein werden knapp 600 l/m² Jahresniederschlag an rund 110 Tagen erreicht. Schnee kann von Ende Oktober bis Anfang Mai fallen, wobei »Väterchen Frost« in Ostpolen am härtesten und längsten zupackt.

Temperaturen Erst wenn die Nachwehen der Eisheiligen gegen Ende Mai überstanden sind, macht die Erwärmung deutliche Fortschritte und die

20-°C-Marke liegt wieder in sicherer Reichweite. Im Sommer erreichen die Tagestemperaturen an der Ostseeküste durchschnittlich 20 °C bis 22 °C, im Binnenland um 23 °C. Hitzewellen können das Thermometer bei ablandigen Winden an der Küste deutlich auf über 30 °C treiben, landeinwärts auf über 35 °C.
Nach einer noch sommerlichen ersten Septemberhälfte zeigt sich der Oktober rasch von seiner kühlen und neblig-trüben Seite. Gegen Monatsende nehmen die Frosttage deutlich zu, und erste Schneefälle sind möglich.
Als sog. **»Kältepol«** gilt das Gebiet um Suwałki im Nordosten; dort sind die Winter über vier Monate lang. Hier liegt die Durchschnittstemperatur im Januar bei –5 °C. In strengen Wintern kann das Thermometer zeitweise auch auf unter –30 °C fallen. Insgesamt gilt der Januar als kältester Monat des Jahres.

Wassertemperaturen

Anfang August sind die Wassertemperaturen am höchsten. In dieser Zeit werden in der Ostsee durchschnittlich 19 °C gemessen, in den Binnengewässern etwa 22 °C.

Die besten Reisemonate

Im Sommer

Für Reisen in Polens Norden bieten sich insbesondere die Sommermonate an. Aber auch die übrigen Jahreszeiten haben ihre besonderen Reize. **Wer den Trubel liebt**, sollte den Juli oder August wählen. In dieser Zeit reisen auch sehr viele polnische Familien an die Ostsee oder nach Masuren. Mit Beginn der zweimonatigen polnischen Sommerferien (Ende Juni) setzt eine regelrechte Völkerwanderung Richtung Norden ein; fliegende Händler bevölkern die Zentren der Ferienorte, Diskotheken überbieten sich mit lauter Musik. Ende August kehrt mit dem Ferienende schlagartig wieder Ruhe ein und manche Orte wirken wenige Tage später schon fast wie ausgestorben. Wer in der Hauptferienzeit verreist, sollte unbedingt vorher die **Unterkünfte reservieren**, denn häufig sind die Ferienorte in dieser Zeit komplett ausgebucht. Ruhiger ist es während der Ferien hingegen in den Städten.

Übriges Jahr

Im Mai, Juni und September ist das Wetter oft so, dass es mindestens zum Sonnenbaden an der Ostseeküste reicht, oft hat auch das Wasser in dieser Zeit erträgliche Temperaturen. Auch die Seen in Pommern, der Kaschubei oder in Masuren sind dann angenehm zum Baden. In den meisten Ferienorten ist es dann allerdings (noch bzw. wieder) relativ ruhig. In den übrigen Monaten darf man sich als Individualist fühlen. Dann haben viele kleinere Hotels und Pensionen in den Ferienzentren geschlossen, auch die Auswahl an Restaurants und Cafés ist auf ein Minimum reduziert. Andererseits kann man umso ungestörter die

Schönheiten der Natur genießen, Frühjahr und Herbst sind ideal für Wanderungen oder Radtouren. Wer genügend abgehärtet ist, für den kann der **Winter in Masuren** ein ganz besonderes Erlebnis werden: bei Fahrten im Pferdeschlitten durch die verschneiten Wälder oder beim Eissegeln auf den zugefrorenen Seen. Auch für Eislochangeln oder Schlittschuhlaufen herrschen beste Bedingungen.

SPRACHE

Sprachgeschichte

Polnisch gehört zur Familie der **slawischen Sprachen**, im engeren Sinne mit Tschechisch, Slowakisch und Sorbisch zum Westslawischen. Mit der Christianisierung unter Mieszko I. in der Mitte des 10. Jh.s kam die lateinische Schrift ins Land.

Amtssprache

Gesprochen wird Polnisch von knapp 38 Mio. Menschen im Inland, dazu kommen ca. 10 Mio. im Ausland. Neben der Schriftsprache, dem Hochpolnischen, das in den Medien, in der Schule sowie in Behörden benutzt wird, existieren regionale Mundarten.

Verständigung

Ausländer haben mit der polnischen Sprache ihre Probleme: Die ungewohnten Zisch- und Nasallaute, die diakritischen Zeichen und aneinandergereihten Konsonanten, z. B. in »Szczecin«, treiben auch lernwillige Urlauber zur Verzweiflung. Andererseits wuchs in den letzten Jahren das Interesse der Polen an westlichen Sprachen. **Junge Polen lernen v. a. Englisch**, seltener Deutsch. An Hotelrezeptionen gibt es meist keine Verständigungsschwierigkeiten; Speisekarten sind allerdings nur in den von Touristen besuchten Lokalen fremdsprachig erläutert.

Aussprache

Die z. T. mit diakritischen Zeichen (Häkchen, Akzenten, Punkten) versehenen Buchstaben bzw. Buchstabenkombinationen werden wie folgt ausgesprochen: ę – ähnlich dem »in« im französischen »fin« (im Wortinnern wie »em«); ą – ähnlich dem »on« im französischen »mon« (im Wortinnern wie »om«); ł – ähnlich dem »w« im englischen »well«; ś – ähnlich dem »ch« in »ich«; ć – entspricht »tch«; c – entspricht ts; ń – wie »gn« im französischen »Champagner«; ó – entspricht dem u wie in »Hund«; ż, rz – ähnlich dem j im französischen »jour«; ź – entspricht einem weichen »ż«; z und c vor i entsprechen »ź« und »ć«; sz – entspricht »sch«; cz – entspricht »tsch«. **Alle Vokale werden einzeln ausgesprochen**, Buchstabenfolgen wie ie und eu nicht zu einem Laut zusammengezogen. Gleiches gilt für Konsonantenkombinationen: So wird z. B. ck nicht zu k verkürzt. Die Betonung der Wörter liegt in der Regel auf der vorletzten Silbe.

SPRACHFÜHRER POLNISCH

DAS WICHTIGSTE

ja/nein	**tak/nie**
bitte	**proszę**
danke (sehr)	**dziękuję (bardzo)**
Entschuldigen Sie	**przepraszam pana/panią/państwa**
Können Sie mir bitte helfen?	**Czy może mi pan/pani pomóc?**
Sprechen Sie Deutsch?	**Czy mówi pan/pani poniemiecku?**
Ich verstehe Sie nicht.	**Nie rozumiem pana/pani.**
Wie bitte?	**Słucham?**
Wie heißt ... auf Polnisch?	**Jak się nazywa po polsku ...?**
Ich möchte nach Deutschland (Österreich, in die Schweiz) telefonieren.	**Chcę dzwonić do Niemiec (Austrii, Szwajcarji).**

HÄUFIG VORKOMMENDE BEGRIFFE

aleja	**Allee**
brama miejska	**Stadttor**
cmentarz	**Friedhof**
dom	**Haus**
dom zdrojowy	**Kurhaus**
droga	**Weg**
góra/góry	**Berg/Gebirge**
jezioro	**See**
kaplica	**Kapelle**
klasztor	**Kloster**
kościół	**Kirche**
miasto	**Stadt**
most	**Brücke**
mur miejski/barbakan	**Stadtmauer/Stadtbefestigung**
pałac	**Palast**
park narodowy	**Nationalpark**
plaża	**Strand**
pomnik	**Denkmal**
port	**Hafen**
półwysep	**Halbinsel**
punkt widokowy	**Aussichtspunkt**
ratusz	**Rathaus**
sklep	**Geschäft**
szpital	**Krankenhaus**
twierdza	**Festung**
ulica	**Straße**
wyspa	**Insel**
zamek	**Kastell, Schloss**

ARZT

Können Sie mir einen guten Arzt empfehlen?	**Czy może mi pan/pani polecić dobrego lekarza?**

Ich habe hier Schmerzen.	**Tu mnie boli.**

BANK

Wo ist hier bitte eine Bank?	**Gdzie tu jest bank?**
... eine Wechselstube?	**... kantor?**
Ich möchte ... Euro (Schweizer Franken) in Złoty wechseln.	**Chciałbym/Chciałabym ... wymienić (franków szwajcarskich) na złotówki.**

BEGRÜSSUNG

Guten Morgen/Guten Tag	**Dzień dobry**
Guten Abend	**Dobry wieczór**
Gute Nacht	**Dobranoc**
Wie geht es Ihnen?	**Jak się panu/pani powodzi?**
Auf Wiedersehen	**Do widzenia!/Do zobaczenia**
Bis morgen!	**Do jutra!**
Tschüss!	**Serwus!**

POST/TELEKOMMUNIKATION

Briefmarke	**znaczek pocztowy**
Porto	**opłata za przesyłkę**
Postamt	**urząd pocztowy/poczta**
Was kostet ein Brief ...	**Ile kosztuje list...**
... eine Postkarte ...	**... pocztówka ...**
... nach Deutschland?	**... do Niemiec?**
Handy	**komórka**
Prepaid-Karte	**karta pre-paid**
Ich möchte meine Karte aufladen.	**Chciałbym/chciałabym doładować kartę.**
Kann ich mein Gerät bei Ihnen aufladen?	**Czy mogę u pana/pani doładować mój telefon?**
Haben Sie ein passendes Ladegerät für mich?	**Czy ma pan/pani odpowiednią ładowarkę?**
Gibt es hier WLAN?	**Czy jest tutaj Wi-Fi?**
Wo gibt es Internet?	**Gdzie możiwy jest dostęp do internetu?**

ÜBERNACHTEN

Können Sie mir bitte ... empfehlen?	**Może mi pan/pani polecić ...**
... ein gutes Hotel ...	**... dobry hotel?**
... eine Pension ...	**... pensjonat?**
Haben Sie noch Zimmer frei?	**Czy ma pan/pani jeszcze wolne pokoje?**
Einzelzimmer	**pokój jednoosobowy**
Doppelzimmer	**pokój dwuosobowy**
Ich möchte gerne ...	**Chcę ...**
... ein Zimmer mit Bad/Dusche	**... pokój z łazienką/prysznicem**

... mit Frühstück	**... ze śniadaniem**
... mit Halbpension	**... ze śniadaniem i kolacją**
... mit Vollpension	**... z pełnym utrzymaniem**
Was kostet es?	**Ile to kozstuje?**

UNTERWEGS

Auskunft	**informacja**
rechts/links	**na prawo/na lewo**
nah/weit	**blisko/daleko**
geradeaus	**prosto**
Bitte, wo ist ...?	**Przepraszam, gdzie jest ...?**
Wann ist ... geöffnet?	**Kiedy (jest) ... otwarte?**
Wie viel Uhr ist es?	**Która godzina?**
Wie weit ist das?	**Jak to jest daleko?**

BAHN UND BUS

Bahnhof	**dworzec**
Bus	**autobus**
Fahrkarte	**bilet**
Fahrpreis	**cena (biletu)**
Flughafen	**lotnisko**
Gepäck	**bagaż**
Gepäckaufbewahrung	**przechowalnia bagaży**
Gleis	**tor**
Haltestelle	**przystanek**

TANKSTELLE

Wo ist bitte die nächste Tankstelle?	**Przepraszam, gdzie jest najbliższa stacja benzynowa?**
Voll tanken, bitte.	**Proszę do pełna.**
Ich möchte ... Liter ...	**Chciałbym/chciałabym ... litrów ...**
... Normalbenzin.	**... benzyny niskooktanowej.**
... Super/Diesel.	**... wysokooktanowej/ropy.**

UNFALL/PANNE

Hilfe!	**Ratunku!**
Rufen Sie bitte schnell ...	**Proszę wezwać szybko ...**
... einen Krankenwagen.	**v karetkę pogotowia.**
... die Polizei.	**... policję.**
... die Feuerwehr.	**... straż pożarną.**
Ich habe eine Panne.	**Mam awarię samochodu.**
Wo ist in der Nähe eine Werkstatt?	**Gdzie jest tu w pobliżu warsztat samochodowy?**

VERKEHRSSCHILDER

kierunek w prawo (w lewo)	**Rechts (links) fahren**

mgła	**Nebel**
niebezpieczeństwo	**Gefahr**
niebezpieczny zakręt	**Gefährliche Kurve**
objazd	**Umleitung**
ostrożnie	**Vorsicht**
piesi	**Fußgänger**
powoli	**langsam**
przejazd wzbroniony	**Durchfahrt verboten**
ulica jednokierunkowa	**Einbahnstraße**
uwaga	**Achtung**
zakaz parkowania	**Parkverbot**
zakaz wyprzedzania	**Überholverbot**

ESSEN UND TRINKEN

Wo gibt es hier ...	**Gdzie jest tu w pobliżu ...**
... ein gutes Restaurant?	**... dobra restauracja?**
... ein nicht zu teures Restaurant?	**... niezbyt droga restauracja?**
Gibt es hier eine gemütliche Kneipe?	**Czy jest tu jakaś miła knajpa?**
Czy ten stoł jest wolny?	**Ist dieser Tisch frei?**
menú	**Speisekarte**
Auf Ihr Wohl!	**Pana/pani zdrowie!**
Die Rechnung, bitte!	**Proszę o rachunek!**

ŚNIADANIE	FRÜHSTÜCK
chleb biały/ciemny	**Weißbrot/Schwarzbrot**
bułka/rogalik	**Brötchen/Hörnchen**
szynka/kiełbasa	**Schinken/Wurst**
jajko (na miękko)	**(weiches) Ei**
jajecznica (na szynce)	**Rühreier (mit Schinken)**
masło/dżem/miód	**Butter/Konfitüre/Honig**
ser biały	**Frischkäse**
ser żółty	**Schweizer Käse**
kawa czarna	**Schwarzer Kaffee**
kawa z mlekiem	**Kaffee mit Milch**
kawa z bitą śmietaną	**Kaffee mit Sahne**
herbata czarna	**Schwarzer Tee**
kakao/czekolada	**Kakao/Schokolade**
cukier/cytryna	**Zucker/Zitrone**
pieprz/sól	**Pfeffer/Salz**
musztarda/ketczup	**Senf/Ketchup**

OBIAD	MITTAGESSEN
przystawki	**Vorspeisen**
śledź w śmietanie	**Hering in Sahne**
karp w galarecie	**Karpfen in Gelee**
łosoś (wędzony)	**Lachs (geräuchert)**
pasztet	**Pastete**

ZUPY	SUPPEN
rosół (z makaronem)	**Brühe (mit Nudeln)**
bulion	**Fleischbrühe, Bouillon**
barszcz czerwony	**Rote-Bete-Suppe**
chłodnik	**Kalte Gemüsesuppe**
żurek	**Saure Mehlsuppe (mit Schinken)**

DANIA GŁÓWNE	HAUPTGERICHTE
kurczak	**Hähnchen**
kaczka	**Ente**
indyk/gęś	**Truthahn/Gans**
wieprzowina	**Schweinefleisch**
sznycel	**Schnitzel**
po wiedeńsku	**Wiener Schnitzel**
kotlet schabowy	**Kotelett**
stek wieprzowa	**Steak**
wołowina	**Rindfleisch**
zraz zawijany	**Rouladen**
gulasz wołowy	**Gulasch**
cielęcina	**Kalbfleisch**
ryby	**Fisch**
dorsz/karp	**Dorsch/Karpfen**
makrela/pstrąg	**Makrele/Forelle**
sandacz/szczupak	**Zander/Hecht**
baranina	**Lammfleisch**
dziczyzna	**Wild**
sarnina/królik	**Reh/Kaninchen**
zając/kuropatwa	**Hase/Rebhuhn**

ZUBEREITUNGSARTEN	
(mięso) duszone	**geschmort (Fleisch)**
gotowane/pieczone	**gekocht/gebraten**
siekane/wędzone	**gehackt/geräuchert**

DODATIKI	BEILAGEN
ziemniaki/kartofle	**Kartoffeln**
ryż/makaron	**Reis/Nudeln**
knedle/kluski/frytki	**Knödel/Klößchen/Pommes frites**

JARZYNY	GEMÜSE
brukselka/kalafior	**Rosenkohl/Blumenkohl**
buraczki/marchewka	**Rote Bete/Möhren**
cebula/czosnek	**Zwiebel/Knoblauch**
fasola/groch	**Bohnen/Erbsen**
kapusta biała (kiszona)	**Weißkraut/Sauerkraut**
grzyby/kurki	**Pilze/Pfifferlinge**
szpinak/seler	**Spinat/Sellerie**

SURÓWKI	SALAT
sałatka z ogórków/papryki	**Gurken-/Paprikasalat**
sałatka z pomidorów/cykorii	**Tomaten-/Chicoreesalat**
sałatka z marchewki i kapusty	**Möhren-und-Kohl-Salat**
zielona sałata ze śmietaną	**Kopfsalat mit Sahne**
mizeria	**Gurkensalat mit Sahne**
ogórek kiszony/rzodkiewki	**Essiggurke/Radieschen**
ocet/oliwa	**Essig/Öl**

DESERY	NACHTISCH
makowiec	**Mohnkuchen**
tort/lody	**Torte/Eis**
ciastka	**Kekse**

NAPOJE	GETRÄNKE
wino białe	**Weißwein**
wino czerwone	**Rotwein**
wytrawne/półwytrawne/słodkie	**trocken/halbtrocken/süß**
piwo jasne/piwo ciemne	**helles Bier/dunkles Bier**
piwo z beczki	**Bier vom Fass**
wódka	**Wodka**
żubrówka	**Wodka mit Büffelgras**
koniak	**Cognac**
likier/szampan	**Likör/Sekt**
woda mineralna	**Mineralwasser**
sok owocowy/oranżada	**Fruchtsaft/Orangenlimonade**
mleko słodkie	**Milch**

OWOCE	OBST
winogrona/borówki	**Trauben/Heidelbeeren**
brzoskwinie/czereśnie	**Pfirsiche/Kirschen**
gruszki/jabłka	**Birnen/Äpfel**
morele/pomarańcze	**Aprikosen/Orangen**
śliwki/truskawki	**Pflaumen/Erdbeeren**

ZAHLEN

0	**zero**	11	**jedenaście**
1	**jeden/jedna/jedno**	12	**dwanaście**
2	**dwa, dwie**	20	**dwadzieścia**
3	**trzy**	50	**pięćdziesiąt**
4	**cztery**	100	**sto**
5	**pięć**	500	**pięćset**
6	**sześć**	1000	**tysiąc**
7	**siedem**	1/2	**jedna druga**
8	**osiem**	1/3	**jedna trzecia**
9	**dziewięć**	1/4	**jedna czwarta**
10	**dziesięć**	3/4	**trzy czwarte**

VERKEHR

Straßenverhältnisse

Zwar hat sich der Zustand der Hauptverkehrsstraßen in den letzten Jahren verbessert, auf Nebenstrecken muss man allerdings immer noch mit schlechten Belägen und Schlaglöchern rechnen. Autobahnen sind in Nordpolen rar, immerhin kommt man auf der A 2 von Berlin via Poznań und Łódź nach Warszawa. In Nord-Süd-Richtung verläuft über rund 570 km die Autostrada A 1 von Gdańsk über Toruń, Łódź, Częstochowa und Gliwice ins tschechische Ostrawa.

Warnschild

Wenn Sie die Worte **»Czarny Punkt«** (Schwarzer Punkt) auf einem Schild lesen, sollten Sie auf dem folgenden Streckenabschnitt besonders vorsichtig fahren. Links unten auf dem Schild steht die Zahl derer, die hier bei einem Verkehrsunfall gestorben sind, rechts unten die Zahl der Verletzten.

Tankstellen

Das Tankstellennetz ist dicht, bleifreies Benzin und Diesel sind überall erhältlich. Tankstellen an den wichtigen Hauptverkehrsstraßen und in größeren Städten haben meist rund um die Uhr geöffnet, ansonsten wochentags von 6 bis 22, an Sonn- und Feiertagen von 7 bis 17 Uhr.

Verkehrsregeln

Das **Tempolimit** in geschlossenen Ortschaften beträgt 50 km/h, auf Landstraßen mit einer Fahrspur 90 km/h, mit zwei Fahrspuren 100 km/h und auf Autobahnen 130 km/h. Pkw mit Anhänger dürfen auf Landstraßen mit einer Fahrspur nicht schneller als 70 km/h fahren, auf den übrigen Straßen bis 80 km/h. **Gurtpflicht** besteht für alle Sitzplätze. Kinder bis zu 12 Jahren müssen hinten sitzen. Pkw und Motorräder müssen tagsüber mit Abblendlicht fahren. Die **Promillegrenze** liegt bei 0,2; bei Überschreitung kann der Führerschein eingezogen und das Fahrzeug sichergestellt werden. **Telefonieren** mit dem Handy ist während der Fahrt nur mit Freisprechanlagen erlaubt.

Bußgelder

Die Nichtbeachtung der polnischen Straßenverkehrsordnung kann Sie teuer zu stehen kommen. Sie wird nicht nur mit hohen Bußgeldern geahndet, sondern auch mit maximal zehn Strafpunkten, die den Behörden im Herkunftsland des Verkehrssünders gemeldet werden.

Mietwagen

Internationale Verleihfirmen gibt es in den Zentren der Großstädte und auf den Flughäfen. Die Preise sind ähnlich wie in Deutschland.

Pannenhilfe

Bei Unfällen muss man grundsätzlich die örtliche Polizei benachrichtigen. Für die spätere Schadensregulierung sollte man ein Exemplar des Polizeiprotokolls verlangen. Der ADAC betreibt in Polen eine Notrufstation mit deutschsprachigen Mitarbeitern. Bei Fahrzeugpannen kann auch die Hilfe des Polnischen Motorverbands (PZM) in Anspruch genommen werden (▶ Kurz & Bündig).

Taxi

Taxi fahren ist in Polen relativ preiswert (tagsüber ca. 8 zł für den ersten Kilometer und 2,5 zł für jeden weiteren); verbindliche Preise gibt es allerdings nicht. Auch innerhalb einer Stadt fahren Taxiunternehmen mit unterschiedlichen Tarifen; zudem gibt es leider auch einige schwarze Schafe, die Wucherpreise verlangen. Deshalb sollte man darauf achten, dass die Tarife an der Beifahrerseite ausgehängt sind, und die Preise vergleichen. Als seriös gelten **»Radio-Taxis«**, die auf dem Dach die jeweilige Telefonnummer der Zentrale deutlich sichtbar aufgeführt haben; in den Taxizentralen spricht man in der Regel Englisch. **Taxiruf: Tel. 919**.

Busverkehr

Innerhalb Polens gibt es ein **weitverzweigtes Netz von Busverbindungen**. Busse der staatlichen Gesellschaft PKS verkehren auf Normalstrecken, der PKS Express auf Schnellverkehrslinien. Fahrkarten gibt es auf den Busbahnhöfen, in Reisebüros sowie, falls noch Plätze vorhanden sind, beim Busfahrer. Kinder bis zum 4. Lebensjahr ohne eigenen Sitzplatz reisen gratis, Kinder von 4 bis 10 Jahren erhalten 50 % Ermäßigung. Innerstädtische Busse und Straßenbahnen sind meist sehr preisgünstig. Tickets sind an Automaten und/oder an Zeitungskiosken erhältlich. Einzeltickets gelten nur für die jeweilige Fahrt, beim Umsteigen muss ein neuer Fahrschein gekauft werden.

Bahnverkehr

Die Polnischen Staatsbahnen (Polskie Koleje Państwowe, PKP) haben ihr Streckennetz in den vergangenen Jahren ausgedünnt. Knotenpunkte für Polens Norden sind Stettin und Gdynia, Posen und Warschau. IC- und EC-Züge sind sowohl platzkarten- als auch reservierungspflichtig, TLK-Schnellzüge vorerst nicht. Bei den Schnellzügen wird ein Frühbucherrabatt gewährt, sofern die Buchung zwischen 7 und 30 Tagen vor Fahrtantritt erfolgt. Erkundigen Sie sich auch nach dem Wochenendticket (Bilet Podróżnika), mit dem Sie für einen Festpreis alle TLK-Züge innerhalb Polens von Freitag 19 Uhr bis Montag 6 Uhr beliebig oft nutzen können.

Schmalspurbahnen

Es gibt in Polen noch Schmalspurbahnen mit Dampflokomotiven. Diese sind allerdings nur während der Sommerferien in Betrieb und dienen als Touristenattraktion, z. B. an der Ostseeküste rund um Rewal sowie in Masuren, wo eine nostalgische Lok von Ełk über Turowo nach Sypitki tuckert. Auskunft über die Bahnen erhält man bei den örtlichen Touristenbüros.

AUSFLUGSSCHIFFE

ADLER-SCHIFFE
Tel. 046 51 9 87 08 88
www.adler-schiffe.de

ŻEGLUGA GDAŃSKA (DANZIGER SCHIFFFAHRTUNTERNEHMEN)
Tel. 58 3 01 49 26
www.zegluga.pl

ŻEGLUGA OSTRÓDZKO-ELBLĄSKA (OBERLANDKANAL)
Tel. 89 6 70 92 27
www.zegluga.com.pl

BAHN

PKP-FAHRPLAN
www.rozklad-pkp.pl

BUS

NAH- UND FERNVERKEHR
http://de.e-podroznik.pl

MIETWAGEN

AVIS
Tel. 0180 5 21 77 02
www.avis.de

EUROPCAR
Tel. 0180 5 80 00
www.europcar.com

HERTZ
Tel. 0180 5 33 35 35
www.hertz.de

SIXT
Tel. 089 74 44 40
www.sixt.com

REGISTER

A

B

C

D

BILDNACHWEIS

Croppi 288
DuMont Bildarchiv 346
DuMont Bildarchiv/Hirth 2, 3 o., 11 o., 24/25 26, 29, 43, 45, 52, 57, 69, 71, 75, 81, 83 u., 92, 97, 108, 110, 136, 142/143, 148, 161, 167 u., 184, 196, 202, 205, 206, 213, 225, 227, 234, 239, 241, 242, 244, 247, 252, 260, 265, 267, 275, 278, 291, 292, 297, 298, 325, 329, 335, 339, 343, 351, U 7
DuMont Bildarchiv/Kalmár 217
DuMont Bildarchiv/Meinhardt 7
Fotolia 332 u., 333 o.
Freyer 295, 302
Friedrich 19 u.
Huber Images/Schmid 251
Istock 333 u.
laif 77
laif/Bialobrzeski 83 o.
llaif/McCabe/CAMERA PRESS 16/17
laif/Modrow 65, 170, 323
laif/Schwelle 105
laif/SZYPURA/HAYTHAM-REA 103
laif/Volk 167 o.
Lookphotos/age fotostock 49
Lookphotos/Merz 8/9, 11 u.
Lookphotos/Pompe 12/13
Matthei 310, 316 u.
mauritius images/Archive PL/Alamy 188
mauritius images/Dorosz/Alamy 276
mauritius images/ellis/Alamy 20/21
mauritius images/Fludra/Alamy 19 o.
mauritius images/Gospodarek 130, 133
mauritius images/imageBROKER/Blossey 209
mauritius images/Kadaj/Alamy 232
mauritius images/Michal_Fludra_travel/Alamy 172
mauritius images/Photononstop/Travert 100
mauritius images/Premium Stock Photography GmbH/Alamy 210
mauritius images/Stolz/Alamy 219
mauritius images/Vallecillos/Alamy 15
mauritius images/Warburton-Lee 22
mauritius images/Wieliczko/Alamy 198
mauritius images/woodhouse/Alamy 262
picture alliance/akg-images 305
picture alliance/APA/picturedesk.com 330
picture alliance/dpa 314, 316 o.
picture alliance/dpa/dpaweb 319
Rellini 284, 287
Schulze 332 o.
shutterstock/Bociarski 119 o., 153
shutterstock/In Green 312
shutterstock/Kazmierczak 90
shutterstock/Lehtinen 107
shutterstock/Lterlecka 231
shutterstock/MrMR 194
shutterstock/Nightman1965 55
shutterstock/piotrbb 115, 125
shutterstock/Rybkiewicz 3 u., 164
shutterstock/Shevchenko 180
transit/Hirth 348

Titelbild: mauritius images / Hans-Joachim Schneider / Alamy

VERZEICHNIS DER KARTEN UND GRAFIKEN

ATMOSFAIR

nachdenken • klimabewusst reisen

atmosfair

Reisen verbindet Menschen und Kulturen. Doch wer reist, erzeugt auch CO_2. Der Flugverkehr trägt mit bis zu 10 % zur globalen Erwärmung bei. Wer das Klima schützen will, sollte sich nach Möglichkeit für die schonendere Reiseform entscheiden (wie z.B. die Bahn). Gibt es keine Alternative zum Fliegen, kann man mit atmosfair klimafördernde Projekte unterstützen.
atmosfair ist eine gemeinnützige Klimaschutzorganisation unter der Schirmherrschaft von Klaus Töpfer. Flugpassagiere spenden einen kilometerabhängigen Betrag und finanzieren damit Projekte in Entwicklungsländern, die den Ausstoß von Klimagasen verringern helfen. Dazu berechnet man mit dem Emissionsrechner auf **www.atmosfair.de** wieviel CO_2 der Flug produziert und was es kostet, eine vergleichbare Menge Klimagase einzusparen (z.B. Berlin – London – Berlin 13 €). atmosfair garantiert die sorgfältige Verwendung Ihres Beitrags. Alle Informationen dazu auf www.atmosfair.de. Auch der Karl Baedeker Verlag fliegt mit atmosfair.

IMPRESSUM

Ausstattung:
120 Abbildungen, 24 Karten und Grafiken, eine große Reisekarte

Text:
Dr. Dieter Schulze, Izabella Gawin

Bearbeitung:
Baedeker-Redaktion
(Martin Silbermann)

Kartografie:
Franz Huber, München
Klaus-Peter Lawall, Unterensingen
MAIRDUMONT Ostfildern
(Reisekarte)

3D-Illustrationen:
jangled nerves, Stuttgart

Infografiken:
Golden Section Graphics GmbH, Berlin

Gestalterisches Konzept:
RUPA GbR, München

Chefredaktion:
Rainer Eisenschmid,
Baedeker Ostfildern

5. Auflage 2020
Völlig überarbeitet und neu gestaltet

Trotz aller Sorgfalt von Redaktion und Autoren zeigt die Erfahrung, dass Fehler und Änderungen nach Drucklegung nicht ausgeschlossen werden können. Dafür kann der Verlag leider keine Haftung übernehmen.
Kritik, Berichtigungen und Verbesserungsvorschläge sind jederzeit willkommen. Schreiben Sie uns, mailen Sie oder rufen Sie an:

Verlag Karl Baedeker / Redaktion
Postfach 3162
D-73751 Ostfildern
Tel. 0711 4502-262
info@baedeker.com
www.baedeker.com

Printed in China

MIX
Papier aus verantwortungsvollen Quellen
FSC® C124385
FSC www.fsc.org

BAEDEKER VERLAGSPROGRAMM

Viele Baedeker-Titel sind als E-Book erhältlich:
shop.baedeker.com

A
Algarve
Allgäu
Amsterdam
Andalusien
Australien

B
Bali
Barcelona
Belgien
Berlin · Potsdam
Bodensee
Bretagne
Brüssel
Budapest
Burgund

C
China

D
Dänemark
Deutsche Nordseeküste
Deutschland
Dresden
Dubai · VAE

E
Elba
Elsass · Vogesen

F
Finnland
Florenz
Florida
Frankreich
Fuerteventura

G
Gardasee
Golf von Neapel
Gomera
Gran Canaria
Griechenland

H
Hamburg
Harz
Hongkong · Macao

I
Indien
Irland
Island
Israel

Istanbul
Istrien · Kvarner Bucht
Italien
Italienische Adria
Italienische Riviera

J
Japan

K
Kalifornien
Kanada · Osten
Kanada · Westen
Kanalinseln
Kapstadt · Garden Route
Köln
Kopenhagen
Korfu · Ionische Inseln
Korsika
Kreta
Kroatische Adriaküste · Dalmatien
Kuba

L
La Palma
Lanzarote
Leipzig · Halle
Lissabon
London

M
Madeira
Madrid
Mallorca
Malta · Gozo · Comino
Marokko
Mecklenburg-Vorpommern
Menorca
Mexiko
München

N
Namibia
Neuseeland
New York
Niederlande
Norwegen

O
Oberbayern
Österreich

P
Paris
Polen
Polnische Ostseeküste · Danzing · Masuren
Portugal
Prag
Provence · Côte d'Azur

R
Rhodos
Rom
Rügen · Hiddensee
Rumänien

S
Sachsen
Salzburger Land
Sankt Petersburg
Sardinien
Schottland
Schwarzwald
Schweden
Schweiz
Sizilien
Skandinavien
Slowenien
Spanien
Sri Lanka
Südafrika
Südengland
Südschweden · Stockholm
Südtirol
Sylt

T
Teneriffa
Tessin
Thailand
Thüringen
Toskana
Türkische Mittelmeerküste

U
USA
USA · Nordosten
USA · Nordwesten
USA · Südwesten

V
Venedig
Vietnam

W
Wien

Z
Zypern

Meine persönlichen Notizen

Meine persönlichen Notizen

Malmö
Ystad
Simrishamn
Trelleborg
SVERIGE
Östersjön
100 km
© BAEDEKER
Bornholm
Rønne
DANMARK
Ostsee
Morze Bał
Mierzeja Helska
Łeba
Słowiński Park Narodowy
Jezioro Łebsko
Puck
Gdyn
Sopot
Gd
Rügen
Sassnitz
Stralsund
Pommersche Bucht
Zatoka Pomorska
Darłowo (Rügenwalde)
Słupsk (Stolp)
Kartuzy (Kartaus)
Kołobrzeg (Kolberg)
Koszalin (Köslin)
Szwajcaria Kaszubska
Woliński Park Narodowy
Usedom
Rewal-Niechorze
Międzyzdroje
Anklam
Kamień Pomorski
Kościerzyna
Świno-ujście
Wolin (Wollin)
Zaborski Park Krajobrazowy
Zblewo
Neu-brandenburg
Pommern
Pomorze
Szczecin (Stettin)
Szczecinek
Chojnice (Konitz)
Chełmiński Park Krajobr.
Stargard Szczeciński
Pojezierze Pomorskie
Krajeński Park Krajobrazowy
Prenzlau
Nationalpark Unteres Odertal
Park Krajobrazowy Dolina Dolnej Odry
Drawno
Wałcz
Chełmno (Kulm)
Bydgoszcz (Bromberg)
Piła
Havel
Odra
Drawieński Park Narodowy
Toruń (Thorn)
Myślibórz
Chodzież
Kujawy
Gorzów Wielkopolski
Noteć
Żnin
Inowrocław
Oder
Puszcza Notecka
Biskupin
Berlin
Warta
Kostrzyn
Poznań (Posen)
Strzelno
Spree
Gniezno (Gnesen)
Słubice
Frankfurt (Oder)
Świebodzin
Konin
DEUTSCHLAND
POLSKA
Guben
Gubin
Zielona Góra
Jarocin
Cottbus
Leszno
Nysa Łużicka
Bóbr
Schlesien
Śląsk
Krotoszyn
Kalisz
Ostrow Wlkp.
Rawicz
Odra
Sieradz
Lubin
Elbe
Legnica (Liegnitz)
Bautzen
Görlitz
Zgorzelec
Wrocław (Breslau)
Kępno
Wieluń
Dresden
Zittau
Jelenia Góra (Hirschberg)
Świdnica (Schweidnitz)
Kluczbork
Ústí nad Labem
Liberec
Karkonosze (Riesengebirge)
Wałbrzych (Waldenburg)
Opole (Oppeln)
Lublini
ČESKÁ REPUBLIKA
Sněžka 1602
Nysa (Neisse)
Turnov
Ohře
Náchod
Kłodzko
E06
11
96
20
3
6
A6
10
S3
22
11
A1
1
12
13
A2
15
A18
13
4
A4
8
14
170
8
D8
10
3
8
A4